KB263730

JTS | 30

JTS 30년 활동사

발행일	2025년 10월 25일
발행인	법륜 스님
공동대표	박지나 · 김기진
엮은이	JTS 30년 활동사 편찬위원회
	박영숙, 윤정현, 윤민아, 서예원, 김윤미, 박은진, 조영선
발행처	사단법인 한국제이티에스
	서울특별시 서초구 효령로51길 42 정토사회문화회관 11층
	전화 02-587-8995
	팩스 02-587-8998
	이메일 jts@jtsint.org
	홈페이지 https://jts.or.kr
	인스타그램 @jts_korea
디자인	동경작업실

이 책은 JTS의 30년 활동을 담은 기록입니다.
인명과 지명은 원지음을 따르되 번역명이 통용되는 경우는
관용을 따랐습니다.

함께 열어요,
아름다운 세상!
1993-2024

배고픈 사람은 먹어야 합니다.

아픈 사람은 치료받아야 합니다.

아이들은 제때 배워야 합니다.

The Hungry Should Have Food

The Sick Should Be Treated

Children Should Be Educated

JTS

Ven. Pomnyun Sunim

법륜 스님

JTS 이사장, 정토회 지도법사

우리는 이 세상에 태어난 모든 사람은 기본적인 삶의 조건이 갖추어져야 한다고 생각합니다. 그래서 JTS는 굶주림과 질병, 문맹과 차별, 전쟁과 재난 속에서 고통받는 이웃들을 외면하지 않고 그들에게 따뜻한 손길을 내미는 것이 사람으로서 마땅히 해야 할 일이라는 신념으로 1993년 첫 발을 내디뎠습니다.

그로부터 30년, JTS는 국경과 종교, 이념과 인종을 넘어 인도, 필리핀, 북한, 스리랑카, 인도네시아, 방글라데시, 미얀마, 파키스탄, 아프가니스탄, 시리아, 튀르키예 등 전 세계 재해와 빈곤으로 고통받는 현장에서 긴급구호, 교육지원, 보건의료, 식량지원, 주거개선 등 다양한 활동을 펼쳐왔습니다.

JTS는 단지 물질만을 나누는 단체가 아닙니다. 우리가 나누는 손길이 그들의 자립과 연대의 씨앗이 되도록, 우리가 돕는 이들이 다시 누군가를 도울 수 있는 사람으로 성장하도록 나눔의 방향은 언제나 상호 존중과 신뢰, 그리고 자발성 위에 이루어지도록 하고 있습니다.

JTS가 가장 소중히 여기는 것은 '조건 없는 나눔'입니다. '차별' 없는 인도주의 정신은 우리가 마주한 수많은 위기 속에서도 흔들림 없이 활동을 지속할 수 있었던 방향이자 힘이었습니다.

돌이켜보면, JTS 30년의 역사는 '도움을 주는 사

람과 받는 사람의 경계가 사라지는 이야기' '함께 아파하고, 함께 웃으며,
함께 성장한 기록'입니다.

이제 우리는 새로운 30년을 준비합니다. 기후 위기, 전쟁과 재난, 난민의
급증 등 더 복잡하고 심각해져가고 있는 세계의 고통 앞에서 우리는 더
욱 지혜롭게 함께 일해가야 할 것입니다.

이 책은 JTS의 지난 30년의 발자취를 되돌아보는 기록이자, 앞으로의 30
년을 위한 다짐입니다. 자비와 나눔, 연대와 실천의 정신을 바탕으로 우
리가 지향하는 가치를 더욱 깊고 넓게 실현해나가겠습니다.

JTS 이사장 법륜 합장

함께 열어요,
아름다운 세상!
1993-2024

배고파도 먹을 수 없고
아파도 치료받을 수 없고
배울만한 나이의 어린이들이
제때에 배울 수 없는
기아, 질병, 문맹의 고통이 없는 세상

가뭄이나 홍수, 지진, 무더위나
강추위 등으로 고통을 겪는
자연재해의 두려움이 없는 세상
불구자라고 차별받는
신체장애의 고통이 없는 세상
여자라고 존중받지 못하는
그런 남녀 차별이 없는 세상
피부가 붉다고, 피부가 검다고 천대받는
인종차별이 없는 세상
우리 시대 우리 사회에 존재하는
이런 고통이 없는 세상을 이루고자 합니다

그래서 살아있는 것만으로도 너무나 기쁘고
살아있는 것만으로도 감사할 줄 아는 사람
태양을 보고도
달을 보고도
별빛을 보고도
한 그루의 나무를 보고도
뛰어다니는 토끼와 사슴을 보고도 기뻐하고
오늘 한 그릇 밥을 먹을 수 있고
편히 쉴 수 있는 것에 감사하고
이렇게 작은 정성이 모여 큰 사랑의 물결
베푸는 기쁨으로 충만될 수 있는 이 길에
더더욱 감사할 수 있는 사람
그런 사람들이 살아가는 세상,
그런 아름다운 세상을 이루고자 합니다.

30
함께 열어요,
아름다운 세상!
1993-2024
우리는
이런 고통이 없는
세상을
이루고자
합니다

JTS 설립 이념

배고픈 사람은 먹어야 합니다.

아픈 사람은 치료받아야 합니다.

아이들은 제때 배워야 합니다.

JTS

Join Together Society

Join　　　이웃을 돕고자 하는 마음을 가진 사람들이 서로 만나

Together　인종, 종교, 민족, 성별, 사상, 이념에 관계 없이 각자의 작은 힘을 모아

Society　 함께 아름다운 세상을 만드는 공동체입니다.

차례

JTS(Join Together Society)는 '고통받는 이웃이 있는 곳이라면
인종, 종교, 이념, 사상을 초월하여 누구나 인간답게 살아갈 수 있도록 돕는다'는
인도주의 정신을 바탕으로 법륜 스님이 설립한 국제구호개발 NGO입니다.

JTS — 설립과 활동

JTS 설립 배경

가난과 재난, 차별과 소외로 인해 기본적인 삶조차 유지하기 어려운 이웃들이 세계 곳곳에 존재하는 현실 속에서, 사람이라면 누구나 누려야 할 최소한의 존엄과 권리를 지키기 위해 JTS는 국경을 넘어 연대와 실천을 이어오고 있다.

1991년, 법륜 스님은 인도성지순례에서 만난 가난한 한 여인을 돕지 못한 안타까운 경험을 하게 되었다. 이 일을 계기로 법륜 스님은 고통받는 수많은 이들을 돕겠다는 큰 원을 세우게 되었고, 그 원력을 바탕으로 1993년 인도 불가촉천민 마을인 둥게스와리에 〈수자타아카데미〉를 설립하였다. 이것이 JTS 활동의 출발점이 되었다.

JTS는 1993년 인도에서 처음 구호 활동을 시작한 이후 1994년 미국, 1996년 한국, 2003년 필리핀에 각각 법인을 설립하며 활동을 확장해왔으며, 한국에 본부를 두고 있다. 그동안 아시아를 중심으로 23개국에서 구호 활동을 펼쳐왔다.

한국(JTS Korea)과 미국(JTS America)은 주로 기금 마련을 해왔으며, 한국

식수 핸드펌프 지원 (인도)

과 외교 관계가 단절되었거나 갈등이 있는 북한이나 시리아와 같은 국가에서 활동할 때에는 JTS미국(JTS America)이 중요한 역할을 수행해왔다. 또한 JTS는 단기적으로 북한(1998), 아프가니스탄(2002), 인도네시아(2006), 미얀마(2008), 캄보디아(2009)에 현지 사무소를 개설하여 긴급구호 활동뿐만 아니라 이후 복구 사업도 활발하게 진행해왔다.

KOICA(한국국제협력단)에 해외원조단체로 정식 등록하였으며(1997), 유엔경제사회이사회(UN ECOSOC)로부터 특별협의지위(Special Consultative Status)를 부여받아(2007) 보다 활발하고 지속적인 활동을 이어가고 있다.

JTS는 국내외 빈곤과 재난 문제에 실질적으로 대응하기 위해, 단순한 일회성 지원이 아닌 지속 가능한 자립을 목표로 하고 있다. 이를 위해 구호와 교육, 보건, 농업, 식수 등 다양한 분야에서 종합적인 지원을 펼치면서도 현지 주민들이 주도적으로 문제를 해결해 자립하는 삶이 가능해질 수 있도록 역량을 강화하는 데 중점을 두고 있다.

또한 특정 종교나 정치적 이념에 치우치지 않는 비종교·비정치·비영리 원칙을 고수함으로써 신뢰할 수 있는 시민단체로 활동하고 있다. 특히 일반 시민이 자발적으로 참여하는 '무보수 자원봉사 NGO체제'를 지향하며, '함께 사는 세상'을 만들어가기 위해 누구나 후원하고 봉사하는 참여 중심의 나눔 운동을 실천해나가고 있다.

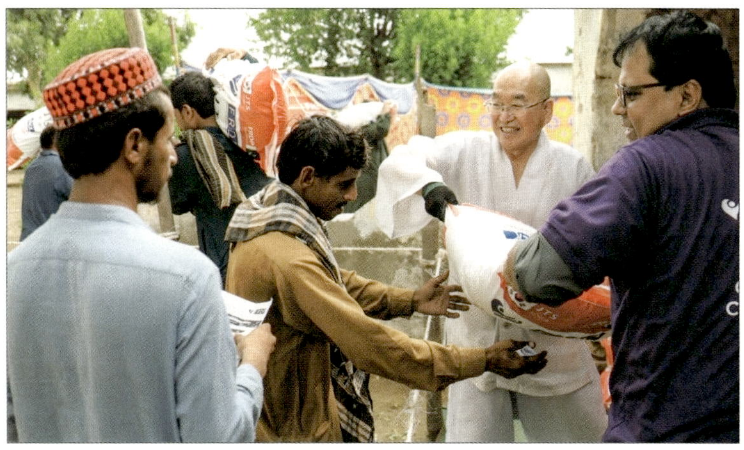

식량 지원 (파키스탄)

JTS 활동 방향

'배고픈 사람은 먹어야 합니다. 아픈 사람은 치료받아야 합니다. 아이들은 제때 배워야 합니다.' JTS는 이러한 설립 이념에 따라 절대빈곤, 자연재해, 분쟁으로 삶의 위기에 빠진 사람들을 돕는 국제구호 활동을 30년 이상 이어오고 있다.

절대빈곤이란 하루 1.9달러(한화 2,300원) 미만으로 살아가는 빈곤층으로, 세계 인구 중에 7억 명[세계은행(World Bank) 발표, 2021]이 해당된다. 이들은 식량, 식수, 생필품 부족으로 하루 한 끼를 겨우 먹으며 어렵게 살아가고 있다.

주택 지원 (인도네시아)

(1) 인간의 생존에 필요한 권리를 보장하는 복지사회

JTS의 목표는 인간으로서 존중받고 살아가는 데 가장 필요한 생명을 유지할 권리(생존권)와 인간다운 삶을 유지할 권리(행복권)를 보장하는 복지사회를 만드는 것이다.

생명을 유지할 권리(생존권)는 음식, 옷, 집, 의약품이 보장되고 맑은 공기, 깨끗한 물, 숲, 햇빛과 같은 자연 환경이 보장되는 것이다.

인간다운 삶을 유지할 권리(행복권)는 자유권, 평등권, 교육권이다. 자신의 의사표현, 이동, 직업 선택의 자유가 보장되고, 최소한의 생활을 유지할 수 있는 기본소득이 제공되며, 교육받을 기회가 주어지고, 전통 문화를 계승하고 유지할 수 있어야 한다.

누구든지 이 세상에 태어난 사람은 먹고살 권리가 있고, 아프면 치료받을 권리가 있고, 교육받을 권리가 있다. 즉, 문자를 통해 인류가 지금까지 축적해온 물적·정신적 유산과 경험(인류문명)을 계승할 권리가 있다. 이것을 위한 최소한의 교육이 초등교육이다. 초등교육도 받을 수 없다면 그 모든 책임은 교육의 혜택을 받은 사람들에게 있다. 또 기회균등의 핵심은 교육을 받을 권리이다. 모든 아이들이 이 세상을 살아가는 데 있어서 출발선상의 기회균등을 보장받기 위해서는 기본교육을 받을 권리를 보장해줘야 한다.

의류 지원 (아프가니스탄)

의료지원 (인도 지바카병원)

(2) 빈곤퇴치는 인류 모두의 해결 과제

가난한 사람들의 문제는 나의 문제와 무관하지 않다. 즉 별개로 존재하
는 것이 아니다. 인류가 사용할 수 있는 재화가 한정되어 있는데 우리가
이것을 많이 쓰면 필연적으로 지구 저편에 사는 다른 사람들은 최소한의
생존권마저 위협받는다.

그래서 우리가 가진 것이 있다고 함부로 쓰면 안 된다. 미래세대의 것
을 우리가 모두 써도 안 되고, 지구 저편에 있는 사람의 것을 우리가 써
도 안 된다. 재물은 결코 나의 것이 아니다. 조건에 의해서 나한테 보여들
었을 뿐이다. 소비는 내가 필요한 만큼만 하고 남는 것은 다른 사람이 유
용하게 쓸 수 있도록 해야 한다. 그래서 빈곤퇴치는 개인의 문제가 아니
라 인류 모두가 함께 풀어야 할 문제이다.

JTS는 지구상에서 인간이 인간다운 생활을 영위하는 데 필요한 기본
생활 조건을 중심으로 구호 활동 기준을 다음과 같이 적용하고 있다.

◆ — **JTS 구호 활동 기준**

① 물이 부족한 곳에는 물을 제공한다.

② 식량이 부족한 곳에는 식량을 공급한다.

③ 입을 옷이 없는 곳에는 옷을 제공한다.

④ 집이 없는 곳에는 집 지을 재료를 제공하고 스스로 집을 짓게 한다.

⑤ 의약품이 없는 곳에는 기초 약품을 제공하고 환자는 치료받을 수 있게 한다.

⑥ 교육을 받을 수 없는 곳에는 기초교육을 지원한다(학교 건축, 학용품 등).

⑦ 전기가 없는 곳에는 최소 수준의 전기를 사용할 수 있도록 한다(솔라팬 등).

(3) 인류 위기를 초래하는 소비주의 가치관을 넘어

현대인들은 더 많이 생산해서 더 많이 소비하는 것이 잘 사는 것이라는 소비주의 가치관을 당연시 여기고 있다. 이러한 욕망 추구가 세계적인 기후위기를 초래하여 인류 문명이 대재앙을 맞고 있다. 2020년 유엔보고서에 의하면, 최근 20년간 기후변화로 인한 자연재해는 두 배 증가했고, 재난 복구에 투입된 비용은 약 3조 달러, 120만 명 이상의 인명 손실, 40억 명 이상의 피해자를 만들어냈다.

자연재해로 수많은 사람들의 삶의 터전이 붕괴되는 현재의 위기는 제 3세계 뿐만 아니라 선진국조차 피할 수 없는 전 세계가 공통으로 직면한 위기다. 이대로 계속될 경우 인류는 공멸의 길로 가게 된다.

또한 성장 중심의 세계경제로 인해 소비량이 계속 증가하여 자원이 고갈되고 있다. 이 때문에 물가가 오르고, 국가간 자원확보 경쟁이 치열해짐에 따라 전쟁의 위험 또한 갈수록 높아지고 있다. 전쟁은 수많은 사상자와 난민을 만들어내는데, 2023년 유엔난민기구(UNHCR)의 조사에 의하면 전 세계 난민은 2,590만 명에 달한다.

최근 일어난 러시아와 우크라이나의 전쟁을 보면 단지 두 국가간의 문제로 끝나지 않고 전지구적인 문제로 확대되고 있음을 알 수 있다. 전쟁

학교 건축 및 교육 지원 (필리핀)

으로 인한 원자재값과 곡물값 인상, 에너지 및 물가 상승 등으로 전 세계 사람들의 삶에 큰 영향을 미치고 있으며 3억 4,900만 명이 식량위기에 처하게 되었다.(2023년 국제구조위원회)

JTS 구호 손길이 필요한 지역은 자연재해로 인해 삶의 터전을 잃거나 전쟁과 분쟁으로 삶의 위기를 겪는 사람들이 많이 있다. 하지만 인류문명이 처한 이 위기가 근본적으로 해결되지 않는다면 JTS의 손길이 필요한 곳은 더욱 더 늘어날 것이고 우리의 지원도 한계에 부딪힐 수밖에 없다.

그래서 JTS는 단순히 어려움에 처한 사람을 돕는 구호 활동에 머물지 않는다. 인류문명이 처한 위기를 극복하기 위해서 '소비주의 가치관 극복' 및 인간의 기본적 권리인 '평화 실현과 환경 보전'을 구호 활동에 담아내는 것을 기본 정신으로 한다.

개발 중심의 현대문명은 자연을 개발의 대상으로 생각하기 때문에 자연파괴가 우리의 삶에 크게 영향을 미치지 않을 것이라고 보았다. 하지만 자연과 인간은 서로 긴밀하게 연관되어 있기 때문에 단순한 자연 보호를 넘어 '자연은 내 삶의 일부, 내 몸의 일부다'라고 보고, '자연파괴가 바로 우리 삶을 파괴하는 것이다'라는 관점을 갖고 구호 활동에 임해야 한다.

방글라데시 로힝야 난민에게 가스스토브 20만 대 지원

가스스토브 지원 전(위)과 후(아래) 난민촌의 변화—
난민촌은 사람들이 땔나무를 구하면서 나무가 자랄 수 없는
황무지가 되었다. JTS의 가스스토브 지원 후 주변 숲이
되살아나기 시작했다.

(4) 갈등과 분쟁을 넘어 평화를 추구하는 복지의 길

실제 구호 현장에 가보면, 지역 내의 갈등은 빈곤 때문에 일어나는 경우
가 많다. 종교나 이념을 내세우지만 결국 분열과 갈등의 원인은 빈곤 때
문이다. 빈곤문제를 해결하는 것은 평화실현에 큰 역할을 하게 된다. 또
한 JTS는 빈곤을 해결하는 과정에서 마을 주민들의 참여와 의견을 적극
적으로 이끌어내어 민주주의와 평화를 실현하는 데 기여하고 있다.

JTS는 단순한 자선단체가 아니다. 현장에서 진행하는 JTS의 활동이
기후 위기를 극복할 수 있는 길이자, 분쟁지역의 갈등을 해소하여 전쟁을
막고 평화를 가져오는 길이다.

필리핀 민다나오
분쟁지역에서
20년 이상 진행된
학교 건축 사업으로
지역 평화에
기여하였다.
(위, 아래)

(5) 소비를 조장하지 않는 지원

다른 사람을 도울 때 가져야 할 중요한 관점은 '소비'를 조장하지 않는 것이다. 우리 삶의 지향은 더욱 더 행복한 삶을 사는 것이다. 이 행복은 결코 물질로만 해결할 수 없다. 한국의 1인당 GDP를 보면 1960년보다 2023년에 350배의 성장이 있었지만 사람들이 과거보다 350배 행복해지지는 않았다. 물질에 비례해서 행복이 커지지 않는다.

1960년대는 물, 음식, 옷도 귀했고, 집에 물이 새고 병원도 멀고 학교도 멀리 있어 한참을 걸어다녔다. 그런 조건과 비교할 때 지금의 한국이 더 행복해야 함에도 불구하고 행복도를 조사하면 별로 높아진 게 없다. 오히려 과거에 비해 자살률이 더 높아졌고 출산률은 더 낮아졌다. 결국 인생의 문제는 물질적인 풍요만으로 해결될 수 없다. 일정한 생활수준이 올라가면 생활 조건 개선이 행복도와 비례하지 않기 때문이다.

다만 극빈층 사람은 물질적 생활 조건이 개선되면 행복도가 높아진다. 그래서 극빈층에는 어느 정도 물질적 지원은 필요하다. JTS가 지원할 때는 물질적인 풍요를 위해서 돕는 것이 아니라 최소한의 삶의 조건을 개선하여 행복도를 높이는 것을 목표로 하고 있다. 그와 함께 우리의 지원이 인간의 욕망을 부추겨 소비주의를 조장하지 않는지 살피며 지원한다.

(6) 도움받는 사람과 도움을 주는 모두가 행복한 삶

사람은 재산이 많아야 잘 사는 것이 아니라 행복해야 잘 사는 것이다. JTS는 도움을 받는 사람들이 단지 도움받는 수동적인 사람에서 끝나는 것이 아니라 그들의 삶이 행복할 수 있도록 지원한다. 도움을 받는 사람들이 도움을 주는 사람으로 성장할 수 있도록 하며, 그 과정에서 자존감이 높아져 행복을 느낄 수 있도록 한다.

대표적인 예로는 인도에서 구걸만 하던 아이들이 글을 배워 후배를 가르치는 학교선생님으로 성장할 수 있도록 하며, 나아가 자신보다 어려운 사람을 돕는 자원봉사자로 활동할 수 있게 하고 있다.

또한 자립하는 방법을 배워 스스로 삶의 주인이 되어 행복을 맛볼 수 있도록 한다. 가령 마을 주민들이 사용하는 도로를 정부가 만들어주게 되면 대부분의 사람들은 도로가 생겼구나 하고 그냥 지나가거나 좀더 편리하다는 정도만 느끼게 된다. 그런데 마을 주민들이 힘을 모아 함께 직접 도로를 만들면 고생스럽더라도 직접 만들었다는 것에 자부심을 느끼고 기쁨을 느끼게 된다. 그리고 시간이 지나 오랫동안 내 아이들에게 자랑스럽게 이야기할 수 있다.

이것이 인생의 기쁨이다. 도로를 만들어서 편리함도 필요하지만 이런 기쁨을 느낄 수 있게 주민들이 직접 참여할 수 있도록 하고 있다. 그리고 JTS는 이들을 도와준다는 관점이 아니라 언제나 함께 만들어 나간다는 생각으로 임한다.

2024 부탄 지속 가능한 개발 사업
마을 주민들의 소감

"도로 공사를 하기 전에는 도로가 문제가 많아 차를 가지고 이동하기 힘들었습니다. 차도 많이 망가지고, 태워달라는 사람을 안 태울 수도 없고, 친척이고 마을 사람인데 모르는 척할 수도 없고 늘 난감했습니다. 이번에 '도로 만들기 프로젝트'를 통해서 마을 주민들과 함께 도로를 만드니까 그런 걱정이 전부 없어졌습니다."

"마을 주민들이 함께 일하니까 뿌듯했습니다. 마을 사람들이 다 함께 모여서 일을 한 지가 굉장히 오래되었는데, 이번에 JTS가 지원해준 것을 계기로 같이 일할 수 있어서 뿌듯했습니다. 감사합니다."

(7) 함께 나눔으로써 행복한 삶

JTS와 함께 일하는 자원봉사자나 후원자들은 이 일을 통해서 어떤 개인적인 이익을 추구하지 않는다. 자기가 돈을 낼 수 있으면 돈을 내고, 땅을 낼 수 있으면 땅을 내고, 건물을 낼 수 있으면 건물을 내고, 기술을 제공할 수 있으면 기술을 제공하고, 시간을 낼 수 있으면 시간을 내고 이렇게 우리가 가진 것을 내놓아서 어려운 사람들을 돕는 일을 함께 하자는 취지로 'JOIN TOGETHER SOCIETY'라는 이름을 붙인 것이다.

그래서 JTS는 임금을 주는 노동자를 고용하지 않는다는 원칙을 가지고 있으며, JTS에서 활동하는 모든 사람들은 자신이 할 수 있는 일로 자원봉사에 참여하고 있다.

구호 사업은 고통에 빠진 사람을 돕는 일이지만 결국 타인의 아픔에 공감하여 마음을 낸 사람들은 이 일에 함께 함으로써 보람과 행복을 느끼게 된다. 어려운 사람을 도움으로써 자신이 세상에 필요한 존재임을 느끼게 되고 자존감이 올라가기 때문이다. 나혼자 맛있는 음식을 먹고, 좋은 옷을 입고, 좋은 집에서 사는 것보다, 어려운 사람과 같이 밥을 먹고, 옷을 입고, 그들이 비를 피할 수 있게 해주는 일이 개인의 욕망을 충족해서 얻는 기쁨보다 더 큰 기쁨임을 알게 된다.

자원봉사자와 후원자들은 타인을 돕는 일이 나를 더 행복하게 하는 길임을 알기에 돈으로 계산할 수 없는 가치와 삶의 의미를 알게 된다. 그래서 이 일이 남을 위한 일이 아니라 내 자신을 위한 일임을 알게 되고, 세상 일을 나의 일같이 여기게 된다. 물질적인 보상이 없더라도 이 일에 꾸준히 참여할 수 있는 동기부여가 되는 것이다. 이러한 힘이야말로 JTS가 월급을 받고 일하는 전문가 없이, 수많은 자원봉사자와 후원회원의 주도로 30년 이상 활동해온 숨겨진 원동력이다.

JTS
JTS Mindanao Teacher's Conference
We Make Better Mindanao
DepEd

JTS
JTS
JTS
JTS
OREO

JTS의 가치

〈구걸하지 않겠습니다〉 캠페인에 참여하는
인도 수자타아카데미 학생들

◆— **생명** (Life)

생명존중과 생명살림, 살아있는 모든 생명은 존귀하다.

나와 내 가족의 생명이 소중하듯, 타인의 생명도 소중하다.

◆— **공감** (Empathy)

다른 사람은 나와 연관되어 있음을 이해하는 바탕 위에,

그들의 고통을 바라보고 문제를 해결하려는 마음을 낸다.

◆— **자립** (Independence)

자기 인생의 주인이 되어 개인의 삶, 가정과 마을의 문제를

스스로 해결하도록 한다.

◆— **지속 가능성** (Sustainability)

기후위기 시대의 환경 보전과 스스로 자립하는 지속 가능한

개발을 추구함으로써 삶의 방식 전환과 지속 가능한 공동체의

삶을 지원한다.

◆— **연대와 공동체** (Network & Community)

나와 너를 구분하여 '불쌍한 사람을 돕는 것'이 아니라

'세상 만물은 연관되어 있다'는 인식 위에서,

신뢰와 평등성을 바탕으로 공동체를 함께 만들어간다.

◆— **실천** (Action)

아무것도 하지 않으면 어떤 것도 변화하지 않는다.

작은 나의 실천은 나를 바꾸고 세상을 바꾼다.

(자기 변화와 사회 변화를 함께 실천하는 삶)

인도는 아직도 계급 구분이 엄격하다. 하지만 JTS는 인도 보드가야 근교에
수자타아카데미를 설립하여 계급 구분 없는 평등한 교육을 실시하고 있다.

JTS 구호 활동 방향

- 인종, 종교, 계급, 성별, 정치체제, 국적, 이념에 차별 없이 인도주의 정신으로 지원한다.

- 정부 및 비정부기구의 손길이 닿지 않는 곳을 가능한 우선적으로 지원한다.

- 사람들의 욕구를 부추기는 지원이 아니라 인간으로서 살아가는 데 필요한 기초지원을 한다.

- 현지 정부와 주민을 참여시켜 자립을 바탕으로 한 지속 가능한 공동체 개발을 도모한다.

- 인도주의적 원칙에 입각하되, 자연생태계를 보존하고 평화를 실현할 수 있도록 한다.

- 도움을 받는 사람에서 머물지 않고, 도움을 주는 사람이 되게 하여 더 나은 미래를 꿈꾼다.

- 모든 활동은 자발성에 기초를 두고 무보수 자원봉사로 운영한다.

(1) 인종, 종교, 계급, 성별, 정치체제, 국적, 이념에 차별 없이 인도주의 정신으로 지원한다.

JTS는 생존의 위기에 처한 이들을 위해 종교, 계급, 성별, 정치 체제, 국적, 이념을 가리지 않고, 오직 인도주의 정신에 기반한 조건 없는 구호 활동을 펼쳐왔다.

남북관계가 경색된 상황에서도 북한 어린이와 주민을 위한 지원을 꾸준히 이어왔으며, 인도에서는 계급 차별로 소외된 천민들을 30년 이상 지원해왔다. 또한 여성들이 자신의 삶을 주체적으로 살아갈 수 있도록 교육을 통해 자립을 지원하고 있으며, 종교 분쟁으로 교육에서 소외된 필리핀 아이들을 위한 학교 건립 사업도 20년 이상 지속해오고 있다.

그뿐만 아니라, 전쟁과 분쟁으로 삶의 터전을 잃은 아프가니스탄과 시리아 등 이슬람권 국가에도 적극적인 지원을 이어가고 있으며, 미얀마 내

인도네시아 무슬림 여성 지원

전으로 누구의 도움도 받지 못하는 로힝야족 난민들을 위한 구호 활동도 계속되고 있다.

과거 인도 수자타아카데미에 무장 강도가 침입해 한국인 활동가 한 명이 안타깝게 희생되는 사건이 있었다. 범인 중 한 명은 마을 주민이었고, 그의 자녀는 수자타아카데미에 다니고 있었다. 많은 이들이 그 아이가 더 이상 학교에 다니지 못하게 해야 한다고 주장했지만, JTS는 아이들의 교육 기회는 부모의 죄로 인해 박탈되어서는 안 된다는 원칙을 지켰다. 결국 그 아이는 계속해서 학교에 다닐 수 있었고, 마을 주민들이 그 사건으로 학교가 문닫지 않을까 우려했던 것과 달리 수자타아카데미는 지금까지도 흔들림 없이 운영을 이어오고 있다.

이처럼 JTS는 지난 30년 동안 수많은 위기 상황 속에서도 인도주의 원칙을 한결같이 지켜왔다.

북한 어린이 내복 지원

JTS는 정부나 다른 단체의 지원에서 소외된 지역을 우선적으로 돕는 것을 원칙으로 삼고 있다. 다른 단체와 경쟁하듯 지원하는 방식은 지양하며, 구호 활동 과정에서 많은 어려움과 위험이 따르더라도 도움이 절실한 이들을 위해 최선을 다하고 있다.

JTS가 이러한 활동을 지속할 수 있는 이유는 외부의 프로젝트성 지원이 아닌, 회원들의 자발적인 후원금으로 운영되기 때문이다. 덕분에 정치적, 경제적 이해관계에 영향을 받지 않고, 본래의 인도주의 정신을 지키며 활동할 수 있다.

JTS는 주로 가난한 지역, 재난 지역, 분쟁 지역을 중심으로 인도적 지원을 펼치고 있다. 특히 전 세계의 빈곤하고 열악한 지역 대부분이 분쟁

전쟁 직후의 아프가니스탄

지역에 해당하며, 필리핀 민다나오나 시리아처럼 전쟁이 지속되는 곳에서
는 아이들이 교육받을 기회조차 얻기 어렵다. JTS는 가장 도움이 절실한
곳을 우선 지원한다는 원칙 아래, 아프가니스탄, 미얀마, 시리아와 같은
분쟁 지역이라도 활동이 가능한 곳이라면 어디든지 적극적으로 구호 활
동을 전개하고 있다.

국내에서도 법적 사각지대로 인해 정부 지원을 받지 못하는 복지 취
약 계층을 찾아 지원하고 있다. 최근에는 외국인노동자들이 큰 어려움을
겪고 있으며, 이들은 복지 혜택에서 소외되는 경우가 많다. 특히 외국인
노동자의 자녀들은 교육의 기회를 제대로 얻지 못하거나 정체성의 혼란
을 겪는 경우가 많아 지속적인 도움이 필요하다. 앞으로 JTS의 국내 복지
활동은 이러한 외국인노동자와 그 가족들을 더욱 적극적으로 지원하는
방향으로 확대해 나갈 것이다.

필리핀 오지마을 알라윈

(3) 사람들의 욕구를 부추기는 지원이 아니라 인간으로서 살아가는 데 필요한 기초적인 지원을 한다.

JTS는 보다 더 행복한 사회로 나아가기 위해 인간이 살아가는 데 꼭 필요한 생존권과 행복권을 보장하는 활동을 하고 있다. 생존권과 행복권은 누구나 마땅히 누려야 할 기본적인 권리이다. 생명을 지닌 존재는 모두 인간답게 살 권리가 있기 때문에 종교, 사상, 이념보다 인간의 생존을 우선시한다. JTS는 이러한 철학을 바탕으로 생명 존중 사상을 기본으로 구호 활동을 전개하고 있으며, 절대빈곤 해소를 목표로 하고 있다.

절대빈곤 해소를 주된 목적으로 삼고 있는 JTS는 사람들의 소비 욕구를 부추기는 방식의 지원은 지양한다. 현대 문명은 소비주의적 가치관과 생활방식으로 인해 많은 부정적 영향을 받고 있기 때문에 JTS는 이러한 삶을 조장하는 지원을 경계하고 있다.

그래서 지원 품목을 선정할 때에도 생존에 꼭 필요한 것인지, 아니면 단순히 욕구를 부추기는 것인지를 면밀히 고려하여 결정한다. 평소에 접해보지 못한 고급 물품을 제공하기보다는 서민들의 삶의 수준에 맞춰 일상적으로 사용할 수 있는 실용적인 품목을 선별하고 있다.

이는 식량과 같은 구호 물품뿐만 아니라 집, 학교, 물탱크 등의 시설을 지을 때에도 마찬가지다. 무조건 좋은 집이나 시설을 짓는 것이 아니라 주민들이 생활하는 데 꼭 필요한 집과 시설을 제공하고 있다. 만약 JTS가 지어준 집이 주변의 다른 집보다 지나치게 좋게 지어질 경우 주민들 사이에서 시기와 질투가 생기고, 이는 자립심을 키우는 데에도 부정적인 영향을 미치게 된다. 공동체의 조화와 지속 가능한 자립을 위해서라도 JTS는 사람들이 살아가는 데 꼭 필요한 '적정 수준'을 지원하는 것을 원칙으로 하고 있다.

(4) 현지 정부와 주민을 참여시켜 자립을 바탕으로 한 지속 가능한 공동체 개발을 도모 한다.

JTS는 구호 활동에서 주민들의 자발적 참여를 가장 중요한 원칙으로 삼고 있다. 이는 다소 비효율적이더라도 주민들이 자신이 살 집과 마을을 직접 만들어가면서 자립적인 삶을 개척할 수 있는 역량을 기르도록 하기 위함이다. 직접 참여한 일은 자기 일로 받아들이게 되고, 그 과정에서 즐거움과 만족감을 느끼며 삶의 주체로서 행복감도 높아지게 된다.

예를 들어, 학교 건축에 참여하면 학교에 대한 애정이 생기고, 자녀 교육에도 더 적극적인 태도를 보이게 된다. 부탄의 지속 가능한 개발 사업에서는 농수로, 도로, 주택 등을 주민들이 직접 자재를 운반하고 시공하고 있다. 공사에 참여한 이들은 결과물이 다소 미흡하더라도, 자신들의 손으로 만들어냈다는 사실만으로 큰 기쁨과 자부심을 느꼈다. 이전에는 정부의 지원을 기다리기만 했던 주민들도, 함께 협력하여 마을을 개선한 경험을 통해 자신감을 얻고, 그 가치를 체감하며 지역개발 사업에 더욱 적극적으로 참여하게 되었다.

JTS는 인도, 필리핀 등 상설 사업장이 있는 지역뿐만 아니라, 재난 복구 사업에서도 주민 참여를 기본 원칙으로 삼는다. 주민들은 이러한 과

아프가니스탄 마을 주민들과 함께 만든 다리

인도 마을 주민과 함께 학교 건축

정을 통해 자립심을 키울 뿐만 아니라 외부의 도움 없이 자신의 삶을 주도하는 진정한 행복을 경험하고 있다. 또한, 학교 건축, 물탱크 설치, 다리 건설 등 마을 공동체를 위한 다양한 사업에 주민들이 함께 참여함으로써 공동체 회복에도 기여하고 있다. 이는 생계에 바빠 공공의 가치를 실천하기 어려운 주민들에게 공익성과 공동체 의식을 일깨우는 데 의미가 있다. 주민 참여 없는 일방적인 지원은 주민들을 단순한 수혜 대상으로 만들고 자발성을 약화시키게 되므로, JTS는 자발적 참여를 통해 자립적인 삶을 보장하는 것을 핵심 원칙으로 삼고 있다.

JTS는 주민들과 더불어 현지 정부와 지방자치단체의 적극적인 참여도 이끌어내고 있다. 정부와 지자체가 지역사회와 주민의 삶을 개선하는 데 주체적으로 나설 수 있도록 협력을 이끌어내는 것이 중요하다.

예를 들어 필리핀에서 학교 건축할 때 JTS는 두 가지를 항상 고려한다. 첫째는 아이들이 사용할 공간인 만큼 견고하고 안전한 자재를 사용해 튼튼하게 짓는 것과 둘째는 현지 정부와 주민들이 사업의 주체가 되어 함께 진행하는 것이다. 물론 이 과정에서 가치관이나 일하는 방식 차이, 의사소통 과정에서 생긴 오해 등 여러 어려움이 따르지만, 활동가들은 언제나 이 두 원칙을 중심으로 사업을 추진하고 있다.

학교 건축과 관련하여 필리핀 지방정부와 MOA 체결하여 각자의 역할에 책임을 다하도록 한다.

(5) 인도주의적 원칙에 입각하되, 자연 생태계를 보존하고 평화를 실현할 수 있도록 한다.

JTS의 활동은 단순한 구호 사업에 그치지 않고, 친환경적이고 평화적인 방식으로 사업을 운영하는 것을 지향한다. 특히 마을 주민들과의 민주적인 의사결정 과정을 통해 사업을 함께 만들어가고자 하며, 이를 위해 모든 사업은 주민들의 동의를 전제로 진행된다. 주민 전원의 동의가 이루어졌을 때에만 사업을 시작할 수 있다.

인도의 경우 마을 리더 회의를 정기적으로 운영하여 리더들을 통해 마을개발사업 전반에 대한 의견을 수렴하고 있다. 필리핀에서는 오랫동안 종교 간 갈등이 이어져 학교 건립 전까지만 해도 종교가 다른 주민들 간의 교류가 거의 없거나 갈등이 심각했지만, 학교 건축과 운영을 계기로 주민들이 함께 회의하고 협력하여 일하게 되면서 마을에 평화가 자리 잡기 시작했다.

또한 JTS는 친환경적인 사업 방식을 실천하기 위해 주거 개선, 학교 건축, 핸드펌프 설치 등 모든 복구 사업에서 생태계 보존을 기본 원칙으로 삼고 있다. 이로 인해 사업이 지연되거나 중단되는 경우도 있지만, JTS는 언제나 환경 보존을 우선하는 원칙을 고수하고 있다.

오늘날 절대빈곤에 놓인 많은 사람들의 삶은 기후 위기로 인한 자연 재해와 전쟁(또는 분쟁)으로 인해 더욱 심각한 위기에 처해 있다. 이러한 현실을 직시하며, 구호 활동과 자연 생태계 보전, 평화 실현은 결코 분리될 수 없는 과제이다.

(6) 도움을 받는 사람에서 멈추지 않고 도움을 주는 사람이 되게 하여 더 나은 미래를 꿈꾼다.

JTS는 구호 대상자들을 단순히 '도움을 받는 사람'으로만 보지 않는다. 비록 현재는 도움이 필요한 상황일지라도, 이들 역시 언제든지 더 어려운 이들을 도울 수 있는 존재이기 때문이다.

30년 이상 운영해온 인도 수자타아카데미는 학생들에게 글을 가르쳐 자신의 삶을 주체적으로 살아갈 수 있도록 돕는 것을 목표로 하고 있다. 그러나 여기서 멈추지 않고, 학생들은 자원봉사의 정신을 배우고 실천하며 '도움을 받는 사람'에서 '도움을 주는 사람'으로 성장하고 있다. 중학생 이상 학생들은 유치원 아이들을 가르치고, 학교와 병원 운영, 마을개발 활동에도 자원봉사자로 참여하며 중요한 역할을 맡고 있다.

북한에 식량을 지원할 때에도, JTS는 단순한 지원에 그치지 않고 시범

인도 수자타아카데미 학생들의 초등교사 자원봉사 활동

농장을 운영하여 농업 생산량을 늘리고, 그 중 일부를 북한 내 취약 계층에게 기부할 수 있도록 하였다.

또한 안산 다문화센터에서는 다문화 가정의 정착을 지원하는 데 그치지 않고, 이들이 지역사회의 일원으로서 자발적으로 봉사하며 살아갈 수 있도록 다양한 기회를 제공하고 있다. 실제로 일부 다문화 가정 구성원들은 매주 하천 쓰레기 줍기 활동에 참여하고 있으며, 통역 자원봉사자로서 다문화인을 위한 병원 진료나 다양한 행사에 함께하고 있다.

나아가 스리랑카와 미얀마의 취약 계층을 돕는 구호 사업에서도, 외국인노동자들은 JTS의 활동이 현지에서 원활히 이루어지도록 자신의 가족이나 지인들의 협력을 이끌어내는 역할을 하고 있다.

네팔 긴급구호에 참여한 인도 수자타아카데미 스태프

(7) 모든 활동은 자발성에 기초를 두고 무보수의 자원봉사로 운영한다.

JTS는 무보수 자원봉사 정신으로 운영되는 인도주의 구호단체이다. 상근 인력조차도 보수를 받지 않고 봉사하는 것을 원칙으로 하고 있다. 이를 통해 운영비를 최소화하고, 소중한 후원금이 오롯이 현장의 어려운 이웃에게 전달되도록 하고 있다.

JTS와 협력하는 국내외 협력단체들 또한 동일한 정신을 공유하고 있다. 이들 역시 JTS와 함께 진행하는 사업에 대한 운영비를 자체적으로 부담하며, 자원봉사의 가치에 기반하여 활동하고 있다. 이러한 자발적인 운영 구조는 사업의 순수성을 유지하고, 외부의 이해관계에 흔들리지 않는 독립성과 투명성을 가능하게 한다.

JTS는 단순히 도움을 주는 것을 넘어 도움을 받는 이들이 다시 다른 이들을 도울 수 있는 존재로 성장하는 구조를 지향하고 있다. 인도 수자타아카데미 학생들은 배움과 동시에 지역사회에 봉사하며 성장하고 있

JTS인도 운영을 책임지는 봉사자들

다. 국내 다문화 가정이나 해외 구호 대상자들도 통역, 정착 지원, 지역사회 봉사 등을 통해 나눔에 동참하고 있다.

JTS가 해외에서 다양한 사업을 펼칠 수 있었던 것은, 각 사업장을 지원하는 현지 봉사자들의 헌신이 있었기 때문이다. 이들은 언어와 문화가 다르지만 JTS를 잘 이해하고 지역 상황에 맞는 실질적 지원을 가능하게 해 주는 든든한 파트너이다. 스리랑카의 자원봉사자들은 한국인 활동가 없이 2년 넘게 경제위기로 어려움을 겪는 스리랑카 가정과 학생들을 위한 구호 활동에 무보수로 적극 참여하고 있다.

국내에서도 많은 자원봉사자들이 취약 계층 지원 활동에 함께하고 있으며, 계절과 날씨에 상관없이 거리로 나서 JTS의 활동을 알리고 모금 활동에도 적극 나서고 있다.

JTS가 지금까지 이어올 수 있었던 가장 큰 원동력은 이처럼 국내외 곳곳에서 함께하는 자원봉사자들의 실천 덕분이다. 자원봉사자들이 있기에 JTS의 활동은 앞으로도 가장 도움이 필요한 곳을 향해 계속될 것이다.

스리랑카 긴급구호에 참여하는 스리랑카 봉사자들

II

JTS는 일시적 지원을 넘어,
도움 받는 사람들이 다시 '도움 주는 사람'으로 성장할 수 있도록
돕는 것을 중요한 가치로 삼고 있습니다.

JTS — 30년 활동의 성과

30년간 나라별 건축 현황

	학교 (유치원, 초중고)	기숙사	교사 숙소	주택	물탱크 (우물) 및 핸드펌프	병원 (보건소)	다리	기타
인도	17	1			59	1		농업용 펌프 4개
필리핀	72	3	27		19	1	2	다목적 홀 2개
스리랑카	21				49			농업용 우물 18개 화장실 96개 농업시설(관개수로, 저수지)
캄보디아	17	1	12		17			
미얀마	1						3	
태국		1						
인도네시아	7			60	2	2		관개수로 설치
라오스	1				1			
시리아	1							
파키스탄				103	1,210			
아프가니스탄					3		3	토관 26개 상판다리 6개 마을회관 1개 여성직업훈련센터 1개
아이티	5							
네팔	2							
합계	144	6	39	163	1,360	4	8	

144
학교 건축
6
기숙사
39
교사 숙소
163
주택 건축
1,360
물탱크 및 핸드펌프
4
병원(보건소)
8
다리 건설

1. 문맹퇴치를 통한 자립하는 삶

(1) 인도 수자타아카데미를 통한 문맹퇴치

1993년 인도 비하르주 둥게스와리 지역에서 〈수자타아카데미(Sujata Academy)〉가 처음 열렸을때, 학교가 없어 아이들 문맹률이 90% 이상에 달했다. JTS는 30년 이상 교육을 통해 문맹을 퇴치하고 주민들의 자립을 돕는 데 집중하였다.

그 결과 2024년 현재 40세 이하 성인 중에 90%에 가까운 문해율을 기록하고 있다. JTS가 운영하는 수자타아카데미는 유치원부터 중등과정까지 무상교육을 제공하며, 현재 약 1,700명의 학생이 교육을 받고 있다. 정부학교가 부족한 지역에서는 수자타아카데미를 다닐 수 있도록 하고, 정부학교가 생긴 지역에서는 학생들이 공교육을 받을 수 있도록 유도하는 등 실질적인 교육 지원을 지속하고 있다.

수자타아카데미의 가장 큰 성과는 30년 전만 해도 거리에서 구걸하던 아이들이 이제는 학교에 다니는 것을 당연하게 여기게 되었다는 점이다. 이는 단순한 교육 기회의 제공을 넘어 교육이 일상으로 자리잡은 문화적 변화를 만들어낸 결과이다.

수자타아카데미는 학생이 성장하여 다시 후배를 가르치는 순환형 교육 체계를 도입함으로써, 교사 인력 부족 문제를 해결하고 보다 많은 아이들이 기초 교육을 받을 수 있는 환경을 조성해왔다. 중학생이 유치원생을, 고등학생이 초등학교 1~2학년을, 인터칼리지, 대학생이 초등학교 3~5학년을 가르치는 구조로 운영되며, 이 과정에서 학생들은 책임감과 자신감, 협력과 공동체 의식을 함께 길러간다. 이러한 시스템은 단순한 학습을 넘어 지역사회에 필요한 인재를 양성하는 기반이 되고 있다.

또한 JTS는 '어떤 계급과 성별도 차별 없이 모두 평등하다'는 가치를 바탕으로 천민과 양민, 남녀 학생이 함께 공부하고 친구가 될 수 있는 교육 환경을 조성하였다. 그 결과 신분과 성차별로 교육 기회를 갖지 못했던 천민 계층과 여학생들의 학교 입학률이 크게 증가하였다. 이는 교육의 평등성을 실현한 대표적인 사례로 꼽힌다.

이러한 교육 체계는 ▲교육 불평등 해소, ▲지속 가능한 지역교육 모델 구축, ▲학생 간 협력과 공동체성 교육, ▲자기주도 학습력 강화, ▲책임감과 자신감 형성 등 다양한 성과를 낳고 있다. 실제로 수자타아카데미 학생들은 자발적인 노력과 후배 교육 참여를 병행하면서 정부 시험에서도 우수한 성적을 거두는 사례가 많다.

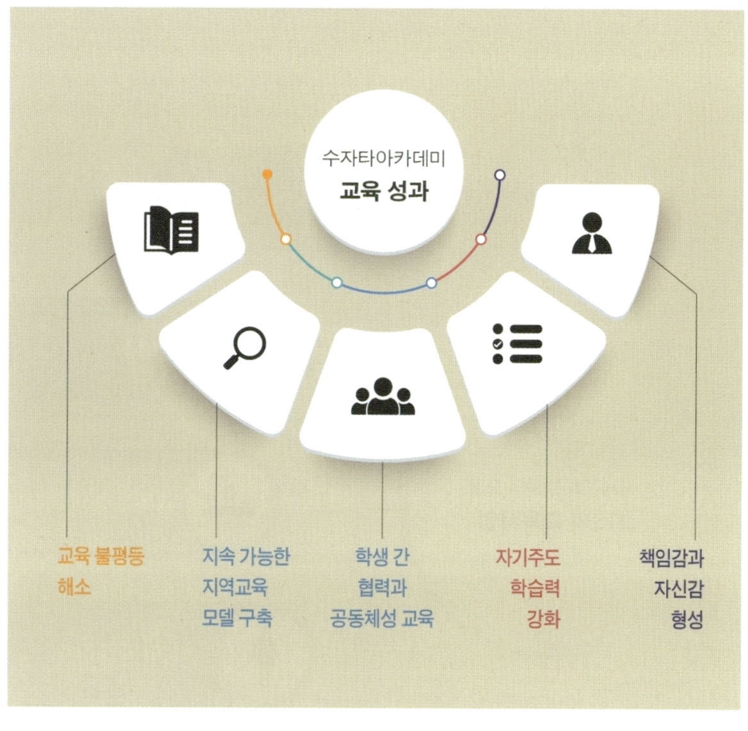

(2) 교육, 지속 가능한 자립을 위한 발판

교육은 지식 전달을 넘어 빈곤 해결과 자립을 위한 가장 중요한 도구 중 하나이다. 문맹은 빈곤을 고착화하는 주요 원인 중 하나로, 교육을 통해 문맹률을 낮추고 취업 기회를 확대하면 경제적 자립이 가능해진다. 수자타아카데미는 교육을 받은 아이들이 성장하면서 교사, 마을 리더로 자리 잡으며 지속적인 변화의 주체가 되고 있다.

또한, 교육은 단기적인 구호 활동을 넘어 지속 가능한 발전을 위한 기반을 마련한다. 단순 원조는 일시적인 효과에 그칠 수 있지만, 교육을 통

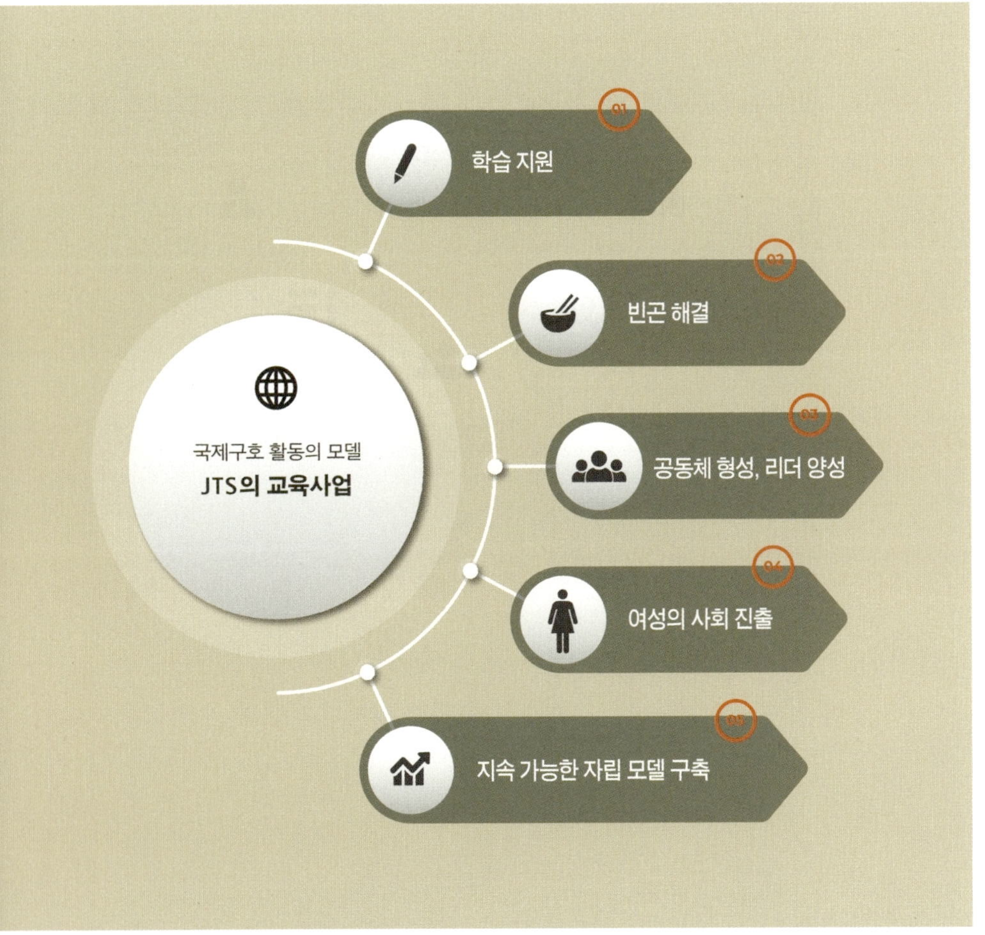

해 지역사회가 스스로 문제를 해결할 수 있는 역량을 갖추게 되면 외부의 지속적인 지원 없이도 자립이 가능해진다. 이는 국제구호 활동에서도 중요한 교훈이 될 수 있으며, 단기적인 지원에서 벗어나 장기적인 변화로 이어질 수 있도록 해야 한다는 점을 시사한다.

교육을 통해 지역 주민들의 참여를 유도하고 공동체 형성을 지원하는 것도 중요한 부분이다. 수자타아카데미에서는 학생들이 후배들을 가르치고, 병원 및 마을개발 활동에 참여하는 등 '도움을 받는 사람'에서 '도움을 주는 사람'으로 성장하는 과정을 경험한다. 이는 지역사회가 자발적으로 발전할 수 있도록 하는 중요한 원동력이 된다.

특히, 여성과 소외계층이 교육을 받을 수 있도록 지원하는 것은 사회 전체의 변화를 이끄는 핵심 요소가 된다. JTS는 조혼을 방지하고 여성 교육을 장려하는 활동을 통해 여학생들이 초등학교뿐만 아니라 중등, 고등, 대학 과정까지 진학할 수 있도록 도왔다. 이 과정에서 여성의 사회적 역할이 확대되고, 교육을 통해 새로운 기회를 얻을 수 있는 환경이 조성되었다.

국제구호 활동에서 교육사업은 도움받는 사람들이 단순한 수혜자가 아니라 변화의 주체로 성장하게 한다. 교육받은 지역 주민들이 직접 구호 활동에 참여함으로써 해당 지역에 맞는 해결책을 찾아갈 수 있고, 보다 효과적인 자립 모델을 구축할 수 있다.

JTS의 사례는 이러한 점에서 국제구호 활동이 나아가야 할 방향을 잘 보여주고 있다. JTS의 교육사업은 ▲학습 지원 ▲빈곤 해결 ▲공동체 형성, 리더 양성 ▲여성의 사회 진출 ▲지속 가능한 자립 모델 구축에 기여하고 있다. 이는 국제구호 활동에서도 중요한 모델이며, 교육이 단순 지원을 넘어 지속 가능한 변화를 만드는 핵심 요소임을 보여준다.

2. 문맹퇴치를 통한
지역 공동체 발전과 평화 실현

(1) 필리핀 학교 건축과 교육 지원을 통한 문맹퇴치

학교 건축과 교육 지원을 통한 문맹퇴치는 필리핀 사업의 가장 큰 성과이다. 2003년부터 시작한 필리핀 활동은 20년 이상 이어지며 72개의 학교를 건설하였다.

JTS가 필리핀 사업을 시작할 당시 분쟁과 가난으로 소외된 원주민과 무슬림 마을의 대부분 아이들은 학교에 다닐 수 없었다. 그나마 학교를 다니는 아이들도 산과 강을 넘어 4km에서 멀게는 12km까지 걸어가야 했으며, 비가 오면 학교에 가는 일이 더욱 어려웠고, 어린 아이들은 먼 거리의 학교에 갈 수 없었다.

하지만 민다나오 곳곳에 학교가 지어지기 시작하면서 아이들의 삶은 큰 변화가 왔다. 더 이상 새벽 5시에 집을 나서지 않아도 되어 학교 가는 길이 즐겁기만 했다. 또한 분쟁 지역에서 총을 가지고 놀던 아이들은 이제 총 대신 연필을 손에 쥐게 되었고, 생계를 위해 일터로 나가던 아이들도 부모들이 직접 지은 학교로 돌아올 수 있었다.

(2) 마을 주민들과 지방정부의 협력을 통한 변화 발전

필리핀에서 JTS가 진행한 학교 건축과 마을개발의 가장 큰 성과 중 하나는 마을 주민들과 지방정부, 교육청이 함께 협력하는 구조를 형성한 것이다.

JTS는 '학교를 지어주는 것이 아니라 마을 주민들과 함께 짓는다'는 원칙 아래 건축 자재는 JTS가 지원하고, 주민들은 노동력을 제공하며, 지방정부는 기술자를 파견하고, 교육청은 교사를 배치하는 방식으로 역할을 분담해왔다.

이러한 협력을 통해 학교는 단순한 교육 시설을 넘어 마을의 변화와 발전을 이끄는 중심지 역할을 하게 되었다. 주민들이 학교 건축에 직접 참여하면서 자녀 교육에 대한 관심이 높아졌고, 종교 갈등으로 단절되었던 주민들 간의 대화와 협력이 복원되어 지역공동체가 평화를 회복하는

계기가 되었다. 학교는 공동의 문제를 해결하는 협력의 장이 되었고, 주민들의 자긍심과 연대감도 함께 높아졌다.

학교 건축을 통해 마을 인프라도 개선되었다. 건축 자재를 운반하기 위해 지방정부는 마을까지 도로를 개설하였고, 이는 외부와의 연결성을 높이며 주민들의 생계와 이동에 큰 도움을 주었다. 학교가 있는 마을로 다른 마을 주민들이 이주하기도 하면서, 도로는 지역 간 소통과 연계의 중요한 통로가 되었다.

특히 뮬리타 강변의 여러 마을들은 학교 건축을 계기로 협력을 제도화하였다. 파굼퐁, 키타스, 타포난, 발라 마을의 리더들은 '뮬리타 공동체 협력 협정(Mulita Community Partnership Agreement)'을 체결하고, 인력이 많이 필요한 작업을 서로 도우며 함께 학교를 건축하였다. 이 과정에서 주민들은 건축 기술과 공정 순서를 익히게 되었고, 이후 각자의 마을에서 학교를 지을 때에도 익숙하게 공사를 진행할 수 있었다.

사라와곤 마을에 학교를 건설할 때는 7km 떨어진 불루안 마을의 청년들과 리더들이 공사를 도왔다. 학교가 세워지면 불루안의 자녀들도 먼 거리를 걸어서라도 교육을 받을 수 있다는 기대감에서 비롯된 협력이었다. 이후 불루안에서 학교를 지을 때는 사라와곤과 파굼퐁 주민들이 다시 참여하며 상호 협력이 자연스럽게 이어졌다.

【필리핀】총을 든 반군의 안내를 받아 답사하는 모습

(3) 교육을 통한 평화실현의 새로운 모델 마련

마을 주민들과의 협력을 통한 교육 지원이 갈등지역에서 어떻게 평화로 갈 수 있는지를 보여주었다. 이러한 성과는 비단 필리핀 민다나오에서만 그치는 것이 아니라 분쟁을 겪는 다른 나라나 지역에서도 일상에서 비폭력으로 평화를 이룰 수 있는 중요한 모델이 된다.

현대 문명은 여전히 세계 곳곳에서 전쟁과 분쟁이 끊이지 않고 일어나고 있고, 이를 해결할 방법 조차 군사적 충돌에서만 찾고 있다. 필리핀 활동 사례는 평화실현의 새로운 모델이 될 수 있을 것이다.

◆─ 종교와 문화 간 화합의 가능성 제시

민다나오 지역의 갈등은 주로 종교적, 문화적 차이에서 비롯된 것이다. 이 지역에서 JTS가 기독교인과 무슬림, 원주민이 공존할 수 있는 환경을 조성함으로써, 종교적 차이가 평화의 장애물이 될 필요가 없다는 것을 입증했다. 서로 다른 종교나 문화적 배경을 가진 사람들이 평화롭게 협력할 수 있는 모델은 국제 사회에서도 평화 구축의 중요한 요소로 작용할 수 있다.

◆─ 평화 구축에 있어 교육의 중요성 확인

JTS필리핀 활동은 교육이 평화 구축의 핵심 도구임을 보여준다. 교육은 편견과 오해를 줄이고 갈등을 해결할 수 있는 평화적 리더를 양성하는 중요한 기반이다. 이 사례는 국제사회에서도 전쟁이나 분쟁을 방지하고 평화를 증진하는 데 교육이 필수라는 점을 다시 한번 강조하게 된다.

◆─ 글로벌 NGO의 역할 강화

JTS와 같은 비정부기구(NGO)는 정부가 개입하기 어려운 지역에서 평화를 위한 중요한 역할을 수행할 수 있음을 보여주었다. 필리핀 사례는 국제NGO가 인도주의적 지원과 평화 구축에서 얼마나 중요한 역할을 할 수 있는지 실증한 사례이다. 다른 분쟁 지역에서도 이와 같은 국제NGO

의 활발한 활동이 중요하다는 것을 시사한다.

민다나오의 평화 정착 사례는 평화란 일회성이 아닌 지속 가능한 과정임을 보여준다. JTS는 학교 건축과 교육만으로 끝나지 않고 마을 주민들이 협력할 수 있는 문화와 시스템 마련에 영향을 미침으로써 스스로 평화를 유지할 수 있는 구조를 마련해주었다. 이에 평화의 지속 가능성을 강화했다. 이는 세계 평화에도 적용될 수 있는 중요한 교훈으로 지속적인 지원과 협력 그리고 지역사회의 자발적 참여가 필요함을 알 수 있다.

3. 긴급구호를 넘어 삶의 재건으로

(1) 인도주의 원칙에 기반한 일관된 실천

JTS의 긴급구호 활동은 스리랑카, 인도네시아 지진 및 쓰나미, 파키스탄 홍수, 미얀마 홍수 및 지진, 튀르키예·시리아 지진, 네팔 지진 등 국제적 재난 상황에 신속하고 효과적으로 대응해 왔다.

무엇보다 JTS는 인종, 종교, 계급, 성별, 정치 체제, 국적, 이념에 구애받지 않고, 오직 인도주의 정신에 입각하여 활동하고 있다.

정부나 대기업의 프로젝트성 지원 없이, 무보수 자원봉사자와 후원자의 자발적인 기부로 운영되기 때문에 정치적·경제적 외압 없이 독립적인 활동이 가능하였다.

이러한 신속한 대응은 현지 상황 파악부터 물자 조달, 배송 및 배분에 이르기까지 짧은 의사결정 구조와 자원봉사 중심의 운영 시스템 덕분에 실현될 수 있었다.

(2) 소외 지역 우선 원칙에 충실

JTS의 긴급구호는 외부의 지원이 거의 닿지 않는 소외된 지역을 우선 대상으로 삼고 있다. 대규모 피해가 발생한 지역은 언론에 자주 보도되기 때문에 다양한 지원 단체와 물자가 몰려든다. 그러나 피해 규모가 비슷함에도 불구하고 교통이 불편하거나 잘 알려지지 않은 지역은 구호의 사각지대에 놓이는 경우가 많다. 이러한 지역은 초기 지원이 부족한 탓에 전염병 등 2차 피해에 더 쉽게 노출되기도 한다.

JTS는 이러한 현실을 고려하여, 접근이 어려워 상대적으로 소외된 지역을 중심으로 구호 활동을 펼치고 있다. 철저한 현장 답사를 통해 실제 피해 주민들에게 필요한 물품을 정확히 파악하고, 가장 필요한 물품이 효과적으로 전달되도록 하는 것을 목표로 하고 있다. 그래서 오지 마을이나 분쟁 지역 등 접근이 어려운 곳도 마다하지 않고 직접 찾아가 구호 활동을 펼친다.

예를 들어, 2023년 튀르키예-시리아 대지진 당시 대부분의 단체가 튀르키예에 집중된 반면, JTS는 상대적으로 외면받던 시리아 지역을 중심으로 지원을 전개하였다.

파키스탄 홍수 피해 지원

이외에도 아프가니스탄, 미얀마 라카인주, 북한 등 접근이 제한된 분쟁 지역 및 복합 위기 지역에서도 적극적으로 활동해왔다. 이러한 원칙과 실천은 분쟁지나 재난의 사각지대에서 더욱 두드러졌으며, 구호 사각지대를 줄이는 데 실질적으로 기여하고 있다.

(3) 피해자 중심의 신속하고 실질적인 대응

JTS는 태풍, 수해, 지진, 팬데믹 등 다양한 재난 상황에 대응하여 신속하게 정보를 파악하고 현지 협력자를 발굴한 뒤 수요 조사, 물품 구매 및 배분까지 일관된 체계로 진행한다. 필리핀 하이옌 태풍 피해 지역 학교 건축과 복원은 마닐라에 거주하는 한국 사업가들이 봉사자로 참가하면서 신속성을 보여준 대표적 사례이다.

재난의 특성과 피해 상황에 따라 주민 생존에 필수적인 식량, 의료용품, 방역물품, 생필품, 교육 인프라 등을 적시에 맞춤형으로 지원하였다. 예를 들어, 필리핀 마라위시 분쟁 지역 피난민들이 발생했을 때 긴급구호를 진행하였다. 주민 대부분은 무슬림이라 라마단 기간에 낮에는 음식을 먹지 못하기 때문에 프루트칵테일을 지원해달라는 요청을 받았고, 지원

2017년 필리핀 마라위시 피난민 긴급구호

물품에 특별히 포함하였다. 현장 조사를 통해서 현지 상황에 맞는 물품을 필요한 시기에 지원할 수 있었다.

JTS는 긴급구호 물품을 미리 준비해놓고 있지는 않다. 그 이유는 실제 현장에 꼭 필요한 물품을 전달하기 위해서 현장 조사 후 필요 물품을 전달하기 위해서이다. 특히 JTS는 '필요한 만큼, 욕구를 자극하지 않는 적정 수준'이라는 철학을 바탕으로 과도한 소비를 유도하지 않으면서도 실질적인 도움이 되도록 하는 지원 방식을 일관되게 유지하고 있다.

(4) 현지 봉사자 또는 NGO와의 협력 구조

모든 긴급구호 활동은 현지 자원봉사자 및 단체와 협력하여 수행한다. JTS는 각국 정부나 현지 NGO에 위임하는 것이 아니라, 직접 지원을 원칙으로 한다. 다만, 물품 선정, 수혜자 선정, 배분 과정 등 전반적인 절차는 현지 주민들의 의견을 충분히 수렴하고, 현지 NGO와 협력하여 진행한다. 실제 도움이 필요한 사람들에게 구호품이 전달될 수 있으며 공정한 배분이 가능해진다.

특히, 스리랑카, 파키스탄, 시리아의 경우, 현지 봉사자와 NGO(FRDP,

스리랑카 현지 봉사자와 경제 지원을 위한 긴급구호

화이트 헬멧)가 주도적으로 구호 활동에 참여하면서 일회성 지원을 넘어 공동체의 역량을 강화하고, 지역사회의 자립 기반을 조성하는 데 실질적인 기여를 하였다.

(5) 단기 구호에서 장기 회복으로 연결

JTS는 단순한 긴급구호에 머물지 않고, 재난 이후의 복구와 자립 지원까지 연결되는 통합적 접근을 지향하고 있다. 식량, 생필품, 의약품 등 1차적 긴급 지원에 그치지 않고, 도로·다리·핸드펌프·주택 등 주민들의 삶의 기반이 되는 인프라를 복구하고 있으며, 농업기술 지원이나 학교 건립 등 공동체 회복을 위한 장기적인 지원 체계도 구축해나가고 있다.

특히, 자연재해로 파괴된 학교를 긴급히 복구하거나 임시교실을 설치하여 아동들의 학습 중단을 최소화하고 교육의 정상화를 도모하였다. 캄보디아, 인도네시아, 시리아, 아프가니스탄, 스리랑카, 라오스 등 JTS가 긴급구호를 펼친 대부분의 국가에서 학교와 보건소를 건설해왔으며, 필리핀에서는 태풍 피해 이후 신속한 복구를 통해 학교를 재건하여 필리핀 교육부 장관으로부터 공로패를 수여받는 성과도 거두었다.

시리아 지진 피해 이후 새롭게 건축한 학교 전경

4. 해외 협력단체와의 파트너십 구축

(1) 협력의 원칙—자발성과 무보수

JTS가 다양한 국가에서 활발한 사업을 펼칠 수 있었던 것은 자원봉사 시스템뿐 아니라 각국의 협력단체와의 긴밀한 협력 덕분이다. 2024년 현재 JTS의 주요 협력단체로는 필리핀의 지방정부 및 교육청, 시리아의 화이트헬멧(White Helmets), 부탄의 정부 및 BNF재단, 미얀마의 노블하트(Noble Heart), 태국의 INEB, 파키스탄의 FRDP 등이 있다.

해외 협력단체는 현지 언어에 능통하고, 그 나라 문화와 관습을 깊이 이해하는 강점이 있다. 그래서 원활한 소통과 신속한 정보 수집이 가능하여 사업의 실효성과 효율성이 크게 향상된다. 예를 들어, 내전으로 구호 활동이 어려운 미얀마 라카인주에서는 노블하트와의 협력을 통해 6,000가구에 식량을 배분할 수 있었으며, 시리아 역시 NGO활동이 제한된 상황에서 화이트헬멧과 협력하여 긴급구호를 넘어 학교 재건 등 재난 복구 활동까지 이어갈 수 있었다. 또한 필리핀, 부탄과 같이 정부와 협력하여 사업을 추진할 경우 도로 건설 등의 인프라 구축이 가능해져 주민들의 삶의 질 개선은 물론 마을 공동체의 지속적인 발전에도 영향을 미친다.

JTS는 협력단체를 선정할 때, JTS의 활동 원칙에 공감하고 이를 실천할 수 있는지 최우선 기준으로 삼는다. 협력단체와의 관계에서도 자발성과 무보수의 정신을 철저히 지킨다. 이에 따라 모든 협력은 순수한 인도주의적 봉사의 연장으로 간주한다.

아울러 협력 과정에서도 JTS의 활동 원칙에 대해 지속적으로 소통하며 서로 이해를 바탕으로 신뢰를 쌓아가고 있다. 이를 통해 JTS는 재정의 투명성과 사업의 순수성을 유지하고 있으며, 협력단체와 함께 인도주의 정신을 기반으로 한 지속 가능한 국제 연대를 실현해나가고 있다.

(2) 협력 방식—역할 분담의 명확성

JTS는 협력단체와 함께 사업을 수행할 때, 역할을 명확히 분담하는 것을
원칙으로 한다.

　모든 사업은 상호 협의를 통해 진행하되, JTS는 구호 사업의 총괄 기획
과 물품 지원·운반·배분을 담당하고, 협력단체는 수혜 대상자 선정, 현
장 배분을 맡는다.

　이와 같은 역할 분담은 협력의 효율성을 높이는 동시에 가자의 강점을
살려 현지 상황에 적합한 맞춤형 지원을 가능하게 하였다.

(3) 국제 협력 강화 및 신뢰 구축

JTS는 유엔난민기구(UNHCR), 국제이주기구(IOM), 세계식량계획(WFP)
등 국제기구와 협력하여 보다 효과적이고 지속 가능한 지원체계를 구축
해왔다.

　특히 방글라데시의 로힝야 난민을 대상으로 유엔 기구들과 협력하여
가스스토브 20만 대와 비누 636만 개를 지원함으로써 난민들의 일상생
활 안정과 지속 가능한 삶의 기반 마련에 실질적으로 기여하였다.

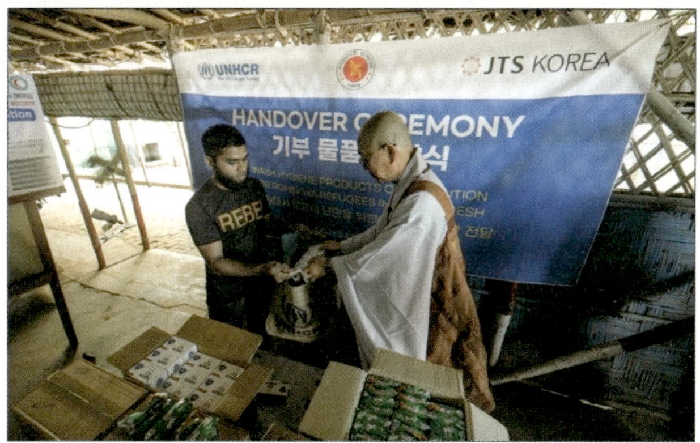

① 파키스탄 협력단체 FRDP와 함께 식량 지원, 핸드 펌프 및 주택 건설
② 시리아 협력단체 화이트헬멧과 함께 학교 재건
③ 유엔난민기구(UNHCR)와 방글라데시 로힝야 난민 비누 지원

5. 자원봉사로 이룬 JTS의 발자취

(1) 무보수·자발성의 자원봉사 원칙

JTS는 지난 30여 년간 무보수와 자발성을 핵심 원칙으로 하는 자원봉사 시스템을 기반으로 국내외에서 지속적이고 일관된 인도주의 활동을 펼쳐 왔다. 이 자원봉사 체계는 JTS의 운영 철학의 중심이자, 사업의 투명성과 독립성을 유지할 수 있는 근간이 되어왔다. 이러한 철학은 JTS와 후원자들과의 지속적인 신뢰 구축을 가능하게 한 가장 중요한 토대이다.

JTS의 자원봉사자와 후원자들은 검소한 삶을 실천하며, 더 어려운 이웃과 나눔을 실천하는 데서 행복을 찾는다. 이러한 실천이야말로 JTS가 오랜 시간 동안 지속 가능한 활동을 이어올 수 있었던 원동력이다.

또한 JTS는 자원봉사를 기본 운영 원칙으로 삼기 때문에 후원금의 95% 이상을 사업비로 사용할 수 있는 구조를 갖추고 있다. 이로 인해 보다 많은 지역과 사람들에게 효과적으로 도움을 줄 수 있는 조직으로 성장할 수 있었다.

모금캠페인에 참여한 JTS자원봉사자

JTS는 국내에서도 다양한 형태의 자원봉사 활동을 통해 시민들의 자발적인 참여를 이끌어내고 있다. 거리 모금 캠페인, 취약 계층을 위한 영양꾸러미 및 연탄 지원, 노인 돌봄 활동 등은 계절과 날씨에 관계없이 꾸준히 이어지고 있으며, 참여자들은 비가 오거나 무덥고 추운 날씨에도 아랑곳하지 않고 헌신적으로 활동에 임하고 있다. 특히 봉사자들은 단순 참여를 넘어 직접 사업을 기획하고 실행하는 등 주체적으로 활동을 이끌고 있다.

JTS의 자원봉사 시스템이 확산된 계기는 1996년 북한동포돕기 활동을 시작하면서이다. 북한 주민들의 굶주리는 실상을 시민들에게 알리고 참여를 유도하기 위한 캠페인을 전국적으로 전개하였으며, 이 과정에서 많은 이들이 자원봉사자로 참여하였다.

당시 남북관계 긴장으로 일부 시민들은 반감과 저항을 하였지만, 봉사자들은 헌신적인 활동을 지속하였고 이 경험을 바탕으로 JTS는 자원봉사 중심의 운영체계를 안정적으로 정착시킬 수 있었다. JTS 후원회원도 이 시기를 기점으로 확산되었다.

북한동포돕기 캠페인 외에도 JTS 홍보 캠페인은 초등학생부터 대학생, 일반 시민에 이르기까지 다양한 연령층이 폭넓게 자원봉사로 참여하고

1996년 북한동포돕기 모금캠페인에 참여한 JTS자원봉사자

있다. 어린이날과 연말, 주말 캠페인에 중복 참여를 포함해 총 7,600여 명의 봉사자들이 참여하였다(2024년 기준). 특히, 해마다 방송인·연기자들이 거리모금에 참여하면서 자원봉사자들에게 활기를 불어넣고 있다. 이외에도 국내 복지사업에는 총 3,300명이 참여하였다.

2024년 한 해 동안 JTS 캠페인 및 복지사업에 총 1만 명 이상의 자원봉사자가 활동에 참여하였으며, 이는 시민 참여형 자원봉사 문화가 정착되는 데 크게 기여하였다.

JTS는 인도, 필리핀, 미얀마, 스리랑카 등 다양한 국가에서 현지 주민, 외국인노동자 가족, 해외 교민들과 협력하며 자원봉사 기반의 국제구호 활동을 펼쳐왔다. 이들은 교육, 건축, 통역, 물품 분배 등 다양한 분야에서 자발적으로 참여하고 있으며, 단순한 '노동력 제공' 수준을 넘어 지역사회의 자립 기반을 조성하는 데 실질적인 역할을 하고 있다.

예를 들어, 언어와 문화의 장벽이 큰 인도의 척박한 천민 마을에서 수자타아카데미가 설립될 수 있었던 것은 JTS와 함께한 둥게스와리 마을 주민들과 가야지역 청년들 그리고 석가족들의 참여와 헌신 덕분이다.

분쟁지역인 필리핀에서는 20년 이상 수많은 어려움 속에서도 사업이 지속되어 왔는데 이는 마닐라 회원들과 현지 봉사자들의 지속적인 지원과 헌신이 있었기 때문이다.

또한 전쟁 직후의 위험한 아프가니스탄에서 소수의 JTS 활동가들이 3년간 많은 사업을 수행할 수 있었던 것도 신뢰할 수 있는 현지 자원활동가들과의 협력 덕분이다. 시리아, 미얀마, 태국 국경지대 등 분쟁지역에서도 현지 자원봉사자들은 통역, 물품 구매 및 분배, 대상자 확인 등 실무 전반에 걸쳐 중요한 역할을 수행하고 있다.

인도의 경우 설성봉 자원활동가가 무장 강도에 의해 서거한 사건을 계기로 인도 경찰 부대가 몇년간 학교에 상주하게 되었고, 그로 인해 수자타아카데미의 활동 안정성이 보장되었다. 이후 한국인 자원봉사자들의 인도 파견이 확대되는 계기가 되었으며 지난 30년간 인도에서 1년 이상 활동한 한국인 파견 자원봉사자는 100명이 넘는다.

(3) 외국인노동자 참여와 글로벌 파트너십 확장

JTS는 일시적 지원을 넘어 도움을 받는 사람들이 다시 '도움을 주는 사람'으로 성장할 수 있도록 돕는 것을 중요한 가치로 삼고 있다. 이를 통해 수혜자들이 자원봉사의 의미를 배우고 실천하며, 자발적인 봉사자로 거듭나는 순환 구조가 자연스럽게 형성되고 있다.

최근 한국 거주 외국인노동자들 또한 자국의 구호 활동에 가교 역할을 하며 새로운 가능성을 보여주었다. 특히 스리랑카는 국가부도로 인한 경제 위기 속에서 외국인노동자와 연결하여 스리랑카 가족과 지인 네트워크가 형성되었고, 그들은 현지에서 2년 이상 긴급구호 활동을 자율적으로 운영해왔다. 구호 활동에 이어 그 성과를 이어받아, 현재는 한국인 활동가 없이 전적으로 현지 봉사자들로 구성된 〈JTS스리랑카〉 설립이 추진 중이다. 이는 JTS의 가치와 철학을 현지 자원봉사자들이 깊이 이해하고, 자립적으로 실행한 대표적 사례로 손꼽힌다.

그동안 JTS는 주로 동남아시아 국가를 대상으로 구호 사업을 펼쳐왔으며, 언어와 문화의 장벽을 넘어 한국 활동가들이 파견되어 활동해왔다. 하지만 이번 스리랑카 사례는 국내 다문화 사업과 국제구호 사업이 유기적으로 연계되어, JTS가 현지 중심의 해외구호 사업을 더욱 효율적으로 확장할 수 있는 새로운 방향을 제시한 의미 있는 사례이다.

긴급구호에 참여한 스리랑카 현지 자원봉사자들

(4) 자원봉사를 통한 지역 자립 기반 조성

JTS의 자원봉사는 단순한 '노동력 제공'을 넘어 현지 주민들의 자립과 지역사회의 지속 가능한 발전에 실질적으로 기여하고 있다.

인도의 수자타아카데미에서는 졸업한 학생들이 교사가 되어 후배를 가르치는 순환형 자원봉사 시스템이 운영되고 있으며, 필리핀에서는 학교 건축에 주민들이 직접 참여해 기술을 익히고, 이후 다른 마을의 건축 활동에도 자발적으로 참여하면서 공동체 연대를 강화하고 있다.

부탄에서도 마을 주민들이 스스로 자신의 삶을 개척하는 과정에 참여하며, 지역 사회의 변화와 발전에 기여하고 있다.

이러한 사례들은 자원봉사의 정신이 단순한 지원을 넘어 지역 주민들의 자립과 공동체 발전에까지 깊은 영향을 미치고 있음을 보여준다.

지역 도로 보수공사에 참여한 부탄 주민들

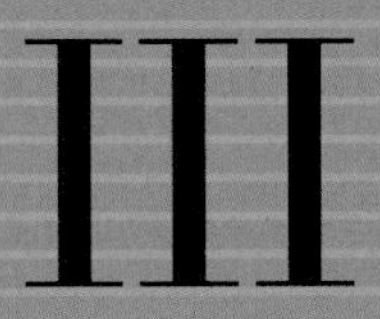

JTS 학교 건축은 단순한 교육 시설을 넘어
마을의 변화와 발전을 이끄는 중심지 역할을 하게 되었습니다.
주민들의 참여로 대화와 협력이 복원되어
지역공동체가 평화를 회복하는 계기가 되었습니다.

JTS — 나라별 활동

JTS 30년 주요 활동 지역

30
함께 열어요,
아름다운 세상!
1993-2024
아이티

1. 인도

INDIA

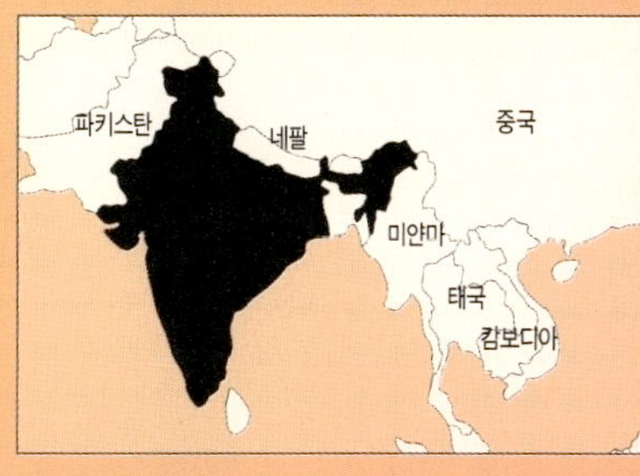

인도는 남아시아에 위치한 나라이며, 동쪽으로는 벵골만, 서쪽으로는 아라비아해, 남쪽으로는 인도양과 접해 있다. 몬순 기후의 영향을 크게 받아 지역별로 기후가 다양하다. 북부에는 히말라야 산맥이 있어 한랭 건조하며, 남부로 갈수록 고온다습하다. 힌두교, 이슬람교, 시크교 등 다양한 종교가 공존하며, 힌두교가 인구의 대부분을 차지한다. 카스트제도는 법적으로 폐지되었지만 사회적으로 여전히 영향을 미치고 있다. 최근 인도 경제는 정보기술(IT) 산업과 서비스업을 중심으로 빠르게 성장하고 있다. 하지만 여전히 빈부 격차가 심해 인구의 상당수가 극심한 빈곤에 시달리고 있다. 인도는 지리, 기후, 종교, 문화, 경제 등 다양한 측면에서 복잡하고 역동적인 나라이다.

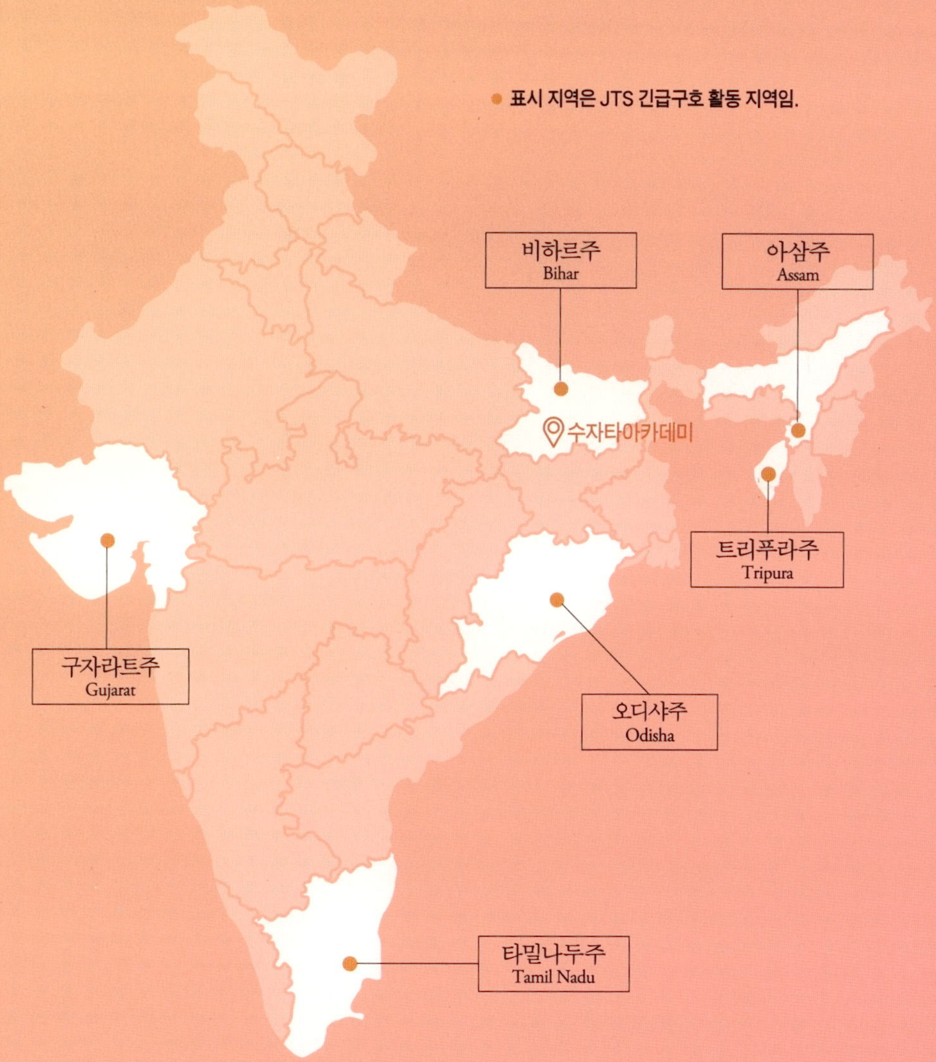

01
불가촉천민 마을,
둥게스와리에서
시작하다

(1) 인도 둥게스와리 지역 특성

둥게스와리는 인도 비하르주 가야시(District Gaya, State Bihar, India) 근교에 위치한 지역으로, '버려진 땅'이라는 의미를 가진 곳이다. 이곳은 인도 카스트 계급의 최하층인 불가촉천민(달리트, Dalit)들이 모여 사는 지역으로, 이들은 오랜 차별과 가난 속에서 살아가고 있다.

인도는 법적으로는 신분제도인 카스트 제도를 폐지했지만, 수천 년 동안 지속되어 온 사회적 구조로 인해 인도인들의 삶에 여전히 강한 영향을 미치고 있다. 카스트는 크게 다음과 같이 나뉜다.

- 브라만(Brahman) : 사제 계급
- 크샤트리아(Kshatriya) : 군인·통치 계급
- 바이샤(Vaisya) : 상인 계급
- 수드라(Sudra) : 천민 계급

이외에도 수많은 하위 카스트가 존재하며, 그중에서도 불가촉천민(달리트)은 가장 낮은 계층으로 분류된다. 카스트 제도는 인도 사회 전반에 걸쳐 차별과 불평등을 고착화하고 있다. 우선 인도인들의 직업은 카스트에 따라 세습되고 있다. 이발사의 아들은 이발사, 릭샤꾼의 아들은 릭샤꾼, 청소부의 아들은 청소부가 되는 식으로 출생에 따라 직업이 결정된다. 그리고 카스트에 따라 결혼이 제한되어서 같은 카스트 내에서만 결혼이 가능하며, 천민과 양민 간의 신체 접촉조차 허용되지 않는 경우가 많다. 많은 인도인들은 자신의 카스트에 따른 삶을 숙명으로 받아들이고 있으며, 아무리 벗어나고 싶어도 벗어나기 어렵다.

JTS사업이 시작된 1993년 당시, 둥게스와리는 공동묘지로 사용될 정도로 인도에서 낙후된 지역이었다. 문명의 혜택이 거의 없었으며, 교육을 받지 못해 문맹률이 90% 이상이고 가난이 대물림되고 있었다. 건기에는 극심한 물 부족과 척박한 토양으로 인해 농사도 어려운 환경이었다. 대부분의 주민들은 정부나 외부 지원에서 소외된 채 소작, 날품팔이, 채석, 구

걸 등으로 하루 1~2달러 미만의 생계를 유지해야 했으며 현재까지도 가
난한 삶이 이어지고 있다.

JTS는 교육, 의료, 마을개발 사업을 통해 둥게스와리에 희망의 씨앗을
심었으며, 지속적인 변화를 만들어가고 있다.

둥게스와리는 15개 마을 2,465가구에 인구는 11,750명(2024년 기준)이
다. 마을 주민들을 대상으로 교육, 의료, 마을개발, 긴급구호 사업 등을
진행하고 있다. 1993년 17개 마을에서 시작하였으나 2007년부터는 80%
이상 양민인 모라탈, 빠레와 마을은 사업대상에서 제외하였다. 2010년에
는 마을 규모가 큰 만코시힐에서 라훌나가르가 분리되는 등 현재 사업
대상 마을은 15개로 정리되었다.

수자타아카데미 학교는 1993년에는 17개 마을 전체를 대상으로 운영
하였으나 2012년 정부학교가 만들어지면서부터는 조정되었다. 2024년
현재는 정부학교가 없는 자그디스푸르, 두르가푸르, 방갈비가 마을 아이
들과 정부학교에 다니다가 차별이 심해 학교를 다닐 수 없는 아마르푸르
아이들이 수자타아카데미에 다니고 있다. 또한 가왈비가, 까나홀, 바가히
마을 학생들이 수자타아카데미 까나홀 분교에 다니고 있다.

◆— **JTS가 지원하는 둥게스와리 15개 마을지도**

◆— **15개 마을 중 불가촉천민 구성**

• **불가촉천민 비율이 100%인 마을** (10곳)

라훌나가르(Rahulnagar), 만코시힐(Mankoshihill), 두르가푸르(Durgapur),
자그디스푸르(Jagdishpur), 소라즈비가(Swarajbigha), 안투비가(Antubigha),
아자드비가(Azadbigha), 아마르푸르(Amarpur), 산티나가르(Santinagar),
스리람푸르(Srirampur)

• **불가촉천민 비율이 80% 이상인 마을** (3곳)

바가히(Bagahi), 가왈비가(Gawalbigha), 자르하리(Jarhari)

• **양민 마을** (2곳)

방갈비가(Azadbigha), 까나홀(Kanahoul)

(2) 한 수행자의 원에서 시작된 수자타아카데미

인도의 수자타아카데미는 한 젊은 수행자의 깊은 깨달음과 원願에서 시작되었다. 1991년, JTS 이사장 법륜 스님이 인도성지순례를 하던 중의 일이다. 순례 가이드는 순례객들에게 여러 번 당부했다. "인도에서 돈을 달라는 사람에게 1루피 이상 주지 마세요." 그러던 중 법륜 스님이 콜카타 거리를 지날 때 한 여인이 스님에게 다가와 팔을 이끌고 구멍가게로 가서 손을 배에 대었다가 분유통을 가르키며 입에 넣는 시늉을 했다. 아이가 배고프니 좀 사달라는 것 같아서 가게 주인한테 얼마냐고 물으니 60루피라는 거였다. 그 순간 1루피 이상은 주지 말라던 가이드의 말이 떠올랐고, 스님은 놀라서 그녀의 손을 뿌리치고 황급히 숙소로 돌아왔다.

숙소로 돌아온 스님은 마음이 좋지 않았고, 60루피면 한국 돈으로 얼마나 되는지 곰곰히 따져보니 아주 적은 돈이라는 사실을 깨닫고 깊은 후회에 빠졌다. '어쩌면 저 아이는 하루 단 한 끼의 분유도 먹지 못하고 있을지도 모른다.' 밤새 거리로 나가 그 여인을 찾아 헤맸지만, 끝내 다시 만날 수 없었다. 그때 법륜 스님은 깊이 뉘우치며 스스로에게 다짐했다. "언젠가 그 분유 값의 수백 배, 수천 배, 수만 배를 갚겠다." 이 발원이 수자타아카데미와 JTS 활동의 시작점이 되었다.

전정각산을 방문한 법륜 스님과
구걸하는 아이들

(3) 법륜 스님의 발원, 싹을 틔우다

1993년, 법륜 스님이 전정각산 부처님 고행터를 찾았을 때, 산기슭에는 구걸하는 마을 사람들이 가득했다. 특히 백여 명의 아이들이 옹기종기 모여 구걸하는 모습을 보고, 스님은 두르가푸르 마을 주민들에게 물었다.

"오늘이 학교 쉬는 날인가요? 아이들이 왜 학교에 가지 않고 여기 있나요?"

주민들은 마을에 학교 자체가 없다고 대답했다. 이에 법륜 스님은 다시 물었다.

"마을에서 가장 필요한 것이 무엇인가요?"

그러자 주민들은 한 목소리로 대답했다.

"아이들이 공부할 학교가 필요합니다. 우리 아이들은 우리처럼 살지 않았으면 해요."

법륜 스님은 마을 주민들과 함께 학교를 짓기로 결정하고, 주민들에게 물었다.

"여러분의 아이들을 위한 학교를 짓는데, 여러분도 함께해야 하지 않겠습니까?"

주민들은 난색을 보이며 말했다.

"우리는 가진 것이 없습니다."

그러자 법륜 스님은 이렇게 제안했다.

"학교를 짓는데 저는 건축 자재를 지원하겠습니다. 여러분은 여러분의 아이들이 공부할 학교이니 땅을 기증하고 직접 짓는 일에 동참하면 어떻겠습니까?"

마을 사람들은 이에 동의했고, 두르가푸르 마을의 10가구가 각 1가타(약 42평)의 땅을 기증했다. 이 땅은 농사를 지을 수 없는 황무지였다. 마을 주민들과 함께 황무지를 정리하고, 그 위에 학교를 짓기 시작했다.

땅을 기증하는 것만으로 학교가 세워지는 것은 아니었기에, 법륜 스님은 마을 사람들을 설득하여 직접 공사에 참여하도록 했다. 스님 또한 두르가푸르 마을에 방 한 칸을 빌려 주민들과 함께 생활하며 일을 도왔다.

그 방은 원래 염소가 살던 곳이었지만, 염소를 다른 곳으로 옮기고 바닥에 새 지푸라기를 깔아 침낭을 펴고 잠을 잤다.

이렇게 해서 JTS가 건축 자재와 기술자를 제공하고, 마을 주민들이 땅과 노동력을 보태며 1993년 수자타아카데미 건축이 시작되었고, JTS인도가 설립되었다.

JTS는 세 가지 원칙을 바탕으로 둥게스와리에서 활동을 시작했다.

"배고픈 사람은 먹어야 합니다. 아픈 사람은 치료받아야 합니다. 아이들은 제때 배워야 합니다." 이러한 원칙 아래, JTS는 교육과 의료, 마을개발 사업을 통해 둥게스와리 주민들이 보다 더 인간적인 삶을 누릴 수 있도록 지원하였다.

마을 주민들과 함께 학교 건축에 참여한 법륜 스님

마을 사람들에게 우리가 무엇을 할 수 있겠습니까?

우리가 식량을 나눠준다고 가정해 봅시다.

많은 사람들이 처음에는 고마워하겠지만,

시간이 흘러가면서 더 많은 것을 달라고 요구할 것입니다.

우리는 사람들이 원하는 것을 계속 줄 수 있을 만큼

풍족하지 않습니다.

또 마을사람들은 그런 식으로 식량을 얻어서

생활하게 되면 일을 잘 하지 않을 것입니다.

그러면 그들 스스로 살아갈 수 있는 힘을 잃게 됩니다.

잘못하면 거지를 만들기가 쉽습니다.

결국 이 문제를 해결하려면

먼저 아이들을 교육시키는 길밖에 없습니다.

아이들이 점점 자라서 어른이 될 때까지 기다려야 됩니다.

—법륜 스님

"나에게는 꿈이 있습니다.
이 세상에서 가장 열악한 곳에서 하나의 모범을 만들면
그것이 비록 수십 년이 걸리는 일이고 보잘것없는 작은 일이라
하더라도 언젠가는 전 세계 어디에서나 가능한 보편성을 갖게 되어
퍼져나갈 것입니다.
우리가 원하는 세상, 괴로움이 없는 세상, 정토세상은 저절로 오는
것도 아니고 한두 사람에 의해서 이루어지는 것도 아닙니다.
많은 사람들이 함께하는 데서 하나하나 이루어져 가는 것입니다.
우리가 뿌린 이 씨앗이 자라 언젠가 큰 나무가 되어
수많은 사람에게 그늘을 드리워 주기를 염원합니다."

— 법륜 스님

(4) JTS인도 설립

1993년 둥게스와리 마을 주민들의 문맹퇴치와 구호 활동을 위해 JTS인도를 설립하였다. 그리고 30년 이상 교육, 의료, 마을개발, 긴급구호 등의 활동을 이어나가고 있다.

1993년 법륜 스님이 인도성지순례 때 바이샬리에서 성지순례를 왔던 상카시아 청년들을 만났다. 그들은 부처님의 제자이자 석가족이며, 청년불자회(Youth Buddhist Society) 회원이라고 하였다. 법륜 스님과 함께 바이샬리의 허름한 게스트하우스에 머물렀는데 그게 인연이 되었다. 이후 그들은 6년 동안 인도 둥게스와리 사업을 개척하는데 주축이 되어 활동하였다.

상카시아에서 둥게스와리까지 먼 거리였지만 그들은 모두 자원봉사자로 참여하였다. 이사장 법륜 스님과 박지나 대표가 인도를 방문할 때마다 석가족들이 통역을 맡아서 해주었으며 모든 활동을 함께하였다.

1996년부터 한국 활동가들이 파견되어 현지인들과 함께 JTS인도를 운영하고 있다.

2005년 수자타아카데미 모습

문맹퇴치를 위한
교육 활동—
수자타아카데미

수자타아카데미는 둥게스와리 지역의 가난한 아이들을 위해 1993년부터 유치원, 초등과정, 중등과정의 교육을 제공하고 있다. 이 학교는 마을 주민들과 학생들이 함께 만들었다. 학교를 지을 때 마을 주민이 학교 건축에 참여했고, 학생들은 학교 운영에 직접 참여하며 함께 만들어가고 있다.

학교 건축이 시작될 무렵, 야외 수업이 먼저 진행됐다. 당시 마을 주민 1,000여 명 중 글을 읽고 쓸 줄 아는 사람은 단 두 명뿐이었다. 한 명은 초등학교 5학년을 졸업했고, 다른 한 명은 8학년을 졸업한 상태였다. 학교 운영이 절실했던 만큼, 이 두 사람이 교사가 되어 공사장 한쪽에서 첫 야외 수업을 시작했다. 그들은 바로 가네스지와 사뗸다르지이다. 현재 가네스지는 정부학교에서 초등 교사로 아이들을 가르치고 있으며, 사뗸다르지는 마을 의사로 일하며 두르가푸르 마을 리더로서 JTS와 함께 마을 개발을 이끌고 있다.

첫 야외 수업이 시작되자 약 150명의 아이들이 모였다. 학생들을 두 반으로 나누어 나무 그늘 아래에서 수업을 진행했다. 30년이 지난 2024년 현재, 수자타아카데미에는 유치원생 약 1,000명, 초등학생 500명, 중학생 200명 등 한 해 총 1,700여 명의 아이들이 교육 받고 있다.

학교 건축 초기, 야외에서 수업이 시작되었으며 주민들이 함께 건축에 동참하였다.

1. 수자타아카데미가 걸어온 길

- 1994   초등교육 시작
- 1996   학생 무료급식 시작
- 1997   유치원 교육 시작(현 15개 마을 15개 유치원 운영)
- 1997   중등교육 시작
- 2002~2007   청소년 노동학교 6기 운영
- 2003~2006   수자타 기술학교 1기 운영
- 2005   제1분교 까나홀 분교 개원 및 운영(초등 3학년까지 운영, 4학년부터 수자타아카데미 본교에서 수업)
- 2009   제2분교 아자드비가 분교 개원(현재는 유치원으로 운영)
- 2012   정부학교 활성화에 따른 '정부학교 보내기운동'

  '한 학교 보내기 운동' 전개

  학생들이 정부학교에 적응하도록 지원

  현재까지 정부학교 학생에게 학용품 지원
- 2013   본교에서 천민마을 일부와 정부학교 없는 4개 마을에서

  신입생 받음(자그디스푸르, 두르가푸르, 방갈비가, 아마르푸르)

  까나홀 분교는 3개 마을에서 신입생 받음(까나홀, 가왈비가, 바가히)
- 2015   인도 정부에서 인준하는 사립학교 등록
- 2016   수자타아카데미 출신 인도 현지인이

  스태프 및 학교 운영 책임자가 됨

수자타아카데미 건축 연혁

- 1993. 12 　수자타아카데미 건축 시작
- 1995. 1 　수자타아카데미 1층 준공
- 1997. 1 　수자타아카데미 2층 준공
- 1998 　마을 유치원 건축 시작(15개 유치원)
- 2003. 1 　수자타 기술학교(현 중학교) 준공
- 2004. 2 　수자타아카데미 3층 증축
- 2005. 2 　제1분교 까나홀 분교 개원
- 2007. 1 　수자타아카데미 쁘락보디홀(대강당) 준공
- 2008. 1 　싯다르타하우스(기숙사) 준공
- 2009. 1 　제2분교 아자드비가 분교 개원(현재 유치원 운영)
- 2011. 1 　JTS 홍보센터 준공
- 2020. 1 　수자타아카데미 뉴빌딩(체육관, 도서관, 과학관) 준공

수자타아카데미 학교 건축 초기

수자타아카데미 1층 준공

수자타아카데미 2층 준공

마을유치원 건축 시작　1998

수자타 기술학교(현 중학교) 준공　2003

수자타아카데미 3층 증축　2004

제1분교 까나홀 분교 개원

수자타아카데미 쁘락보디홀(대강당) 준공

싯다르타하우스(기숙사) 준공

JTS 홍보센터 준공　　2011

수자타아카데미 뉴빌딩(체육관, 도서관, 과학관) 준공　　2020

수자타아카데미 전경(2024)

9월 초순에 한국은 매우 더웠는데 요즈음은 좀 선선해졌는지요? 이곳
인도 둥게스와리는 아직도 매일 비가 한 두 차례씩 오는 우기가 계속되고
있습니다. 그래도 새벽녘에는 제법 시원할 정도로 좋아졌습니다. 아침마
다 예불과 기도가 끝난 후, 전정각산을 오릅니다. 학교 주변 마을의 집들
은 숲에 둘러싸여 마치 정원처럼 보입니다. 자연적으로 보면 아름답기 그
지없는 곳입니다. 그런데 그 숲 아래에서 일어나는 인간들의 삶은 아름답
지도, 고요하지도 않습니다. 매일 크고 작은 사건들이 일어나고 있지요.
그저께는 산모가 위급하다고 시내 병원으로 실려 갔는데, 수술비를 도와
달라고 급한 연락이 왔습니다. 정부병원에서는 환자가 수술비가 없어
수술을 해 줄 수가 없다고 하고, 수술하지 않고는 아이를 낳을 수 없다고
합니다. 결국 우리가 수술비를 지원하여 수술하게 되었습니다. 다행히
산모와 아이 모두 무사하답니다. 마침 병원 여의사가 지바카병원 개원식
때 왔던 정부 의사라 많은 도움을 주었다는군요. 이곳 인도 정부 병원
의사는 정부에서 월급을 받기 때문에 수술은 당연히 무료인데, 수술을
잘 안 하려고 하니 뒷돈이 필요한 것 같습니다. 병원 운영에는 사회주의
적 요소와 자본주의적 요소가 혼합되어 있어 서비스 질이 저하되고, 병원
비가 비싸 서민들이 이용하기 어려운 상황입니다. 지바카병원은 아직
시설이 부족하여, 우리 병원에서 치료할 수 없는 병은 정부 병원으로 보

내 치료하게 되는데, 돈이 많이 듭니다. 모든 사람에게 많은 경비의 정부
병원 치료비를 다 대줄 수도 없고, 그렇다고 아픈 사람을 치료 안 할 수도
없습니다. 특히 제가 도착하기 전날 산모가 한 사람 죽었다고 하니 그냥
두기가 더 어렵지요.

오늘은 자그디스푸르 마을 사람들이 수자타에서 공사하고 있는 건너
마을 기술자가 학교에 오려고 하니 길을 막고 못 오게 했다는군요. "왜
우리 마을 기술자를 안 쓰고 이웃마을 기술자를 쓰느냐?"는 항의였답니
다. 벌써 3일째 그랬다는군요. 지난번 병원공사 때 기술이 부족한 자그디
스푸르 마을 기술자를 고용했더니 부실공사가 있었습니다. 그래서 이번
학교 공사에는 기술이 좀 나은 건너 마을 기술자를 썼더니 이런 사건이
생기는군요. 노동자를 고용할 때에도 다른 마을 노동자는 못쓰게 하면서,
자기들은 일을 게을리하고 자주 빠지는 바람에 공사를 맡은 설성봉 님이
애를 먹고 있습니다.

땅을 팔고는 등기 이전을 안 해주는 사람, 돈을 빌려가고 갚지 않는 사람,
갖가지 길흉사로 도와 달라는 사람들은 매일 늘어나고 있다는군요. 그것
을 다 해주지 못하다 보니 조그마한 갈등들이 생깁니다.

8년 전 이 일을 시작했을 때는 내가 이 마을에 살면서 함께 밥 먹고 같이
일하니 마을 사람들과도 사이가 좋았었는데, 지금은 건물을 짓고 담을
쌓고 사니 아마도 거리가 생긴 것 같습니다. 지난 일을 돌이켜보면 8년의
세월이 흐르면서 갖가지 일들이 생겼던 것 같습니다. 20여 명의 떼강도가
들어 교사들을 때리고, 가두고, 학교 물건을 다 가져간 적도 있었습니다.
96년부터는 학생이 500여 명으로 많아지면서 양민 아이들 비율이 70%
이상이 되었는데요. 그러자 양민 학부형들이 찾아와 천민 출신 선생들을
다 내보내라고 항의를 했습니다. 나는 오히려 양민 학생들을 정부 학교로

돌려보내고 천민 학생들만 받기로 결정을 했지요. 또 한 번은 유치원 원장으로 높은 계급 출신 대학원 졸업자를 받았더니, 이번에는 천민 마을 사람들이 반대를 했지요. 법적으로 계급 차별이 없어진지 50년이나 지났다지만, 이 마을에는 2,000년 전이나 지금이나 큰 차이가 없답니다. 99년도에는 또 한 차례 20여 명의 떼강도가 총을 들고 벽을 부수고 들어와, 학교 물건을 모두 빼앗아갔지요. 전기도 들어오지 않았는데 10만 루피의 전기세 고지서가 날아오는가 하면, 주 수상이 전기, 전화를 한 달 내에 넣어주겠다고 약속하였지만 8개월이 지나도록 종무소식이기도 하지요. 그런 와중에도 97년도에는 초등학교 건물이 완공되었고, 준공식에는 가야 디엠(시장)이 참석했습니다. 98년에는 유치원이 지어졌습니다. 2001년 지바카병원이 완공되고 개원식 때는 비하르주 씨엠(주 수상)이 참석했지요.

아무리 조그마한 일에도 뒷돈이 있어야 되는 인도에서 뒷돈을 주지 않고 일을 한다는 것은 정말 어려운 일일뿐더러 효과 면에서도 정말 손해 나는 방식입니다. 그러나 우리가 왜 이곳에 왔으며 무엇을 어떻게 할 것인가가 중요하기 때문에 비록 일의 진척 속도가 늦고 비효율적일지라도 원칙을 지키며 진행할 수밖에 없습니다. 이런 우리들이 인도인들에게는 인도를 잘 모르고 덤비는 어리석은 사람처럼 비치는가 봅니다. 요즈음은 특히 행정적인 일들이 많습니다. 법인을 내야 하고, 회계사를 고용해서 회계 보고를 해야 하고, 그러자니 영수증을 일일이 첨부해야 합니다. 영수증 없이 사는 시골에서는 특히 어렵지요. 전기와 전화도 필요하고, 땅 등기도 해야 하고, 그러다 보니 정부관리도 만나게 되고, 어느 곳 하나 뒷돈을 요구하지 않는 곳은 없고, 우리는 뒷돈을 절대 안 주는 원칙이다 보니 일의 진척은 하염없이 늦어질 뿐이지요. 이번 하반기 동안 내가 이곳 둥게스와리에 머물면서 해야 할 일들은 수행을 지도하고 법문을 하는 것이 아니라 이런 문제들을 해결하는 것입니다. 아주 조그마한 일에서부터 이곳의 생활 원칙을 정하고 사무체계를 잡아서 앞으로 누가 파견되어도 일을 잘할 수 있도록 질서를 세우는 일입니다. 학교와 병원 운영, 마을개발 사업, 건설 공사, 법인 운영 등 모든 것들에 체계를 세우고, 운영세칙을 마련하고, 자원봉사자를 선발하고 훈련을 시키는 일이지요. 또 주변 사람들 즉, 이웃마을 사람들, 주변의 외국 절들, 정부관리, 지방 유지들과의 관계를 어떻게 가질 것인지 원칙을 정하는 것들입니다.

'어두우면 자고, 밝으면 일어난다'는 생활 원칙을 정했습니다. 전기는 저녁 2시간만 켜고 물은 절약해서 쓰기로 했습니다. 교통편도 가능하면 걷거나 자전거를 이용하려고 합니다.

아침 조회시간에 스님께 인사드린다고 삼배를 하는 아이들의 해맑은 얼굴과 웃음을 보면서 8년 전 구걸하던 아이들의 모습이 떠올랐습니다. 공을 차며 뛰노는 아이들, 밭에서 열심히 일하고 있는 아이들은 나에게 큰 기쁨이고 희망입니다. 또한 병원 앞에 매일 길게 늘어선 환자들을 보면서 다시는 이 세상에 굶어 죽고, 병들어 죽고, 배우지 못하는 아이들이 없는 세상, '정토를 일구리라'는 원을 다짐합니다.

오늘 밤도 편안히 주무십시오.

2001년 9월 21일

2. 수자타아카데미 분교

(1) 까나홀 분교

까나홀 분교가 있기 전, 까나홀 아이들은 매일 아침 전정각산을 넘어서 등교를 해야 했다. 산이 험해 어린 하급생들에겐 다소 위험한 길이라 2005년 2월에 까나홀 분교를 개원하게 되었다. 그 후 2011년 까나홀 정부학교 활성화를 지원하며 운영을 중단하였다. 2015년부터 정부학교에 정착하지 못하는 학생들과 정부학교가 없는 마을의 학생들을 다시 받았다. 현재는 초등 3학년까지 운영하며 4학년부터는 수자타아카데미 본교에서 수업을 받고 있다.

■ 기간	2005년~현재	
■ 규모	까나홀 마을 앞쪽에 위치, 교실 7칸, 베란다	
■ 해당 마을	까나홀, 바가히, 가왈비가	

(2) 아자드비가 분교

아자드비가는 불가촉천민이 거의 100%인 마을이다. 근처의 산티나가르, 아마르푸르, 안투비가도 마찬가지이다. 본교가 먼 것도 이유이지만 부모들의 교육에 대한 열의도 낮아서 이들 지역 어린이들은 학교 등록률도 가장 저조하고 중간에 학업을 포기하는 비율도 높았다. 그래서 더 많은 아이들에게 배움의 기회를 주고자 아자드비가 분교를 개원하였다. 2012년 정부학교 운영 활성화를 지원하며 신입생을 받지 않다가 2023년에 유치원으로 전환하였다.

■ 기간	2009년~2012년
■ 규모	교실 4칸, 교무실, 화장실 4칸
■ 해당 마을	아자드비가, 안투비가, 아마르푸르

3. 수자타아카데미 교육철학 및 운영

(1)
모든 아이들이 성별·신분에 관계없이
읽고, 쓰고, 셈을 할 수 있게 한다

수자타아카데미는 유치원부터 중등학교까지 운영되며, 각 과정에서 수자타아카데미의 교육 철학과 목표를 반영한 교육을 제공하고 있다.

가장 중요한 목적은 교육을 통해 아이들이 가난과 문맹에서 벗어날 수 있도록 돕는 것이다. 또한 인도의 오랜 신분 차별과 성차별에서 자유로워질 수 있도록, 학교에서만큼은 모두가 평등한 교육을 받을 수 있으며 모든 사람이 평등하다는 가치를 가르친다.

나아가 아이들이 어려운 이웃을 돕는 따뜻한 마음을 가진 사람으로 성장할 수 있게 교육하고, 자원봉사 정신을 배우고 실천할 수 있는 장을 마련하고 있다. 그리고 학생들이 졸업 후 주체적으로 둥게스와리를 살기 좋은 마을로 만드는 리더가 될 수 있도록 돕는 것을 목표로 하고 있다.

양민과 천민, 남녀 등 신분을 넘어 모두가 평등하게 교육받는 수자타아카데미

(2)

자원봉사로 운영하는 학교—
학생이 교사가 되다

초창기 수자타아카데미는 자원봉사에 동의한 사람을 교사로 모집했다. 1996년부터 교사에게 최소 활동비 월 300루피를 지급하였는데, 이를 월급으로 인식한 교사들이 월급 인상 및 복지 향상을 요구하며 1998년 1월 16일 파업을 벌였다. 학교를 자원봉사로 운영한다는 JTS 사업 원칙에 대한 인식이 부족하였기 때문이다.

그때부터 학교 운영을 담당했던 석가족 청년들이 2001년까지 교사로 활동하였다. 2000년부터 상급생이 후배들을 가르치는 교원 자원봉사 시스템을 만들었다. 이 시스템은 현재까지도 안정적으로 운영되고 있다.

세계 곳곳에는 아직도 학교가 없거나 교사를 구하기 어려운 지역이 많다. 인도 역시 마찬가지였다. 이를 해결하기 위해 중등과정 학생들이 유치원생을, 고등과정 학생과 대학생은 초등학생을 가르치며 교육을 이어가고 있다. 중등과정은 주로 인도인 JTS 활동가들이 가르치고 있다. 다만 특별 과목(산스크리트어, 댄스, 태권도, 컴퓨터)은 외부 강사에게 소정의 강사료를 주고 교육하고 있다. 이러한 시스템 덕분에 지난 30년 동안 수많은 학생들이 문맹에서 벗어날 수 있었다.

후배를 가르치는 수자타아카데미 학생들

(3)
모두가 평등한 교육 환경을 만들다 —
천민과 여학생 비율을 높이다

수자타아카데미는 문맹률을 낮추기 위해 초기 학교 운영 시 천민과 여학생의 학교 등록율을 높이는 데 집중했다. 천민과 여성들은 교육에서 가장 소외된 계층으로, 이들의 교육 참여 확대를 통해 모든 인간은 평등하게 존중받아야 한다는 가치를 실현하고자 하였다.

2024년 현재 수자타아카데미 학생 중 85% 이상이 천민이며, 여학생은 50%를 차지한다. 카스트 제도의 영향이 여전히 남아 있는 인도지만 수자타아카데미에서만큼은 신분에 상관없이 모두가 평등하게 교육받고 있다. 또한, 10대 중반에 결혼하는 조혼 문화로 인해 여학생들이 학업을 지속하기 어려운 현실을 극복하여 상급 과정까지 진학할 수 있는 기회를 제공하고 있다. 이를 통해 여학생들이 자기실현과 자신감을 회복할 수 있도록 돕고 있다.

수자타아카데미 여학생들

(4)

도움을 받는 사람에서
도움을 주는 사람으로

수자타아카데미는 단순히 글을 배우는 곳이 아니라, 학생들이 배운 것을 지역사회와 어려운 이웃들에게 나눌 수 있도록 가르치고 있다.

학생들은 직접 교사가 되어 후배를 지도하고, 학교 운영·병원 운영·마을개발 등 다양한 영역에서 자원봉사로 참여하고 있다. 이는 '도움을 받는 사람이 아닌, 도움을 주는 사람이 된다'는 수자타아카데미의 중요한 교육 철학을 반영한 것이다.

학생들은 학교 청소를 직접 담당하는 것은 물론, 마을의 극빈층 구호 활동에도 참여하고 있다. 2008년부터 사랑의 쌀 모으기 캠페인과 극빈자 돕기 봉사활동을 시작하였다. 2008년 교사와 전교생 900여 명이 쌀 96kg을 모아 16개 마을 극빈자에게 지급하는 등 여러 차례 사랑의 쌀 모으기 캠페인을 진행하였다. 그리고 극빈자 집의 집안 청소, 물 나르기, 담장 쌓기, 이발 등의 봉사활동을 진행하였으며, 현재까지 계속되고 있다.

그뿐만 아니라, 인도 아삼주 차크마족 마을 지원, 인도 내 재해지역 구호 활동, 네팔 지진 피해 복구활동, 북한 어린이를 위한 쌀 모으기 캠페인, 일본 수해 피해 후원금 모으기 동참 등 국경을 넘어선 다양한 인도적 활동에도 동참하며 도움의 손길을 넓혀가고 있다.

North Korea
Donation

JTS

인도 정부 사립학교 등록

수자타아카데미는 2015년 인도 정부에 사립학교로 등록되었다.
그전에는 수자타아카데미란 이름으로 학교를 운영해 왔으나
공식적인 초중등 졸업장 발급은 하지 못하고
초중등 교과과정만 가르쳤다.
2015년 인도 정부에 사립학교로 등록된 이후부터
수자타아카데미 이름으로 졸업장 발급이 가능해졌다.

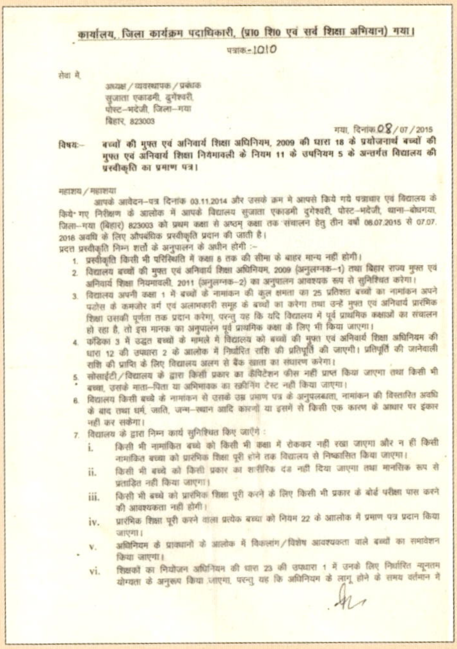

कार्यालय, जिला कार्यक्रम पदाधिकारी, (प्रा0 शि0 एवं सर्व शिक्षा अभियान) गया।

पत्रांक-1010

सेवा में,

अध्यक्ष/व्यवस्थापक/प्रबंधक
सुजाता एकाडमी, दुगेश्वरी,
पोस्ट-भदेजी, जिला-गया
बिहार, 823003

गया, दिनांक 08/07/2015

विषयः- बच्चों की मुफ्त एवं अनिवार्य शिक्षा अधिनियम, 2009 की धारा 18 के प्रयोजनार्थ बच्चों की मुफ्त एवं अनिवार्य शिक्षा नियमावली के नियम 11 के उपनियम 5 के अन्तर्गत विद्यालय की प्रस्वीकृति का प्रमाण पत्र।

महाशय/महाशया

आपके आवेदन-पत्र दिनांक 03.11.2014 और उसके क्रम मे आपसे किये गये पत्राचार एवं विद्यालय के किये गए निरीक्षण के आलोक में आपके विद्यालय सुजाता एकाडमी दुगेश्वरी, पोस्ट-भदेजी, थाना-बोधगया, जिला-गया (बिहार) 823003 को प्रथम कक्षा से अष्टम् कक्षा तक संचालन हेतु तीन वर्षों 08.07.2015 से 07.07.2018 अवधि के लिए औपबंधिक प्रस्वीकृति प्रदान की जाती है।

प्रदत्त प्रस्वीकृति निम्न शर्तों के अनुपालन के अधीन होगी :-

1. प्रस्वीकृति किसी भी परिस्थिति में कक्षा 8 तक की सीमा के बाहर मान्य नहीं होगी।
2. विद्यालय बच्चों की मुफ्त एवं अनिवार्य शिक्षा अधिनियम, 2009 (अनुलग्नक-1) तथा बिहार राज्य मुफ्त एवं अनिवार्य शिक्षा नियमावली, 2011 (अनुलग्नक-2) का अनुपालन आवश्यक रूप से सुनिश्चित करेगा।
3. विद्यालय अपनी कक्षा 1 मे बच्चों के नामांकन की कुल क्षमता का 25 प्रतिशत बच्चों का नामांकन अपने पड़ोस के कमजोर वर्ग एवं अलाभकारी समूह के बच्चों का करेगा तथा उन्हें मुफ्त एवं अनिवार्य प्रारंभिक शिक्षा उसकी पूर्णता तक प्रदान करेगा, परन्तु यह कि यदि विद्यालय मे पूर्व प्राथमिक कक्षाओं का संचालन हो रहा है, तो इस मानक का अनुपालन पूर्व प्राथमिक कक्षा के लिए भी किया जाएगा।
4. कंडिका 3 में उद्धत बच्चो के मामले मे विद्यालय को बच्चों की मुफ्त एवं अनिवार्य शिक्षा अधिनियम की धारा 12 की उपधारा 2 के आलोक में निर्धारित राशि की प्रतिपूर्ति की जाएगी। प्रतिपूर्ति की जानेवाली राशि की प्राप्ति के लिए विद्यालय अलग से बैंक खाता का संधारण करेगा।
5. सोसाईटी/विद्यालय के द्वारा किसी प्रकार का कैपिटेशन फीस नहीं प्राप्त किया जाएगा तथा किसी भी बच्चा, उसके माता-पिता या अभिभावक का स्क्रीनिंग टेस्ट नही किया जाएगा।
6. विद्यालय किसी बच्चे के नामांकन से उसके उम्र प्रमाण पत्र के अनुपलब्धता, नामांकन की विस्तारित अवधि के बाद तथा धर्म, जाति, जन्म-स्थान आदि कारणों या इसमें से किसी एक कारण के आधार पर इंकार नही कर सकेगा।
7. विद्यालय के द्वारा निम्न कार्य सुनिश्चित किए जाएँगे :
   - i. किसी भी नामांकित बच्चे को किसी भी कक्षा में रोककर नहीं रखा जाएगा और न ही किसी नामांकित बच्चा को प्रारंभिक शिक्षा पूरी होने तक विद्यालय से निष्कासित किया जाएगा।
   - ii. किसी भी बच्चे को किसी प्रकार का शारीरिक दंड नहीं दिया जाएगा तथा मानसिक रूप से प्रताड़ित नहीं किया जाएगा।
   - iii. किसी भी बच्चे को प्रारंभिक शिक्षा पूरी करने के लिए किसी भी प्रकार के बोर्ड परीक्षा पास करने की आवश्यकता नहीं होगी।
   - iv. प्रारंभिक शिक्षा पूरी करने वाला प्रत्येक बच्चा को नियम 22 के आलोक मे प्रमाण पत्र प्रदान किया जाएगा।
   - v. अधिनियम के प्रावधानों के आलोक में विकलांग/विशेष आवश्यकता वाले बच्चों का समावेशन किया जाएगा।
   - vi. शिक्षकों का नियोजन अधिनियम की धारा 23 की उपधारा 1 में उनके लिए निर्धारित न्यूनतम योग्यता के अनुरूप किया जाएगा, परन्तु यह कि अधिनियम के लागू होने के समय वर्तमान मे

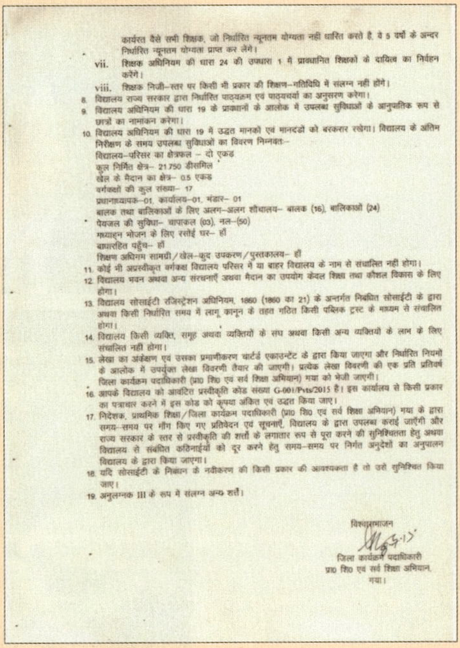

कार्यरत वैसे सभी शिक्षक, जो निर्धारित न्यूनतम योग्यता नही धारित करते है, वे 5 वर्षों के अन्दर निर्धारित न्यूनतम योग्यता प्राप्त कर लेंगे।

   - vii. शिक्षक अधिनियम की धारा 24 की उपधारा 1 में प्रावधानित शिक्षकों के दायित्व का निर्वहन करेंगे।
   - viii. शिक्षक निजी-स्तर पर किसी भी प्रकार की शिक्षण-गतिविधि में संलग्न नही होंगे।

8. विद्यालय राज्य सरकार द्वारा निर्धारित पाठ्यक्रम एवं पाठ्यचर्या का अनुसरण करेगा।
9. विद्यालय अधिनियम की धारा 19 के प्रावधानों के आलोक में उपलब्ध सुविधाओं के आनुपातिक रूप से छात्रों का नामांकन करेगा।
10. विद्यालय अधिनियम की धारा 19 में उद्धत मानकों एवं मानदंडों को बरकरार रखेगा। विद्यालय के अंतिम निरीक्षण के समय उपलब्ध सुविधाओं का विवरण निम्नवत-
    विद्यालय-परिसर का क्षेत्रफल - दो एकड़
    कुल निर्मित क्षेत्र- 21.750 डीसमिल
    खेल के मैदान का क्षेत्र- 0.5 एकड़
    वर्गकक्षों की कुल संख्या- 17
    प्रधानाध्यापक-01, कार्यालय-01, भंडार- 01
    बालक तथा बालिकाओं के लिए अलग-अलग शौचालय- बालक (16), बालिकाओं (24)
    पेयजल की सुविधा- चापाकल (03), नल-(50)
    मध्याह्न भोजन के लिए रसोई घर- हाँ
    बाधारहित पहुँच- हाँ
    शिक्षण अधिगम सामग्री/खेल-कुद उपकरण/पुस्तकालय- हाँ
11. कोई भी अप्रस्वीकृत वर्गकक्ष विद्यालय परिसर में या बाहर विद्यालय के नाम से संचालित नहीं होगा।
12. विद्यालय भवन अथवा अन्य संरचनाएँ अथवा मैदान का उपयोग केवल शिक्षा तथा कौशल विकास के लिए होगा।
13. विद्यालय सोसाईटी रजिस्ट्रेशन अधिनियम, 1860 (1860 का 21) के अन्तर्गत निबंधित सोसाईटी के द्वारा अथवा किसी निर्धारित समय में लागू कानून के तहत गठित किसी पब्लिक ट्रस्ट के माध्यम से संचालित होगा।
14. विद्यालय किसी व्यक्ति, समूह अथवा व्यक्तियों के संघ अथवा किसी अन्य व्यक्तियों के लाभ के लिए संचालित नहीं होगा।
15. लेखा का अंकेक्षण एवं उसका प्रमाणीकरण चार्टर्ड एकाउन्टेंट के द्वारा किया जाएगा और निर्धारित नियमों के आलोक में उपर्युक्त लेखा विवरणी तैयार की जाएगी। प्रत्येक लेखा विवरणी की एक प्रति प्रतिवर्ष जिला कार्यक्रम पदाधिकारी (प्रा0 शि0 एवं सर्व शिक्षा अभियान) गया को भेजी जाएगी।
16. आपके विद्यालय को आवंटित प्रस्वीकृति कोड संख्या G-001/Pvts/2015 है। इस कार्यालय से किसी प्रकार का पत्राचार करने में इस कोड को कृपया अंकित एवं उद्धत किया जाए।
17. निदेशक, प्राथमिक शिक्षा/जिला कार्यक्रम पदाधिकारी (प्रा0 शि0 एवं सर्व शिक्षा अभियान) गया के द्वारा समय-समय पर माँग किए गए प्रतिवेदन एवं सूचनाएँ, विद्यालय के द्वारा उपलब्ध कराई जाएँगी और राज्य सरकार के स्तर से प्रस्वीकृति की शर्तों के लगातार रूप से पूरा करने की सुनिश्चितता हेतु अथवा विद्यालय से संबंधित कठिनाईयों को दूर करने हेतु समय-समय पर निर्गत अनुदेशों का अनुपालन विद्यालय के द्वारा किया जाएगा।
18. यदि सोसाईटी के निबंधन के नवीकरण की किसी प्रकार की आवश्यकता है तो उसे सुनिश्चित किया जाए।
19. अनुलग्नक III के रूप में संलग्न अन्य शर्तें।

विश्वासभाजन

जिला कार्यक्रम पदाधिकारी
प्रा0 शि0 एवं सर्व शिक्षा अभियान,
गया।

인도 사립학교 등록증

4. 수자타아카데미 교육 과정 및 특성

수자타아카데미는 유치원·초등·중등과정으로 운영되고 있으며, 학생들은 고등과정부터 정부학교에서 수업하고 있다. 수자타아카데미의 가장 기본적 목표인 문맹퇴치를 위한 교육은 유치원과 초등과정에서 진행되고 있다.

중등과정에서는 중등과정에 맞는 학문적 지식을 가르치는 것뿐만 아니라, 유치원 교사가 될 수 있도록 교사로서의 훈련과 자원봉사자 교육 과정이 함께 진행된다. 수자타아카데미를 졸업한 고등학생과 대학생들은 수자타아카데미와 지바카병원을 비롯한 JTS 활동 전반에서 리더로 성장할 수 있는 교육과 훈련을 받고 있다.

연령	학제	활동
4세	영아반(너서리)	
5~6세	유아반(LKG, UKG)	
7~11세	초등학교(1~5학년)	
12~14세	중등학교 (6~8학년)	■ 1998~2005 : 6학년 유치원 교사 ■ 2006~현재까지 – 7학년부터 유치원 보조교사 – 8학년부터 유치원 교사
15~16세	고등학교 (9~10학년)	■ 정부학교에서 공부한 후 수자타아카데미에서 초등 1~2학년 교사
17~18세	인터칼리지 (11~12학년)	■ 초등학교 3~5학년 교사, 병원, 마을개발, 유치원 등 모든 부서의 업무를 익힘.
19~22세	대학교 (13~15학년)	■ 학교와 병원 등 모든 부서의 주니어 스태프로 활동 중 ■ 초등학교 3~5학년 교사

(1) 무상교육

수자타아카데미의 학생들은 전면적인 무상교육을 받고 있다. 등록금이 없을 뿐만 아니라, 공부에 필요한 물품(교과서, 학용품, 책가방, 달력, 여름용 슬리퍼와 비옷, 겨울용 구두와 스웨터, 교복, 넥타이, 벨트 및 배지 등)을 무상으로 지원받고 있다. 또한, 학교에서 제공하는 점심 식사도 매일 무료로 제공받고 있다.

다만 15개 마을유치원 중 5개 유치원은 입학금 10루피(한화 160원)와 매월 수업료 10루피를 내고 있다. 학생들이 10루피씩 내는 이유는 학부모들이 수업료를 냄으로써 보다 더 책임을 가지고 아이들을 유치원에 보내게 하기 위해서이다. 또한 이 유치원들은 수자타아카데미와 멀어서 상급생들이 교사로 파견 나가지 못하기 때문에 이 수업료와 JTS 지원금을 합해서 교사에게 수업료를 지불하고 있다. 교사 중에는 이 돈을 모아 유치원 운영비로 사용하기도 한다.

교복, 가방, 학용품, 신발, 스웨터, 운동복 등을 무상으로 지급받는 학생들

(2) 무상급식

수자타아카데미가 처음 문을 열었을 때, 아이들이 하나둘씩 쓰러졌다. 원인을 몰라 병원에 보내려 했으나, 보드가야의 닥터 버마(Dr. B.K.Verma)는 이렇게 말했다.

"이 아이들은 약이 필요한 것이 아니라, 음식이 필요합니다."

아이들에게 음식이 필요하다는 것을 알게 되면서 수자타아카데미는 무상급식을 시작했다. 당시 아이들은 극심한 가난 속에서 점심을 해결할 방법이 없었다. 배고픔을 참지 못해 수돗가에서 물로 배를 채우거나, 나무 밑에서 열매를 주워 먹었다.

점심을 먹기 위해 학교에 나오는 아이들이 늘어나면서 학생 수가 150명에서 300명으로 급증했다. 이에 따라 학교를 1층에서 2층으로 증축해야 했다.

1996년 무상급식 시작

(3) 교육뿐만 아니라 아이들의 건강도 함께 돌보다

2021년 코로나19 팬데믹으로 학교가 잠시 문을 닫았을 때, 많은 아이들이 영양실조에 걸렸다. 수자타아카데미는 단순히 교육을 제공하는 것을 넘어 아이들이 건강하게 성장할 수 있도록 지원하는 역할도 중요하다는 것을 다시금 확인했다.

수자타아카데미는 정부학교에 다니는 학생들 중에서도 가정 형편이 어려운 아이들에게는 꾸준히 학용품을 지원하며, 교육의 기회를 넓혀가고 있다.

학교에서 무상급식으로 점심을 제공받는 학생들

(4) 수자타아카데미 — 문맹퇴치를 위한 노력

수자타아카데미를 30년 이상 운영하면서 가장 어려운 점 중 하나는 학생들이 학교에 꾸준히 다닐 수 있도록 하는 것이었다. 이를 위해 다양한 노력이 이루어졌다. 수자타아카데미가 열렸을 때 아이들은 사실 공부를 하러 온 것이 아니라 사탕을 받으러 왔다. 주말마다 출석한 수만큼 사탕을 나눠주며 아이들이 학교에 오는 습관을 들였다. 그러나 아이들을 학교에 나오게 하는 것은 쉽지 않았다. 가족 중에 학교에 다닌 사람이 아무도 없었기 때문에 학교에 왜 가야 하는지, 학교에서 무엇을 배우는 것인지 몰라 관심이 없었다.

원래 부모가 학교를 다녔다면 자식도 자연스럽게 학교에 가고, 형이 학교에 다니면 동생도 따라가게 되지만, 마을에 학교를 다녀본 사람이 없었기 때문에 아이들을 학교에 보내야 한다는 의식 자체가 없었다. 그래서 아무리 학교를 지어도 초기 취학률이 50%를 넘기기 어려웠고, 그나마 학교에 온 아이들도 대부분 2학년까지 다니다가 중도에 그만두는 경우가 많았다. 3학년이 되면 집안일을 도울 수 있는 나이가 되어 부모가 아이들을 학교에 보내지 않고 일을 시켰기 때문이다.

이 문제를 해결하기 위해 여러 가지 방법을 시도했다.

- 정기적인 학부모 모임
- 결석 학생 가정방문 프로그램
- 〈구걸하지 않기〉 캠페인
- 조혼 반대 설명회
- 낙제제도 폐지 및 특별반 운영
- 특별 수업
- 15개 마을 유치원 설립

●

정기적인 학부모 모임과
결석 학생 가정방문 프로그램

정기적으로 학부모 미팅을 열어 부모들의 인식을 바꾸려는 노력을 꾸준히 했다. 〈초등교육 이수를 위한 학부모 모임〉을 통해 학부모에게 아이들이 최소한 초등학교까지는 공부할 수 있게 학교에 보내달라는 제안을 하였다.

학부모들과의 캠프도 함께 진행하여 교육을 통한 아이들의 미래 변화의 가능성을 보여주고 아이들이 가지고 있는 잠재력을 알 수 있도록 하였다. 이런 과정을 거친 결과, 지금은 대부분의 입학생들이 초등학교를 졸업할 수 있게 되었다.

하루라도 결석할 경우, 교사가 직접 결석한 학생의 집을 방문하여 부모를 설득하고 출석을 독려하고 있다. 결석하는 가장 큰 이유로 건강 문제, 학부모의 의식 부족 그리고 정부학교와 수자타아카데미 이중 등록 등이 있다. 1년에 한 번, 100% 출석한 아이들에게 특별 선물을 전달하며 출석을 독려하고 있다.

수자타아카데미 강당에서 열린 학부모 모임

○

〈구걸하지 않기〉 캠페인

수자타아카데미 바로 앞 전정각산에는 학교가 생긴 뒤로도 많은 아이들이 구걸하기 위해 모였다. 교사들은 구걸 때문에 학교에 나오지 않는 아이들을 조사하여 학생과 학부모들을 설득하였고 거리 캠페인도 열었다.

"배고파도 학교에 매일 오겠습니다."
"구걸하지 않겠습니다. 학교에 오겠습니다."
"모든 아이들은 제때 배워야 합니다."

〈구걸하지 않기〉 캠페인을 몇 해에 걸쳐 교사와 학생, 학부모들까지 참여하여 진행하였다. 2008년 전교생과 상급 유치원생 1,000여 명, 자그디스푸르, 두르가푸르 마을 학부모 200여 명이 참석하여 진행하였으며 그 뒤로 주기적으로 캠페인을 진행하였다.

캠페인은 학생들이 직접 피켓을 준비해 전정각산 가는 길에서 퍼레이드를 하였다. 지금은 구걸하는 아이들이 거의 없으나 교사들이 한 번씩 구걸하는 아이들을 보면 학교에 나올 수 있게 적극 안내하고 있다.

수자타아카데미 학생들의 〈구걸하지 않기〉 캠페인

भीख
माँगना
गन्दा बात
अपना लीखना
बात

조혼 반대 설명회

둥게스와리는 인도의 어느 농촌처럼 조혼 관습이 남아 있다. 여자들은 13~15세가 되면 결혼하여 아이를 낳는 경우가 많다. 오래된 조혼의 관습에서 자유롭지 않아 여학생들은 안정적으로 교육을 받기 쉽지 않다. 여학생들이 학교를 계속해서 다닐 수 있도록 학부모와 마을 사람들을 대상으로 조혼 반대 설명회를 지속적으로 열었다.

조혼으로 인한 임신, 산모 사망, 장애아 문제와 가정 전체에 미치는 문제점 등에 대해 교육하였다. 그리고 학부모와 여학생들이 초등학교 졸업까지는 결혼하지 않기로 서약하기도 하였다.

학부모들이 처음에는 전혀 받아들이지 못했지만 시간이 어느 정도 지나면서 생각의 변화가 일어났다. 여학생들은 현재 수자타아카데미 학생 수의 절반을 유지하고 있고 중고등학교뿐만 아니라 대학교 진학까지 하는 학생들이 점차 늘어나고 있다.

마을 학부모들에게 조혼의 문제점에 대해 설명하는 쁘리양카 수자타아카데미 교장

학교 초기에는 천민들의 조혼 풍속(6세부터 결혼)으로 인해 여학생들은 초등학교를 3학년 이상 다닐 수 없었습니다. 인도에서는 결혼(6~7세에 정혼) 이후 여자 아이들이 외부 활동을 하면 문화적으로 비난받았습니다.

어느 날 학교 정문 앞에서 초등학교 3학년 여학생이 집에 가지 않고 눈물을 흘리고 있었습니다. 이유를 물어보니 내일부터 학교에 나오지 못한다고 했습니다. 그 이유는 부모가 내일 결혼시키기 때문이라고 하였습니다. 초등학교 3학년 아홉 살 된 아이가 결혼한다고 하니 너무나 놀랐습니다. 여학생은 나에게 집에 가서 엄마를 만나 달라고 부탁했습니다.

여학생과 함께 부모를 만나서 이 학생은 결혼하면 안 된다고 이야기했습니다. 부모는 이미 결혼 준비가 다 되어 취소시킬 수 없다고 했습니다. 안타까운 마음이 무척 컸습니다. 그래서 부모에게 한 가지만 약속 해달라고 하며 당부했습니다.

"학생이 결혼한 후에도 계속 학교를 다니게 해야 합니다. 내일부터 기말시험이라 시험을 꼭 보게 해주세요."

다행히 학생 부모는 약속을 지켰습니다. 여학생은 결혼한 후에도 학교를 계속 다녀 8학년까지 공부했습니다. 여학생이 5학년이 되었을 때에는 남편의 할아버지가 손자며느리를 보기 위해 학교에 찾아왔습니다. 할아버지는 나를 보며 손자며느리를 공부시켜줘서 감사하다고 했습니다. 손자며느리 손에 100루피를 건네주었습니다.

나는 이 사례를 마을 어머니회 모임 때마다 소개하면서 여성 교육의 중요성을 강조하였습니다. 이런 사례들이 마을 사람들에게 영향을 미치면서 점차 여학생들의 교육을 마을에서 자연스럽게 받아들이게 되었습니다.

쁘리양카(수자타아카데미 교장, JTS인도 이사)

낙제제도 폐지 및 특별반 운영

인도는 초등학교 졸업을 위한 자격시험과 중등 졸업 자격시험을 통과해야 중등과 고등으로 진학이 가능하며 일반 학교는 성적에 따른 낙제제도를 시행하고 있다. 수자타아카데미는 초기 학생들의 학업 능률 향상을 위해 낙제 제도를 도입하였으나, 오히려 불가촉천민의 학업 성취 비율이 낮아졌다. 이들은 양민에 비해 낙제율이 높고, 중도에 학교를 그만두는 경우가 많아 상대적으로 불가촉천민의 문맹퇴치라는 목적과 반대의 결과를 가져왔다. 그래서 2001년 학업 능력이 낮은 학생들을 대상으로 특별반을 신설하여 비정기적으로 운영하였으며, 2006년에는 낙제제도를 폐지하였다.

2008년, 수자타아카데미 유치원의 낙제제도가 폐지되자 낙제생들이 수자타아카데미 초등학교에 많이 입학하여 초등학교 입학생이 급증하기도 하였다. 2009년부터는 학업 수준에 차이가 많은 학생들을 위해 정규 특별반을 구성하여 오후에 추가로 수업을 진행하고 있다.

수자타아카데미는 낙제제도를 폐지하고 특별반을 운영하며 추가 수업을 진행하고 있다.

특별 수업—즐거운 수업 활동

학생들이 학교를 꾸준히 다닐 수 있게 하려면 무엇보다 수업이 재미있어
야 했다. 그래서 미술, 댄스, 태권도, 놀이 수업 등 다양한 특별 수업을 진
행하여 아이들이 학교를 즐겁게 다닐 수 있도록 연구하고 있다.

15개 마을 유치원 설립

수자타아카데미 설립 목표였던 문맹퇴치가 이루어질 수 있었던 것은 마을마다 유치원을 세우면서 가능해졌다. 수자타아카데미를 설립할 때, 초등학교 교육을 통해 문맹을 퇴치하려고 했으나 초등학생이 되면 일을 해야 하는 나이가 되어 부모들이 학교에 보내지 않는 경우가 많았다.

그런데 마을마다 유치원을 짓자 상황이 달라졌다. 부모들은 어린 아이들을 유치원에 보내야 자신들이 일을 할 수 있기 때문에 유치원에 보내는 것을 꺼리지 않았다. 유치원에서 기본적인 놀이와 학습을 하며 아이들이 자연스럽게 학교에 가는 습관을 들일 수 있었다.

또래 친구들이 함께 다니기 때문에 유치원을 졸업하면 자연스럽게 초등학교에도 같이 입학하게 되었다. 결국 문맹퇴치는 유치원을 통해 가능해졌다.

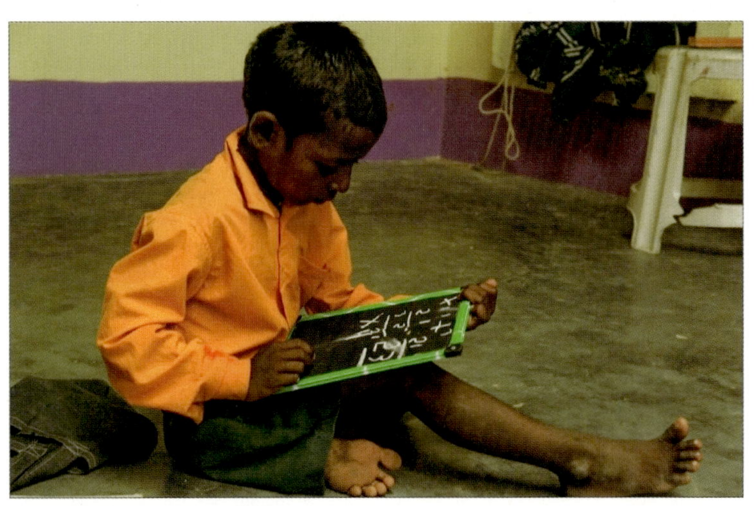

수자타아카데미 유치원 수업 모습

아이들이
학교 오는 것이
당연한 일이
되었어요!

제가 처음 수자타아카데미를 운영할 때 가장 큰 업무는 아이들이 매일 학교에 오게 하는 것이었어요. 마을에 시계가 있는 집이 없었기 때문에 아이들이 언제 학교에 가야 하는지 알 수가 없었어요. 그래서 동네마다 한 학생에게 시계와 종을 주고, 등교 시간에 맞춰 종을 치며 동네를 돌면서 아이들을 학교로 데려오게 했어요. 한국 노래 〈학교 종이 땡땡땡~〉 노래를 힌디어로 번역해 노래하면서 다니기도 하였습니다. 그리고 매일 학교에서 밥을 주면서 아이들이 학교에 오는 것이 당연한 일이 되도록 했습니다. 30년이 지난 지금, 이제는 아이들이 학교에 와서 배우는 것이 너무나 당연한 일이 되었어요. 저는 그게 제일 큰 변화인 것 같아요.

- 이덕아(JTS인도 전 사무국장, JTS 이사)

수학여행 가는 날 아침, 천민 마을 부모들이 학교에 찾아와 수학여행 가는 것을 반대하였습니다. 양민들이 천민들을 학대하고 괴롭히기 때문에 아이들이 팔려가는 것 아니냐며 수학여행을 믿지 않았습니다. 그리고 제가 학교 교장을 맡았을 때 남녀차별이 심한 인도에서 제가 여성이고 저의 계급이 브라만이라 천민 학부모의 불신이 더욱 컸습니다. 하지만 이러한 어려움에도 불구하고 저는 학부모들을 계속 찾아다니며 설득하여 여학생들도 학교를 계속 다닐 수 있게 하였습니다. 이러한 노력의 결과 지금은 많은 여학생들이 학교를 안정적으로 다니고 대학교까지 가는 학생도 있습니다.

- 쁘리양카(수자타아카데미 교장, JTS인도 이사)

(5) 정부학교 보내기 캠페인

수자타아카데미가 운영하는 유치원에는 약 1,000명의 학생이 다니고 있다. 그러나 유치원을 졸업한 모든 학생이 수자타아카데미로 진학하면 학교의 수용 능력을 초과하게 되었다. 다행히 2012년부터 둥게스와리 마을 곳곳에 정부학교가 설립되었고, 비록 부실한 면이 있지만 이를 활용할 수 있게 되었다. 이에 수자타아카데미는 마을 학생들이 정부학교에 다닐 수 있도록 〈정부학교 보내기〉캠페인과 〈한 학교 보내기〉캠페인을 전개하였다.

정부학교가 있는 동네에 사는 학생들은 수자타아카데미 대신 정부학교로 보내졌다. 학생들이 정부학교를 가지 않고 모두 수자타아카데미로 몰리면 학교 운영이 어려워질 뿐만 아니라, 정부학교도 학생 부족으로 운영이 불가능해질 수 있기 때문이었다. 이에 따라 유치원은 수자타아카데미에서 운영하는 곳에 다니지만, 초등학교는 거주지에 따라 정부학교에 진학하도록 유도하였다.

◆─ 초기 반발과 어려움

초기에는 천민 학부모들의 반발이 컸다. 정부학교에서 양민 학생들에게 차별을 받을 가능성이 높았기 때문이다. 아이들이 차별을 받으면 얼마 지나지 않아 학교 가기를 포기해 버리는 경우가 많았다.

또한, 양민들은 학교에 선배들이 많아 적응하기 쉬웠지만, 천민 학생들은 선배 없이 정부학교에 입학하는 경우가 많아 쉽게 자리 잡지 못했다. 게다가 정부학교에서는 학용품을 모두 부모가 부담해야 했기 때문에 경제적으로 어려운 천민 가정에서는 추가적인 부담이 될 수밖에 없었다.

◆─ 점진적인 변화와 정착─정부학교에 학용품 지원

초기에는 여러 어려움과 부작용이 있었지만, 꾸준히 학부모를 설득하여 정부학교 진학이 점차 정착되었다. 그러나 여전히 정부학교에 적응하지 못하는 학생들이나 불가촉천민이라는 이유로 심각한 차별을 받는 학생들은 수자타아카데미에서 수용하여 교육받을 수 있도록 하였다. 어떤 이유에서든 아이들은 제때 배워야 하기 때문이다.

2013년부터 수자타아카데미는 다시 신입생을 받기 시작했으며, 이때부터는 정부학교가 없는 마을을 중심으로 신입생을 모집했다. 수자타아카데미는 정부학교가 없는 자그디스푸르, 두르가푸르, 방갈비가, 아마르푸르에서 신입생을 받았다. 까나홀 분교는 까나홀, 가왈비가, 바가히 등 3개 마을에서 신입생을 받았다.

수자타아카데미는 정부학교에 다닐 수 있도록 학생들을 지속적으로 독려하였으며, 정부학교에 다니는 학생 중 경제적으로 어려운 학생들에게는 현재까지도 학용품을 지원하며 교육을 받을 수 있도록 돕고 있다.

(6) 예체능 교육을 통한 학생들의 자존감 회복

수자타아카데미에서는 댄스, 미술, 음악, 태권도 등 다양한 예체능 교육을 실시하고 있다. 이를 통해 아이들의 잠재력을 발견하고, 그 가능성을 넓혀주고자 한다. 수자타아카데미가 예체능 교육을 정착시키기까지에도 많은 어려움이 있었다. 마을 주민들은 댄스를 천한 문화라고 생각해 학생들이 댄스 배우는 것을 반대했다. 그래서 매월 어머니회 모임에서 다른 지역의 잡지에 실린 댄스 사례들을 보여주며 댄스에 대한 인식이 바뀔 수 있도록 했다. 우선 양민 어머니들의 생각이 바뀌자 시간이 지나면

2018년 콜카타 태권도 경연대회 수상

서 천민 어머니들의 생각도 바뀌었다. 현재 수자타아카데미 학생들의 댄스 실력은 각종 대회에서 수상할 정도로 수준급이다.

카스트 제도로 인해 신분차별과 성차별이 만연한 인도에서 천민 출신 아이들은 늘 위축되어 있다. 그러나 예체능 교육은 아이들이 자기표현을 자유롭게 할 수 있는 기회를 제공하며, 이를 통해 자신감을 회복하고 건강하게 성장할 수 있도록 돕는다. 춤을 추고, 그림을 그리고, 노래를 부르는 과정에서 아이들은 자신만의 개성과 능력을 발견하며, 주눅 들지 않고 당당하게 세상과 마주할 힘을 키워나가고 있다.

태권도, 댄스, 미술 등의 다양한 예체능 수업

(7) 교사 수련 프로그램

중등학생, 고등학생, 대학생들이 유치원생과 초등학생을 가르치기 위해 교사로서의 역량과 실무 능력을 향상시키는 정기적인 연수가 매주 토요일 진행되고 있다.

◆─ 청년 지도자로서의 교사 육성

수자타아카데미 유치원은 중학생 7~8학년 상급생이 교사로 파견되는 시스템으로 운영되고 있다. 이들은 학생이자 교사이며, 미래의 지역사회 개발 일꾼으로 성장하고 있다. 자립적인 마을개발 활동의 청년 지도자로 성장하기 위해 리더십을 배양하고, 공동체 성원으로서의 일체감을 형성하는 훈련을 하고 있다. 그래서 교사들이 후배들의 모범을 보일 수 있는 다양한 교육을 진행하고 있다.

◆─ 교사들의 견문 확대

둥게스와리 지역은 가야시에서 1시간 거리에 위치하고 있으나, 경제적 낙후, 치안 불안, 사회간접시설의 미비로 인해 외부와의 교류가 상당히 제한적이다. 이 지역에서 나고 자란 교사들은 같은 연령대에 비해 사회 경험이나 정보 습득 수준이 낮은 편이다. 따라서 이들을 대상으로 현장 견학을 실시하여 견문을 넓히고 다양한 문화를 체험할 수 있는 기회를 제공하고 있다.

◆─ 놀이를 통한 재미있는 수업

창조적이고 전인적인 교육이 가능한 놀이 교육 프로그램을 개발하고 있다. 놀이를 통한 시범 수업으로 유치원 및 초등 1-2학년을 위한 힌디, 산수, 미술 수업의 예시가 제공되고, 과목별 수업 자료를 만드는 프로그램이 진행된다. 또한, 초중등은 율동 및 놀이수업을 통해 다양한 프로그램을 진행하고 있다.

◆— 교사 수업 발표

각 과목별 시범 수업을 위해 직접 수업안을 만들어 진행하고, 교사들과
함께 평가하는 시간을 갖는다.

◆— 교사 모임

초창기에는 상급생 교사들이 매일 종례를 하며 하루 일과를 공유하고
학생수 등의 결과보고를 하면서 사람들 앞에서 말하는 연습을 하였다.
학교가 어느 정도 안정되면서는 매주 각 마을의 유치원 교사와 스태프들
이 만나 유치원 상황을 공유하고, 유치원 교사들이 유치원을 주체적으로
운영할 수 있도록 지원한다. 초중등 교사모임도 매주 진행하며 수업 및
프로그램에 대한 평가를 하고 있다.

◆— 교사 연수프로그램

유치원, 초중등 교사를 위한 집중 연수프로그램을 매년 상하반기 운영하
고 있다.

교사 연수 프로그램 진행

◆— **교사 역량 강화 프로그램**

유치원 교사 경험이 있는 8학년과 유치원 교사 경험이 없는 7학년 학생들을 주 대상으로 교사의 자세와 태도 그리고 학기초 필수적인 업무 파악을 위한 프로그램으로 진행하고 있다.

회기	교육 내용
1회기	교사가 갖추어야 할 자세와 태도 창의적인 교수기술
2회기	출결 관리, 과제 제출 및 확인 시험문제 작성과 성적 관리
3회기	활기찬 수업 분위기 조성 위생 교육과 예절 교육
4회기	학생들과 원활한 상호작용과 관계형성을 위한 실내놀이

(8) 학생들을 위한 부대시설

◆— 보건실 및 지바카병원 운영

많은 학생들이 경미한 외상, 복통, 두통, 만성적 피부질환을 가지고 있어 학교 수업에 차질이 많았다. 이를 개선하기 위해 2003년 4월 수자타아카데미 1층에 보건실을 열었다. 보건실에서는 일상적으로 학생 환자관리, 계절별 영양제 보급, 어린이들의 체계적 건강관리 및 신체검사를 하고 있다. 학생들은 보건실 외에도 다치거나 아플 때에는 학교 안에 있는 지바카병원에서 무료로 치료받을 수 있다.

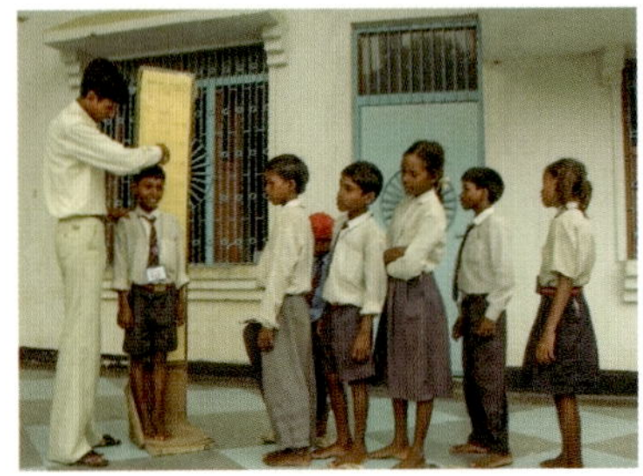

◆— 도서관 개관 및 운영

상급생들의 자율학습을 고양시키기 위해 2002년 7월 8일, 도서관을 개관하였으며, 1,307권의 책(힌디 113종, 영어 132종)을 마련하였다. 학생들이 읽을 수 있는 다양한 종류의 책을 구해서 항시 배치하고 있다. 학생들은 도서관뿐만 아니라 나무 밑, 벤치 등 캠퍼스 안에서 자유롭게 책을 읽고 있다. 2020년 수자타아카데미 뉴빌딩이 준공되면서 도서관 규모가 더 커졌으며 체육관·과학관도 함께 운영하고 있다.

시기	주요 행사	시기	주요 행사
1월	개교기념일 행사, 인도 공화국 기념일 행사	3월	홀리 행사
4월	암베드카르 탄생 기념행사	5월	부처님오신날 행사
8월	인도 독립기념일 행사	9월	교사의 날 행사
10월	간디 탄생 기념일 행사	11월	어린이날 행사

매년 1회   수학여행(5학년-보드가야/ 8학년-라즈기르/ 10학년-파트나/ 13학년-콜카타),
소풍, 체육대회, 건강 검진

①	②
③	④
⑤	⑥

① 개교기념일 행사 ② 인도 독립기념일 행사
③ 홀리 축제 ④ 암베드카르 탄생 기념 행사
⑤ 수학여행 ⑥ 부처님오신날 행사

수자타아카데미에서 온
법륜 스님의
편지 2

요즈음은 아침을 기숙사 학생들과 같이 먹습니다. 한국 사람들이 많아서
인도 학생들과 아침을 따로 먹는데, 혹시라도 먹는 것 가지고 마음이
상할까 봐 제가 가서 함께 먹지요. 또 점심은 학생들과 노동자들과 다
함께 먹습니다. 긴 줄을 서서 기다려 먹지요. 저는 저녁은 안 먹다 보니까
요즈음은 한국 음식을 구경도 못하는 실정입니다. 함께 산다는 것은
특히 먹고 입고 사는 것을 공평히 할 때만 가능한 일입니다. 부처님께서
비구들과 함께 걸식한 정신에 머리가 저절로 숙여집니다.

오늘은 중학교 건물 옥상에 콘크리트를 치는 날입니다. 여기 말로 '달라
이' 친다고 하는데, 모든 사람이 다 함께 합니다. 목수든 철근공이든 페인
트공이든 할 것 없이 모든 노동자들이 함께 콘크리트를 담은 대야를 머리
에 이고 이층 계단을 올라 콘크리트를 붓습니다. 마치 개미가 집 짓는 것
같지요. 아침에 현장에서 촛불을 켜고 향도 피우고 기도를 했습니다.
"이 건물 공사에 동참한 공덕으로 다음 생에는 가난을 면하고 검소하게
만족한 삶을 살 수 있게 해 주시고, 이 건물에서 공부하는 학생들은
모두 학업 성취케 하여지이다"라고 발원했습니다. 불전에 올렸던 과자를
한 사람 한 사람에게 나누어 주고 짜이를 한잔씩 마시고 콘크리트 공사
를 시작하였지요. 이때는 저부터 시멘트 대야를 머리에 이고 날라다

붓습니다. 기숙사에 있는 학생들, 교사들, 병원 관계자까지도 한 시간씩은 울력을 해야 합니다. 이 일은 힘들기 때문에 모든 사람들이 다 동참함으로써 노동자들에게 힘을 주고, 같이 사는 대중이 함께함으로써 모두가 화합이 되는 기회가 됩니다.

절을 하고 난 뒤라 아픈 다리를 끌고 시멘트를 날라다 부으면서 어릴 때를 생각해 봅니다. 봄이면 온 동네 장정이 다 모여 논에 넣을 거름을 만든다고 풀을 베곤 했는데, 하루에 한 집씩 돌아가며 풀을 베어다 주지요. 누가 오늘 몇 짐을 베었다면서 잘한 사람 치켜세우고 흥을 돋아, 그야말로 노동이 놀이가 되었지요. 그래서 어린 우리들까지 신났던 그런 공동노동이 있었어요. 두레라 하지요. 요즈음은 분업이 가속화되고 개인주의가 일반적이라, 함께하는 일은 적고 신나는 놀이 같은 노동은 없어져 가는 것 같아요. 이렇게 '달라이'를 치는 날은 마치는 시간이 따로 없어요. 3시에도 끝날 수 있고, 8시에도 끝날 수 있지만, 다들 군말 없이 일하지요. 퇴근 시간 되었다고 그만두고 가지 않습니다. 이번 일은 옥상 전체에 콘크리트를 치는 일이라 3일이나 걸립니다. 일이 끝나면 모처럼 닭고기를 삶아서 회식을 하지요. 어떻게 보면 너무 찢어지게 가난해서 불쌍하고, 어떻게 보면 그래서 오히려 더 행복한 것 같아요. 우선 저부터도 이곳에 있으면 삶의 의욕과 생기가 더 생기는 것 같으니까요. 질병만 퇴치된다면, 어쩌면 가난한 것이 더 좋을 수도 있는 것 같아요. 기계 문명이 없으니 이런 등짐 지는 공동노동도 있는 것이지요.

어젯밤에는 누군가 학교에서 병원으로 가는 전깃줄을 모두 가져갔어요. 담당자가 하도 어이가 없어서 아침 먹는 것도 잊은 채 "누가 전깃줄을 걷어가 버렸어요"라고 몇 번이나 말합니다.

"한국방문객이 올 때 다시 깝시다. 아참, X-Ray 찍어야 하니 목요일까지는 깔아야 합니다.”

“또 걷어 가면 어떡해요?”

“그러면 또 깔지요.”

재미있죠? 그런데 이런 나라에서 우리가 유선 전화를 넣어 달라고 했으
니 전화국 직원은 우리가 얼마나 한심했을까요. 땅 밑에 깔려고 땅을 1m
나 팠지만 결국 해주지 않았어요. 어떤 자원봉사자는 축구장을 만든다고
의욕이 대단했는데, 땅에 금을 긋기 위해서 박아둔 못을 누군가 다 가져
가서 어안이 벙벙하더니 결국 포기했지요.

어제는 축구 준결승이었는데 서로 싸워서 머리가 깨지고 이빨이 부러지
고 야단이었지요. 한국 사람들이 오늘 결승전에서도 싸우면 큰일이라고
걱정들을 해요. 게시판 만든다고 판자에 페인트칠을 해 두었는데 개가
다 밟아서 다시 해야 한다며 투덜대는 자원봉사자들의 소리를 들으며
이 글을 마칩니다. 이렇게 또 하루가 가네요. 안녕히 계세요.

2002년 1월 7일

5. 수자타아카데미 유치원

수자타아카데미 설립 초기, 학생이 등교할 때 집에서 돌보던 동생을 데려오는 일이 많았다. 아이들 때문에 수업 진행이 어려워 어린 동생들을 따로 모아 간단한 놀이와 글을 가르치며 돌보았다.

1995년부터 유치반을 운영하였으며, 1997년 빠레와, 만코시힐, 방갈비가, 가왈비가, 바가히, 모라탈 마을유치원 개원을 시작으로 15개 마을에 유치원을 개원하였다. 유치원 건물 건축 전에는 야외나 마을회관, 인도 봉사자 집에서 유치원 수업을 진행하였다.

1998년부터 마을유치원 건축이 시작되며 독립적인 유치원 교실을 갖추었다. JTS가 자재를 지원하고 마을 주민이 참여하여 건축하였다.

1998년 수자타아카데미 본교 유치원이 마련되어 두르가푸르, 자그디스푸르 2개 마을의 아이들이 유치원을 다녔다.

초기에는 스리랑카 사르보다야 운동을 본보기로 하여, 어린이 교육을 통해 마을개발을 활성화하는 방향으로 진행되었다. 어머니회를 중심으로 자체적으로 운영하였으나 활성화되지 않아, 2003년 3월부터 마을개발에서 교육 파트로 전환하여 현재까지 15개의 마을 유치원 모두 수자타아카데미가 직접 운영하고 있다.

◆— **교육 목표**
- 아이들이 기초 문자를 습득하고 사회성을 발달시킨다.
- 아이들이 스스로 학교에 오는 습관을 들인다.
- 아이들 교육을 통해서 부모들이 학교 교육에 대해 긍정적으로 받아들일 수 있도록 한다.

◆— **교육 대상**
- 둥게스와리 15개 마을의 연령 4-6세 아이들

둥게스와리 마을 15개 유치원은 모두 수자타아카데미에서 관리하고 있다. 유치원 건축 및 시설 보수, 교육 커리큘럼 마련, 교사 교육, 학용품 및 교복, 간식 등을 지원하고 있다.

유치원은 교사의 결합 방식에 따라 볼런티어(volunteer) 유치원과 마을 유치원으로 나뉜다. 볼런티어 유치원은 수자타아카데미 중학생이 직접 교사로 활동을 하고 있으며, 유치원생들은 무상으로 교육받고 있다. 마을 유치원은 교사를 마을에서 수급하여 운영하고 교사 비용의 절반은 수자타아카데미에서 지원하고 절반은 학부모들이 내는 수업료로 지원한다. 수업료는 매월 10루피(한화 160원)이다.

마을 유치원은 수자타아카데미 학생들이 거리가 멀어서 못 가기 때문에 교사를 마을에서 수급하고 있다. 전체 유치원 가운데 볼런티어 유치원은 10개이며, 마을 유치원은 5개이다.

수자타아카데미 초창기 유치반 모습

(2) 수자타아카데미 15개 유치원

둥게스와리 라훌나가르, 만코시힐, 방갈비가, 두르가푸르, 자그디스푸르,
소라즈비가, 안투비가, 아자드비가, 아마르푸르, 산티나가르, 스리람푸르,
바가히, 가왈비가, 까나홀, 자르하리 15개 마을에 유치원이 있다.

만코시힐 유치원

아자드비가 유치원

안투비가 유치원

스리람푸르 유치원

자르하리 유치원

두르가푸르 유치원

산티나가르 유치원

아마르푸르 유치원

라훌나가르 유치원

방갈비가 유치원

자그디스푸르 유치원

소라즈비가 유치원

바가히 유치원

까나홀 유치원

가왈비가 유치원

(3) 유치원 교육과정

과정	연령	교육 내용
너서리	4세	영어, 힌디어 알파벳 공부, 목욕하기, 율동 및 놀이 문화
LKG, UKG	5~6세	영어, 힌디어 알파벳 공부, 산수, 시읽기, 이야기책 읽기, 놀이 문화

(4) 학용품 및 급식 제공

학용품 및 교복 등 제공 | 판, 수업 자료, 분필, 스케치북, 크레용, 슬리퍼, 교복 제공

무료 점심급식 제공 | 1996년 식빵 한 봉지, 바나나 1개 제공을 시작으로 유치원생들에게 급식이 제공되었다. 초기에는 볼런티어 유치원 몇 곳에만 제공하다가 2005년 천민학생 비율이 80% 이상인 볼런티어 유치원을 지원하였다. 2008년 수자타아카데미에서 모든 유치원을 관리하면서 드라이 푸드와 제철 과일을 모두에게 제공하고 있다.

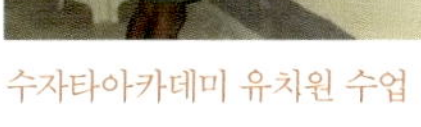

수자타아카데미 유치원 수업

6. 수자타아카데미 초등교육

(1) 교육 목표

- 기본지식을 습득하는 것 외에도 인도 전통과 문화를 익히고, 정직하고 성실한 품성을 기른다.
- 불교 발상지로서의 지역문화를 이해하고 보호하며, 예체능 교육을 통해 자긍심을 길러 어린이들의 꿈과 희망을 키우는 것을 목표로 하고 있다.

(2) 교육 과정

1~2학년	힌디어, 영어, 수학, 율동, 체육, 댄스
3~5학년	힌디어, 영어, 수학, 사회, 과학 예체능 : 미술, 음악수업(리코더수업), 체육, 율동 방과후 활동 : 댄스반, 태권도반, 기악합주반
일반	매주 토요일 안전교육 1시간

수자타아카데미 초등학교 수업

(3) 입학 대상의 변화

시기	입학 대상
1994	■ 두르가푸르, 자그디스푸르의 학습 연령기 어린이
1997~2011	■ 수자타아카데미 소속 마을 유치원에 입학하여 3년을 수료하고 졸업한 학생에 한하여 수자타아카데미에 입학
2012	■ 이중등록 방지 및 정부학교 운영 활성화 지원을 위해 정부학교 등록 권고 차 신입생 받지 않음
2013~현재	■ 정부학교가 없는 자그디스푸르, 두르가푸르, 방갈비가 마을에 한해 신입생을 받음. ■ 2018년부터 아마르푸르는 입학 허용함. ■ 정부학교와의 이중등록 불허용 원칙은 유효함. ■ 까나홀 분교는 3개 마을(까나홀, 가왈비가, 바가히)에서 신입생을 받음

7. 수자타아카데미 중등교육

처음에는 초등교육을 목표로 운영하였다. 그러나 5학년을 졸업한 여학생들의 요구로 중등과정인 6~8학년 과정을 도입하였다. 중등과정에서는 자원봉사 시스템을 추가하였다.

중학생들은 유치원생을 가르치는 교사 활동에 참여하고 있다. 학생들이 교육의 대상이면서 동시에 유치원생을 가르치는 교육 활동의 주체가 된다. 그뿐만 아니라 학교와 병원, 마을에서 자원봉사를 함으로써, 자연스럽게 자신들이 받은 것을 지역사회로 되돌리게 하고 있다.

◆── **교육 목표**
- 중등과정의 지식을 학습한다.
- 후배들을 위한 교사활동과 병원 자원봉사 활동 등을 통하여 자신이 배운 지식을 지역사회에 환원할 수 있도록 한다. 장기적으로 지역 청년 자원봉사자 양성을 목표로 한다.

◆── **교육 대상**
- 초등교육을 마치고 중등과정 진학을 희망하는 학생들로 JTS 봉사활동에 동의한 학생

◆── **교육 과정 및 운영 체계**
- 6~8학년 : 힌디어, 영어, 수학, 지리, 역사, 과학, 산스크리트어, 독서, 미술, 음악(리코더), 댄스, 태권도
- 오전에는 유치원, 학교 또는 병원에서 봉사하는 것을 의무로 하고 오후에는 정규 수업을 받는다.

학교를 세운 지 3년 만에 졸업생이 생겼습니다.
다른 학교에서 전학온 학생들 덕분에 1~5학년 과정이
모두 갖춰졌기 때문입니다.
첫 졸업생은 남녀 3명씩 총 6명이었습니다.
그런데 남학생들은 소하이푸르에 있는 정부학교로 진학했지만,
여학생들은 학교를 가지 못했습니다.
그 당시에는 여학생들이 중학교에 가는 것이
일반적이지 않았습니다. 그러던 어느 날,
여학생들이 찾아와 울면서 말했습니다.
"정부학교까지는 너무 멀어서 부모님이 보내주지 않습니다.
중학교 과정을 만들어 주세요"
저는 수자타아카데미는 초등학교 과정만 운영한다고
설명하며, 부모님을 설득해 정부학교에 보내달라고
말해보라고 했습니다.
그러나 이듬해에도 졸업생 4명이 더 늘었고,
여학생 7명이 다시 찾아와 중학교 과정을 개설해 달라고
울면서 요청했습니다.
그해, 유치원을 처음 운영하게 되었습니다.
초등학생들이 어린 동생들을 데리고 학교에 오다 보니
수업이 방해될 정도로 시끄러웠습니다.
그래서 어린 동생들을 따로 모아 돌보기 시작했습니다.
중학교를 다니고 싶어 하는 여학생들에게 물었습니다.
"너희가 유치원 아이들을 돌볼 수 있겠니?"
"네, 할 수 있습니다!"
"그럼 오전에는 유치원 아이들을 돌보고,
오후에 중학교 공부를 하면 어떻겠니?"
"좋아요!"
이렇게 해서 수자타아카데미의 중등교육을
시작하게 되었습니다.

— 법륜 스님(JTS 이사장)

8. 고등과정 이상 자원봉사자 운영

중등과정 6~8학년은 수자타아카데미에서 무료교육을 받고 있다. 고등과정, 대학과정은 주 3일 수자타아카데미에서 자원봉사를 하며, 정부 고등학교 또는 대학교 학비를 지원받는다.

학년	주 3일	주 3일
9~10학년 (고등과정)	초등 1~2학년 학생 교사 활동	정부학교 정규 수업 참여
11~12학년 (인터칼리지)	초등 3~5학년 학생 교사 활동, 병원, 마을개발 등 자원봉사	정부학교 정규 수업 참여
13~15학년 (대학과정)	초등 3~5학년 교사, 병원, 마을개발 등 자원봉사	

수자타아카데미 중등학교 수업 및 자원봉사 활동

9. 기술학교와 노동학교

둥게스와리에서는 초중고 과정, 인터칼리지, 대학 등을 졸업하더라도 마땅한 일자리를 찾기 어렵다. 고등교육을 받은 많은 사람들이 공무원 시험을 준비하지만 합격하기란 쉽지 않다. 그리고 이들은 배움이 부족한 사람들과 함께 노동하는 것을 기피하는 경향도 있다.

수자타아카데미를 졸업한 학생들이 생계를 안정적으로 유지하려면 직업을 구할 수 있는 실질적인 기술이 필요했다.

그래서 수자타아카데미는 1998년부터 기술교육을 실시하였다. 기술교육관을 개관하여 타자기 20대, 재봉틀 20대, 컴퓨터 3대를 설치하여 기술교육을 시작하였다.

그리고 본격적으로 기술학교와 노동학교를 운영하며 학생들에게 직업 기술을 가르쳤다. 그러나 여러 현실적인 어려움으로 기술학교는 2003년부터 2006년까지 4년간, 노동학교는 2002년부터 2007년까지 6년간 운영된 후 문을 닫게 되었다.

하지만 2024년 현재, 졸업생들의 생계를 위해 여전히 기술학교가 필요한 상황이다. 이에 수자타아카데미는 기술학교를 다시 운영할 계획을 세우고 있다.

수자타아카데미 노동학교 수업

(1) 기술학교 (2003~2006)

◆— **교육 목표**

졸업 후 즉시 취업할 수 있는 직업 기술 교육을 제공하여, 생계를
안정적으로 유지하고 마을에서 리더로 성장할 수 있도록 지원한다.

◆— **입학 대상**

10학년 이상의 청소년 중 수자타아카데미에서 공부를 하였거나, 지
역 사회 봉사 경력이 3년 이상 되는 사람

◆— **교육 분야**

건축(미장, 철공, 목공, 페인팅), 전기기계, 의료, 재봉, 농업 등 5개 분야

◆— **사업 중단**

매년 입학생을 모집하려고 했으나 입학생 숫자가 많지 않아, 제1기
만 진행하고 중단되었다. 그 이유는 기술교사 섭외가 어렵고, 입학
생을 수자타아카데미 졸업한 자로 제한하면서 입학생 수가 적었기
때문이다. 1기 기술학교 졸업생 5명은 델리의 한국계 회사에 취직
하였다.

수자타아카데미 기술학교 수업

(2) 청소년 노동학교 (2002~2007)

둥게스와리에서는 경제적으로 어려워 초등학교를 졸업하고도 중고등학교에 진학하는 학생이 소수에 불과하다. 학비가 전액 면제됨에도 불구하고, 가정의 생계를 돕기 위해 수입이 필요한 청소년들은 초등학교 졸업 후 대부분 노동 현장으로 나가거나 집안 일을 하며 직간접적으로 경제활동에 참여한다. 그러나 어린 청소년들은 정당한 임금을 받기 어려운 현실에 처해 있다.

이러한 문제를 해결하기 위해 〈청소년 노동학교〉를 설립하여 봉사활동을 통해 기술 지도를 받고, 적절한 수입을 얻을 수 있는 노동자로 성장할 수 있도록 지원하고자 했다. 1기, 2기 청소년 노동학교 졸업생 11명은 모두 JTS인도 건축파트에서 일할 수 있게 되었다.

◆― **교육 목표**
- 학생들이 마을 도로 보수, 유치원 건설 등 지역 사회에 필요한 일들을 직접 계획하고 수행할 수 있도록 기술 지도를 받는다.
- 마을에서 요구되는 다양한 작업을 수행할 수 있는 성실한 노동자로 성장할 수 있도록 훈련한다.
- 특정 분야의 기술자로 성장할 수 있도록 교육한다.

◆― **입학 대상**
- 가정형편상 학교를 다니다가 그만둔 12~17세 사이의 청소년

◆― **운영 원칙**
- 학생들에게 일반 노동자 절반의 월급을 지급하여 가정 생계를 돕도록 하며, 경제적 부담 없이 기술을 배울 수 있도록 지원한다.
- 3년간의 교육 과정을 마치면 졸업장을 수여하고, 취업을 적극적

으로 주선하여 학생들이 안정적인 직장을 갖고 가정을 이루며
자립할 수 있도록 돕는다.

◆── **교육 과정 및 교육 내용**

● **교육 과정**

학년			일과 및 교육 과정
1학년	평일		일 나누기(일 내용, 역할 분담), 연장 정리, 마음나누기
	토요일		힌디, 영어, 수학, 디자인, 체육
2~3학년	평일	오전	현장 실습
		오후	이론 학습 : 힌디, 역사, 사회, 영어, 한국어, 수학, 과학, 타자 교육
	토요일	오전	현장 실습
		오후	특별 활동

● **교육 내용**

학년	교육 내용
1학년	교사의 가르침과 규칙을 잘 따르도록 하고, 교사는 학생들이 골고루 실습 기회를 갖도록 역할을 잘 배분한다.
2학년	전문기술 교육과정으로 기술자와 1대 1로 같이 일하면서 교육받는다.
3학년	영어와 한국어를 기본으로 할 줄 알고 컴퓨터를 다룰 수 있도록 하여 간단한 사무보조나 외국인 회사의 노무관리를 할 수 있게끔 한다.

계급이나 성별에 관계없이
수자타아카데미의 모든 아이들이
무럭무럭 성장하는 모습을 보는 것은
단순히 이 아이들을 돕는다는 의미를 넘어섭니다.
누구나 교육을 받고 기회를 얻으면
인간답게 살아갈 수 있다는 사실을
이 아이들이 직접 보여주고 있으니까요.

— 법륜 스님(JTS 이사장)

무장 강도의 총격으로
한국인 자원활동가 설성봉 사망

2002년 1월 10일, 무장 강도 9명이 침입하여
총격을 가하는 사건이 발생했다.
이 공격으로 당시 건축 책임자였던
한국인 자원활동가 설성봉이
총에 맞아 숨지는 안타까운 일이 벌어졌다.
2003년 고故 설성봉의 헌신을 기리기 위해
마련된 추모탑 제막식과
그가 생전에 공사 감독을 맡았던 기술학교 준공식에
제14대 달라이 라마 성하께서
직접 오셔서 그의 뜻을 기렸다.
이 사건 이후, 인도 정부는 경찰 15명을
수자타아카데미에 파견하여
2012년까지 학교의 치안을 책임지며 안전을 강화했다.
수자타아카데미의 안전이 보장되자
봉사자들의 안정적인 활동이 가능해져
사업을 활발하게 진행할 수 있었다.

위 : 설성봉 추모탑
아래 : 제14대 달라이 라마 성하의 기념 식수

03
질병퇴치를 위한 의료활동—지바카병원

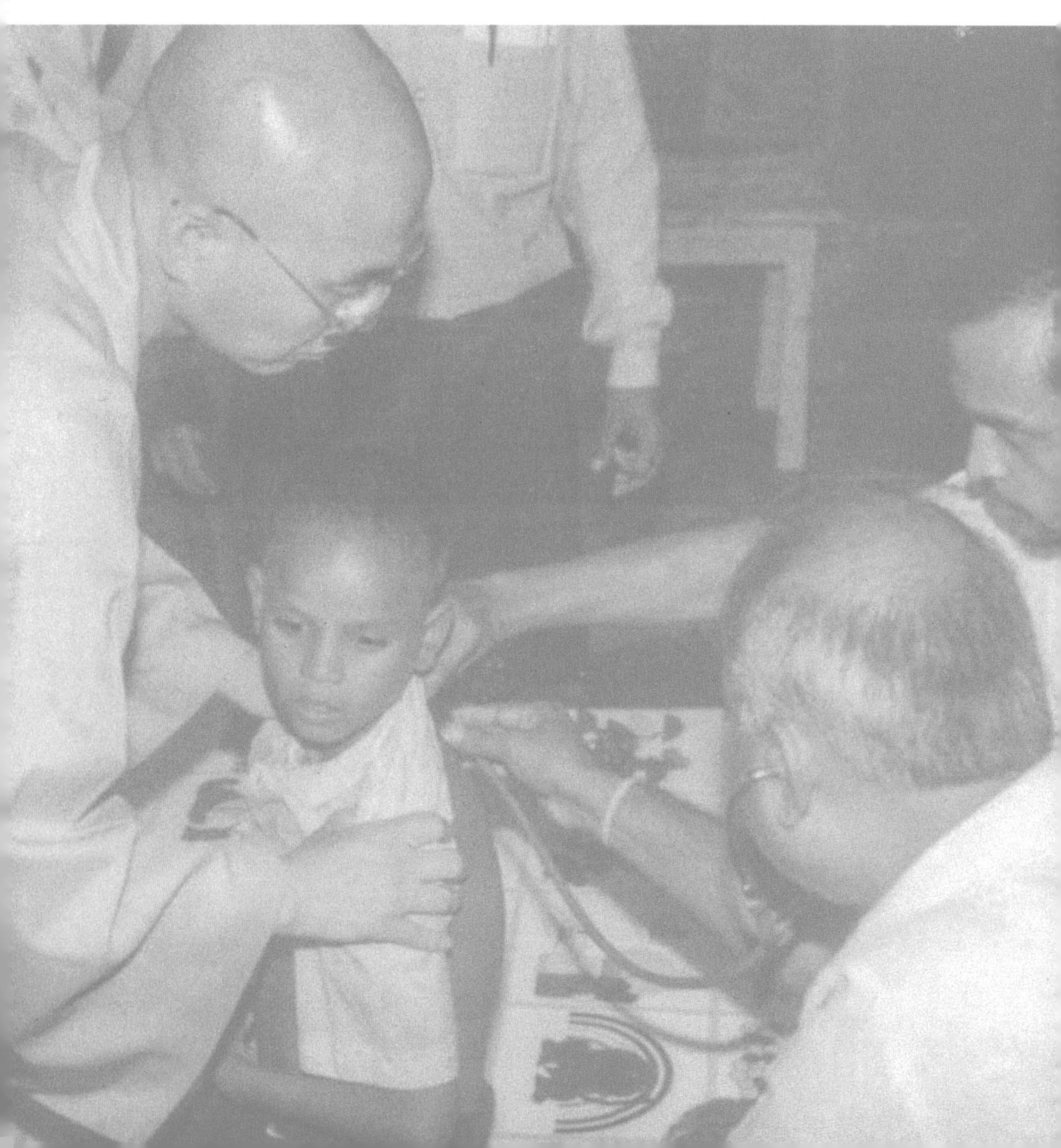

1. 지바카병원 설립

(1) 콜레라 집단 발병과 지바카병원의 시작

1995년 6월, 수자타아카데미 인근 마을인 두르가푸르에서 콜레라가 집단 발병했다. 갈 곳이 없었던 주민들은 결국 수자타아카데미를 찾아왔다. 당시 학교는 교실 4칸 중 3칸을 수업 공간으로, 1칸을 교사 숙소로 사용하고 있었다.

콜레라가 빠르게 확산되면서 JTS는 학교를 임시 휴교하고 콜레라 환자들을 수용하여 치료하며 긴급 대응을 펼쳤다. 이 과정에서 법륜 스님 또한 환자들을 돌보다가 콜레라에 감염되기도 하였다.

이 일을 계기로 JTS는 수자타아카데미 부설 〈지바카진료소〉를 개설하여 운영하기 시작하였다. 이것이 훗날 〈지바카병원〉으로 발전하게 되었다.

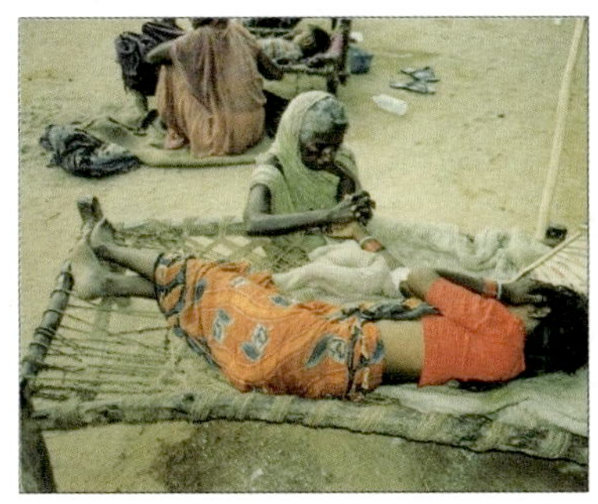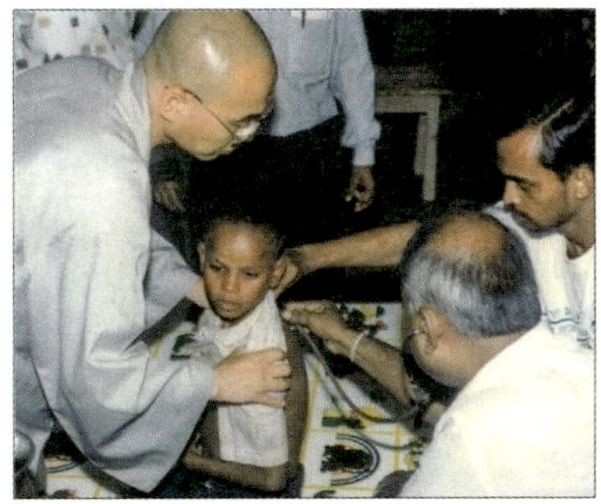

1995년 수자타아카데미에 콜레라 환자를 수용하여 치료하는 모습

(2) 지바카병원의 역할과 활동

둥게스와리 지역 주민들은 극심한 가난으로 인해 만성적인 영양실조에 시달렸으며, 무지와 비위생적인 환경으로 인해 각종 질병이 만연한 상태였다. 이에 JTS는 지바카병원을 설립하여 둥게스와리 15개 마을 주민들의 건강을 책임지기 시작했다. 현재 지바카병원은 기본적인 진료 업무뿐만 아니라, 보건 교육과 지역사회 계몽 활동도 함께 진행하고 있다.

(3) 주요 의료 지원 활동

- **일상 진료** – 15개 마을 주민들 대상 매일 진료 진행
- **이동진료**(Mobile Clinic) – 의료 접근성이 낮은 지역을 찾아가 직접 진료하는 이동진료 진행
- **콜레라 예방 및 전염병 대응** – 우물 소독, 위생 교육, 긴급 방역 활동
- **재해지역 긴급구호** – 자연재해 발생 시 즉각적인 의료 지원 제공
- **결핵 퇴치 사업** – 결핵 검진 및 치료 지원
- **모자보건 사업** – 신생아 예방 접종 및 산모 건강 관리
- **영양 지원 프로그램** – 저체중 영유아를 위한 영양식 제공
- **보건교육** – 마을 주민 및 학생들 대상으로 보건위생에 대한 교육

이처럼 지바카병원은 단순한 의료 시설을 넘어 둥게스와리 지역 주민들의 건강과 생명을 지키는 필수적인 의료센터로 자리 잡고 있다.

1층

접수실	매일 오전 8시 30분부터 오후 4시 30분까지 접수
약국	약 조제실
진료실	환자 진료하는 곳
드레싱룸	외상과 응급 환자의 긴급 처치
사무실	원무 처리, 약품 출납, 기타 업무 등
보건교육실	마을사람 보건교육 공간

2층

컬처홀	대규모 전염병 발생에 대처하기 위한 예비 공간 평소에는 다목적홀로 사용

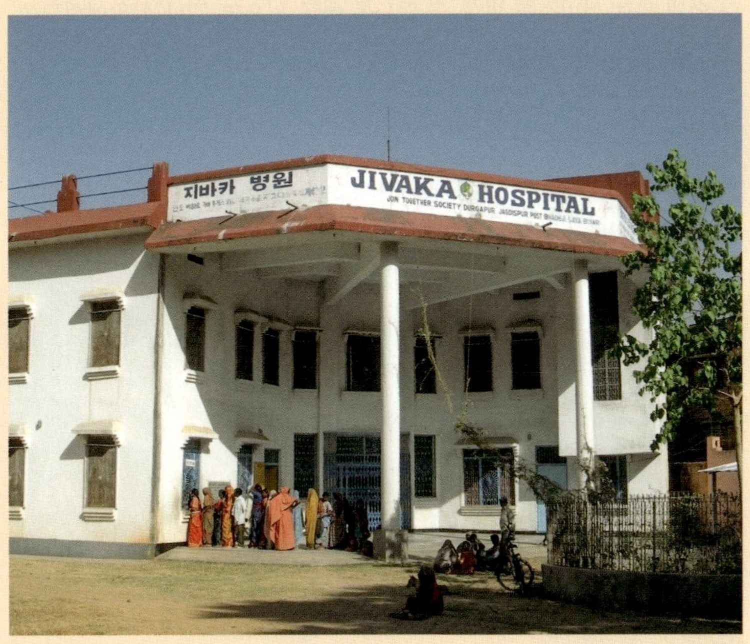

2층 규모의 지바카병원

2. 지바카병원 운영 원칙 및 진료

(1) 진료 특성

◆— 무상의료 서비스 제공

지바카병원은 둥게스와리 15개 마을의 가난한 주민들을 대상으로 운영되며, 모든 의료 서비스를 무료로 제공하고 있다. 경제적인 이유로 적절한 치료를 받지 못하는 이들이 건강을 지킬 수 있도록 돕는 것이 병원의 핵심 목표다.

◆— 현장 중심 의료 서비스

병원이 멀어 방문이 어려운 주민들을 위해 의료진이 직접 마을을 찾아가는 이동진료(Mobile Clinic)를 운영하고 있다. 이를 통해 지역 주민들이 보다 쉽게 의료 서비스를 받을 수 있도록 하고 있으며, 긴급 상황에서도 신속하게 대응할 수 있도록 돕고 있다.

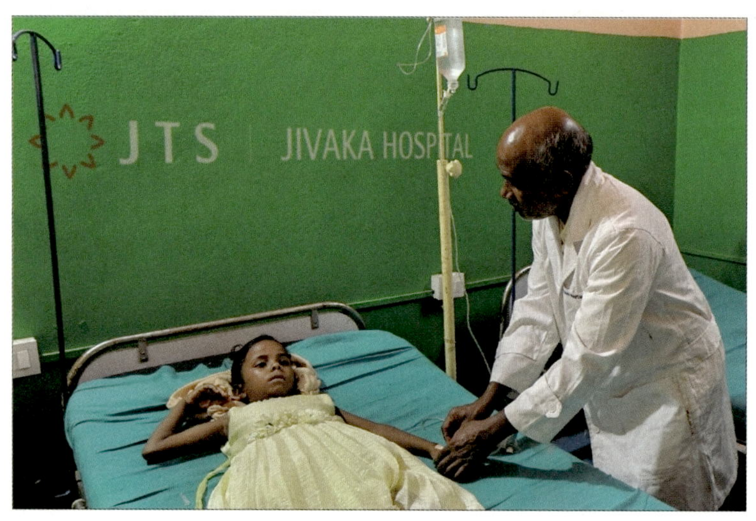

"

◆— 학생 건강 돌봄

지바카병원은 학생들을 최우선으로 치료하며, 주기적으로 구충제, 비타민, 철분 등을 배분하여 아이들이 건강하게 성장할 수 있도록 지원하고 있다.

◆— 체계적인 환자 관리

2001년부터 환자 등록제를 도입하여 환자카드를 발급하고, 체계적으로 환자의 건강 상태를 관리하고 있다. 이를 통해 지속적인 치료와 맞춤형 의료 지원이 가능하도록 운영하고 있다.

◆— 마을개발을 지향하는 지바카병원

지바카병원은 의료 서비스 외에 마을개발의 일환으로 지역 사회 전체의 건강과 생활 환경 개선을 목표로 한다. 이를 위해 기본적인 진료 업무 외에도 보건 교육과 주민 계몽 활동을 적극적으로 진행하며, 주민들이 스스로 건강을 관리할 수 있도록 돕고 있다. 또한 깨끗한 식수 공급, 위생 환경 개선, 전염병 예방 등 마을의 전반적인 생활환경을 향상하는 사업도 함께 추진하고 있다.

이처럼 지바카병원은 병원의 역할을 넘어, 지역 사회가 건강하고 지속 가능한 삶을 영위할 수 있도록 마을개발 플랫폼 역할을 수행하고 있다.

(2) 운영 원칙

◆— 안전하고 친근한 의료 서비스 제공

인도 내에서 흔히 이루어지는 과잉 약처방, 약물 오남용, 잘못된 의료 상식에 따른 양약 선호 등의 문제를 개선하고자 한다. 주민들에게 보다 안전하고 친근한 의료 서비스를 제공하기 위해 동종요법(호모패티, Homeopathy)을 주요 진료 시스템으로 운영한다.

◆— 더 많은 사람에게 혜택이 돌아가는 진료

영양실조, 설사, 탈수증 등의 예방과 함께 기본적인 치료만으로 회복할 수 있는 질환을 가진 환자들을 치료하는 것을 우선으로 한다. 보건 의식이 부족하여 걸릴 수 있는 질병을 예방하고 치료함으로써 지역 사회 전체의 건강 수준을 향상하는 것을 목표로 한다.

(3) 지바카병원 진료

◆— 동종요법

동종요법의 약물은 천연물에서 추출된 것으로 부작용이 없어 주요 치료법으로 진행하고 있다.

◆— 대증요법(양방 진료)

지바카병원은 현지 주민들의 질병 중 세균성 질환, 응급처치, 외상 치료가 필요한 환자들에게 양방 진료 서비스를 제공하여 신속한 치료를 하고 있으며 주민들의 건강 회복을 돕고 있다. 또한, 진료 업무 외에도 주민들에게 주기적으로 구충제를 배분하고, 학생들에게 영양제를 제공하는 등 적극적인 의료 지원 활동을 펼치고 있다.

◆── 결핵 퇴치 프로그램

지바카병원은 2001년부터 자체적으로 결핵 퇴치 사업을 진행해 왔다. 이후 2008년부터는 인도 정부의 결핵 관리 시스템인 'RNTCP(Revised National Tuberculosis Control Program)'와 결핵 전문 NGO인 〈마이트리〉와 협력하여 결핵 퇴치 활동을 강화했다.

2024년 현재, 마이트리와의 협력은 종료되고 RNTCP와 연계하여 결핵 퇴치 사업을 진행하고 있다. 이러한 지속적인 노력 덕분에 결핵 환자 수가 점차 줄어들면서 마을 내 결핵 발병률이 크게 감소했다.

◆── 결핵 의심환자의 결핵 검진 지원

결핵확진환자의 약 수령 및 주1회 영양식 제공 – 밀가루 2.5kg, 달 1kg, 짜나콩 1kg, 땅콩 250g, 미타 0.5kg, 멀티비타민 7캅셀

1998.07
- 두르가푸르와 자그디스푸르 결핵검사 및 약, 영양식 2끼 제공

2001 독자적 진행
- X-ray, 객담도말검사, 피검사
- 매달 정기 결핵검진, 투약관리 및 영양식 지급

2008~현재 / 인도 정부의 결핵 관리시스템 도입
- RNTCP
- 결핵의심환자 : 마이트리 단체의 결핵검진 지원 (2024년 종료)
- 앰뷸런스로 보드가야 정부병원으로 이송 : 주 3회, X-ray 비용부담
- 결핵확진환자의 정부 약 수령
- 주 1회 영양식 제공
- 결핵완치 이후 재발방지를 위해 3개월간 영양식 제공

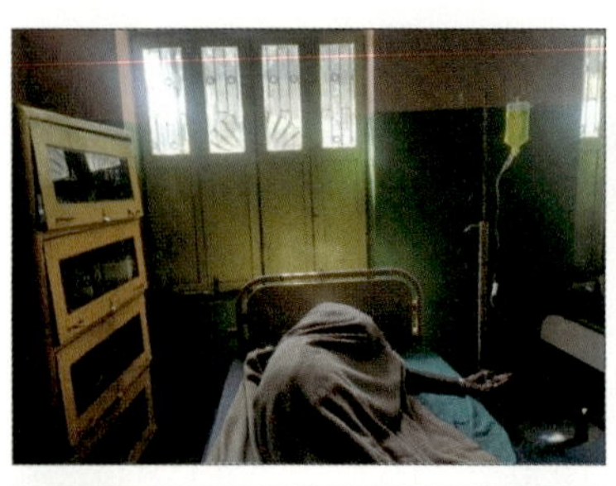
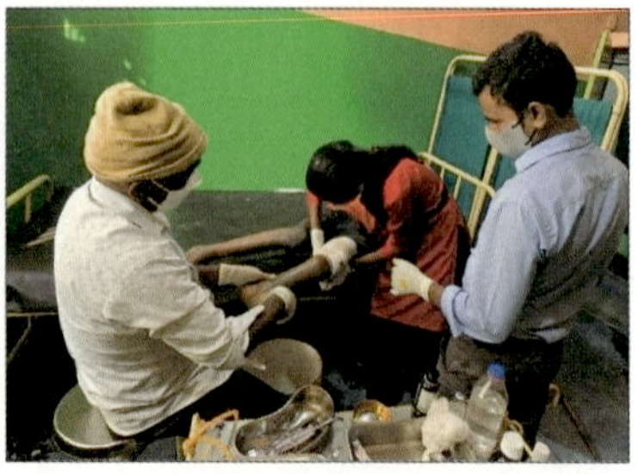
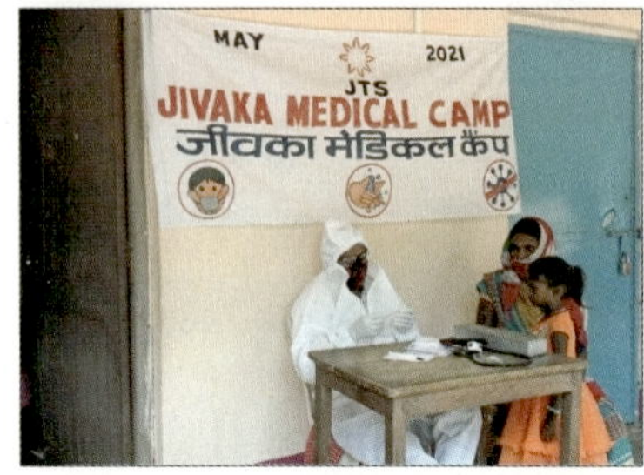

①	②
③	④
⑤	⑥

① ② 지바카병원 진료 모습
③ 코로나19 당시 병원 진료
④ 결핵환자들을 위한 영양식 제공
⑤ 결핵 의심환자의 결핵 검진
⑥ 병원 이송 지원

3. 모자보건 사업

1993년 둥게스와리는 영아 출생률, 5세 미만 유아 사망률, 산모 사망률, 예방 접종률 등 모자보건과 관련하여 어떠한 자료도 없었으며, 산부인과 및 소아과 전문 진료가 가능한 병원이 단 한 곳도 없었다. 주민들이 받는 의료 서비스는 무면허 의사들의 부실하고 무책임한 처방뿐이었다.

특히 산모의 영양 부족과 체력 저하로 모유 수유가 어려웠고, 신생아들도 영양실조에 걸렸다. 그래서 지바카병원은 2006년부터 둥게스와리에서 모자보건 사업을 진행하기 시작하였다.

2006년에는 지바카병원에 백신센터를 열어 신생아와 영유아들에게 예방 접종을 실시하였고, 임산부 및 신생아 관리 시스템을 도입하여 체계적인 지원을 했다. 임산부에게는 파상풍 예방주사(3회)와 철분 영양제(1개월분)를 지원하고, 모자보건 교육을 통해 임신과 출산 시 주의사항, 위생 및 보건 관리 교육을 진행했다. 또한, 저체중아를 위한 영양식을 지원하고, 예방 접종을 통해 신생아들의 건강을 보호하는 데 집중했다.

이와 함께 가족계획 교육 및 피임수술도 진행하였다. 2007년 3월부터는 정부 병원의 지원을 받아 매년 무료 피임수술을 2011년까지 6회 진행했다. 이러한 모자보건 사업을 통해 유아 및 산모 사망률이 크게 감소하는 성과를 거두었으며, 둥게스와리 지역 내 보건 환경이 점차 개선되었다.

모자보건 사업으로 지원받은 임산부와 영유아

4. 찾아가는 이동진료

지바카병원은 병원이 멀어 의료 서비스를 받기 어려운 주민들을 위해 주 2회 정기적으로 마을을 방문하는 이동진료를 운영하고 있다. 또한 찾아가는 기초 보건 교육을 통해 주민들에게 위생 관리의 중요성을 알리고, 전염병 예방을 위한 교육을 주기적으로 실시하고 있다.

그러나 지바카병원만으로 모든 의료 서비스를 제공하기에는 한계가 있어, 2009년 앰뷸런스를 도입하여 큰 치료가 필요한 환자들을 정부 병원으로 이송할 수 있도록 지원하고 있다. 중증 환자나 응급 치료가 필요한 주민들이 신속하게 적절한 치료를 받을 수 있도록 돕고 있다.

특히, 가난한 지역일수록 전염병으로 인해 생명이 위협받는 경우가 많아, 지바카병원은 콜레라, 말라리아, 설사병 등의 질병을 예방하고 관리하는 데 집중하고 있다.

또한, 깨끗한 물 공급이 전염병 예방의 핵심 요소라는 점을 고려하여, 우물 소독을 정기적으로 실시하고, 핸드펌프 설치 사업을 통해 주민들에게 깨끗한 식수를 제공하여 수인성 질병의 확산을 막고 있다. 그리고 예방접종주사도 지속적으로 제공하며 주민들의 건강을 보호하고 있다.

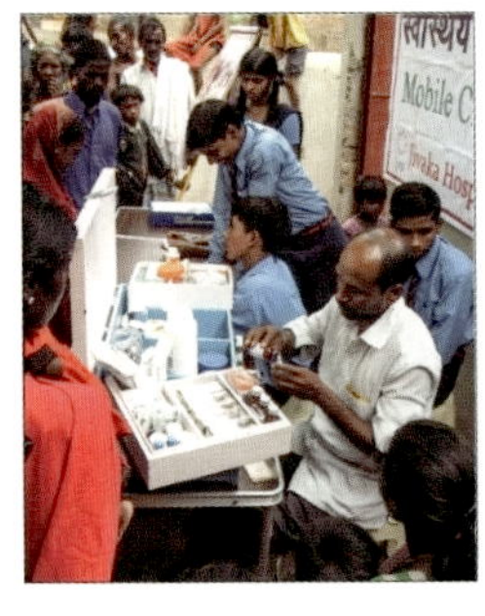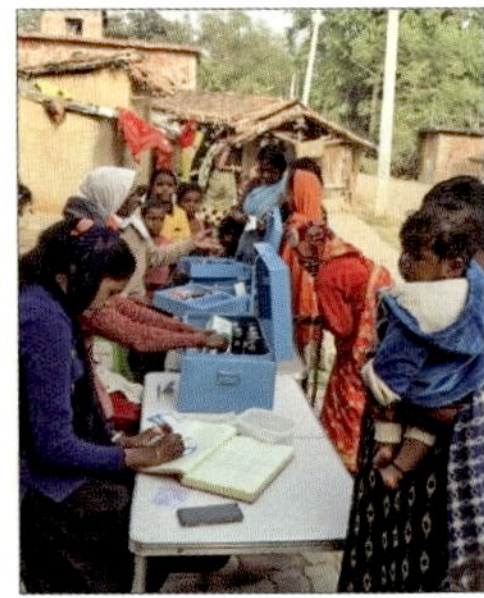

이동진료 시 치료 받는 주민들

5. 수자타아카데미 학생 건강검진 및 진료

수자타아카데미 학생들이 건강하게 성장할 수 있도록 주기적으로 건강 검진과 함께 수두 예방약, 구충제를 한 해 두 번 지원하고 있다. 뿐만 아니라 1학년에서 3학년까지 모든 학생들에게 비타민을 매년 100일동안 지급하고 있다.

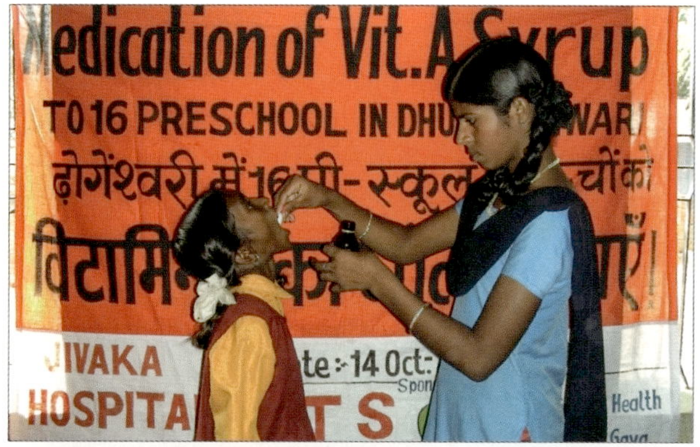

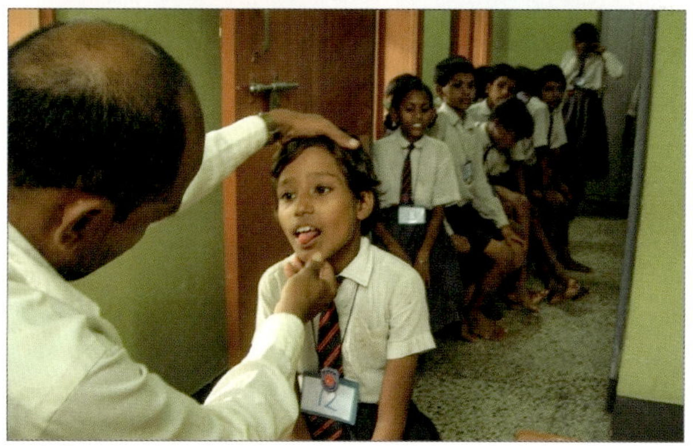

학생들에게 비타민 제공 및 진료하는 모습

04
빈곤퇴치를 위한
마을개발

1. 마을개발 사업의 시작

법륜 스님은 1992년 보스턴 대학에서 열린 제4차 불교-기독교 대화 모임 국제회의에서 사르보다야 운동(자립형 공동체 개발 운동)의 창시자인 아라야라트네 박사(Dr. A.T Ariyaratne, 1931~)를 만나게 되었다. 이 만남을 계기로 1997년부터 둥게스와리에서 본격적인 마을개발 활동이 시작되었다.

마을개발 사업은 마을 주민들의 자립을 바탕으로 지속 가능한 친환경적 공동체를 조성하는 것을 목표로 한다. 그리고 주체적으로 마을을 이끌어갈 리더를 발굴하고 교육하고 있다.

주요 마을개발 사업

◆— 마을 환경 개선

마을 주민들이 청소, 도로 정비, 우물 설치 및 보수, 배수로 공사 등을 함께 진행하며, 지역 문제를 해결해 나가고 있다. 이러한 공동 작업을 통해 서로 간의 유대감을 높이고, 자립적인 지역 사회를 형성하는 데 기여하고 있다.

◆— 깨끗한 식수 공급

주민들이 위생적인 생활을 할 수 있도록 핸드펌프 및 우물 시설 사업을 추진하여 깨끗한 식수를 공급하고 있다.

◆— **소득 증대 및 자립 지원**

가난에서 벗어나기 위한 소득 증대 사업을 추진하여 주민들이 경제적 자립을 이루도록 돕고 있다. 특히 여성들에게 직업 교육과 문자 교육을 실시하여 경제적 자립의 발판을 마련하고 있다.

◆— **공동체 활성화**

주민들이 함께 참여하는 문화 행사 및 지역 활동을 통해 공동체 의식을 강화하고, 지속적인 발전을 이루어나갈 수 있도록 하고 있다.

이러한 마을개발 사업을 통해 단순한 생존을 넘어 지속 가능한 발전을 위한 자립 공동체로 성장하는 것을 지향하고 있다.

법륜 스님과 아라야라트네 박사(왼쪽)와의 만남

법륜 스님과 마을 리더와의 대화

JTS가 지원한 우물

JTS가 지원한 농업용수

2. 마을 리더 교육 및 회의

1999년 이후 마을개발을 위한 여러 시도가 있었지만, 마을 주민들은 스스로 마을을 발전시키려는 능동적 자세가 없었다. 마을 리더들조차 마을개발에 대해 수동적인 입장에 머물렀다. 마을개발을 위해서는 마을 리더의 인식 변화가 중요했다. 마을 문제를 인식하고 주체적으로 마을개발에 참여할 수 있도록 지속적인 교육을 진행하였다.

교육을 통해 마을개발의 비전을 함께 공유하고 리더십을 함양하고 있다. 또한 마을 문제를 함께 논의하는 리더 회의를 매주 1회 정기적으로 개최하고 있다.

2001. 1. 31~2. 24 리더십 트레이닝 및 마을리더 주례회의

2008. 2. 25~27 제1차 리더십 트레이닝
- SSEVK(Samajik Sodh Evam Vikash Kendra) 견학
- 정부서비스의 활용 및 주민자치 활동에 대한 이해와 사례 체험
- 2008년 마을개발사업 수립을 위한 심층 협의

2008. 7. 12~13 제2차 리더십 트레이닝
- 둥게스와리의 비전 : '나의 아들과 딸에게 어떤 마을을 물려줄 것인가?'

2009~2024 현재 매년 마을리더 교육 및 연수
- 마을의 어려운 점 및 우리 마을 어떻게 잘 가꿀 것인가?
- 외부연수 : 타단체 견학 프로그램

마을 리더 리더십 연수 및 주례회의

3. 마을쉬람단(공동 노동) 활동

마을 주민들이 둥게스와리를 살기 좋은 마을로 만들기 위해 직접 참여하겠다는 의미를 담아 1997년부터 〈함 까랑게(내가 하겠습니다) 운동〉을 펼쳤다. 마을 사람들이 자신의 시간과 노동을 나누어 마을 일을 함께 해결해나가고 있다.

마을 일은 우물, 핸드펌프, 샤워장 설치와 유치원 건축 및 페인팅, 도로 보수와 배수로 만들기, 마을 청소 등이 있다. 또한 2016년부터 지금까지 한국에서의 새마을운동을 벤치마킹하여 15개 마을 대상으로 〈뉴빌리지 운동〉을 진행하였다. 뉴빌리지 운동은 매월 1회 마을 주민들이 다 함께 청소하고 수로를 보수하는 등의 활동이다. 마을 리더들은 자기 마을 외에도 이웃마을에 가서 함께 참여하고 있다. 이러한 활동을 통해 마을에 대한 주인의식을 높이고 공동체에 대한 애정을 키우고자 한다.

마을 개선을 위해 함께하는 주민들

4. 둥게스와리의 지방정부 역할

둥게스와리 마을을 지원하기 위해서는 마을 상황을 객관적으로 파악하는 것이 필수적이었다. 2003년 처음으로 마을별 인구와 가구수뿐만 아니라 교육과 생계 현황 등에 대해 14개 마을을 대상으로 전수조사를 실시하였다.

2007년 15개 마을을 대상으로 다시 전수조사를 실시하였고, 이후에는 증감조사를 통하여 자료를 업데이트하고 있다. 인구조사 자료는 구호물품 분배 대상자, 지바카병원의 예방접종 대상자, 유치원 또는 학교 입학대상자 파악 등의 기초 자료로 쓰이고 있다.

JTS는 둥게스와리 15개 마을 주민들이 출생, 사망, 이전 신고를 스스로 할 수 있는 체계를 구축하여 맞춤형 복지 지원을 제공하고 있다. 주민들은 신생아 출생은 지바카병원에 등록하고, 사망신고는 JTS 마을개발팀에 등록한다. JTS는 이를 바탕으로 각 개인에게 필요한 물품을 지원한다. 이러한 체계적인 관리는 둥게스와리 마을의 복지와 발전에 중요한 기반이 되며, JTS는 지방정부와 유사한 역할을 수행하고 있다.

연도	15개 마을 인구수	평균 가족수
2007	10,902명	6.9명
2013	14,466명	7.3명
2022	11,755명(2,136가구)	5.4명
2024	11,753명(2,465가구)	4.8명

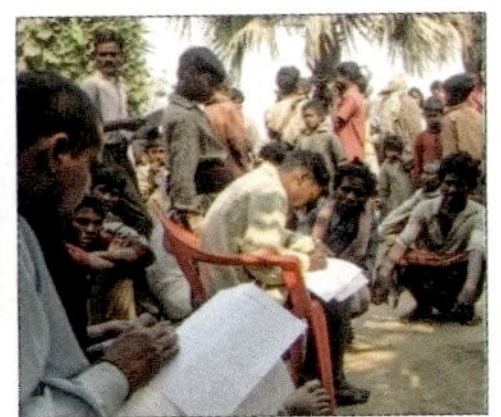

15개 마을 인구 전수조사 활동

아이들 하나하나의 가슴에 살아 있는 설성봉 님!

전정각산의 달은 다시 밝습니다. 그러나 달밤에 함께 노래하고 의논하며, 주위를 살피던 설성봉 님은 다시 모습을 볼 수 없습니다. 바로 지난 회의 때까지만 해도 수자타아카데미 개교기념식 준비를 함께했는데, 오늘 회의부터는 함께하지 못해 다들 섭섭했습니다. 회의 시작 전 설성봉 님을 위한 묵념을 하며 당신이 없는 빈 공간이 너무나 큼을 느꼈습니다.

오늘은 인도 공화국 창건 52주년 기념일입니다. 아이들이 각 마을유치원에서 조촐한 행사를 하고 10시에 수자타아카데미에 모여 함께 행사를 했습니다. 소라즈비가에서 시작하여 학교 운동장까지 행진을 하고, 국기를 게양하고, 국가를 부르고, 연설을 하였습니다. 기념행사를 마치고 강당에 모여 설성봉 님 추모식을 가졌습니다. 인도 풍속으로는 장례를 치른 후 13일이 지나면 마을 사람들이 문상을 하고 식사를 대접한답니다. 그래서 오늘 그 행사를 함께하기로 하였습니다. 9시경부터 설성봉 님을 가족 같이 생각하는 사람들 십여 명이 모여 다비장에서 삭발을 하였습니다. 원래는 가족이나 친척이 하는데, 두 마을 사람들이 가족이 되어 삭발을 한 것이지요. 그리고 10시에는 각 마을에서 온 학생, 어머니회 회원, 청년 회원 등 1,000여 명이 모여 모두 설성봉 님 영전에 꽃 공양을 올리고 명복을 비는 묵념을 했습니다. 그리고는 인사말을 했습니다.

"인도가 영국으로부터 온갖 고통을 겪다가 독립하였듯이, 우리도 가난과 질병, 문맹의 굴레를 벗어버리고 사람답게 사는 세상을 만듭시다.
그러기 위해서는 아이들의 장래를 위해 당장의 먹을 것보다는 아이들에게 공부를 가르치는 것이 훨씬 더 중요합니다. 설성봉 님은 바로 그런 일을 하기 위하여 가족도 남겨둔 채 먼 이곳까지 와서 학생들을 위해서 학교를, 환자를 위해서 병원을 짓다가 불행한 일을 당했던 것입니다. 우리는 설성봉 님의 그 숭고한 뜻을 계속 이어 나갑시다. 그러기 위해서는 우리 모두가 힘을 모아야 합니다. 함께해야만 가능합니다."
인사말을 하고 곧 아이들의 문화공연이 있었습니다. 아이들의 모습을 보며 웃는 얼굴에 눈물이 흘렀습니다. 구걸밖에 할 게 없었던 저 아이들이 학교에 다니면서 저렇게 의젓하고 예쁘고 발랄해졌습니다. 아이들을 가르친 선생님, 학교를 지으신 분, 후원하신 분 등 모든 분들께 감사를 드립니다. 특히 이수진 자원활동가의 노고가 얼마나 큰 성과로 나타났는지 모릅니다. 태권도를 하는 우렁찬 목소리와 힘찬 동작, 부채춤 등 한국 문화도 선보였습니다. 설성봉 님이 마지막까지 꾸민 무대며, 파트나까지 가서 사 온 앰프가 좋아서 공연이 더욱 돋보였습니다.
아이들이 마지막으로 설성봉 님 영전에 촛불 공양을 올리며 "설지! 사랑해요"라며 작별인사를 합니다. 그 모습을 보니 설성봉 님은 결코 비명에 돌아가신 게 아니라, 전정각산의 산신이 되어 이 아이들을 보살피고 계시며 아이들 가슴에 살아있다는 것을 느낄 수 있었습니다. 공연이 끝나고 그동안 공부 잘한 학생, 결석 안 한 학생들에게 상을 주고, 또 참석한 모든 학생들에게는 옷과 연필·노트를, 마을 사람들에게는 비누를 나눠주고, 모든 분들에게 식사를 대접했습니다.
그리고 오후 2시부터는 '바가히'와 '가왈비가'의 〈JTS컵 쟁탈 축구대회〉 결승전이 있었는데, 결승에 올라온 팀들답게 경기가 격렬하면서 박진감

넘쳤습니다. 맨발로 뛰는데도 정말이지 프로축구를 보는 것보다 더 재미가 있었어요. 결국 '바가히'가 2:1로 이겼지요. 중간에 심판 판정에 불만족하여 작은 불상사가 있기는 했지만 모두 잘 끝났습니다. 한바탕 소란이 지나간 둥게스와리 마을은 이제 지난날과 다를 바 없이 조용합니다. 그러나 마을 사람들은 약간의 긴장감 속에서 지내고 있답니다. 마을사람들은 혹시나 설성봉 님 죽음으로 한국 사람들이 철수하지는 않을까 하는 우려를 하고 있다는 것입니다. 그러나 우리들의 결의는 더욱 굳건합니다. 설성봉 님을 보조하며 공사장에서 자원봉사를 하던 정상민씨가 복학을 연기하고 공사를 마무리 짓겠다고 원을 세웠습니다. 6개월간 비자를 연장해서 설성봉 님이 하시던 일을 마무리 짓겠답니다. 얼마나 장한 결정입니까. 또, 모두들 내일이 회향일인데 나갔다가 49재가 되는 27일에는 모두 다시 오겠답니다.

사건은 단순 강도사건으로 밝혀졌습니다. 강도들이 학교에 들어오다 설성봉 님께 발견되어 진입에 실패하자 총기를 난사하였고, 설성봉 님의 심장에 그 총알이 박혀 돌아가시게 된 것입니다. 강도 중에 한 명은 체포되었고, 나머지 6~7명은 도망가 잡히지 않은 상태입니다. 그동안 기도해 주시고, 염려해 주신 모든 분들께 감사의 말씀을 드립니다. 여러분들이 후원해 주시고, 염려해 주신 덕분으로 그나마 잘 정리되었습니다.

달라이 라마님께서도 설성봉 님의 죽음에 애도를 표하시고, "좋은 곳에서 좋은 일 하다가 돌아가셨기 때문에 반드시 좋은 곳에 태어날 것입니다"라며 위로해 주셨습니다. 불행을 다행으로 여기며, 더 큰 원력으로 수행정진 할 것을 다짐하며, 이만 줄이고 인사드립니다. 편히 주무십시오.

2002년 1월 26일

5. 식수 환경 개선 사업

둥게스와리 지역 주민들의 식수 문제를 해결하기 위해 마을별로 핸드펌프를 설치하고 있으며, 이를 통해 깨끗한 물을 안정적으로 공급하는 데 힘써왔다.

1997년, 자그디스푸르와 두르가푸르 두 마을에 처음으로 핸드펌프를 설치한 것을 시작으로, 이후 매년 핸드펌프를 추가 설치하며 식수 환경을 개선해 왔다. 그 결과 30년 동안 총 59개의 핸드펌프를 설치하였으며, 이와 함께 농업용 펌프 4개도 설치했다.

또한 마을별로 우물을 설치하고 정기적으로 소독을 실시하여 주민들이 더욱 깨끗하고 안전한 식수를 사용할 수 있도록 지원하고 있다.

2024년 현재, 정부에서 각 마을에 수도 시설을 점진적으로 보급하고 있으며, 마을별 핸드펌프 수도 충분히 확보된 상태이다. 이에 따라 핸드펌프 신규 설치보다는 기존 핸드펌프의 수리 및 유지 보수 작업에 집중하고 있으며, 연간 약 100회의 핸드펌프 수리 작업을 수행하고 있다.

이러한 지속적인 식수 개선 사업을 통해 둥게스와리 주민들은 점점 더 위생적이고 안정적인 식수 환경을 누릴 수 있게 되었다.

JTS가 마을에 설치한 핸드펌프와 우물

6. 성인을 위한 힌디클래스 운영

둥게스와리 지역은 교육 환경이 절대적으로 열악하고 문맹률이 높아 교육받지 못한 성인들이 많다. 힌디클래스는 글을 알지 못하는 성인 부녀자들을 대상으로 운영하였다.

1999년 2개 마을을 시작으로 2009년까지 여러 마을에서 진행하였으며, 200~300명이 참여하거나 많게는 1,000명까지 참여하기도 하였다. 성인 여성들에게 힌디 문해 교육을 실시하여 은행 통장에 직접 서명할 수 있을 정도로 자신감을 심어주었고, 나아가 마을개발에 필요한 결핵 예방, 모자보건, 여성 개발, 인성 교육 등 다양한 계몽 교육도 함께 진행하였다.

성인들을 위한
힌디클래스 수업

마을개발 사업은
마을 주민들의 자립을 바탕으로
지속 가능한 친환경적 공동체를
조성하는 것을 목표로 합니다.

7. 마을 어머니회 운영

1997년부터 각 마을에 어머니회를 조직하여, 여성들이 마을개발과 교육의 주체로 성장할 수 있는 기반을 마련하고자 하였다. 어머니회는 유치원 아이들의 어머니들을 중심으로 구성되었으며, 회원들은 회비를 모아 저축하고 유치원 수업료를 납부하는 등 유치원 운영에 적극 참여하였다.

이와 함께 마을에 필요한 일들을 함께 수행하고, 경제적 자립을 위한 재봉 교육, 여성 교육, 힌디 교육, 뜨개질 교육, 타이핑 교육 등 다양한 기술 교육에도 참여하였다.

유치원생을 직접 가르치는 어머니회 회원

8. 지역 주민 소득 증대 활동

JTS는 1998년부터 재봉 교육, 2003년부터 물레공장, 염소은행, 그릇계 등을 통해 둥게스와리 여성의 경제적 자립의 발판을 마련하고 있다.

(1) 재봉 교육

재봉 교육은 1998년부터 마을의 부녀자들을 대상으로 시작하였다. 2004년 수자타아카데미에 재봉실을 마련하였으며, 2012년부터 1기 재봉반 입재식을 진행하였다. 초급 3개월, 중급 3개월, 고급 3개월 과정으로 진행하여 재봉 교육을 체계적으로 운영하고 있으며, 예치금 제도를 통해 출석관리를 진행하고 있다.

우수한 실력으로 졸업한 학생에게 재봉틀과 유치원 재봉 일감을 제공하여 부녀자 스스로 소득 창출을 할 수 있도록 돕고 있다. 졸업생 중에는 집에서 재봉 작업을 이어가며 안정적인 수입을 창출하는 이들도 있다.

소득 증대 활동-재봉반 운영

(2) 물레공장

간디 정신을 계승하여 빈곤층 소득 창출에 기여해온 인도 NGO 〈카디 그람만달〉과 협약하여, 2013년 수자타아카데미 기술학교 3층에서 25대의 기계로 물레공장을 시작하였다. 기계 및 재료 공급, 기술 교육, 인력 관리, 월급 지급 등은 그람만달에서 담당하고, JTS는 장소와 식사를 제공하고 있다. 물레는 친환경적이고, 2주간의 교육과정 이후 바로 소득 창출로 이어질 수 있다. 그래서 특별한 소득원이 없는 빈곤 마을 부녀자들이 경제적으로 자립할 수 있도록 도움을 주고 있다.

(3) 염소은행

극빈 가정에 생계를 안정적으로 유지할 수 있도록 2009년 4월 염소를 분양하는 〈염소은행 프로젝트〉를 진행하였다. 14개 마을 극빈자 128가구에 가구당 암염소를 1마리씩 지원하였다. 염소 사육 방법을 교육하고 염소 해충예방약을 주사하기도 했다.

염소은행은 잠시 중단되었다가 2016년부터 다시 시작해서 2019년까지 진행하였으나 염소은행 운영이 쉽지 않았다. 염소는 독사에 물리거나 독풀을 먹거나 자칼에게 잡아먹혀 죽는 경우가 많아 가구 소득 증대에 도움이 되는 수치까지 실험을 하지 못했다. 초기 염소를 분양받은 방갈리

소득 증대 활동-물레공장

마을 주민 파스완의 경우 한 마리로 시작하여 20여 마리까지 늘어나 소
득 창출 성공 사례도 있다.

(4) 그릇계, 탈곡기계

한국의 '계 모임'을 벤치마킹하여 둥게스와리에서 2015년 시작한 그릇계,
탈곡기계는 2024년 현재까지 안정적으로 진행되고 있다. JTS는 각 마을
에서 10여 가구가 돈을 모으면 그 돈만큼 지원금을 지급한다. 마을 주민
들은 그 돈으로 그릇이나 탈곡기를 구입하여 공동으로 사용하며 관리하
고 있다. 가구별 행사나 농사에 큰 도움이 되며, 함께 협동하는 과정을
통해 마을 공동체 의식을 함양하고 있다.

(5) 농업 개발

농작물 재배를 통한 수입 창출을 위해서 주민들에게 개량 농업기술을 교
육하였다. 또한 마을별로 농업위원회를 조직하여 마을 사람들의 자발적
인 참여를 이끌어내고자 하였다. 농업위원회는 월 회비를 내고 JTS가 지
원하는 농업용 펌프를 공동으로 사용하는 사람들의 모임이다.

식목사업과 농업용 펌프 설치, 신품종 종자, 버섯종균 실험 등의 농업
기술 개발을 진행하였다.

소득증대활동-염소은행, 그릇계

9. 극빈자 구호 사업

JTS는 1994년 1월 둥게스와리에서 사업을 시작하며, 학교 인근 마을 극
빈자들에게 의류와 식량을 지원하였다. 2001년까지는 수자타아카데미
주변 마을을 대상으로 구호품 분배를 진행하였으나, 2003년에는 둥게스
와리의 15개 전체 마을을 대상으로 확대하였다.

2005년부터는 15개 마을에 정기적으로 의료 서비스와 쌀, 달, 머스터
드 기름 등 식량을 연 4회씩 3개월 분량으로 지원하고 있다. 극빈자 선정
은 마을 리더와 주민들의 의견을 수렴하여 3차례의 가정방문을 통해 혼
자 살기 어려운 독거노인, 한부모가족 또는 장애인을 대상으로 한다.

극빈자 명단을 작성하여 구호품을 분배하고 있으며, 주기적으로 점검
하며 관리하고 있다. 구호품을 받을 주민들에게는 마을 리더들이 미리 쿠
폰을 배포하고, JTS는 센서스 카드를 확인한 후 구호품을 지급하고 있다.

마을의 극빈자 가정에 쌀을 나눠주는 법륜 스님

10. 마을 문화행사

JTS는 매년 마을 축구 대회, 마을 운동회, 마을 장기자랑 대회, 등게스와리 마을 축제 등을 진행하면서 마을 주민들의 공동체성을 형성하고 화합과 단합을 다지고 있다.

마을 축제를 즐기며
마을 공동체성을 형성하고
화합과 단합을 다지고 있다.

05

노동자들의 행복한 공동체— 건축부

JTS의 기아·질병·문맹퇴치 활동을 위한 안정적 공간 마련과 주민들의 생활 향상을 위해 각종 시설 신축 및 유지·보수 작업을 한다. 건축부 노동자들이 건축 외에도 자신의 기술과 노동으로 둥게스와리 지역에 이바지하면서 살 수 있도록 JTS는 매해 연수 프로그램을 진행하고 있다.

(1) JTS 건물

수자타아카데미	학교 및 기술학교 건물(3층)
	학교 식당, 부엌 및 식자재 창고
	오픈 강당
	교장실, 유치원 오피스, 창고 2개
	기숙사(3층)
	재봉실
	운동장, 식수대, 자전거 보관소
지바카병원	1층 지바카병원
	2층 컬쳐홀
마을개발	마을개발 사무실
건축부	건축부 사무실, 목공소 및 철공소
활동가 숙소동	1층 사무실 및 숙소
	2층 법당 및 숙소
기타	고 설성봉 부도탑
	철근 창고, 목재 창고, 시멘트 창고 및 구호품 창고, 농사 창고

(2) 마을 건물

수자타아카데미 분교 (2)	까나홀 분교
	아자드비가 분교(2024년 현재 유치원으로 사용)
마을유치원 (15)	가왈비가, 만코시힐, 자르하리, 소라즈비가, 까나홀, 두르가푸르, 바가히, 아자드비가, 자그디스푸르, 아마르푸르, 안투비가, 라훌나가르, 방갈비가, 스리람푸르, 산티나가르

06
도움을 주는 삶으로 전환,
긴급구호 사업

인도는 해마다 태풍, 홍수, 지진 등의 자연재해로 인해 수많은 사람들이
삶의 터전을 잃고 위기에 처한다. 이런 재난이 발생할 때마다, 수자타아
카데미의 학생들과 스태프들은 피해 지역으로 파견되어 구호 활동을 펼
친다. 그들은 식량과 생필품을 배분하고, 무너진 마을을 정리하며, 피해
를 입은 사람들에게 따뜻한 손길을 건넨다.

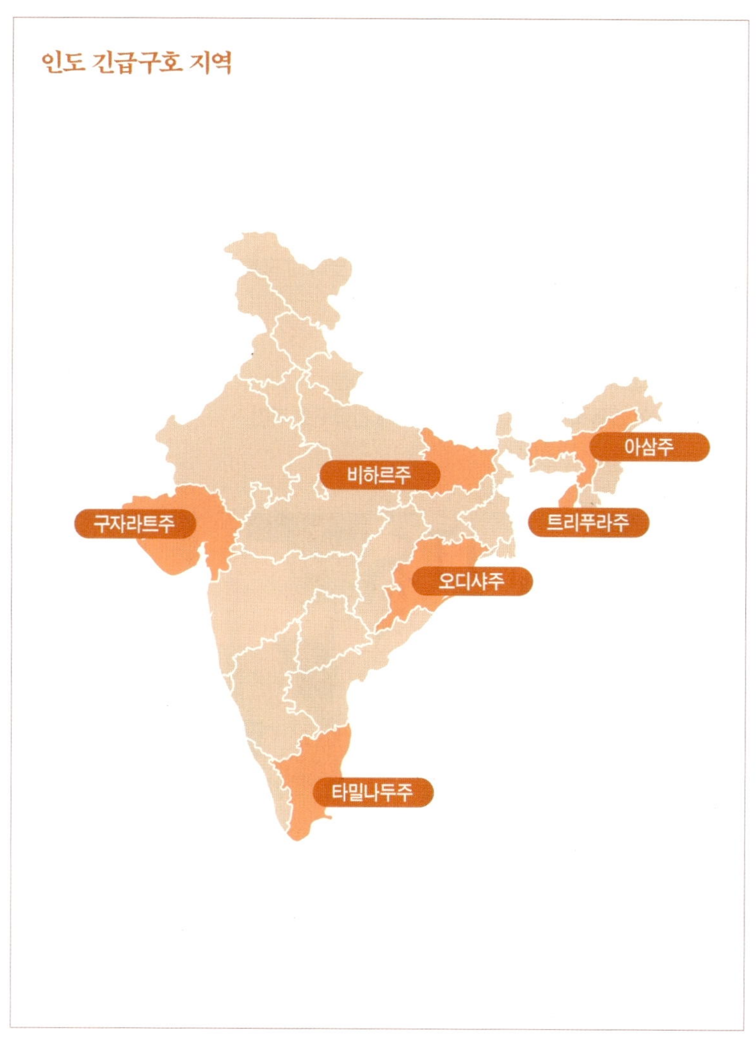

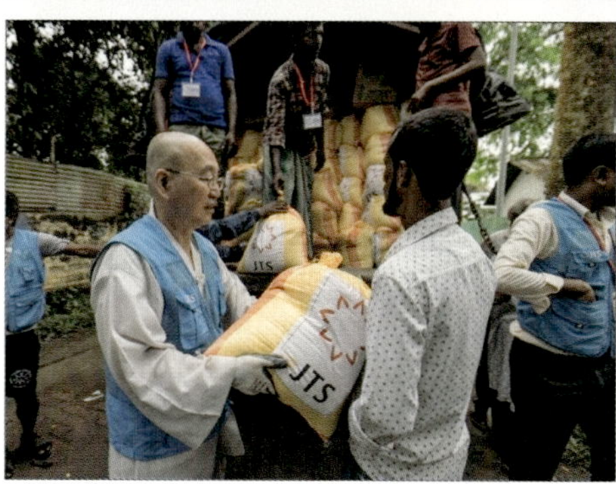

07

워크캠프와 해외 봉사를 통해
성장하는 한국 청소년과 청년들

JTS는 한국의 청소년과 청년들이 삶의 의미를 찾고 국제적인 시야를 넓힐 수 있도록 다양한 워크캠프와 해외 봉사활동을 운영해 왔다. 2003년 제1차 대학생 선재수련을 시작으로 국제 워크캠프, 청소년 캠프, 대학사회봉사협의회 워크캠프 등을 진행하였다.

이들은 마을 주민들과 함께 쉬람단(공동 노동)에 참여하여 나눔과 연대의 의미를 몸소 체험하였다. 언어와 문화가 다르더라도 함께 협력하는 과정에서 유대감이 형성되었으며, 참가자들은 '함께하는 삶'의 의미를 깨닫게 되었다.

이러한 경험은 글로벌 시민으로 성장하는 밑거름이 되었으며, 국제구호와 개발협력에 대한 관심을 키우는 계기가 되었다.

워크캠프를 마친 후에도 참가자들이 나눔과 봉사의 가치를 실천하며 국제개발 활동에 대한 관심을 이어갈 수 있도록 했다. 진정한 행복은 '나만을 위한 삶'이 아니라, '함께 살아가는 삶' 속에서 온다는 것을 직접 체험하며, 참가자들은 자신의 삶의 방향을 새롭게 정립하는 계기가 되었다.

대학생 선재수련 참가자들의 워크캠프

08
JTS인도—사업 성과

"수자타아카데미에서는 모두 평등합니다.
신분, 계급, 남녀 차별의 굴레를 벗고
스스로 자유롭고 행복한 희망을 만듭니다."

JTS인도는 1993년 설립 이후 30년 이상 교육, 의료, 마을개발, 긴급구호
등의 활동을 통해 지역사회의 변화를 지속적으로 이끌어 왔다.

1. 졸업생이 이끄는 JTS인도

수자타아카데미는 한국에서 파견된 활동가들이 중심이 되어 운영하였지
만, 학생들이 자원봉사 정신을 배우고 훈련받으면서 점차 JTS 활동의 주
체로 성장해 왔다. 학교를 졸업한 후에도 JTS인도 운영에 적극 참여하며,
2016년부터는 핵심 활동가로 자리잡을 수 있도록 본격적인 훈련이 이루
어졌다. 이들을 학교, 병원 운영 및 마을개발을 이끌어갈 지도자로 양성
하기 위해 JTS의 정신과 원칙, 활동 비전을 교육하였다.

그 결과, 2024년 현재 수자타아카데미 출신 활동가들이 JTS의 주요
사업을 중심적으로 운영하고 있다. 수자타아카데미의 교감 또한 2016년
부터 졸업생이 맡고 있으며, 유치원, 학교, 병원, 마을개발, 건축 등 각 분
야에서 졸업생들이 책임을 맡아 활동하고 있다. 이제는 인도인 활동가들
이 JTS의 주인이 되어 인도 둥게스와리 지역공동체 발전을 이끌어나가는
주체적인 역할을 수행하고 있다.

2. 문맹퇴치

(1) 둥게스와리의 문맹률을 낮추다

1993년 인도 비하르주 둥게스와리 지역에서 수자타아카데미가 처음 열렸을때, 학교가 없어 아이들의 문맹률이 90% 이상에 달했다. JTS는 30년 이상 교육을 통해 문맹을 퇴치하고 주민들의 자립을 돕는 데 집중하였다.

그 결과 2024년 현재 90%에 가까운 문해율을 기록하고 있다. JTS가 운영하는 수자타아카데미는 유치원부터 중등과정까지 무상교육을 제공하며, 현재 약 1,700명의 학생이 교육받고 있다. 정부학교가 부족한 지역에서는 수자타아카데미에 다닐 수 있도록 지원하고, 정부학교가 있는 지역에서는 해당 학교에 다닐 수 있도록 돕는 등 실질적인 교육 지원을 제공하고 있다.

수자타아카데미의 가장 큰 성과는, 30년 전만 해도 거리에서 구걸하던 아이들이 이제는 학교에 다니는 것을 당연하게 여기게 되었다는 점이다. 이는 단순한 교육 기회의 제공을 넘어, 교육이 일상으로 자리잡은 문화적 변화를 만들어낸 결과이다.

이러한 변화가 가능했던 것은, 수자타아카데미가 오랜 시간 동안 아

30년간 수자타아카데미 재학한 학생 수

학제 구분	평균 학생수(명)	연인원(명)	재학 기간
유치원	1,000	28,350	1997~2024
초등학교	500	11,632	1994~2024
중등학교	130	2,077	1997~2024

1993년, 둥게스와리의 문맹률은 90%이상이었다!

42,059명
30년간 학생 수

이들에게 꾸준히 교육하고, 학생들이 성장하여 다시 후배를 가르치는 교사로 활동하는 순환형 교육 시스템을 운영해왔기 때문이다. 이 시스템은 교사 인력 부족 문제를 해결하고, 보다 많은 아이들이 기초 교육을 받을 수 있는 환경을 조성하였다.

그리고 수자타아카데미는 아이들 학습의 장일뿐만 아니라 지역사회에 필요한 인재를 양성하는 역할도 하고 있다.

(2) 계급과 성차별을 넘어선 교육

JTS는 "계급과 성차별 없이 모두가 평등하다"는 가치를 바탕으로, 천민과 양민, 남녀 모두 함께 공부하며 친구가 될 수 있는 환경을 조성하였다. 그 결과 신분차별과 성차별로 인해 교육 기회를 갖지 못했던 천민과 여학생들의 학교 입학률이 크게 증가하였다.

수자타아카데미는 둥게스와리 15개 마을 중 정부학교가 없어 학교를 다닐 수 없는 천민과 정부학교에서 적응을 하지 못하는 천민들이 우선적으로 학교를 다닐 수 있도록 기회를 주고 있다. 그래서 2024년 현재 수자타아카데미 학생 중 85% 이상이 천민이며, 여학생은 50%를 차지한다.

초기에는 여학생 학부모들이 교육에 대한 신뢰를 갖지 못했으며, 조혼 관습에 따라 초등교육인 4~5학년 무렵 학업을 중단시켰다. 하지만 학부모들의 교육에 대한 인식이 변화하면서 여학생들은 고등교육인 10학년(16세)까지 학교를 다니고 졸업하는 사례가 늘어나고 있다.

> 2023년 현재 학년 담임 선생님 한 명이 우리 학교 출신의 천민 계급 여자 선생님입니다. 대학에서 공부하면서 우리 학교에서 가르치고 있어요. 아직까지 결혼도 안 하고 우리와 함께 활동하고 있는 걸 보며 정말 행복하고 기쁩니다. 우리가 한 교육의 효과이자 둥게스와리의 가장 큰 변화로 느껴집니다.
> — 쁘리양카(수자타아카데미 교장)

여학생들의 교육 참여가 높아진 이유 중 또 다른 하나는 자전거 교육을 통한 여성의 이동권 확대이다. 초기에 마을 주민들은 수자타에서 여학생들에게 자전거를 가르치는 것을 반대하고 비난도 많이 했다. 심지어 사람들이 자전거 다니는 길에 여자 아이들 보라고 모욕적인 낙서를 써놓기도 했다. 하지만 지금은 여성들이 자전거를 타고 다니는 풍경이 일상이 되었으며 자유롭게 이동하며 교육받고 있다.

여학생들에게 교육의 기회가 제공되자 남성 중심의 보수적인 문화 속에서도 여성들의 사회적 역할이 확대되고 있다. 여학생들의 조혼을 예방했을 뿐만 아니라 결혼 후에도 사회활동을 지속하며 지역사회에 기여하는 여성들이 등장하였다.

수자타아카데미 교장을 세 차례 역임한 쁘리양카는 브라만 출신이자 여성으로서, 사회적 편견을 뛰어넘어 30년 가까이 활동하고 있다. 그녀의 30여 년에 걸친 노력은 수자타아카데미의 역사이자, 여학생들에게 롤모델이 되고 있다.

또한 수자타아카데미를 졸업한 장애를 가진 한 여성은 결혼하지 않고 보드가야의 시민단체에서 기숙 생활하면서 책임자 역할을 수행하고 있다. 수자타아카데미 출신의 천민 계급의 한 여학생은 대학 졸업 후 정부 학교에서 학생들을 가르치고 있다. 이러한 사례들은 JTS 교육 사업의 성과를 상징적으로 보여준다.

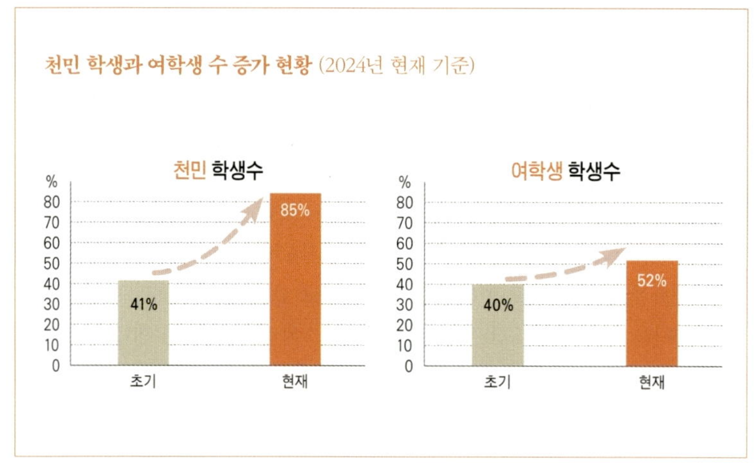

인도의 카스트 제도가 여전히 존재하는 가운데, 천민과 여학생들에게 교육 기회를 제공하는 노력이 인도 내에서도 평등한 교육 모델로 인정받고 있다. 이러한 변화는 둥게스와리 지역을 넘어 다른 지역으로도 확산될 수 있는 가능성을 지니고 있다.

(3) 학생 교사가 후배를 가르치는 자립형 교육 모델 구축

세계 곳곳 빈곤 지역의 많은 아이들이 교육에서 소외되어 있다. 이는 학교가 없거나 교사가 부족하기 때문이다. 수자타아카데미 역시 교사 문제에 대한 고민을 하지 않을 수 없었다. 마을마다 유치원이 늘어나면서 초등학생과 중학생의 수가 증가하였다.

이에 초등학교 과정은 공부만 하되, 중학교 과정부터는 후배를 가르치는 자원봉사를 함께할 수 있도록 하였다. 중학생이 유치원생을 가르치고, 고등학생, 대학생이 초등학생을 가르치며, 인도 활동가들이 중학생을 가르치는 시스템으로 운영되고 있다. 학교가 매일 정상적으로 운영되고, 학생들이 결석 없이 성실히 학업에 임하며 후배들을 정성껏 가르친 결과, 정부에서 실시하는 시험에서도 대부분 상위권의 성적을 거두고 있다.

◆── 교육 불평등 해소와 지속 가능한 교육 모델 구축

학생들이 후배들에게 자신이 배운 내용을 가르침으로써 교사 인력을 확보하고, 이로 인해 많은 아이들이 문맹에서 벗어나는 데 기여하고 있다. 이러한 교육방식은 제3세계뿐만 아니라 교사 자원이 부족한 지역에서도 효과적인 대안이 될 수 있다. 학생들이 교육을 지속하면서 자연스럽게 교사 역할을 수행하기 때문에, 교육 불평등을 줄이고 장기적으로 자립형 교육 시스템을 구축할 수 있다.

또한 이 모델은 학생들의 능동적 학습을 촉진하는 혁신적인 모델로 선진국에서도 활용할 수 있다.

◆— 자기주도학습 형성

학생들이 직접 교육 과정에 참여함으로써 자기 주도적 학습 태도가 형성되었다. 학생들은 단순한 수동적 학습자가 아니라, 배운 내용을 이해하고 이를 효과적으로 전달하는 능력을 기르게 되었다. 가르치는 과정에서 개념을 깊이 이해해야 하기 때문에 학습의 질이 높아지고 지식을 자기 것으로 만드는 과정을 거치게 되었다.

현대 교육에서도 강조되는 '메타인지 학습'처럼 자신의 학습 과정을 성찰하고 조절하는 능력을 기를 수 있어 수자타아카데미 학생들은 성적이 우수한 편이다.

◆— 학생들 간의 협력과 공동체성 교육

학생들이 주체적으로 교육에 참여함으로써 학생들 간의 협력과 공동체 교육을 만들어가고 있다. 상급생과 하급생 간의 자연스러운 멘토링이 이루어져, 학생들은 서로 배우고 돕는 문화를 형성하고 있다.

◆— 책임감과 자신감 형성

신분과 성차별로 소외되었던 아이들이 교육을 통해 자신감을 회복하고 지역사회의 지도자로 성장하는 기반이 되고 있다. 자신이 배운 것을 가르쳐야 하는 입장이 되면, 학생들은 학습에 대한 동기를 더욱 강하게 갖게 된다. 교육 과정에서 능동적인 역할을 수행하면서, 자신이 속한 공동체에서 중요한 역할을 하고 있다는 자부심을 갖게 되었다.

(4) 다른 사람들에게 도움을 주는 리더로 성장

수자타아카데미 학생들은 유치원 때부터 교실을 직접 청소하며, 초등학생들은 학교 청소와 마을 청소도 함께 하는 등 서로 돕고 협력하는 것을 배운다. 그리고 중등교육부터는 후배 교육, 병원 운영, 마을 극빈자 구호, 재난 지역 긴급구호 활동 등에 참여하면서 자원봉사의 정신을 배우고 직

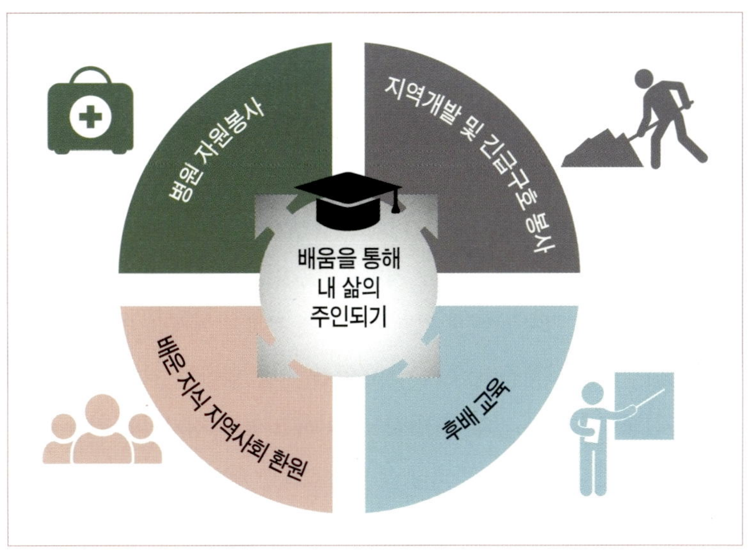

접 체험할 기회를 제공받는다. 이러한 경험을 통해 학생들이 많은 사람들을 돕고 성장할 수 있도록 한다. 나아가 지역사회를 이끌어갈 리더가 될 수 있도록 훈련하고 있다.

JTS의 목표는 구호 활동에만 그치는 것이 아니라, 사람들이 스스로 변화하고 그 변화가 또 다른 변화를 만들어내는 선순환 구조를 만드는 것이다. 수자타아카데미 학생들의 자원활동 참여는 바로 이러한 변화의 시작점이다.

"도움을 받던 아이들이, 이제는 도움을 주는 사람이 되는 것."
"이들이 다시 또 다른 사람을 돕고, 세상을 바꾸는 힘이 되는 것."

이것이 바로 JTS가 실천하는 변화이며, 우리가 함께 만들어가는 더 나은 세상의 모습이다.

3. 의료 지원 및 건강 증진

JTS는 학교 교육에 그치지 않고, 의료 사업을 통해 학생과 주민들의 건강을 돌보는 역할도 수행하고 있다. 지바카병원을 설립하여 기초 의료 서비스가 부족한 지역 주민들에게 의료 서비스를 무료로 제공하고 있다.

2010년부터는 저체중아 조사 및 영양식 지원, 임산부 지원 사업을 진행하여 신생아와 산모 건강 증진에도 기여하고 있다. 정기적인 건강 검진을 통해 학생들의 건강을 관리하고, 이동진료를 통해 의료 접근성이 낮은 지역에 필수적인 의료 서비스를 제공하고 있다.

또한, 마을개발 사업과 연계하여 핸드펌프와 우물 설치 및 수리 등을 통해 깨끗한 물을 제공함으로써 감염병 예방에 기여하고 있으며, 위생 보건 교육을 통해 주민들의 건강 수준을 향상시키고 있다.

2021년 코로나19 팬데믹 당시에도 긴급 의료 캠프를 운영하여 지역사회의 건강을 지키기 위해 노력하였다.

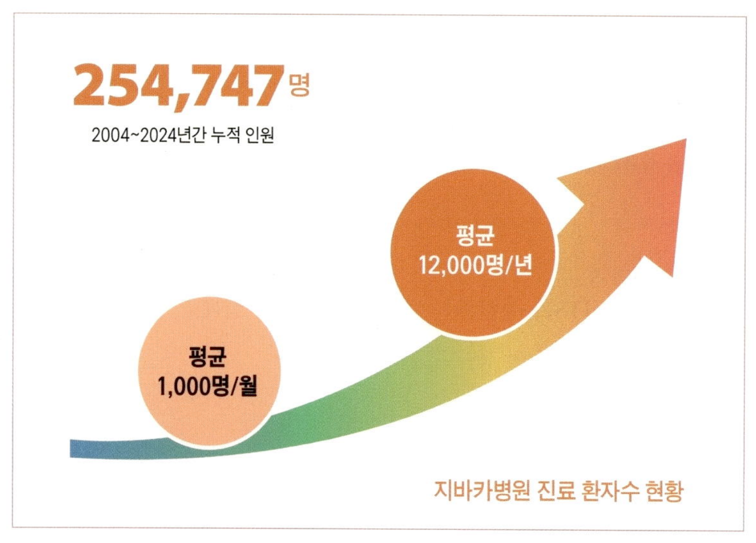

4. 마을개발 및 자립 지원

JTS는 지역 주민들이 스스로 참여하는 방식으로 마을개발을 추진해 왔다. 수자타아카데미 학교를 건축하는 과정에서부터 마을 주민들이 참여하였으며 마을별 쉬람단(공동 노동) 활성화를 통해 주민들의 자발적 참여를 이끌어냈다.

초창기 마을 주민들은 JTS가 자신들을 위해 무언가를 해주기를 바라기만 했으나, 점차 주민들이 주체적으로 참여하지 않으면 아무것도 되지 않는다는 것을 알기 시작했다. 마을 문제는 마을 주민 스스로 해결해야 하고, JTS는 그 과정을 지원하는 역할임을 인식할 수 있도록 〈함까랑게!〉(내가 하겠습니다)라는 구호를 만들어 함께 외치며 마을개발을 추진하였다.

식수 환경 개선을 위한 핸드펌프 59개 설치 등의 인프라 구축 사업을 진행하며 주민들의 생활 여건을 개선했다. 또한, 소득 증대 사업으로 물레공장 운영, 염소은행, 재봉 교육, 농업기술 교육 등을 제공하여 주민들이 경제적 자립을 이룰 수 있도록 지원하였다.

마을 주민들의 인식을 변화시키는 데는 많은 우여곡절과 시간이 필요했지만, 서로 간의 신뢰가 쌓이면서 주민들은 JTS를 이방인이 아니라 함께 살아가는 동반자로 생각하게 되었다.

주민들의 자립으로 가는 길은 아직 많은 과정이 남아 있지만, JTS의 정신을 이해하고 서로 맞춰 나가는 과정이라고 할 수 있다. 이러한 노력은 지역사회의 자생력을 높이고, 주민들이 스스로 문제를 해결할 수 있는 능력을 키우는 데 기여하고 있다.

5. 국경을 넘은 긴급구호 활동

인도는 매년 태풍, 홍수, 지진 등 자연재해로 인해 수많은 사람들이 삶의 터전을 잃고 위기에 처한다. JTS는 1999년 오디사주 태풍을 시작으로, 구자라트 지진, 코로나19 대응, 아삼주 홍수 피해 등 인도 내에서 발생하는 재해들에 대해 수자타아카데미의 학생들과 스태프들이 피해 지역으로 파견되어 구호 활동을 펼치고 있다.

식량과 생필품을 배분하고 무너진 마을을 정리하며, 피해를 입은 이들에게 따뜻한 손길을 건넨다. 그리고 국내뿐만 아니라 네팔 지진, 북한 어린이를 위한 쌀 모으기 캠페인, 일본 수해 피해 돕기 등 국제적인 인도적 지원 활동에도 학생들이 함께 참여하여 국경을 초월한 연대 활동을 이어가고 있다.

학생들은 이 과정에서 다른 사람들을 돕는 위치에 서게 되는 것을 경험한다. '도움을 받는 사람에서 도움을 주는 사람'으로 변화하는 과정을 직접 느끼며, 나눔의 기쁨을 몸소 체득하게 된다.

JTS인도—걸어온 길

1993	01	둥게스와리 인근 마을 주민에게 의류 지급
1993	12	수자타아카데미 건축 시작
1994	01	야외 수업으로 수자타아카데미 수업 시작
1995	01	수자타아카데미 1층 준공
1995	06	콜레라 발생으로 수자타아카데미를 진료소로 이용
1995	11	지바카 무료 진료소 운영 및 교장실 등 부속 건물 준공
1996	01	수자타아카데미 학생 무상급식 시작
1997	01	수자타아카데미 초등학교 2층 준공
1997	09	스리랑카 사르보다야(Sarvodaya) 운동 창시자 아라야라트네 박사(Dr. A. T Ariyaratne) 방문
1997	09	둥게스와리 마을개발 시작— 마을쉬람단(공동 노동) 및 핸드펌프 설치 시작
1997	10	유치원 수업 시작
1998		기술교육관 개관 및 부녀자 재봉반 운영
1998		컴퓨터실(컴퓨터 및 타자기) 개관 및 수업 시작
1999	01	활동가 숙소, 유치원 준공
2000		지바카병원 공사 시작
2001	01	지바카병원 준공
2002	01	무장강도 총격으로 한국인 자원활동가 설성봉 사망

2003	01	제14대 달라이 라마 방문 및 기념 식수
	01	수자타 기술학교(현 중학교) 준공
	07	둥게스와리 14개 마을 인구조사 시작
2004		수자타아카데미 3층 증축
2005	02	제1분교 까나홀 분교 개원
	12	마을 극빈자 가정 정기적인 식량 지원 시작
2006	02	지바카병원 모자보건 진료 시작
2007	01	대강당 쁘락보디홀 준공
2008	01	기숙사 싯다르타하우스 준공
2009	01	제2분교 아자드비가 분교 개원(현재는 유치원으로 운영)
2010		전체 마을 대상 저체중아 조사 및 영양식 지원
2011	01	JTS 홍보센터 준공식
2012		정부학교 활성화 지원 및 이중등록 방지 〈한 학교 보내기〉운동 전개
2013	07	마을개발 물레공장(짜르카) 오픈
2015	03	법륜 스님과 함께 15개 마을 쌀 16,240kg 지원(전체 1,624가구)
	07	인도 정부로부터 사립학교 인가
2016	01	전기 공급 시작
2017		뉴빌리지 운동 시작
2018	07	마을별 그릇계, 탈곡기계 시작
2019	06	가야지역 〈낄까리 예술제〉 참가 (태권도 부문 1위, 댄스 부문 2위, 그림 부문 3위)
	06	가야지역 〈카바디 무술대회〉 참가
2020	01	수자타아카데미 뉴빌딩(체육관, 도서관, 과학관) 준공
2021	05	지바카병원 코로나19 긴급 의료 캠프 개설
2023	01	JTS 30주년 기념 마을 주민 1만 명에게 쌀 10kg씩 지원 (총 100,000kg 지원)
	08	아삼주 차크마 마을 홍수 피해 구호 사업 시작
2024	01	수자타아카데미 30주년 기념 행사 및 홍보관 개관

2. 필리핀

Philippines

필리핀은 서태평양의 환태평양 조산대에 위치한 7,600여 개의 섬으로 이루어진 군도 국가이다. 열대 몬순 기후로 고온다습하며, 1년에 두 번의 계절(건기와 우기)이 뚜렷하게 나타난다. 민족 구성은 주로 말레이족이며, 스페인과 미국의 식민 지배를 거치면서 다양한 혼혈이 이루어졌다. 민다나오 섬은 필리핀 남부에 위치한 큰 섬으로, 이슬람교를 믿는 모로족이 다수 거주한다. 이는 필리핀의 주류 종교인 로마 가톨릭과 달라, 수십 년간 정부와 이슬람 반군 간의 분쟁이 계속되었다. 최근에는 평화협정이 체결되어 방사모로자치구가 설립되면서 분쟁이 점차 해소되고 있다.

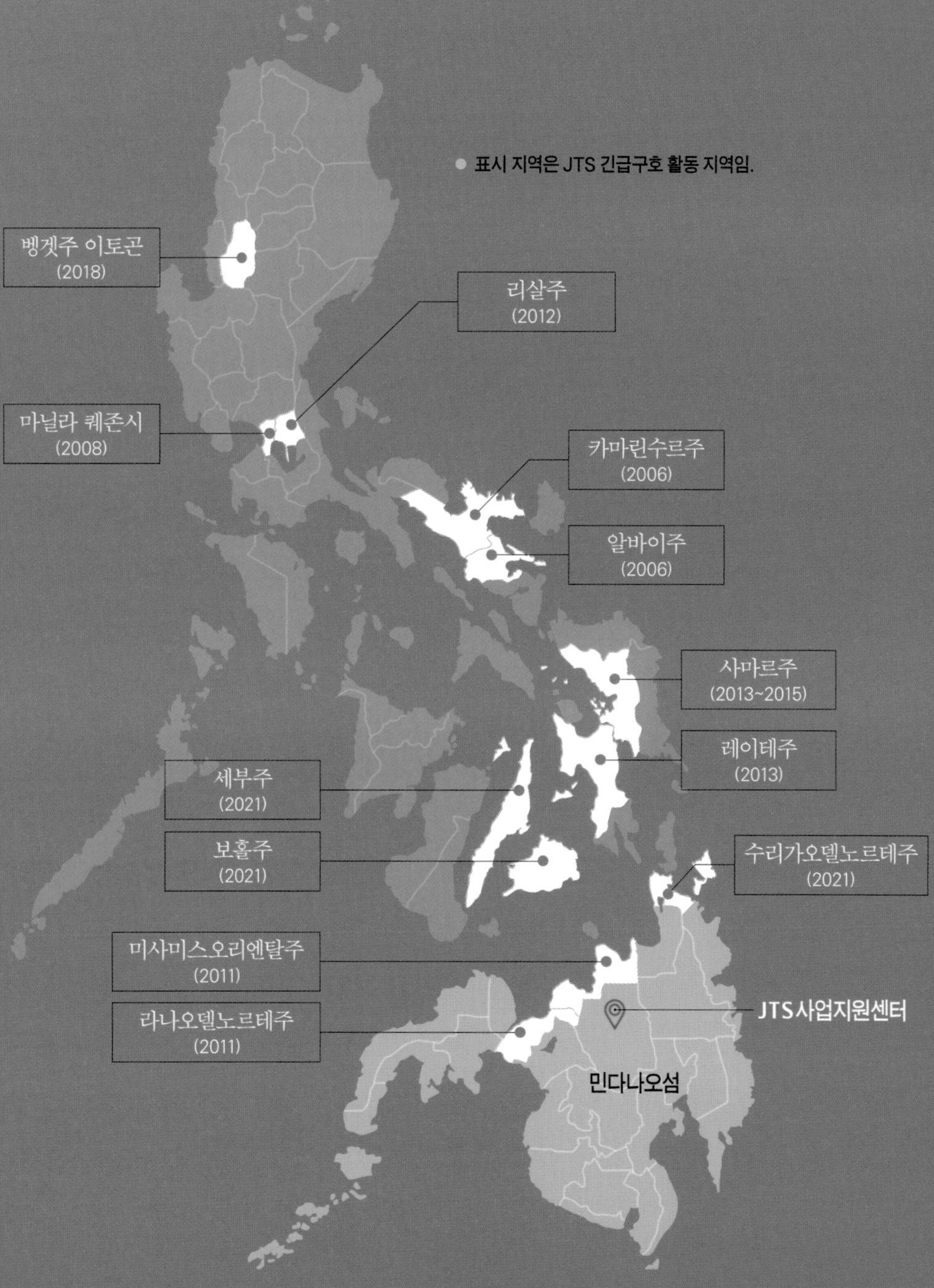

01
법륜 스님의
라몬 막사이사이상 수상,
필리핀 분쟁 지역으로 나아가다

1. 사업 진행 배경

법륜 스님은 지구촌 곳곳에서 구호 활동을 펼치고, 남북 간의 평화를 위해 활동한 공로를 인정받아 2002년 라몬 막사이사이상 국제 평화와 이해부문을 수상하였다.

라몬 막사이사이재단은 1957년 비행기 사고로 급서한 필리핀의 라몬 막사이사이(Ramon Magaysay) 전 대통령의 공적을 추모하고 기념하기 위해 1958년에 설립하였다. 라몬 막사이사이재단의 주최로 시상하는 라몬 막사이사이상은 아시아의 노벨상이라고 불리며 6개 부문을 시상한다.

법륜 스님은 2002년 막사이사이상을 수상하고 가난과 분쟁의 땅, 필리핀 민다나오에서 활동을 시작하였다.

당시 라몬 막사이사이재단의 심사위원이었던 안토니오 레데스마(토니, Antonio J. Ledesma) 주교는 법륜 스님을 만나 한 가지 제안을 하였다.

"필리핀 민다나오는 종교적으로 갈등이 많습니다. 스님께서 가지고 계신 남북 간 평화 활동에 대한 경험이 민다나오의 갈등 해결에도 도움이 되었으면 좋겠습니다."

법륜 스님은 필리핀 문제는 필리핀 사람들이 가장 잘 알지 않겠느냐며 웃으며 답하였지만 토니 주교는 다시 한번 간곡하게 부탁하였다. 이에 법륜 스님은 갈등 해결을 위한 작은 역할로써 빈곤을 벗어날 교육 사업을 먼저 시작하기로 하였다. 이를 위해서는 현지인 NGO활동가가 필요하다고 요청하였고, 토니 주교는 제자인 세비어대학교(Xavier University) 농과대학 교수인 트렐(Estrella E. Taco-Borja)과 그의 남편이자 NGO활동가인 도동(Ignacio G. Borja)을 소개해주었다. 그리고 이원주 님이 JTS필리핀 대표로 합류하여 본격적인 JTS필리핀 활동이 첫발을 내디뎠다.

2002년 아시아의 노벨상이라 불리는 라몬 막사이사이상을 수상한 법륜 스님

JTS는 이념, 계급, 인종, 종교, 민족, 성별에 따른 차별 없이 모든 사람이 인간다운 삶을 살아갈 수 있는 사회를 만드는 것을 목표로 한다. 갈등과 분쟁이 끊이지 않는 필리핀 민다나오에서 빈곤퇴치와 문맹퇴치 활동을 통해 아이들이 교육을 받고 새로운 미래를 꿈꾸며 가난에서 벗어날 수 있도록 돕고자 했다. 세계 곳곳에서 일어나는 많은 분쟁은 빈곤과 차별에서 비롯된다. 특히, 빈곤으로 인해 교육에서 소외된 이들은 다시 빈곤의 덫에 빠지는 악순환을 겪는다. 필리핀처럼 종교적 차별이 존재하는 사회에서는 이러한 차별이 또 다른 분쟁의 원인이 되기도 한다.

JTS는 민다나오 주민들이 겪는 어려움을 함께 해결하는 것부터 시작하였다. 정부의 지원이 미치지 않는 산간 오지, 갈등이 있는 분쟁지역, 고립된 마을까지 직접 찾아갔으며, 길이 없는 곳은 길을 내며 다가갔다. 그곳에는 빈곤, 질병, 문맹의 문제가 깊이 얽혀 있었다.

주민들을 만날 때마다 그들에게 가장 필요한 것이 무엇인지 물었다.

아이를 둔 부모들은 하나같이 "우리는 배고프고 배우지 못했지만, 아이들 만큼은 우리와 다른 삶을 살기를 바란다"며 아이들 교육에 대한 절박함을 이야기했다. 이에 JTS는 문맹퇴치를 위해 산간 오지의 원주민 마을과 무슬림 마을에 학교를 짓는 것과 장애 아동을 위한 특수학교(SPED)를 짓는 것부터 시작하였다.

학교가 없는 원주민과 무슬림 지역에는 학교를 건축하고, 지속적인 운영을 위해 학용품 지원, 교사 양성 등의 교육 사업을 진행하였다. 또한, 빈곤 문제 해결과 생활 환경 개선을 위해 곡식 건조장, 농장 운영, 워터시스템(물탱크) 설치, 다리 건설, 보건소 건축 등의 마을개발 사업을 펼쳤다.

또한 JTS는 어떤 어려움이 있어도 주민 참여를 원칙으로 사업을 진행하고자 하였다. 학교 건축, 워터시스템 설치, 다리 건설 등 모든 과정에서 주민들의 적극적인 참여를 유도함으로써, 이들이 스스로 자립할 수 있도록 하였다. 특히, 종교적 갈등을 겪어온 주민들이 함께 대화하고 협력하며 노동하는 과정을 만들었고 그 결과, 분쟁으로 붕괴된 공동체가 다시 살아나 평화의 씨앗이 민다나오 곳곳에 퍼져 나갔다.

'기아·질병·문맹퇴치'와 '주민 참여'라는 JTS의 활동 원칙은 단순한 지원을 넘어, 지역공동체 형성과 지역 평화를 만들어가는 중요한 나침반이 되고 있다.

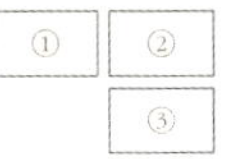

① 법륜 스님과 만난 토니 대주교
② 법륜 스님과 함께한 트렐(가운데)과 도동(오른쪽)
③ 막사이사이상 수상식장에서 법륜 스님과
　함께한 이원주 JTS필리핀 전 대표

2. 필리핀 민다나오

(1) 민다나오 지역 특성

필리핀에서 두 번째로 큰 섬인 민다나오(Mindanao)는 면적이 약 $97,530km^2$로 남한($99,720km^2$)과 비슷하며, 6개 지역과 28개 주로 이루어져 있다. 주요 도시는 다바오(Davao)와 카가얀데오로(Cagayan de Oro)이며, 2021년 기준 인구는 약 2,700만 명이다.

민다나오는 지역별로 지형과 기후가 다양하며, 특히 산악 지역은 서늘하고 강수량이 많다. 주요 산업은 농업, 임업, 어업으로, 다국적 기업들이 대규모 농장을 운영하고 있다. 그러나 이러한 기업들에 대한 경제적 의존도가 높음에도 불구하고, 민다나오 주민들의 생활 수준은 전반적으로 낮은 편이다.

필리핀 82개 주 중 가장 가난한 20개 주 가운데 13개가 민다나오에

위치하며, 대표적으로 술루(Sulu), 라나오델노르테(Lanao del Norte), 라나오델수르(Lanao del Sur), 아구산델노르테(Aqusan del Norte) 등이 있다. 빈부격차 또한 심각하여, 상위 10%의 계층이 전체 자원의 90%를 소비하는 반면, 중간 계층(13%)과 하위 계층(77%)은 나머지 10%의 자원만을 사용하고 있다.

(2) 민다나오 분쟁의 역사

민다나오의 갈등과 분쟁은 이슬람교 전파, 스페인과 미국의 식민 통치를 거치면서 더 커졌다. 무슬림 세력 확장 때는 원주민들이 소외되었고, 이후 식민 통치를 거치면서 원주민과 무슬림이 함께 해안가와 평지에서 점차 산악지대로 밀려났다.

스페인 식민 통치 시기에 스페인은 민다나오의 무슬림들에게 기독교 개종과 동화를 강요했으나, 그들은 이에 응하지 않고 강하게 저항했다. 미국 식민 통치 시기에는 민다나오 지역에 대규모 기독교인을 이주시켰으며, 필리핀 독립 후에도 정부는 기독교인 이주 정책을 지속했다. 무슬림들은 이주해온 기독교인들과 문화적 충돌을 빚으며 정치·사회·경제적으로 소외되었다.

1960년대부터 무슬림들의 해방운동이 본격적으로 전개되면서 모로민족해방전선(MNLF, Moro National Liberation Front)이 결성되었다. 그러나 정부와의 협상 과정에서 무슬림 내부에 분열이 발생했고, 이후 모로이슬람

열악한 환경에서 거주하는 필리핀 원주민과 무슬림

JTS는 무슬림 민다나오 자치구의 반군 세력이 있는 마을에도
학교 건축을 진행하였다. 필리핀 내부에서도 민다나오를
방문한다고 하면 고개를 흔드는 지역이다.

해방전선(MILF, Moro Islamic Liberation Front)이 새로운 해방운동 세력으로
등장했다. MILF는 무장 투쟁을 통해 무슬림 자치지구 수립을 요구했다.
결국 2012년 필리핀 정부와 방사모로 평화협정을 체결하고, 2019년 국민
투표를 통해 방사모로 무슬림 자치구가 출범하면서 평화의 전환점을 맞
이하게 되었다.

한편, 필리핀 정부에 대항하는 반군은 무슬림 세력뿐만 아니라 신인민
군(NPA, New People's Army)도 있다. 1969년 필리핀 공산당의 지휘 아래 창
설된 NPA는 필리핀 자본주의 체제를 종식시키고 사회주의 국가 수립을
목표로 활동했으나, 소련 붕괴 이후 세력이 약화되었다.

기독교인 지역은 서구 문화와 자본의 영향을 받아 발전했지만, 고지대
의 무슬림 지역과 원주민 거주지는 도로, 전기, 수도, 교육 시설 등이 극도
로 낙후되었다. 지방정부조차 종교적 차이로 인해 이들을 충분히 보호하
지 않았으며, 특히 경계 지역의 주민들은 정부 지원에서 더욱 소외되었다.

마을 전체가 빈곤에 시달리고, 대를 이어 지속된 문맹과 취약한 사회
적 기반은 민다나오를 반군의 거점이자 이들 지지 세력의 중심지로 만들
었다. 종교 개종의 강요, 삶의 터전에서 밀려나 오지로 이주해야 했던 현
실 그리고 물과 도로조차 없는 열악한 환경에서 살아야 했던 고단하고
배고픈 삶은 결국 이들을 더욱 분쟁 속으로 내몰았다.

JTS 필리핀
주요 활동

<table>
<tr><td>①</td><td>②</td></tr>
<tr><td>③</td><td>④</td></tr>
<tr><td>⑤</td><td>⑥</td></tr>
<tr><td>⑦</td><td>⑧</td></tr>
<tr><td>⑨</td><td>⑩</td></tr>
<tr><td>⑪</td><td>⑫</td></tr>
<tr><td>⑬</td><td>⑭</td></tr>
</table>

① 학교 건축
② 장애 특수학교 건축
③ 학용품 및 교복 지원
④ 교사 연수
⑤ 마을 리더 연수
⑥ 보건소 건축
⑦ 의료 지원
⑧ 위생 교육
⑨ 다리 건설
⑩ 태양열건조장
⑪ 워터시스템 구축
⑫ 평화캠프
⑬ 긴급구호
⑭ 전통문화 보존

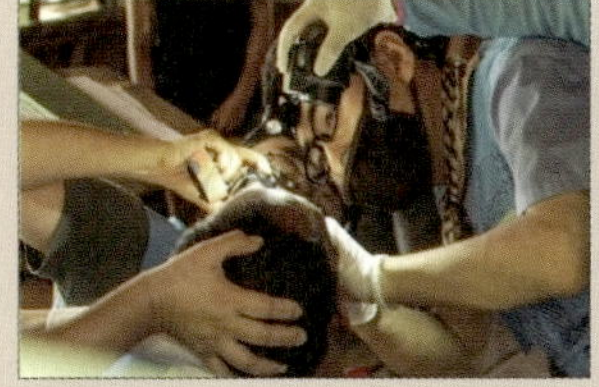

02
JTS필리핀 활동

1. 학교 건축

(1) 학교 건축 기준과 조사 과정

초기 학교 건축 사업은 카가얀데오로(Cagayan de Oro) 도심 근교의 열악한 지역을 중심으로 진행되었다. 이후 점차 범위를 넓혀 주변 지역으로 확장했으며, 나아가 산간 오지와 분쟁이 심한 지역까지 지원을 확대하였다. 특히, 부키드논(Bukidnon)주의 산악지역 원주민 마을과 무슬림 분쟁 지역인 라나오델수르(Lanao del Sur), 라나오델노르테(Lanao del Norte)로 사업이 확장되었다.

시간이 지나면서 현장 경험이 축적되었고, 이를 바탕으로 학교 건축 사업의 기준을 마련하게 되었다. JTS는 현지인들조차 접근이 어렵다고 하는 곳을 찾아다니며, 누구의 도움도 받지 못하는 가장 열악한 지역에 학교를 세웠다. 또한, 학교 건축 기준과 모니터링 체계를 지속적으로 보완하며 사업을 점차 체계화해 나갔다.

학교 건축 현황

Luzon
마닐라
Visayas
Mindanao
MISAMIS ORIENTAL
AGUSAN DEL SUR
LANAO DEL NORTE
JTS사업지원센터
BUKIDNON
LANAO DEL SUR
NORTH COTABATO
MAGUINDANAO

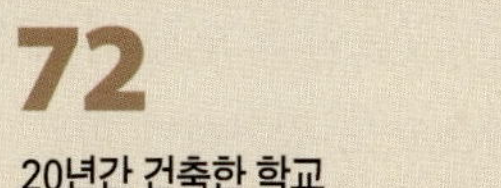

72
20년간 건축한 학교

206
20년간 건축한 교실 수

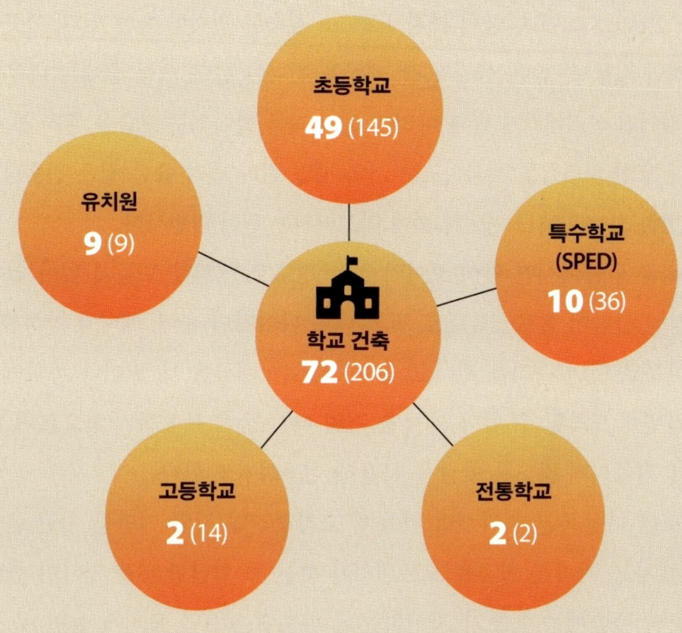

2024년 12월 현재 학교 건축 수(교실 수)

활동 지역 — 6개 주, 25개 군의 73개 마을

사업 진행한 주(도 단위)	군	마을
1. 부키드논(BUKIDNON)	14	51
2. 라나오델노르테(LANAO del NORTE)	3	6
3. 라나오델수르(LANAO del SUR)	5	11
4. 미사미스오리엔탈(MISAMIS ORIENTAL)	1	1
5. 마긴다나오(MAGUINDANAO)	1	1
6. 아구산델수르(AGUSAN del SUR)	1	3

필리핀 오지 마을은 지형이 험난해 사람들이 도보로 이동하기 어려울 뿐만 아니라, 차량이나 기타 운송 수단으로도 접근하기 힘든 곳이 많다. 그중에서도 리보나군 알라원(Alawon)은 대표적인 오지 마을이다. 키탕글라드산(Mt. Kitanglad) 중턱 해발 1,200m 깊숙한 원시림 속에 있다. 이곳에 가려면 정글 속 좁은 산길과 강, 계곡을 건너야 한다. 이동 중에는 나무에서 떨어진 산거머리가 발과 다리에 붙어 피를 빨아먹는 모습을 흔히 볼 수 있다. 또한 3~5월을 제외하고는 거의 매일 비가 내려 좁은 길은 진흙탕으로 변하고, 바위에는 이끼가 끼어 미끄러지는 일이 다반사다.

정글에 들어서면 앞이 보이지 않을 정도로 빽빽한 수풀에 덮여 있어, 앞장선 사람이 볼로(정글칼)로 길을 내며 나아가야 한다. 게다가 엉성하게 대나무로 덧댄 다리를 건너고, 물이 흐르는 계곡을 네 번이나 통과해야 알라원에 도착할 수 있다. 계곡을 건널 때는 물이 무릎까지 차오르며, 급류에 휩쓸리지 않도록 밧줄을 사용해 이동하기도 한다.

또한 다룰룩군 미카실리 마을에 도착하려면 사람 키만큼 자란 풀숲을 헤치고, 가파른 협곡을 오르내려야 하는 등 험난한 길을 지나야 한다. 이곳의 풀숲에는 독초가 자생하는데 피부에 닿으면 모기에 물린 듯 붉게 부어오르다가 상처가 곪아 2주 정도 고생을 한다. 또한, 강 어귀를 따라 난 협소한 길을 지날 때는 더욱 조심해야 한다. 발을 헛디뎌 미끄러지면 악어가 우글거리는 강에 그대로 빠질 위험이 있기 때문이다. 걷는 길이 너무 힘들어지면 뗏목을 만들어 강을 따라 내려가 마을에 도착하기도 하였다.

학교 건축을 위해 마을을 찾아 답사하는 법륜 스님과 이원주 전 대표 등 활동가들

초기에는 기본 조건만 충족되면 학교 건축이 바로 시작되었다. 그러나 2007년 원주민 마을 조사를 계기로 더욱 체계적인 접근이 이루어졌다. 마을 방문 전, 기초 조사표를 작성하여 구체적인 정보를 수집하였다. 조사 항목에는 가구, 주민, 학생 등 인구 현황이 포함되었으며, 학생 수는 유치원부터 6학년까지 재학생과 미등록 학생까지 세분화하여 조사하였다. 또한, 큰 도로에서 마을까지의 이동 시간, 교통 수단, 우기 시 도로 상태 그리고 가장 가까운 학교까지의 거리도 파악하였다.

학교 건축과 관련해서는 학교 부지 넓이 및 기부 가능 여부를 확인하였으며, 마을 주민들의 주요 수입원과 한 달 평균 수입도 조사 대상이었다. 이러한 기초 조사 결과를 바탕으로 마을 회의를 열어 추가 자료를 수집하였다. 마을에서는 JTS의 방문 목적을 설명하고 마을 리더나 학교 교사와 함께 조사표 항목에 따라 대화를 나누며 필요한 정보를 정리하였다.

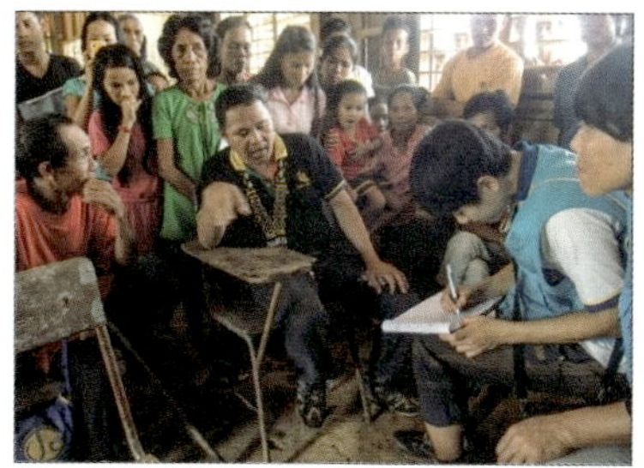

마을 현황을 조사하기 위해 마을 주민들과 대화 나누는 활동가들

그늘도 없는 강렬한 태양 아래
서너 시간 걸어서 마을을 답사하며
더욱 소외되고 어려운 원주민, 무슬림 지역으로
지원 영역을 확대하였다.

(2) 마을 주민들의 참여를 통한 학교 건축

학교 건축에서 가장 중요한 것은 마을 주민들의 참여이다. JTS는 학교를 '지어주는' 것이 아니라 '함께' 아이들의 학교를 짓는 것이다. 주민들이 학교 건축 과정에 참여함으로써 자립심을 기르고, 학교에 대한 애정을 가지게 되며, 이는 아이들을 적극적으로 학교에 보내는 동기가 된다.

JTS는 마을 주민들이 주체적으로 학교 건축에 참여할 수 있도록 사전에 충분한 회의와 합의를 거친다. 그래서 학교 건축을 시작하기 전, 마을 주민들과의 충분한 대화와 자발적인 참여 의지를 이끌어내는 것이 중요하다. 마을 주민들의 의견을 경청하고, 그들의 의견을 반영하고자 많은 노력을 기울인다.

또한, 주민들에게 학교 건축 계획안과 재정 사용 계획안을 제출할 수 있도록 요청하며, 이를 통해 마을 주민들이 자발적으로 참여하고 행동할 수 있도록 돕는다.

마을 주민들이 학교 건축에 필요한 노동에 함께 하겠다는 약속을 하면, JTS는 필요한 자재를 지원한다. 자재 이동은 매우 힘든 일이다. 마을 대부분이 오지 산악지대여서 가파르고 험한 길을 지나야 하기 때문이다. 자재를 배를 이용해 강 건너편으로 옮기고, 다시 다른 강 기슭으로 이동한 후 협곡을 넘어야 한다. 차가 들어갈 수 없는 길은 오토바이나 말을

이용해 자재를 운반하기도 한다.

알라원에서 다리를 만들 때는 60m 길이의 케이블 무게가 500kg 이 상이었는데 마을 장정 9명이 해발 1,200m의 깊은 골짜기 숲속까지 운반 해야 했다. 결국, 모두 지쳐 물소를 동원해서 겨우 옮길 수 있었다. 이러한 어려움에도 불구하고 마을 주민들은 학교 건축에 대한 열정으로 포기하 지 않고 적극적으로 참여하였다.

자재 운반이나 학교 건축에 노동력을 제공한 마을 주민들에게는 '생활 지원시스템(Food for Work system, 이하 푸드포워크)'으로 쌀을 지원하였으며, 이를 통해 주민들의 참여와 공동체 의식을 이끌어냈다.

마을 주민 회의 및 학교 건축에 참여한 마을 주민들

산마테오 학교

산마테오 학교 건축 과정에서 가장 큰 어려움은 자재 운반이었다. 자동차는 물론, 말이나 소도 다닐 수 있는 길이 제대로 갖춰져 있지 않아, 마을 주민들이 모든 자재를 직접 운반해야 했다. 우기가 시작되자 차량이 진입할 수 있는 길조차 진흙탕이 되어버렸다. 이에 주민들은 힘을 합쳐 웅덩이를 메우고 길을 고르게 닦으며 어려움을 극복해 나갔다.

하지만 난관은 그것뿐만이 아니었다. 마을 길목에 있던 다리가 자재 차량이 한번 지나가자 부서졌다. 또한, 인근 마을 키불락(Kibulag)에서 분쟁이 발생하였고, 지역 경찰이 출입을 통제하여 JTS활동가가 더 이상 현장에 방문할 수 없게 되었다. 2006년 9월, 딸라각군이 다리를 복구한 후 지역 경찰로부터 안전 문제가 해결되었다는 연락을 받았고, 그제서야 자재를 다시 지원하여 공사를 진행할 수 있었다.

자재 운반에만 5개월이 넘는 기간이 걸렸고, 주민들은 학교가 빨리 완공되기를 바라는 마음으로 공사에 박차를 가했다.

산마테오 학교 건축 모습

키다마 학교

키다마는 무슬림 지역(MILF)으로 학교 건축을 논의하기 위해 주민들과 회의를 하던 중, 아이들이 총의 방아쇠를 장난감처럼 다루는 모습을 보고 "아이들이 책을 가지고 놀아야지, 왜 총을 가지고 놀아야 하느냐"고 마을 사람들에게 질문했던 지역이다.

키다마 학교는 JTS 사상 최단기간 학교 건축이라는 기록을 세운 사례로, 그 첫 번째 비결은 철저한 시간 관리와 마을 주민들의 강한 결단력에 있었다. 철저한 시간 관리를 위해 마을 주민들은 항상 '일 먼저 하자'라는 슬로건을 내세우며 공사를 진행하였다.

그동안 자재와 푸드포워크는 물론, 학교 건축 전반을 JTS활동가들이 직접 관리해왔다. 하지만 더 많은 학교를 건축하기 위해 지방정부와의 역할 분담을 여러 차례 논의한 끝에, 새로운 학교 건축 합의 각서(Memorandum of Agreement, 이하 MOA)에서는 설계 및 엔지니어링 지원, 중

키다마 학교 전경

장비 지원, 그리고 푸드포워크를 지방정부가 담당하는 시스템으로 전환하였다.

이 새로운 시스템은 이제 막 시작 단계에 있었다. 키다마 마을은 지방자치단체의 푸드포워크를 기다리면 공사가 지연될 수 있다는 점을 감안하였다. 그래서 먼저 작업을 진행하고 나중에 푸드포워크가 제공되면 이를 나누어주는 방식으로 일을 진행하였다.

이들은 토요일에도 쉬지 않고 일했으며, 심지어 라마단 기간 동안에도 이른 아침에 2시간 동안 일을 하고 나서 라마단 기도에 참여하였다. 라마단 기간 동안 무슬림은 낮에는 물조차 마실 수 없고, 밤에만 음식을 먹을 수 있기 때문에 보통 일을 거의 하지 않지만, 키다마 주민들은 공사를 계속 이어갔다. 작업 공정을 기간별로 나누어 목표를 달성하려는 끊임없는 노력 덕분에 공사는 한 번도 지연되지 않았다.

두 번째 비결은 리더 세 명의 솔선수범과 화합이었다. 세 리더는 공사 기간 동안 가만히 있지 않았고, 주민들과 함께 망치질하고 자재를 운반하였다. 어려운 상황이 발생하면 즉시 회의를 열어 문제를 해결하였으며, 한 리더가 바쁘면 다른 리더가 즉시 빈 자리를 보완하며 협력하였다.

키다마 학교 건축에서 가장 중요한 것은 주민들의 자발적 참여였으며, 리더들의 체계적인 계획과 시간 관리, 통솔력이 더해져 놀라운 성과를 이끌어냈다. 본래 60일을 예상했으나, 43일 만에 학교 건축 공사를 마무리할 수 있었다.

키다마 마을 학교 건축과 준공식

타포난 학교

2012년 8월 26일, 학교 건축이 시작되었다. 말을 이용할 수 없어 보트와 인력만으로 자재를 운반했기에 매우 힘든 작업이었다. 자재를 보트로 옮기던 중 강의 수위가 낮아져 보트가 멈추면, 주민들은 직접 배를 들어서 옮겨야 했다. 그 과정에서 배가 뒤집히기도 하였다. 마을은 매우 넓고 집들이 떨어져 있어 주민들은 학교 옆에 간이 숙소를 마련하여 쪽잠을 자며 일을 하였다.

그런 어려운 여건 속에서 다투(부족장) 하론의 리더십이 빛을 발했다. 그는 타포난을 재건하여 주민들의 존경을 받았다. 이번에는 공사 책임자를 맡아 주민들의 참여 의지를 북돋으며 공사에 직접 참여하였다. 쥐아 플로스는 예순이 넘었음에도 불구하고 무거운 자재를 직접 이고 나르며 솔선수범했다. 주민들은 뜨거운 햇볕 아래에서 열심히 학교를 지었다.

MILF 군인들도 총을 내려놓고 공사에 참여하였다. 마을 주민들이 이렇게 헌신적으로 참여한 것은 대부분 자녀가 있어 자식을 학교에 보내고 싶은 소망이 간절했기 때문이다. 2013년 1월 27일, 5개월 만에 학교가 완공되었다. 공사 기간 동안 주민들을 지도한 다투 하론은 "이번 프로젝트

타포난 학교 건축 현장-총을 걸어두고 학교 건축에 참여한 주민들

를 진행하면서 전혀 힘든 점이 없었다. 모두 잘 따라주었고, 동료들이 서로 격려하며 함께 일을 해나갔다"고 말했다. 주민들은 이제까지 수많은 NGO들이 다녀갔지만 실제로 지원을 해준 곳은 JTS가 유일하다고 하며 너무 감사하다고 전했다.

외지로 떠났던 많은 주민들은 학교가 생겼다는 소식을 듣고 고향으로 돌아왔다. 마을의 인구는 30가구에서 45가구로 증가했으며, 학교 근처에 집을 짓고 버려진 밭을 다시 일구기 시작하였다. 학교가 지어지기 전, 마을은 무성한 숲에 가까웠지만, 이제 마을 곳곳에서 집과 넓은 옥수수 밭을 볼 수 있다.

2015년 9월, JTS활동가가 교사 숙소 건축을 위해 타포난을 방문했을 때, 예전에 떠났던 마을 주민 10가구가 한꺼번에 돌아왔다. 주민들은 돌아온 이웃들을 환영하며 부족 전통의식을 치렀다.

타포난 학교 전경과
준공식 기념 행사

(3) 지방정부와 교육청의 적극적인 참여

학교 건축은 마을 주민들의 참여뿐만 아니라 지방정부와 교육청 등의 협력이 필수적이다. 자재 운송을 위해서 오지 마을의 길을 닦고, 지방정부의 기술자 지원과 푸드포워크 지원이 필요하였다. 또한, 학교가 만들어지더라도 학교의 정상적인 운영을 위해서는 교육청의 인가와 교사 파견이 필요하였다.

푸드포워크는 학교 건축에 참여한 주민들에게 생활에 필요한 최소한의 쌀을 지급하는 제도이다. 이는 마을 주민들의 학교 건축 참여를 이끌어낼 뿐만 아니라 주민들의 빈곤퇴치를 위한 또 다른 방안이기도 하다. JTS는 지방정부가 마을 주민들을 지원할 수 있도록 푸드포워크를 요청하며, 지방정부 예산 편성 등의 어려움이 있을 경우 JTS에서 지원하기도 한다.

2008년부터는 마을 주민, 지방정부, 교육청과 함께 학교 건축과 교사 파견에 동의하는 MOA를 체결하고, 학교 건축을 시작하였다. 이렇게 함으로써 지방정부와 교육청은 소외된 마을에 관심을 가질 수밖에 없었다.

지방정부와 MOA를 맺고 각자의 역할을 끌어냈다.

(4) 장애인들을 위한 특수학교 건축 확대

JTS는 원주민과 무슬림 마을의 학교 건축 외에도 장애인들을 위한 특수학교(SPED) 건설에도 힘쓰고 있다. 민다나오에서는 일반 아이들을 위한 교육 지원도 부족하지만 장애를 가진 아이들은 더욱 배움의 기회를 갖지 못하는 상황에 놓여 있다. 보지 못하고, 듣지 못하고, 말하지 못하는 등 장애를 이유로 차별받고 소외되어서는 안되기에 JTS는 사업 초기부터 장애인 학생을 위한 학교 건축을 시작하였다.

2003년 딸라각 특수학교를 시작으로, 2016년 수밀라오 특수학교, 2019년 마놀로폴티치 특수학교가 건설되었다. 특히 딸라각 특수학교와 수밀라오 특수학교는 장애 아동들을 위한 기숙사까지 별도로 건축하였다.

장애를 가진 아이들도 교육받을 권리가 있으며, 행복하게 살 수 있도록 사회가 함께 책임져야 한다는 JTS의 신념은 앞으로도 계속해서 적극적인 지원으로 이어질 것이다. 2023년부터는 각 군마다 최소 1개의 특수학교 건설을 목표로 장애인 특수학교를 더욱 확대하고 있다.

법륜 스님과 JTS, 그리고 딸라각 군청에 대한 감사의 글이 새겨진 딸라각 특수학교 석조 기념비

① 딸라각 특수학교 준공식 기념 행사
② 딸라각 특수학교
③ 딸라각 특수학교 기숙사
④ 수밀라오 특수학교
⑤ 수밀라오 특수학교 기숙사
⑥ 마놀로폴티치 특수학교
⑦ 마놀로폴티치 특수학교 학습 장면

①	
②	③
④	⑤
⑥	⑦

(5) 안정적인 교육 환경 마련

JTS는 멀리서 학교에 다니기 어려운 학생들을 위한 기숙사와 교사들을 위한 숙소를 건설하고 있다. 오지 마을에 파견된 교사들은 종교가 달라 문화가 낯설고, 머물 곳이 없어 교실 한쪽에 칸막이를 치고 씻을 공간도 없이 열악한 환경에서 생활하는 경우가 많다. 이를 해결하기 위해 교사 숙소를 건축하여 교사들이 안정적인 환경에서 생활하며 학생들을 가르칠 수 있도록 지원하고 있다.

또한, 학교 건축으로 끝나지 않고 지속적인 모니터링을 통해 시간이 지나 시설이 낡아진 학교의 보수공사를 진행하고 있다. 보수공사는 마을 주민과 군청이 함께 참여하여 진행된다. 아이들의 교육 환경을 개선하기 위해 지속적인 관심과 지원을 해오고 있다.

① 교실 한쪽을 막아 생활하던 바갈랑잇 학교의 교사 숙소 모습
② 바갈랑잇 교사 숙소 신축 현장
③ 보수공사를 마친 키한아이 학교의 교사 숙소
④ 킬라올라오 학교의 교사 숙소 외관

완성된 바갈랑잇 교사 숙소 모습

바갈랑잇
교사
인터뷰

JTS가 보여준 나눔의 정신을
절대 잊지 못할 거에요.
바갈랑잇 초등학교와 바갈랑잇 마을은
JTS로부터 정말 많은 혜택을 받았어요.
이번 교실 2칸 증축과 교사 숙소에 대해
정말 감사합니다.
저희 교사들이 교실에 살 때,
잠잘 공간이 제대로 없었어요.
밤에는 편안한 마음으로 자는 것도
힘들었어요. 갑자기 밖에서 낯선 소리가
들리면 누가 있는 건 아닌가 두려웠습니다.
이제는 JTS 덕분에 우리만의 숙소가 생겼어요.
편안하게 자고, 편안하게 씻을 수 있습니다.
우리가 겪고 있던 모든 어려움을
JTS의 도움으로 해결할 수 있었습니다.
바갈랑잇 초등학교에서
더 이상 근무하지 않게 되더라도
JTS와의 경험은 영원히 기억할 거예요.

(6) 교육의 절실함이 있는 곳에 학교 건축은 계속되다

JTS는 2003년부터 2024년까지 22년간 플랑이강과 뮬리타강의 접경지인
코타바토(Cotabato)와 아구산델수르(Agusan del sur)까지 범위를 확대하여 민
다나오의 6개 주, 25개 군의 73개 마을에 초등학교 49곳, 고등학교 2곳,
특수학교 10곳, 유아원 9곳, 전통학교 2곳 등 총 72개 학교(206개 교실)와
기숙사 3곳을 건축하였다.

20년 이상 오랫동안 학교를 짓다보니 많은 일들이 있었다. 군청의 예산 부족으로 기술자 지원이 어려워지거나 자재 이동이 원활하지 않아 건축이 중단되다가 다시 시작하기도 하였으며, 학교 건축 중에 분쟁이 발생하거나 MILF, NPA 등과 같은 반정부군과 마주해 위협을 받기도 했다. 그러나 반정부군의 위협 앞에서도 우리는 정치적 목적 없이 오직 마을 주민과 아이들의 교육을 위해 학교를 짓는다는 의지를 보여주었다. '아이들은 제때 배워야 한다'는 JTS의 소중한 이념이 우리의 안전을 지켜주었다.

JTS는 분쟁의 가장 큰 피해자인 아이들이 제때 교육을 받을 권리가 있다는 신념을 가지고, 최소한의 안전 보장만 되면 어떤 어려운 환경에서도 학교 건축을 지속해왔다. 그 결과, 분쟁이 거의 해결된 현재는 교육청과 현지 군청에서 적극적으로 JTS에 학교 건축을 요청하고 있다.

학부모들은 아이들의 교육, 마을 발전 그리고 평화에 대해 누구보다 절실하다. 마을 주민들의 절실함 덕분에 학교 건축 사업은 20년 이상의 활동 기간 동안 수많은 어려움과 역경을 겪으면서도 꾸준히 지속할 수 있었다.

라나오델수르주 마라위시 지역 학교

2004년부터 JTS는 무슬림 지역인 라나오델수르주의 마라위시(Marawi City) 근교와 발린동군, 피아가포군의 오지 마을을 지원하였다. 이 지역은 무슬림 자치구에 속해 있으며, 필리핀에서 가장 어려운 20개 지역 중 하나로 분류된다. 정치적 소외와 경제적 어려움으로 인해 무슬림은 분리 독립을 주장하였는데, 이곳은 지난 50여 년간 무력투쟁 속에서 납치 또는 종족 간 분쟁을 겪은 위험지역이었다. 그럼에도 JTS는 아이들을 학교에 다닐 수 있도록 하기 위해 이곳에 갈 수밖에 없었다.

이 지역은 치안이 불안정하여 지속적인 방문이 어려워 현지 단체와 협력하여 사업을 진행하였다. 마라위시로 가기 위해서는 20개가 넘는 경찰 검문소와 군인 검문소를 통과해야 하였고, 마지막 해병대 초소에서는 이 지역을 방문하는 이유를 설명하고 출입허가를 받아야만 통과할 수 있었다. 마라위시에 도착한 뒤, 오지 마을로 가는 길은 더욱 긴장해야 하였다. 안전을 위해 반드시 무슬림 운전사가 운전하는 차를 타야 했고, 조수석에는 무슬림 리더가 동행하여 JTS 일행을 안내하였다. 리더의 허락 없이 차에서 내리는 것은 결코 허용되지 않았고, 창문을 열어 밖을 보는 것조차 금지되었다. 중간에 화장실이 급할 경우, 안전한 장소를 찾아 잠깐 내려 용변을 보았다. 외국인이 범죄의 주요 타겟이 될 수 있기 때문에 반드시 안내에 따르고 신중하게 행동할 것을 리더는 당부하였다.

이 지역 주민들은 비록 가난했지만 교육에 대한 열정이 남다른 사람들이었다. 그 열정 덕분에 2004년부터 2006년까지 마을 주민들과 함께 7개의 오지 마을에 7개의 유아원과 1개의 학교를 건축하였다. 또한 학생들을 위한 학용품, 교과서, 의류 등을 지원하며 지속적으로 교육 받을 수 있도록 도왔다.

JTS KOREA
JTS KOREA
DAY CARE CENTER
Sitio Marundug, Malampay, Munai, LDN
CONGRATULATIONS
Hand-Over Ceremony
Marundug Daycare Center
Marundug, Malampay, Munai, Lanao del Norte
August 28, 2007
Join Together Society (JTS) Korea & Korea International Cooperation Agency (Koica)

2. 교육 지원

(1) 정규학교 등록 및 학교 운영 지속화 노력

아이들이 안정적으로 교육받기 위해서는 학교 건물을 짓는 것으로 끝이 아니다. 학교 건물이 완공되어도 학교가 지속적으로 운영될 수 있도록 하는 일이 더 중요하다. 학교가 정식 인가를 받고 정규 교사를 파견하여 정상적으로 운영되기까지 수많은 과정과 시간, 노력이 필요하다.

JTS 학교 건축 초기는 마을과 협의해 학교를 짓고 기증하는 방식으로 진행하였으나, 교사와 교과서 등이 지원되지 않는 문제가 발생했다. 교육청에 확인하니 학교가 정식 등록되지 않아 지원이 불가능하다는 답을 들었다. 마을 리더는 지방정부가 해결해주는 줄 알았으나, 지방정부는 논의된 바 없어 지원이 어렵다고 하였다. 이는 JTS가 필리핀에 대한 이해 부족과 사전 기초조사 부족에서 비롯된 시행착오였다.

그래서 JTS는 마을 주민들과 함께 지은 학교가 지속적으로 운영되도

교육청의 설립 인가 등 여러 가지 문제가 있었던 알라윈 마을

록 정기 모니터링과 다양한 지원을 하고 있다. 가장 중요한 것은 교육청 설립 인가를 받는 일이다. 인가를 받지 않으면 정규 교사와 기본 교구를 지원받을 수 없기 때문이다. 따라서 학교를 정식 인가·등록하는 과정, 정규 교사 파견을 요청하는 일 그리고 교사 파견이 어려울 경우 마을 주민과 논의하여 임시 교사를 파견하는 일이 필요하다.

특히 분쟁 지역이나 산간 오지 마을은 안전 문제로 인해 교사를 파견할 수 없는 경우가 많았다. 마탐파이 학교는 내전 중에 군대가 학교에 주둔하면서 학교 운영이 몇 년 간 중단되기도 했으며, 까나안 학교는 경계 지역에 위치해 어느 군청으로부터도 지원을 받지 못해 운영이 어려웠다. 알라원 학교는 전통적으로 살던 마을이 국립공원으로 지정되면서, 국립공원 내 학교가 있다는 이유로 정규 학교 등록을 못해 운영이 여러 차례 중단되었다.

하지만 JTS는 어떤 상황에서도 포기하지 않고 학교가 지속적으로 운영 가능하도록 다양한 지원을 하였다. 그 결과 대부분의 학교는 다시 운영을 시작하였다. 그러나 많은 노력에도 불구하고 학교 운영이 되지 못한 경우도 있었다. 마을 분쟁이 심각해져 마을 주민들이 떠난 키불락 학교와 깔라수얀, 바구아 인굿, 펜둘로난 학교는 결국 운영되지 못하였다.

내전으로 군대가 학교에 주둔한 마탐파이 학교

(2) 학생들의 학용품 및 교복 지원

학교 수업이 원활하게 이루어지기 위해서는 학생들이 공부할 수 있는 기본적인 학용품과 교육 물품이 필수적이다. 그러나 오지 마을의 경우 대부분 도시와 멀리 떨어져 있고, 주민들 소득이 낮아 학용품을 구입하는 것조차 쉽지 않았다.

2003년, JTS가 민다나오 오지 마을 학교를 방문했을 때 교과서가 없어 교육부에 문의했지만 책은 보급되었다는 답만 들었다. 현장과 행정의 괴리를 해결하기 어려워 JTS는 직접 교과서를 구입해 지원하기도 하였다. 이후 2007년 개정된 MOA에서 JTS, 지방정부, 교육청, 마을 간 역할을 명확히 분담함으로써 문제를 해결하였다.

- JTS : 학교 건축을 위한 자재 공급 및 건축 모니터링
- 지방정부 : 설계, 중장비, 푸드포워크 지원
- 교육청 : 교사 파견 및 교과서 보급
- 마을·바랑가이(지방정부 하급기관) : 현장 방문 시 동행 및 안전 협조

이 협정을 통해 체계적인 학교 건축이 가능해졌다. JTS는 학생들의 교육 여건을 개선하고자 다양한 학습 교구를 비롯해 교복, 가방, 우산 등 필수 물품을 지원하고 있다. 학년에 따라 크레용과 드로잉북을 제공하며, 선생님들의 원활한 학습 지도를 위해 교구도 함께 지원한다.

교육 물품 지원 현황 (2004~2022)		**17** 지원 횟수	**49,400** 수혜 학생 수
학용품	34,352명		
교복	14,472명		
추리닝	576 명		

2009년부터 학생들의 교복 지원을 시작하여 남녀 학생들의 키와 몸무게 정보를 기반으로 사이즈별로 준비한 교복을 한 학생당 2벌씩, 2년에 한 번씩 지속적으로 지원해왔다.

이러한 지원은 아이들이 보다 나은 환경에서 학습할 수 있도록 돕고, 교육 받을 기회를 더욱 확대하는 데 중요한 역할을 하고 있다.

(3) 지속적인 교육환경 개선과 추가 지원 사업

학생들이 꾸준히 학업에 집중할 수 있도록 JTS는 교사들과 정기적으로 논의하며 교육 환경 개선에 힘쓰고 있다. 이러한 논의를 통해 지원사업이 추가되기도 하며, 학교별로 필요한 사항을 세밀하게 파악하여 맞춤형 지원을 진행하고 있다.

JTS는 주기적인 방문을 통해 학교 상황을 모니터링하고 있으며, 책걸상이 부족한 경우를 고려하여 교육청과 MOA(합의각서)를 체결할 때 학교 기자재 지원 항목을 필수적으로 포함하도록 하였다. 또한, 학생들의 자긍심을 키우고 학업에 대한 관심을 높이기 위해 예체능 물품을 지원하여 다양한 활동을 장려하고 있다.

특히, 다물록의 마카파리 고등학교에는 '사랑의 그린 PC 프로젝트'를 통해 컴퓨터를 지원하여, 변화하는 시대의 흐름에 맞춰 디지털 교육 환경을 구축하는 데 힘썼다. 더 나아가 학생들의 학습 동기를 높이기 위해 현장 학습 프로그램도 시범적으로 운영하며, 보다 실질적인 교육 지원이 이루어질 수 있도록 노력하고 있다.

이러한 지속적인 지원을 통해 학생들이 보다 나은 환경에서 학습하고, 교육의 기회를 넓혀갈 수 있도록 JTS는 앞으로도 다양한 방식으로 지원을 확대해 나갈 예정이다.

(4) 학교의 지속적인 운영과 자립을 위한 5단계 지원 시스템

JTS는 학교의 지속적인 운영과 발전을 위해 무조건적인 지원이 항상 바람직한 것은 아니라는 점을 경험적으로 깨달았다. 마을 주민들의 자구적인 개선 의지와 노력 없이 이루어진 지원은 학교를 수동적이고 의존적인 운영으로 이끌 수 있기 때문이다.

이에 따라, 학교를 짓고 난 후 처음 5년 동안은 JTS가 적극적으로 관여하여 안정적인 운영을 돕되, 이후에는 점진적으로 자립할 수 있도록 유도하는 체계를 마련하였다. 이러한 자립형 운영 방침을 기반으로 JTS는 지속적인 학교 운영을 위해 5단계 지원 시스템을 구축하였다.

학교 운영 관리를 위한 5단계 순위 (2015년)

- **1순위** 정부의 관리 영역 밖에 있어 JTS의 지속적 지원과 관리가 필요한 대상 학교 : 가가후만, 알라원 등
- **2순위** 오지 지역으로 교사 파견은 되지만, 마을 사람 및 교사 훈련, 리모델링, 문구류 지원으로 5년 안에 자립을 유도하는 학교
- **3순위** 자립을 하기는 했으나 아직은 지원이 필요한 학교로 문구류 지원, 리모델링, 이후 교사 훈련 대상 학교
- **4순위** 학교 운영 상태를 방문해 체크할 학교
- **5순위** 지속적 관리 대상이 아닌 학교

이를 통해 학교 관리와 지원을 효율적으로 할 수 있었고, 학교의 자립과 지원이 필요한 다른 학교에 좀더 많은 혜택이 돌아갈 수 있도록 하였다. 2018년 이후에 지어진 학교는 5년마다 학교 운영 평가를 실시하여 지원 우선 순위를 결정하였다. 이를 바탕으로 2023년에는 5단계 순위를 새롭게 조정하였다. 정부 관리를 받지 못하고 JTS의 지속적 지원과 관리가 필요한 학교와 특수학교는 학교 지원 순위와 관계없이 우선 지원하고, 고등학교의 경우는 신생 학교라도 문구류 등은 지원하지 않는 원칙을 세웠다.

학교 운영 관리를 위한 5단계 순위 (2023년)

- **1순위** 건축 완료한 지 5년 미만의 신생 학교 → 교육, 학교 보수, JTS에서 지원하는 훈련 프로그램
- **2순위** 오지 지역으로 교사 파견은 되지만, 마을 사람 및 교사 훈련, 리모델링, 문구류 지원으로 5년 안에 자립을 유도하는 학교
- **3순위** 자립을 하기는 했으나 아직은 지원이 필요한 학교로 문구류 지원, 리모델링, 이후 교사 훈련 대상 지역
- **4순위** 학교 운영 상태를 방문해 체크할 지역 학교 → 지원 없음
- **5순위** 지속적 관리 대상이 아닌 학교 → 지원 없음

3. 마을 지원 및 마을개발

민다나오 오지 마을에서 빈곤 문제는 해결해야 할 중요한 과제였다. 많은 가정이 경제적 어려움으로 인해 아이들을 학교에 보내기보다 농사철에 일을 돕도록 했다. 생계가 우선이었기에 학생들의 결석률이 높았으며, 이는 문맹 문제로도 이어졌다.

JTS는 빈곤퇴치를 문맹퇴치와 연계하여 해결하고자 했다. 이를 위해 농업 기초 지원, 마을 리더 양성 프로그램, 교사 연수 프로그램, 주민 소득 증진을 위한 시범농장 운영 등의 다양한 사업을 펼쳤다.

2010년에는 이러한 활동을 체계적으로 추진할 JTS사업지원센터를 건립하여 거점을 마련하였다. 또한, 옥수수 재배 및 건조를 위한 곡식건조장 설치, 밭을 갈고 농작물을 운반할 수 있도록 물소 제공, 과실수 묘목 지원, 산골 마을의 다리 건설 등 실질적인 경제적 자립을 돕는 다양한 지원을 이어가고 있다.

특히 다물록 5개년 개발계획은 JTS와 다물록 지방정부가 협력하여 진행한 마을개발의 대표적인 사례이다.

(1) 다물록 5개년 개발계획

2007년, 로메오 P. 총코(Romeo P. Tiongco) 군수는 분쟁과 빈곤이 만연한 다물록의 발전을 위해 새로운 대안을 제시하였다. 그는 평화를 정착시키기 위해 총 대신 대화를 선택하겠다고 약속했으며, 빈곤 문제를 해결하기 위해 교육, 보건, 인프라 구축을 최우선 과제로 삼았다.

군수로 당선된 후, 가장 먼저 정부군을 철수하도록 조치했으며, '플랑이-퓰리타 삼각지대'의 모로이슬람해방전선(MILF)과 평화협정을 추진했다. 이후 다물록군과 JTS는 정부 지원에서 소외된 가난한 주민들을 돕기 위한 사업을 함께 진행했다. 특히, 총코 군수는 다물록의 빈곤, 질병, 문맹 퇴치를 목표로 삼았고, 이는 JTS의 활동 이념과도 맞닿아 있었다. 두 기관은 협력하여, 행정구역상 프레지던트 로하스(President Roxas)에 속하지만 생활권은 다물록 지역인 플랑이-퓰리타 삼각지대의 오지 마을에 학교를 건축하였다. 총코 군수는 마을 주민들의 요청을 받아들이고 군의회의 지원 승인을 받아, 소외된 이 지역에도 교육의 기회를 제공하며 긴밀한 파트너십을 구축했다.

다물록군은 JTS가 민다나오에서 20년간 활동하는 동안 꾸준히 협력해온 지역 중 하나다. JTS는 2007년부터 다물록 지방정부와 함께 무슬림 거주 지역을 중심으로 학교 건축 사업을 진행했으며, 2022년까지 총 15개 학교, 39칸의 교실을 건립했다.

이때 진행된 JTS의 학교 건축 사업은 무슬림과 기독교, 원주민 간의 갈등과 분쟁을 해소하는 계기가 되었으며, 마을 주민들 간 협력과 이해를 이끌어내는 중요한 전환점이 되었다.

JTS는 다물록 지역에서 지방정부와 함께 〈JTS 시범마을 프로젝트〉를 진행하였다. 시범마을 프로젝트는 마을 리더의 헌신적인 노력과 주민들의 변화 의지, 협력이 가능한 지역에서 진행되었다. 특히 다물록 지역의 키다마, 불루안, 리보나의 만타부에서 진행된 경험은 마을에서 새로운 변화를 모색하는 중요한 시간이 되었다.

2008년부터 학교를 매개로 협력 관계를 맺은 다물록 지방정부와 JTS

는 다양한 사업을 펼쳤다. JTS는 지방정부와 협력하여 다물록 주민의 교육 기회 확대, 질병퇴치, 지역 주민 수익 증진을 위한 여러 프로젝트를 구상하였다. 문맹퇴치, 빈곤퇴치, 질병퇴치를 종합적으로 접근하여 효과적인 모델을 개발하였다.

2010년, JTS는 다물록의 5개년 개발계획을 제안하고 수립하였고, 이 계획은 2012년부터 2년간 여러 중요한 사업을 포함하였다. 그중에는 마카파리 고등학교, 군 보건소, 보건소 내 산후조리원, 결핵 검사소 건축이 포함되었으며, 이를 통해 의료 장비와 시설도 지원하였다. 또한, 묘목장과 상수 시스템을 구축하고, 오지에 있는 3개 마을에 곡식 건조장을 지원하는 종합적인 프로젝트가 진행되었다.

학교 건축을 계기로 마을 도로 확장, 전기 및 공용 수도 시설 도입, 시장 형성 등 다물록의 변화가 눈에 띄게 이루어졌다. 이 시범마을 프로젝트는 다물록 지역에서 교육, 보건, 환경 및 경제적 발전을 위한 중요한 기반을 마련하였다.

이처럼 JTS와 지방정부의 지속적인 협력은 문맹과 빈곤 문제를 실질적으로 해결하는 데 중요한 역할을 했으며, 다물록은 그 대표적인 사례가 되었다.

또한, 주민들의 의식에도 큰 변화가 일어났다. 서로를 두려워하고 외면하던 무슬림, 기독교, 원주민들이 경계를 허물고 활발히 교류하기 시작했다. 도로가 만들어지고 시장이 형성되면서, 과거에는 돈이 생기면 총을 사던 사람들이 이제는 말과 오토바이를 사고, 곡식을 수확해 시장에 내다 팔며 생계를 꾸려나갔다. 오지에 고립되어 있던 주민들은 이제 시내 중심가로 드나들 수 있게 되었고, 왕래가 잦아지면서 서로를 더 이해하고 인정하게 되었다. 과거에는 두려움에 서로를 피해 도망치던 사람들이 이제는 이웃으로 함께 살아가게 된 것이다.

다물록의 변화와 발전은 갈등과 분쟁도 언제든지 해결될 수 있으며, 평화가 정착될 때 더 나은 삶을 만들어갈 수 있음을 보여주는 긍정적인 사례이다.

JTS—다물록 5개년 개발 활동

① 다물록 보건소 준공식
② 법륜 스님과 총코 다물록 군수
③ 마카파리 고등학교
④ 보건소
⑤ 산후조리원
⑥ 다물록군 묘목장
⑦ 워터시스템(공용 수도 사업) 설치
⑧ 태양열 건조장

①	②
③	④
⑤	⑥
⑦	⑧

(2) 다목적 태양열 곡식 건조장 및 과실수, 물소 등 지원

학교가 건축된 마을에는 '다목적 태양열 곡식 건조장(Multipurpose Solar Dryer)'을 함께 지원하였다. 민다나오 지역에서는 옥수수 농사가 주요 생계 수단이지만, 수확한 옥수수는 수분이 많아 무겁고 쉽게 부패한다. 따라서 운송 과정에서 손실을 줄이고 무게를 낮춰 운송비를 절감하려면 태양열 건조 과정이 필수적이다. 그러나 농민들은 건조 시설이 부족해 도로변에 옥수수를 널어 말리는 경우가 많았다.

이에 JTS는 2006년부터 학교 건축과 함께 곡식 건조장 지원을 시작하였으며, 깔랑아난을 포함한 13개 마을에 곡식 건조장을 건립하였다. 또한, 다물록 지역에는 학교 건축 이후 960그루의 과실수 묘목을 지원하였으며, 농업 생산성을 높이기 위해 물소와 염소 15마리도 제공하였다.

그뿐만 아니라 가가후만과 까나안에는 양어장을 조성하였고, 몇몇 마을에는 재봉틀과 의류를 지원하여 주민들의 생계를 돕는 다양한 지원 활동을 펼쳤다.

① 다목적 태양열 곡식 건조장(키다마, 2012)
② 물소 지원(가가후만, 2004)
③ 재봉틀 지원(깔랑아난, 2007)

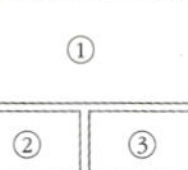

【 마을 지원 현황 】

번호	마을	농업 지원	기타 지원
1	가가후만	양어장, 물소 5마리, 저장 창고, 대장간(2004)	재봉틀 1대(2004)
2	깔랑아난	곡식 건조장(2006)	재봉틀 1대(2007)
3	오버루킹	–	재봉틀 2대(2004)
4	굼비야(PKK)	곡식 건조장(2004)	의류(2004)
5	말리모노(OKK)	–	의류(2004)
6	크로싱(SKP)	–	의류(2004)
7	디바로산	–	의류(2004)
8	까나안	곡식 건조장, 양어장(2006)	–
9	알라원	–	산길 보수(2005) 다리(2006) 의류(2015)
10	방코	–	의류(2015)
11	산마테오	곡식 건조장(2006)	–
12	만타부	곡식 건조장, 물소 4마리(2006) 농업용 씨앗(2013)	재봉틀 2대(2006) 의류(2013) 태양열 전지(2014)
13	맘팔라나이	곡식 건조장, 물소 2마리(2006)	재봉틀 2대, 옷감(2006)
14	바갈랑잇	곡식 건조장(2006)	의류(2013)
15	송코 키눌린탕홀	–	재봉틀 2대, 베틀(2006)
16	송코 피스홀	–	전통문화 지원
17	마룬둑	–	의류(2007)
18	미카실리	과실수 160그루(2011)	–
19	사라와곤	과실수 220그루(2011)	–
20	발루드	곡식 건조장(2010) 과실수 280그루(2011, 2013)	–
21	파굼퐁	과실수 60그루(2011)	–
22	키다마	과실수 180그루(2011, 2013) 곡식 건조장(2012)	–
23	불루안	과실수 60그루(2011, 2012), 염소 4마리, 농업용 씨앗(2013)	–
24	피들라나	곡식 건조장(2013)	다물록 특별 사업으로 지원함.
25	까따블라란		다리(2019)

(3) 마을과 마을을 잇는 다리 건설

알라원 마을은 깊은 산속에 위치한 오지 마을이다. 2005년에 처음 알라원을 방문할 때는 정글을 헤치고 거머리와 싸우며 산길을 몇 시간 걷고 강을 네 번이나 건너야 하는 험난한 여정이었다. 학교 건축 후 왕래가 늘면서 절벽 쪽에 새로운 길을 내고 비가 오면 무너지는 대나무 다리를 튼튼한 다리로 교체하는 방안을 마을 주민들과 논의하였다.

처음에는 절벽 경사 문제로 불가능하다는 의견이 많았지만, 2006년 대학생 선재수련팀이 지름길 도면을 제시하며 마을 청년들과 함께 시도한 끝에 지름길을 완성하였다. 대나무 다리는 튼튼한 철제 구름다리(Hanging Bridge)로 교체되었다. 알라원까지 가는 길이 1시간 이상 줄어들어 이동이 편리해지면서 알라원 주민들은 산 아래 실리폰 마을과 더욱 자주 교류하게 되었다.

까방라산군 까따블라란 마을은 산꼭대기에 위치해 오토바이로도 1시간이나 올라가야 하는 오지였다. 그러나 학교가 세워진 후 JTS는 위험한 산길을 정비하고, 기존의 대나무 다리를 보수하는 작업을 진행하였다. 특히, 위험 구간 8곳에 철제 다리를 설치하여 주민들의 이동이 훨씬 안전하고 수월해졌다.

알라원 다리 건설 이전 대나무 다리(좌), 건설 이후 철제 다리(우)

(4) 마을 리더 연수

빈곤 문제 해결의 핵심은 마을 리더의 역할에 있다. 마을 리더가 헌신적이고 열정적으로 활동하면 마을은 활기를 띠고, 주민들도 적극적으로 협력하게 된다. 반면, 주민들의 자발적인 참여와 변화 없이 이루어지는 지원은 단기적인 효과에 그칠 수밖에 없다.

이에 JTS는 마을 리더들의 의식을 고양하고, 마을개발 역량을 강화하기 위한 교육을 지속적으로 지원해왔다. 2006년에 시작된 마을 리더 연수는 다양한 주제와 방식으로 총 12차례 진행되었으며, 실질적인 마을개발 훈련도 함께 이루어졌다.

교육 과정은 강사들의 생생한 경험을 바탕으로 진행되었다. 강사로는 다물록 지역의 평화협정과 개발을 주도했던 총코 군수, 분쟁을 멈추고 지방행정을 통해 지역 발전을 도모한 전 모로이슬람해방전선(MILF) 지도자 땅깔군 군수, 전통문화 보존을 주창했던 미키타이 등이 초빙되었다. 이들은 자신의 경험을 바탕으로 실질적인 마을개발 방법을 안내하고, 주민들에게 깊은 영감을 주는 유익한 교육을 제공하였다.

JTS는 두 차례에 걸쳐 한국의 새마을운동 전문가를 초청해 한국전쟁 후 폐허 속에서 마을을 재건한 사례 영상을 보여주며 리더 교육을 실시하였다. 이를 통해 마을 리더들이 자긍심을 갖고 주민들과 함께 도로 개

법륜 스님과 토니 주교를 모시고 열린 제1회 마을 리더 컨퍼런스(2006)

설, 나무 심기, 제방 설치 등 자력으로 마을개발에 나설 수 있도록 독려하였다. 일부 리더들은 판팜가의 가나안 농군학교에서 4박 5일간 연수를 받으며 체험하기도 하였다.

마을 리더 회의는 2006년부터 2010년까지 총 4회에 걸쳐 진행되었다. 회의에는 대학 교수, 지방자치단체 인사, 송코의 다투 등 다양한 외부 인사들이 참여하여, 리더십, 파트너십, 분쟁과 평화 등을 주제로 강의와 발제를 하였다.

1~2차 회의에서는 주로 리더의 역할과 의식 함양에 중점을 두었다. 3~4차에서는 모둠 토론을 통해 마을을 위한 실질적인 해결책을 찾는 시간을 가졌다.

4차 회의에서는 게임을 통해 화합을 다지고, 퇴비 제작 실습 등의 워크숍을 통해 더 다양하고 실용적인 활동을 진행하였다. 특히, 마을 리더 회의에서 무슬림, 원주민, 기독교 등 다양한 문화와 종교를 가진 마을 리더들이 모여, 각자의 옷을 입고 다양한 종교 의식을 차례로 진행하는 모습이 인상적이었다. 그동안 거의 교류가 없었던 이들이 마을개발이라는 공동의 목표를 가지고 한자리에 모였다는 것만으로도 큰 의미가 있었다.

【 마을 리더 연수 현황 】

번호	진행 일시	참가자	주제	비고
1	2006. 8.29	마을 리더 19명 지자체 외 14명(총 33명)	교훈과 감동의 공유	회의
2	2008.12. 7~8	마을 리더 40명	민다나오 평화와 개발을 위한 파트너십과 변화적 리더십	회의
3	2009.11. 7~8	마을 리더 46명	민다나오 평화와 발전을 위한 리더십 훈련	회의
4	2010.11.26~30	마을 리더 32명 스태프 18명 (총 50명)	빈곤퇴치를 위한 리더들의 의식 강화 훈련	회의
5	2011.11.23~26	마을 리더 18명 스태프 13명 (총 31명)	의식 변화 프로그램 농업기술 교육(가나안 농군학교)	훈련 프로그램
6	2012. 4.19~20	5개 마을 공사 참가자 21명	학교 건축 관련	마을 리더 모임
7	2012.10.26~27	4개 마을 공사 참가자 16명	불루안 학교 건축 사례 연구 등	마을 리더 모임
8	2017. 5.31~6.2	마을 리더 41명(6개 군)	유기농법 교육 (윤승서, 자연을 닮은 사람들)	마을 리더, 농부, 교사, 군청 농업담 당 공무원
9	2018. 1.10~12	마을 리더 27명(12개 학교)	유기농 학교, 마을 텃밭 연수(조계환)	
10	2018. 8.15~17	마을 리더 21명(8개 마을) 스태프 16명(총 37명)	브리징 리더십 모듈1	총 4회 프로그램
11	2018.11.26~28	마을 리더 18명(5개 마을) 스태프 15명(총 33명)	브리징 리더십 모듈2	
12	2019. 4.15~17	마을 리더 15명(4개 마을) 스태프 7명(총 22명)	브리징 리더십 모듈3	

총 12회 / 마을 리더 314명 참가

오버루킹 학교

오버루킹 마을 주민들의 소득 수준은 낮고, 대부분 낡은 판잣집에서 살고 있었다. 마을에서 가장 가까운 학교는 강을 건너고 험한 산길을 오르내리며 5km를 가야 해서 학교 다니기가 매우 어려웠다. 그럼에도 불구하고 마을 리더인 니또이와 주민들은 자녀 교육에 대한 열의가 매우 강했다. 니또이는 마을에서 유일하게 고등학교를 다닌 경험이 있었으며, 1996년부터 성인 문해반을 열어 주민들에게 영어, 비사야어, 따갈로그어를 가르쳤다. 그는 교육의 중요성을 깊이 이해하고 있었기 때문에 마을에 학교가 생기는 것을 누구보다 간절히 바랐다. 주민들 역시 JTS가 학교 건축을 지원한다면 기꺼이 자원봉사로 참여하겠다고 약속했다.

그러나 마을로 가는 길이 험해 자재 운반이 매우 어려웠다. 차를 이용해 강가로 자재를 배달하면, 주민들이 자재를 직접 들고 1시간 거리의 산길을 올라가야 했다. 또한, 지방자치단체의 푸드포워크 지원이 없어 주민들은 음식을 직접 조달해야 했다. 큰 건물을 지어본 경험이나 기술을 가진 마을 주민이 없었기 때문에, 목수에게 직접 기술을 배우며 일을 진행

오버루킹 학교 준공식에 함께한 법륜 스님과 아이들

하였다. 마을 리더 니또이는 농사로 생계를 유지하는 주민들을 고려하여, 요일마다 조를 편성해 돌아가며 일을 할 수 있도록 했다. 덕분에 주민들은 학교 건축과 농사일을 병행하며 작업을 할 수 있었다. 비록 몸이 불편해 직접 노동에 참여할 수는 없었지만, 그는 매일 건축 현장에 나가 주민들을 독려하고 지원하였다. 지방자치단체의 지원이 없었지만, 주민들의 열정과 니또이의 세심한 배려 덕분에 학교 공사는 순조롭게 진행되었다.

한편, 주민들은 정규 학교가 아니면 졸업해도 학력이 인정되지 않기 때문에, 부키드논주 교육청에 정규학교 인가와 교사 파견을 요청하였다. 그러나 마을로 가는 길이 너무 멀고 험해 정규 교사들은 발령 받기를 꺼려하였다. 이에 니또이는 카가얀데오로까지 직접 찾아가 교육청 관계자와 협상하여 겨우 정규 교사 파견을 약속받았다. 2008년 6월, 마침내 교육청은 이 학교를 정규 학교로 인가하고, 정규 교사를 파견하였다.

오버루킹 마을 학교 전경

산길을 걸어서 건축자재를 운반하는 주민들

오버루킹에 파견된 정규 교사와 학생들

산마테오 학교

산마테오 초등학교는 자재 운반에만 5개월이 넘는 시간이 걸렸다. 주민들은 학교를 하루빨리 완공하려는 열망이 커서 공사에 박차를 가했다. 마을 리더인 린다는 매일 공사 현장을 찾아 주민들을 격려하고, 모든 일에 헌신적으로 참여했다.

그러나 지방자치단체의 기술자 지원이 없어서 공사에 어려움을 겪고 있었고, 이를 해결하기 위해 린다는 바랑가이 의회에 기술자 지원을 청원했다. 그 덕분에 바랑가이에서 기술자가 파견되어 공사는 원활하게 진행될 수 있었다. 이렇게 학교가 운영되고 마을이 발전하는 데 린다의 역할이 매우 컸다. 그는 지방자치단체에 임시 교사 파견을 요청하여 2007년 8월, 딸라각군으로부터 임시 교사 2명이 파견되어 유치원부터 4학년까지의 수업을 진행할 수 있었다. 또한 마을에 도로를 닦아줄 것을 요청하여 지방자치단체가 불도저로 마을 입구까지 큰길을 개설하였다. 이 도로로 마을까지 차가 다닐 수 있게 되어, 주민들의 생활도 크게 개선되었다.

① 학교 건축에 참여한 주민들
② 산마테오 학교
③ 감사패를 받는 마을 리더, 린다

발루드 학교

발루드 마을 학교는 코만도 타운팅의 리더십으로 59일 만에 학교를 지었다. 2008년 10월 13일, 학교 건축이 본격적으로 시작되었다. 주민들은 하루에 80명에서 많게는 100여 명이 공사에 적극적으로 참여했다. 남자들뿐 아니라 여자들은 소달구지를 이용해 목재를 나르고, 아이들은 콘크리트 벽돌을 포대자루에 넣어 나르는 등 모두가 적극적이었다.

특히 코만도 타운팅의 리더십이 돋보였다. 그는 모로이슬람해방전선(MILF) 출신답게 주민을 잘 조직하여 빠른 속도로 공사를 진행하였다. 그를 따르는 많은 MILF 전사들도 공사에 참여하였다. 또한, 농사를 지어 생계를 유지하는 주민을 배려하여 각각 그룹을 만들어 일주일에 2~3일씩 교대로 작업하였다. 그는 매일 맨발로 공사 현장에 나가 주민들을 독려하고 직접 공사에 참여하기도 했다. 학교 건축은 12월 10일에 완료되었다.

① JTS활동가들의 마을 답사
② 주민들이 참여한 학교 건축
③ 발루드 학교

키타스 학교

2011년 5월 24일, 학교 건축이 시작되었다. 건축 책임을 맡은 코만도 블랑코는 파굼퐁 학교 건축에서 목수 기술을 배웠다. 그는 자신의 보트를 이용해 자재를 운반하고, 주민들에게 목수 기술을 가르쳐주었다. 2009년 파굼퐁 학교 건축 당시 맺어진 '퓰리타 공동체 협력 협정'을 통해 파굼퐁의 리더와 발라의 리더가 학교 건축에 동참하였다.

코만도 블랑코의 지도 아래 모든 마을 주민이 단결하여 학교 건축을 하였다. 코만도 블랑코는 학교를 지으면서 "주민들이 다 같이 일하는 것을 보니 행복하다"고 말했다. JTS는 학교 건물 외에 화장실 3칸과 교사 숙소 2칸도 지원하였다.

학교가 지어지고 분쟁으로 떠난 사람들이 꾸준히 마을로 되돌아왔다. 코만도 블랑코는 돌아온 주민들을 위해 자신의 목수 기술을 이용해 집 짓는 것을 도와주었다. 이러한 노력으로 2013년에는 135가구로 2007년에 비해 3배 가까이 늘었다.

① 학교 건축에 참여한 주민들
② 마을 학교 준공식 기념 행사
③ 키타스 학교

(5) 교사 연수 프로그램

마을 변화와 발전의 중요한 구심점인 교사는 마을개발의 또 다른 주역이다. 특히 문자해독력을 갖추고 외부와 소통할 수 있는 교사의 역할과 영향력은 매우 크다. 그러나 다물록 지역의 대부분 학교는 무슬림 지역이거나 무슬림, 원주민, 기독교인이 혼합된 지역이 많다. 어렵게 발령받은 교사들이 대부분 기독교 신자일 경우 종교적·문화적 차이를 이해하지 못해 무슬림 공동체와 오해와 갈등이 생기곤 했다. 이로 인해 많은 교사들이 오래 버티지 못하고 떠나는 일이 종종 발생하였다.

이러한 문제를 해결하기 위해 교사 연수 프로그램을 정기적으로 진행하였다. 이 프로그램은 교사들이 떠나거나 오지 못하는 악순환의 고리를

제7회 JTS 교사 워크숍 단체 사진

제6회 JTS 교사 워크숍

제7회 JTS 교사 워크숍

끊는 데 중요한 역할을 하였다. 연수는 교사들의 교수 방법 개선뿐만 아니라, 다양한 부족 언어를 사용하는 학생들과의 소통을 위한 프로그램도 포함되어 있다. 이를 통해 교사들이 지역 사회와 잘 소통하고, 학생들에게 더욱 효과적인 교육을 제공할 수 있도록 지원하였다.

산마테오 학교

JTS는 선생님, 마을 리더, 주민들을 모아 마을 회의를 진행하였다. 회의에서 학교 보수공사는 JTS에서 자재를 지원하고, 마을 사람들이 공동노동을 통해 공사를 진행해야 한다고 설명하였다. 선생님은 면사무소(바랑가이)를 방문하여 전문 목수 인력을 지원받고, 학부모들을 직접 조직하여 공사 운영과 자재 관리를 맡게 하였다. 선생님의 지도력과 헌신 덕분에 마을 사람들은 적극적으로 협력하였다. 일반적으로 공사 기한을 맞추는 것이 어렵지만, 선생님의 리더십 아래 마을 사람들은 약속한 날짜에 공사를 완료할 수 있었다.

교사가 중심이 되어 학교와 마을을 변화시킨 블루안 마을

① 불루안의 교사들과 함께
② 고목나무로 만든 학교 화단
③ 교사 워크숍을 알리는 현수막이 걸린 불루안 학교
④ 아이들도 틈틈이 청소하는 불루안 학교

①	②
③	④

◉

제1회 JTS 교사 워크숍

일시	2011년 5월 4일(수) ~ 5월 7일(토)
강사	라가스 박사(Dr. E Raagas, 세비어대학교) 디나그사오 박사(Dr. A Dinagsao, 세비어대학교) 도동(Ignacio G. Borja, JTS필리핀 현지인 활동가)
참가자	교사 : 13개 학교 23명 ｜ 발루드, 파굼퐁, 볼루안, 사라와곤, 미카실리, 키다마, 알라원, 만타부, 바갈랑잇, 깔랑아난, 오버루킹, 무나이, 펜둘로난 봉사자 : 8명
장소	JTS사업지원센터

① 워크숍에 참가한 교사들
② 강의 중인 세비어대학교 라가스 박사
③ 수업 교구를 만드는 키다마 교사
④ 교사들의 리코더 수업

제2회 JTS 교사 워크숍

일시	2012년 5월 8일(화) ~ 5월 11일(금)

강사
주제1 : 마을 리더로서의 역할 _ 황인수(전직 교장)
주제2 : 다물록의 어제, 오늘, 미래 _ 총코(다물록 군수)
주제3 : 자랑스런 교사상 _ 엘리노 아간(Eleanor Agan, 마놀로폴터치 중앙초
등학교 교사)
주제4 : 영어 교수 학습 _ 네스토르 파빌라란(Nestor E. Pabillaran, 부키드
논 교육청 교육프로그램 관리지)
주제5 : 다학년 학급 관리 _ 조셀린 플로레스(Jocelyn Flores, 키솔론 초등학
교 교사)

참가자
교사 : 6개 학교 11명 | 사라와곤(4), 불루안(1), 키다마(1), 파굼퐁(2), 발루드
(2), 미카실리(1)
봉사자 : 7명

장소 JTS사업지원센터

제7회 JTS 교사 워크숍

일시	2017년 10월 21일(토) ~ 10월 23일(월)

강사
주제1 : 원주민 교육 방법 _ 에드윈 구레아(Edwin O. Gurrea, 부키드논 교
육청 원주민 교육 담당관)
주제2 : 현장에서 손쉽게 구할 수 있는 재료로 과학 수업하기 _ 모나리
자(Monaliza S. Agsalog)
주제3 : 수학 과목 교수법 _ 메리안(Mary-an L. Sumo-oy)
주제4 : 교사의 의무와 책임감 _ 롤렌(Rollen B. Sumo-oy)

참가자
교사 : 부키드논주 5개군 9개 29명 | 깔랑아난, 가가후만, 뉴네보(오버루킹),
산마테오, 알라원, 만타부, 바갈랑잇, 콘솔라시온, 키한아이
교육청 스태프 2명

장소 JTS사업지원센터

4. 의료 지원

오지 마을에는 보건소나 약국이 드물어, 아프면 그저 견딜 수밖에 없는 상황에 처한 주민들을 위해 JTS는 제약회사의 후원을 받아 구충제, 연고, 말라리아 치료제 등 기본 의약품을 지원하고 있다. 처음에는 약품 지원에서 시작했지만 학생들의 건강 관리뿐만 아니라 마을 주민들의 의료 지원으로 확장되었다.

학교가 세워지면서 마을 주민들에게 보다 폭넓은 생활 지원이 이루어졌다. 다물록 지역의 경우, 다물록 개발사업의 일환으로 군 보건소를 건축하고, 보건소의 의료기기인 치과 의자, 약품 보관함 등을 지원하였다. 또한, 학교 교사들을 통해 위생 교육을 진행하고, 손톱깎이, 비누, 치약, 칫솔 등 다양한 위생용품을 제공하였다.

한국과 필리핀 마닐라의 의사들을 중심으로 의료 봉사도 진행되었으며, 2018년부터 의료인정토회가 의료 서비스를 제공하고 있다. 특히 코로나19 팬데믹 기간에는 의료 물품과 격리 시설 등이 부족한 상황 속에

위생용품 주머니를 든 아이들

서 긴급 의료 지원을 진행했다. 마스크, 의료인 개인 보호 장비(PPE), 의약
품 지원, 격리 시설 지원 등을 포함한 다양한 지원 활동을 적극적으로 펼
쳤다.

  이러한 의료 지원 활동은 학교 건축을 통해 협력 관계를 맺고 있는 지
역 군청의 보건소와 함께 지속적으로 진행되고 있다.

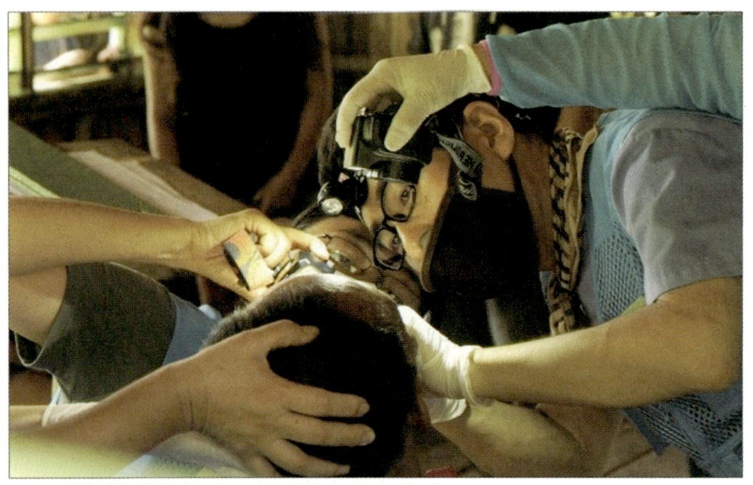

알라원에서 치과 진료

NMMC병원에 코로나19 바이러스 대응용 의료용품 지원

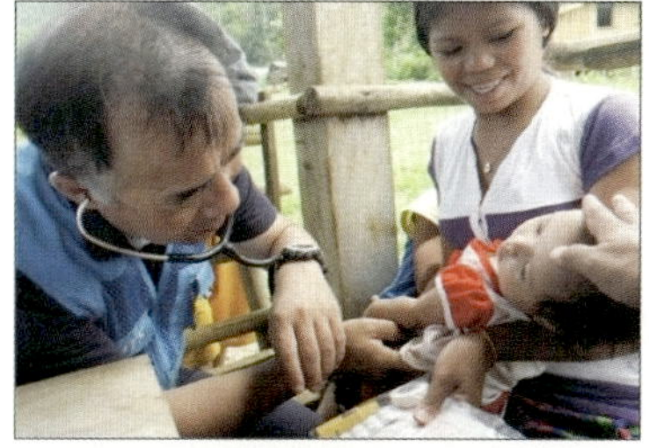

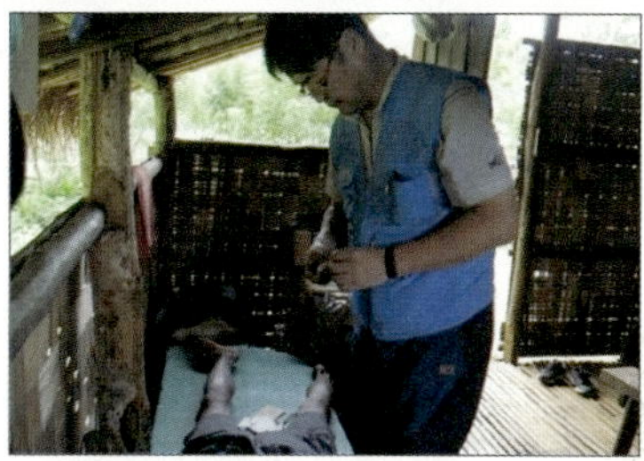

① 의료인정토회 회원들의 의료 봉사 활동
② 아이 상태를 점검하고 있는 한국인 의사(자원활동가)
③ 한방 진료 중인 한국인 의사(자원활동가)
④ 까방라산군 까따블라란 마을 의료봉사
⑤ 산페르난도군 보건소에 의약품을 전달

연도	지원 내역
2008	▶ 구충제(수량)―총 13,000알 【신풍제약 후원】 ○ 가가후만(100), 딸라각 특수학교(100), 사라와곤(100), 오버루킹(100), 알라원(100), 바구아 인굿(100), 산마테오(100), 깔라수얀(100), 바갈랑잇(200), 미나바이(200), 빅바니실론(200), 미카실리(200), 만타부(200), 깔랑아난(200), 발루드(200), 탐파란(300), 까나안(300), 다물록군(3,000), 무나이군(3,600), 땅깔군(3,600)
2009	▶ 구급약 상자(수량)―총 10개 ○ 미카실리(2), 사라와곤(2), 발루드(2), 알라원(2), 만타부(2)
2010	▶ 구급약 상자(수량)―총 38개 ○ 산마테오(1), 만타부(1), 파굼퐁(2), 불루안(2), 키다마(2), 바갈랑잇(3), 까나안(4), 깔랑아난(5), 룩사얀(6), 빅바니실론(12) ▶ 구충제(수량)―총 5,500알 【노희경 작가 후원】 ○ 딸라각 특수학교(100), 알라원(300), 타포난(400), 키타스(400), 불루안(500), 마카이발(600), 키파난(600), 송코(700), 파굼퐁(700), 발라(1,200) ▶ 어린이 비타민제(수량)―총 918통 【노희경 작가 후원】 ○ 알라원(27), 딸라각 특수학교(50), 타포난(50), 키타스(70), 불루안(90), 마카이발(100), 키파난(100), 송코(111), 파굼퐁(120), 발라(200)
2011	▶ 구충제 【신풍제약 후원】 ○ 다물록군 6개 마을 1,200명의 학생과 그 가족 ▶ 위생용품(비누, 치약, 칫솔, 손톱깎이)―13개 학교 1,100명 【코이카 후원】 ○ 가가후만, 오버루킹, 알라원, 만타부, 바갈랑잇, 산마테오, 사라와곤, 미카실리, 발루드, 파굼퐁, 불루안, 키다마, 탐파란

다물록군 보건소에 후원 약품 전달(2012)

2012 ▶ 구급약 상자(수량)—다물록 지역 총 70개
○ 바랑가이 사무소(17), 올드 다물록 고등학교(4), 마카파리 고등학교(2), 키다마(1), 불루안(1), 바삭(1), 키타스(1), 발라(1), 미카실리(1), 마이칸(1), 파굼퐁(1), 란가안(1), 삼파가르(2), 포코포코(2), 뉴컴포스트렐라(2), 키팅팅(2), 라강당(2), 앙가안(2), 탕쿠안(2), 키나팟(2), 킬라온(2), 산이시드로(2), 미카와얀(2), 알루다스(2), 사라와곤(2), 발루드(2), 오모나이(3), 올드 다물록(3), 센트럴(4)

2013 ▶ 비타민 시럽, 한방 의약품, 감기 시럽【신풍제약 후원】
○ 만타부

2014 ▶ 구충제—5,000알【신풍제약 후원】
○ 다물록 지역 교육청

▶ 구충제 12,000알/겐트리손 연고제 240개【신풍제약 후원】
○ 다물록군 보건소

※ 신풍제약에서 2008년부터 매년 소염진통제, 구충제 등을 후원하고 있음.

5. 워터시스템 지원

대부분의 오지 마을에서는 물과 전기 지원이 가장 시급한 문제로, 특히 식수와 생활용수 문제는 주민들의 생존과 직결된다. 많은 주민들이 물 부족으로 제대로 씻지 못해 전염병이나 질병에 취약하다. 특히 아이들과 여성들은 매일 몇 킬로미터씩 물을 길러 다니며, 건기에는 식수를 구하기가 더욱 어려워진다.

　이러한 문제를 해결하기 위해 JTS는 식수 확보를 위한 전기 펌프와 물 탱크를 설치하는 워터시스템(공용 수도 사업)을 지원하고 있다. 2018년부터는 공용 수도 사업을 통해 마을에 물 저장탱크와 수도를 설치하며, 이 시스템을 통해 여러 마을의 물 문제를 해결하고 있다. 다물록의 발루드, 산페르난도의 바욕, 다물록의 킬라올라오와 사라와곤 등의 마을에 워터시스템을 독자적으로 구축했다. 다물록군의 사라와곤의 경우는 가장 큰 규모의 28,000리터를 보관할 수 있는 저장탱크를 만들었고, 지역 주민인 원주민, 무슬림, 기독교인에 맞춰 별도의 수도관을 따로 만들었다.

<table>
<tr><td colspan="2">취수관 설치 마을(15개)</td><td colspan="2">워터시스템 지원 마을(4개)</td></tr>
<tr><td>연도</td><td>지역(마을)</td><td>연도</td><td>지역(마을)</td></tr>
<tr><td>2004</td><td>가가후만, 깔랑아난</td><td>2018</td><td>발루드</td></tr>
<tr><td>2006</td><td>까나안, 만타부</td><td>2019</td><td>바욕</td></tr>
<tr><td>2007</td><td>맘팔라나이, 산마테오</td><td>2020</td><td>킬라올라오</td></tr>
<tr><td>2008</td><td>미카실리, 발루드, 바갈랑잇</td><td>2020</td><td>사라와곤</td></tr>
<tr><td>2009</td><td>파굼퐁, 핀둘루난</td><td></td><td></td></tr>
<tr><td>2010</td><td>키다마</td><td></td><td></td></tr>
<tr><td>2012</td><td>오버루킹</td><td></td><td></td></tr>
<tr><td>2013</td><td>불루안, 마카파리 고등학교</td><td></td><td></td></tr>
</table>

취수관 및 공용 수도 사업은 주민들의 위생 상태를 개선할 뿐만 아니라 질병 예방에도 큰 역할을 했다.

2006년 만타부 마을을 방문했을 때, 아이들은 닭과 돼지와 함께 뒹굴며 지내다 보니 머리에 부스럼이 생기고 피부병으로 고생하고 있었다. 그러나 물탱크와 취수관이 설치된 후 부스럼과 피부병이 현저히 줄어들고 위생 상태가 점차 개선되기 시작했다.

식수와 생활용수를 쉽게 이용할 수 있게 되면서 생활이 편리해졌고, 마을 인구도 증가했다. 바욕 마을의 경우, 6개월 만에 인구가 약 100가구에서 140가구로 늘었다. 특히 바욕 마을 주민들은 취수관 설치에 대해 적극적인 관심을 보이며 열정적으로 공사에 참여했다. 마을 주민들이 함께 힘을 모은 결과, 약 18일 만에 1만 리터의 물탱크와 6개의 공용 수도가 설치되었다.

수도가 없을 때는 아이들이 양손에 물통을 들고 강을 오가는 모습이 흔했다. 그러나 워터시스템이 완공된 후에는 공용 수도 6곳에서 빈 물통을 채우고, 엄마들이 아이들을 씻기거나 빨래를 하는 등 활기찬 모습이 곳곳에서 펼쳐졌다. 워터시스템을 통해 사람들의 삶이 변화하고 있었다.

학교가 있어 아이들을 안정적으로 교육할 수 있고, 물 사용이 편해지

니 마을 주민이 늘어나고, 결국에는 학교 학생수는 더욱 늘어나 증축을
해야하는 경우도 많았다.

다른 어떤 사업보다도 주민들의 삶이 가장 직접적으로 개선되는 데
중요한 영향을 미치는 워터시스템 지원은 결국 마을 발전의 중요한 계기
가 되었다

또한 마을 주민들이 서로 종교가 다르다는 이유로 대화를 나누거나
왕래하지 않던 상황에서, 공용 수도를 함께 사용하기 위해 마을들 간 협
의가 이루어지고 대화의 장이 열리게 되었다. 원주민 마을과 무슬림 마
을이 서로 모여 대화하고 협력하는 평화의 장이 마련되었다.

JOIN TOGETH
OCIETY (J
KOREA

6. 전통문화 보존

민다나오에는 다양한 원주민들이 자신들만의 고유 문화를 가지고 살아가고 있다. 그중 히가오논(Higaonon), 딸란딕(Talaandig), 우마얌논(Umayamnon), 마노보(Manobo), 마티살룩(Matigsalug), 부키드논(Bukidnon), 띡와하논(Tigwahanon) 등 7개 부족이 있으며, 이들은 부키드논 지역의 40% 이상을 차지할 정도로 많은 주민을 형성하고 있다.

이들 중 특히 딸란딕 부족은 자신들만의 전통과 문화를 잘 보존하며 계승해오고 있다. 딸란딕 부족은 조상으로부터 물려받은 고유의 정신과 문화를 간직하고 있으며, 이를 젊은 세대로 이어가려는 노력을 지속하고 있다. JTS는 이러한 딸란딕 부족의 전통문화 보존 활동을 지원하고, 이들의 문화가 잘 전파될 수 있도록 돕고 있다. 2006년부터 란타판에 거주하는 딸란딕 원주민들과의 협력을 시작하여, 선대 딸란딕 부족장의 이름을

딴 키눌린탕홀을 보수하여, 부족민들의 회합과 교육을 위한 피스홀(Peace Hall)도 세웠다.

또한, JTS는 딸란딕 부족의 전통과 문화를 널리 알리기 위해 2015년에는 이들을 한국에 초청하여 공연을 진행하기도 했다. 이를 통해 딸란딕 부족은 사라져가는 전통문화를 보존하며, 소수 민족의 정체성을 확립하고 있다. 이러한 문화 보존 활동은 서로 다른 문화들이 평화롭게 공존할 수 있는 초석을 마련하는 데 중요한 역할을 하고 있다.

7. 평화캠프

평화캠프(Peace Camp)는 상대에 대한 이해를 통해 자신의 고정관념을 깨고 함께 공존하는 방법을 모색하는 시간이었다. 정토회 선재수련팀 한국 대학생과 필리핀 대학생이 종교와 종족 문제로 갈등을 빚고 있는 민다나오의 현실을 바로 이해하고자 하는 취지에서 시작되었다.

마을 주민들의 생활을 체험하고 공동 작업을 하면서 서로를 이해하고 평화로운 공동체를 만들어가는 과정이었다. 2005년 가가후만에서 1차 평화캠프를 진행한 이후, 2016년까지 총 14차례 진행되었다. 학교 건축이 이루어진 마을에서는 주민들과 함께 자고 생활하면서 학교와 마을 시설을 보수했다. 전통문화를 보존하고자 했던 딸란딕 부족마을에서는 그들의 전통문화를 통해 자기정체성을 지켜나가는 경험을 함께 나눌 수 있었다.

8. 긴급구호 및 조기 복구 사업

필리핀은 열대성 기후와 계절풍의 영향을 많이 받는 나라로, 태풍의 주요 통로이자 지진대에 위치한 '불의 고리'에 속한다. 이로 인해 매년 태풍과 지진 피해를 겪으며 재난이 자주 발생한다. JTS는 생활 터전을 잃고 힘든 상황에 처한 재난 지역 주민들에게 긴급구호를 통해 생활 필수품을 지원하고 있다.

재난이 발생하면 피해 지역에 많은 이목이 집중되며 지원이 쏟아지지만, JTS는 실질적인 도움이 필요한 곳을 우선적으로 찾아 지원해왔다. 예를 들어, 2013년 태풍 하이옌으로 인해 필리핀 전체 인구의 14%가 피해를 입었고, 필리핀은 국가재난사태를 선포했다. JTS는 신속한 지원과 대대적인 조기 복구 작업을 통해 주민들이 빠르게 일상을 회복하고 학생들이 학업을 지속할 수 있도록 도왔다.

구호 상황	지역
2006년 태풍 두리안	알바이주 구이노바탄군 12개 마을(947가구) 카마린수르주 카부사오군 4개 마을(309가구)
2009년 태풍 오노이	퀘존시 바랑가이 바공실랑안(500가구)
2011년 태풍 센동	미사미스오리엔탈주 카가얀데오로(371가구) 라나오델노르테주 일리간(590가구)
2012년 대홍수	마닐라 리살주 산마테오 (532가구 2,650명)
2013년 태풍 하이옌	레이테주 바랑가이 카부안(950가구), 바랑가이 산토니오(750가구), 바랑가이 산타크루즈(250가구)
2017년 마라위시 분쟁	1차 지원 : 일리간시 산타엘레나 250가구(약 1,000명) 2차 지원 : 카가얀데오로 마카발란(119가구), 까맘맘안(72가구)
2018년 태풍 망쿳	벵겟주 이토곤 중앙피난소(400가구와 110명 학생), 로아칸 바랑가이홀(65가구)
2021년 태풍 라이	수리가오델노르테주 카부가오 마을, 마부아 마을 세부주 힐링뚱안섬, 보홀주

12
긴급구호 및
조기복구사업 지역
벵겟주 이토곤(2018)
리살주(2012)
마닐라 퀘존시(2008)
카마린수르주(2006)
알바이주(2006)
사마르주(2013~2015)
세부주(2021)
레이테주(2013)
보홀주(2021)
수리가오델노르테주(2021)
미사미스오리엔탈주(2011)
JTS사업지원센터
라나오델노르테주(2011)

Typhoon Haiyan (Yolanda) Emergency Relief
JTS   KOICA

Join Together Society
JTS cares MARAWI
SUPPLIES DISTRIBUTION FOR
Join Together Society JTS KOREA
JTS KOREA
JTS KOREA EMERGENCY
Join Together Society
EMERGENCY
RELIEF MANGKHUT
(Ompong)
2018 SEP 20

마라붓 조기복구사업

2013년 11월에 필리핀을 강타한 슈퍼태풍 하이옌은 타크로반(Tacloban)시를 중심으로 레이테섬과 사마르섬의 마라붓 지역에 수천 명의 생명과 수백억 달러의 재산 피해를 입혔다. 특히 교육 기반 시설이 무너져 172개의 교실 중 17개만 사용할 수 있을 정도로 학교 환경이 열악해졌다. 이에 JTS는 마라붓 지역 학생들이 학업을 지속할 수 있도록 돕기 위해 교육청과 마라붓군과 협력하여 조기복구사업을 진행했다.

이 사업은 2013년 11월부터 2015년 3월까지 약 1년 4개월 동안 진행되었으며, 복구사업 진행에 앞서 2칸짜리 17개의 임시 천막교실을 마닐라에서 제작하여 설치한 후 총 17개 학교를 대상으로 교실 보수 및 신축이 이루어졌다. 태풍으로 지붕은 날아가고 기존 벽채 일부만 남은 교실 68칸을 재건축하였으며, 내구성이 강한 철근 콘크리트 구조의 교실 18칸을 새롭게 건축하였다. 또한 태풍 피해를 최소화할 수 있도록 교실 지붕에 태양열과 빗소리를 차단하는 은박단열재를 설치하고, 각 학교별로 필수적인 건축 자재를 마닐라에서 정품으로 구입하여 지원하였다.

마라붓 조기복구사업은 단순한 시설 복구를 넘어 학생들의 교육 지속을 위한 종합적인 지원이었다. 교육청과 협력하여 신속하게 교사를 배치하고, 학부모들의 적극적인 참여를 유도하여 아이들의 출석률을 높였다. 또한 태풍 피해로 인해 정신적인 충격을 받은 학생들을 위해 미술놀이 및 심리 안정 프로그램을 운영하며 정서적 회복을 돕기도 했다.

2014년 8월과 2015년 2월에는 8개 학교에서 준공식이 열리며 복구사업의 성과를 공유하는 자리가 마련되었다. 마라붓 조기복구사업을 통해 학생들은 보다 안전하고 쾌적한 환경에서 학업을 지속할 수 있었다. 다른 지역은 이제 막 복구를 시작한 상황에서, JTS는 1년 4개월이라는 짧은 기간 안에 마라붓 군 대부분의 초등학교 복구를 완료하여, 필리핀 교육부 장관으로부터 공로패를 받았다. JTS의 신속한 복구지원으로 지역의 교육 기반이 한층 더 튼튼해지는 계기가 되었다.

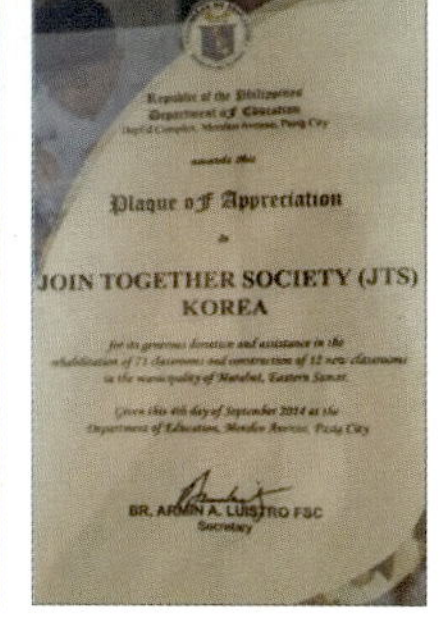

①	②
③	④
⑤	
⑥	⑦

① 전부 파괴된 교실
② 지붕만 파괴된 교실
③ 교육부 리전 교육청장과 사업 조정 미팅
④ 마라붓 군수와 사업 조정 미팅
⑤ 임시 교실로 사용할 텐트
⑥ 완전히 복구된 학교 모습
⑦ 교육부 장관 공로패

JTS 필리핀 사업 성과

1. 학교 건축과 교육 지원을 통한 문맹퇴치

학교 건축과 교육 지원을 통한 문맹퇴치는 필리핀에서 가장 큰 성과 중 하나였다. 분쟁과 가난으로 소외된 원주민과 무슬림 마을의 대부분 아이들은 학교에 다닐 수 없었다. 그나마 학교를 다니는 아이들도 산과 강을 넘어 4킬로미터에서 멀게는 12킬로미터까지 걸어가야 했으며, 비가 오면 학교에 가는 일이 더욱 어려웠다.

하지만 민다나오 곳곳에 학교가 지어지기 시작하면서 아이들의 삶은 큰 변화가 왔다. 더 이상 새벽 5시에 집을 나서지 않아도 되어 학교 가는 길이 즐겁기만 했다. 또한, 분쟁 지역에서 총을 가지고 놀던 아이들은 이제 총 대신 연필을 손에 쥐게 되었고, 생계를 위해 일터로 나가던 아이들도 부모들이 직접 지은 학교로 돌아올 수 있었다.

바갈랑잇 마을에서는 부모들이 자녀들을 생계를 위해 일터로 보냈으나, 학교가 지어진 후에는 학교에 보내는 것을 매우 중요하게 여겼다. 그 결과, 아이들이 아프지 않은 한 결석하는 일이 거의 없었다. 이전에는 돈을 벌거나 농작물을 수확하기 위해 학교를 결석하는 경우가 많았으나,

이제 부모들은 수확 시기에도 자녀를 학교에 보내는 것을 우선시하였다. 2013년 JTS의 바갈랑잇 학교 모니터링 결과, 결석한 학생이 한 명도 없었고, 중도 퇴학한 학생도 없었다. 주민들은 학교 행사와 운영에 적극적으로 참여했다.

딸라각 특수학교를 졸업한 학생들도 고등학교에 진학하거나 나이가 많은 경우 직업을 갖게 되었다. 그중에는 시각장애인 교사가 되거나, 특수학교 기숙사에 남아 후배들을 돌보는 보모 역할을 맡은 학생도 있었다.

아이들의 문맹퇴치를 위해 JTS를 비롯한 마을 주민, 군청, 교육청, 교사는 모두 합심하여 함께한다. JTS는 자재를 지원하고, 마을 주민들은 땅을 기부하며 힘든 노동에 참여한다. 무거운 자재를 머리에 이고, 소나 말 등에 올려 옮기는 일은 매우 힘들지만, 주민들은 학교에 대한 간절한 열망 때문에 포기하지 않는다.

학교를 짓는 도중에 분쟁이 심해지는 경우도 있었다. 분쟁이 격화되면 주민들은 신변의 위협을 느껴 마을을 떠나 다른 곳으로 대피하기도 하였다. 그러나 킬랑콕 마을 리더인 마스칼로(Mascallo Bokelsico)는 분쟁에도 굴하지 않고 학교 건축 기간 동안 공사 책임을 맡아 주민들을 지도하고 격려하였다. 분쟁이 빈번하게 발생하는 어려운 여건 속에서도 주민들은 자식들을 학교에 보내겠다는 일념으로 공사에 열심히 참여하였다. 한편, 일흔이 넘은 한 할머니는 "나는 이미 늙었으나, 학교가 생기면 나도 공부하여 이름을 쓰고 싶어요"라고 말했다. 학교는 나이와 상관없이 모두의 간절한 소망이며, 이를 실현하기 위해 모두가 함께하였다.

마탐파이 학교의 경우, 무슬림 마드라사(고등교육기관)로 사용하고 싶다는 술탄을 여러 차례 설득하여, 주중에는 아이들이 글을 배울 수 있는 공립학교로 운영하는 방안에 극적으로 합의한 후 학교를 건설하기도 하였다. 이러한 모두의 노력으로 아이들이 안전하게 교육받을 수 있는 환경이 조성되었다.

우리 집은 3대째 문맹입니다. 너무 가난했고 교육을 받을 수 없었기 때문이죠. 그런 가난과 문맹을 우리 아이들에게는 물려주고 싶지 않았습니다. 우리 아이들이 여기서 정말 열심히 공부했으면 좋겠고, 저도 할 수만 있다면 이 학교에서 공부하고 싶습니다.

2008년 3월 28일 준공식에서
깔라수얀 마을 리더 웬델린(Wendelyn Sinaylon)

나는 학교 건축을 통해 목수 일을 배웠습니다. 학교를 지을 당시 배운 이런 기술들은 다음 미카실리의 프로젝트에 유용할 것입니다. 당시 학교 건축이 끝났을 때 우리는 너무 행복했습니다. 제가 본 마을의 가장 큰 변화는 대부분이 문맹인 어른들과 다르게 아이들이 학교에 가서 수업을 받는 것입니다. 학생들은 학교를 졸업하고 고등학교에 가기도 합니다. 우리는 아이들이 대학까지 가기를 바랍니다.

2015년 8월 17일
미카실리 다투 빅터(Victor Buntao)

교사로서 나의 가장 중요한 목표는 최선을 다해 아이들을 가르치는 거에요. 학교에 가기 위해 보트를 타고 산을 오르는 것은 나의 사명이자 삶이죠. 저는 미카실리에서 6년 동안 근무하며 학생들을 사랑하는 법을 배웠고 그들의 문화에 적응했어요. 12월이 되면 우리는 크리스마스 행사에 모든 주민들을 초대해서 교사와 주민들간의 우정을 다져요. 이 행사의 하이라이트는 부족 고유의 의식을 치르고 발리볼 게임을 하며 같이 점심식사를 하는 것이죠. 나는 교육을 통해 마을을 발전시키는 데 도움을 주고자 해요. 이를 통해 주민들이 교육의 중요성을 인식하고, 그들의 삶도 향상될 수 있다고 생각합니다.

2015년 8월 17일
미카실리 교사 레지(Regie L. Lucero)

2. 마을 주민과 지방정부와의 협력

(1) 학교 건축에 마을 주민들의 적극적 참여

필리핀 학교 건축과 마을개발의 또 다른 성과는 마을 주민들과 지방정부와의 협력을 통해 사업을 진행한 것이다. JTS는 "JTS가 마을에 학교를 지어주는 것이 아니라, 마을 주민들과 함께 학교를 만들어 간다"라는 방향을 행동에 옮긴다. JTS의 학교 건축 사업은 단순히 건물 하나를 짓는 것에 그치지 않았다. 학교를 매개로 지방정부, 교육청, 바랑가이(우리의 읍면동사무소) 등과 협력 관계를 유지하여 이곳 주민들에게 관심을 가지고 지원 정책을 펼쳐 마을의 변화와 발전을 이끌어내었다.

JTS는 자재를 지원하고 마을 주민들은 노동력을 제공하며, 지방정부는 중장비 및 엔지니어 지원과 행정 업무를, 교육청은 교과서와 교사를 지원하였다. 이 모든 참여자들이 '우리 모두 함께하자'는 마음으로 교육 프로젝트에 임하였다. 처음에는 주민이나 관청으로부터 "JTS는 왜 학교를 지어주지 않고 우리에게 노동을 요구하느냐? 다투(부족장)나 마을 리더가 JTS에서 돈을 받아놓고 우리에게 노동을 시키는 것이 아니냐?"는 의심을 받기도 하여 공사가 중단되는 경우도 있었다.

그러나 여러 가지 우여곡절을 겪으면서 20년 동안 JTS는 마을 주민들과 지방정부, 교육청과 함께 역할을 분담하여 학교를 짓고 마을 여건을 개선하며 전통문화 보존과 긴급구호 활동을 진행해왔다. 마을 주민들이 직접 학교 건축 과정에 참여하자, 자녀들을 적극적으로 교육시키기 시작했다. 그리고 종교가 달라 교류가 없던 주민들이 마을 회의를 통해 대화하고 함께 노동하면서 갈등하던 공동체가 다시 평화를 찾게 되었다. 학교는 교육기관이라는 단순한 의미를 넘어, 주민들이 함께하면서 마을 문제를 협력하며 해결하는 환경을 조성하는 계기가 되었다.

또한 학교 건축을 계기로 마을과 마을이 서로 협력하여 '공동체 협력

협정'을 체결하는 성과도 있었다. 대표적인 사례는 뮬리타강(Muleta River) 주변의 마을들이다. 이들 마을은 학교 건축 이전부터 강을 통해 활발히 교류해왔다. 이 지역은 이전에는 부키드논주 소속이었으나 행정구역 조정으로 코타바토주 프레지던트 로하스군으로 편입되어 생활권은 다물록 지역이다. 그래서 다물록 총코 군수는 파굼퐁 학교 건축 중 뮬리타 강변 마을들이 서로 학교 건축을 돕도록 군 의회에 제안하였다. 행정구역은 다르지만 다물록 군의회는 물론, 인접 지역의 마을 리더들도 JTS와 총코 군수가 함께 추진하는 문맹퇴치를 위한 학교 건립에 흔쾌히 동의하였다. 규모가 크고 인력이 많이 필요한 일은 서로 협력하기로 하여 '뮬리타 공동체 협력 협정(Mulita Community Partnership Agreement)'을 체결하였다. 이후 JTS가 지원한 뮬리타 강변의 파굼퐁, 키타스, 타포난, 발라 마을의 학교 건축 과정에서 마을 리더와 주민들이 참여하여 서로 도왔다. 이들은 목수 기술과 작업 진행 순서를 습득하여 자기 마을 학교를 지을 때는 익숙하게 공사를 진행할 수 있게 되었다.

또한, 사라와곤 마을에 학교를 건설할 때에는 불루안 마을 리더 도동을 포함한 청년들이 공사를 지원하였다. 불루안과 사라와곤은 7km 떨어져 있었지만, 사라와곤에 학교가 건설되면 불루안 주민들은 먼 거리를 걸어서라도 자녀들을 학교에 보낼 수 있기 때문에 협력이 이루어졌다. 이후 불루안 마을 학교를 건설할 때에도 인근 사라와곤과 파굼퐁 마을 주민들이 학교 건축을 도왔다.

만타부(Mantabo-o)

만타부에서는 매일 평균 15명의 주민이 공사에 참여하였으며, 실리폰 바랑가이 캡틴도 학교 건축을 적극 도왔다. 처음으로 자원봉사로 일하게 된 주민들은 학교를 함께 지으며 협력하는 법을 배워나갔다. 놀랍게도 만타부 주민들은 JTS가 보아온 마을 중 가장 적극적이고 조직적으로 학교 건축에 참여하였다.

원래 계획은 교실 한 칸을 짓는 것이었으나, 주민들의 높은 참여도와 향후 다른 지역에서의 이주 가능성을 고려하여 교실 한 칸을 추가로 건설하기로 결정하였다. 2006년 8월, 약 5개월 만에 학교가 완공되었으며, 추가로 화장실 2개와 교사 숙소도 지원하였다.

화장실 배관을 연결하기 위해서는 수원지까지 약 100m 구간을 따라 지하 30cm 깊이로 땅을 파야 했다. 이를 위해 마을 주민들은 남녀노소 할 것 없이 힘을 합쳐 공동 노동을 진행하였고, 하루 만에 작업을 마쳤다. 변변찮은 도구로 깊이 30cm를 파는 일이 쉽지 않았지만, 마음을 모으니 예상보다 훨씬 빨리 끝낼 수 있었다. 수도관이 연결되어 물이 나오자 교사들은 감격하며 "그동안 물이 없어 화장실을 제대로 사용하지 못했는데, 이제는 깨끗한 화장실을 사용할 수 있어 너무 행복하다. 아이들도 더 이상 밖에서 용변을 해결하지 않아도 된다"라며 기뻐하였다.

"학교 건축을 진행하기 전에는 마을 주민들이 협동을 한다거나 마을을 위해서 자원봉사 한다는 것은 생각도 못했습니다. 그런데 학교 건축을 진행하면서 마을 사람들은 협력하는 방법을 경험하게 되었고, 학교 건축이 끝난 후에 마을 주민들 스스로 농사일, 마을 일을 서로 협력하여 일을 해나갑니다. 그러한 부분이 가장 크고 즐거운 변화입니다."

— 학교 건물 완공 후 마을 리더 엘메르(Elmer Aninao)

키다마(Kidama)

2009년 12월 학교가 완공된 후 준공식에서 마을 주민 한 명은 "나는 밖에 나가 목수일을 하면 일당을 많이 받을 수 있는데 JTS 학교 건축 공사는 무임금이라 처음에는 이상했다. 그렇지만 나중에는 경쟁 없이 서로 농담도 하며 일하는 재미가 있어 좋았고, 무엇보다 우리 아이들이 다닐 학교를 스스로 지었다는 점이 무척 자랑스럽다"고 하였다.

오버루킹(Overlooking)

학교가 생긴 후 마을에는 긍정적인 변화가 일어났다. 공사 기간 동안 JTS는 마을 주민들과 정기적으로 회의를 진행했는데, 학교 건축 이후에도 자연스럽게 마을 회의로 자리 잡았다. 이 회의는 한 달에 한 번 열리며, 니또이가 직접 각 가정을 방문해 회의 날짜와 주제를 알렸다. 주민들은 이제 마을에서 발생하는 다양한 문제를 함께 논의하고 해결책을 모색하며, 공동체의 결속력을 더욱 강화해 나갔다.

알라원(Alawon)

JTS는 알라원 마을 주민들과 해발 1,200m에 학교를 세웠다. 한 주민은 "학교를 짓는 동안 자재를 나르는 일이 너무 힘들었지만, 우리 스스로 학교를 세웠다는 것이 정말 기쁘다"라고 말했다. 그러나 학교 건립의 기쁨도 잠시, 지방정부는 알라원 근교가 NPA(새로운 인민군) 활동 지역이라 안전이 보장되지 않는다는 이유로 정규학교로 허가해 주지 않았다. 결국, 임시 교사가 파견되었으나, 낯설고 열악한

환경과 외로움을 견디지 못한 교사들은 얼마 지나지 않아 떠나버렸다.

2008년, 법륜스님과 JTS활동가들은 알라원을 방문해 이 문제를 해결하기 위해 주민들과 논의하는 시간을 가졌다. 주민들은 한국에서 온 JTS가 직접 교사 문제를 해결해주길 바랐다. 통역을 맡은 JTS 활동가를 남겨 아이들을 가르쳐 달라는 요청도 있었다. 그러나 법륜 스님은 "그들 스스로 문제를 해결할 수 있는 자립심을 키워야 한다"라며 일방적인 지원이 아닌 주민들의 적극적인 참여를 촉구했다. 회의가 세 시간을 넘겼지만, 직접 행동에 나서겠다는 주민은 나오지 않았다. 주민들의 의존성과 무기력함이 단순히 개인의 문제가 아니라, 그동안 지속된 어려운 환경 속에서 길러진 것임을 이해할 수 있었다. 그때 한 아이의 어머니가 "남자들 대신 여자들이라도 아이를 업고 교육 당국에 가서 담판을 짓겠다. 하지만 갈 돈도 없고 차도 없다"라고 했다. 그녀의 강한 의지에 남자들도 웃으며 다시 한 번 두 팔을 걷어붙이기로 했다.

이후 JTS와 주민들은 꾸준히 교육청에 교사 파견을 요청했고, 결국 부키드논 주 교육감의 특별 지시로 2009년 8월 24일 네 번째 교사가 부임했다. 아이들은 기다리던 교사가 오자 기뻐했고, 학부모들도 교사가 마을에 적응할 수 있도록 각별한 관심을 기울였다. 출석률도 높아졌으며, 결석하는 경우 부모가 직접 교사에게 이유를 설명했다. 아이들은 교사를 존경하며 성실히 따랐다. 그러나 부임한 교사는 임시 교사였고, 12월이면 임기가 종료되었다.

이후에도 JTS는 수년간 정식학교 등록을 위해 노력했지만, 여전히 임시 교사만 몇 차례 파견될 뿐이었다. 2009년에는 배우 한지민이 일일 교사로 봉사활동에 참여해 아이들과 특별한 시간을 보냈다. 언어가 통하지 않았지만, 아이들은 무척 기뻐하며 그녀와 즐겁게 어울렸다. 현재 알라원은 12km 떨어진 실리폰 학교의 분교로 인정받아 운영되고 있다.

오버루킹 학교 준공식에 함께한 법륜 스님과 아이들

한쪽 발이 없는
여자아이
이야기

법륜 스님이 오버루킹 마을을 방문했을 때
한쪽 발이 절단된 여자아이를 만났다.
법륜 스님은 이를 보고 그 아이에게
의족을 지원해줄 것을 제안하였다.
이후 JTS는 마닐라와 카가얀데오로 등에서
의족을 조사한 뒤 사후관리가 편리한
카가얀데오로에서 의족을 구입하였다.
그 아이는 도움을 받게 되어 무척 고마워했다.
자기도 도움을 주는 사람이 되고 싶다 하였다.
이후 그 아이는 딸라각 특수학교에 입학하여
공부와 보조교사 역할을 병행하였다.
졸업하고 나서도 한동안 보조교사 역할을
계속하며 아이들을 돌봐주었다.
비록 사소한 만남에서 시작되었지만,
소중한 인연이 되어 한 여자아이의 삶이
바뀌었다.

(2) 지방정부의 적극적인 참여

학교를 지을 때 지방정부의 참여를 유도하기 위해 마을마다 군수를 직접
만나 협의했다. 처음에는 많은 군수들이 JTS활동에 큰 관심을 보이지 않
았지만, 사업에 함께하기로 결정한 후에는 적극적으로 지원하는 경우가
많았다.

　군수들은 예산 지원 및 자재 운반을 책임지겠다고 약속했고, 공사 중
어려움이 발생할 때마다 직접 나서서 지원하기도 했다. 예를 들어, 키한
아이 학교와 콘솔라시온 학교 건축 당시 마놀로폴티치 군청은 학교 건립
후 5년 동안 두 학교의 교사 월급과 시설 유지 비용으로 매년 50만 페소
를 지원하기로 했다.

　까방라산 까따블라란 학교의 경우, 정규 예산이 편성된 이후에 건축
이 결정되어 추가 예산으로 공사를 진행해야 했다. 이로 인해 인건비 수
급에 어려움이 있었으나, 까방라산 군수는 자비로 인건비를 지급하며 공
사가 차질 없이 진행될 수 있도록 도왔다. 이러한 적극적인 지원 덕분에
엔지니어들도 더욱 열정적으로 공사에 임할 수 있었다.

마놀로폴티치군

마놀로폴티치군은 JTS가 학교를 건축하는 동안 단순한 지원을 넘어, 도로 정비와 사회 기반 시설 확충 등 사업 전반에 적극적으로 협력하며 성공적인 마무리를 도왔다.

특히 자재 운송이 원활하도록 도로를 정비했으며, JTS도 중장비를 지원하여 도로 개선 작업을 함께 진행했다. 또한 군에서는 마을 내 워터시스템을 설치하여 곳곳에 수도 시설이 마련되었다.

JTS가 처음 지원을 시작한 2006년 당시 바갈랑잇 마을은 75가구 347명이 거주하던 작은 마을이었다. 그러나 2017년에는 118가구 471명으로 인구가 증가하며 마을이 성장했다. 인구가 늘어남에 따라 사회 기반 시설도 점차 확충되었고, 지난 10여 년 동안 바갈랑잇 마을은 학교 건립을 계기로 전기와 수도가 공급되는 살기 좋은 마을로 변화했다.

이러한 발전의 중심에는 바갈랑잇 학교가 있었다. 학교는 교육 공간을 넘어 마을의 성장을 이끄는 중요한 밑거름이 되었다.

JTS는 수밀라오 지역에 특수학교를 건축할 의향이 있었지만, 지방정부가 학교 운영에 대한 책임을 지지 않으면 건축할 수 없다는 입장을 밝혔다. 이에 따라 수밀라오군의 각 기관은 특수학교의 건축과 운영을 위해 각자의 역할을 약속했다.

특수학교에는 4명의 교사가 필요하여 교육청에서 2명의 정규 교사를, 군청에서 2명의 임시 교사를 파견하기로 했다. 이후 학생 수 증가에 따라 교육청은 추가로 정규 교사를 파견하였다. 또 군청에서는 교육 예산에 기숙사 관리인의 월급을 포함시켜 운영을 지원하였다.

수밀라오군은 학생들 이동을 위해 각 바랑가이의 차량을 이용하여 기숙사 학생들이 주말마다 집에 다녀올 수 있도록 통학 지원을 결정했다. 학부모들은 학부모회를 조직하여 자원봉사 프로그램을 운영하며 교실과 기숙사의 유지·보수뿐만 아니라 학생들의 식사를 책임지기로 했다.

수밀라오 선생님들은 특수교육 경험이 부족해 어려움을 겪었는데, JTS는 특수교육 세미나 참석 경비를 지원하였다. 세미나를 다녀온 교사들은 한층 더 열정을 가지고 장애 아동 교육에 힘썼다.

이처럼 JTS, 군청, 교육청, 학부모, 교사가 협력하여 수밀라오 특수학교 아이들이 안정적인 환경에서 교육받을 수 있도록 한마음으로 노력했다.

① 수밀라오 특수학교 사업 설명회에 참석한 장애 학생과 학부모들
② 각 기관들과 함께 MOA를 작성하는 모습
③ 학교 운영을 위한 봉사활동에 서약하는 학부모들
④ 수밀라오군 지역 기관들과 특수학교 교실 및 기숙사 운영 문제를 논의하는 모습

3. 소외된 마을에서 살기 좋은 마을로 변화

문맹퇴치 활동을 기반으로 마을 주민들의 삶의 질이 개선되는 성과가 이어졌다. 학교가 지어지고 주민들이 외부와 접촉할 기회가 늘어나면서, 길이 없던 곳에 길이 만들어지기 시작했다. 볼로(대형 외날 낫)로 풀을 치며 올라가던 길이 사람이 다니는 오솔길로 변했고, 말과 소만 다닐 수 있던 길이 오토바이가 다닐 수 있는 길로, 1시간 이상 산악 오토바이를 타야 했던 마을에는 도로가 개설되어 차량이 마을 입구까지 들어올 수 있게 되었다. 한번 열린 길은 물줄기처럼 연결되며 확장되었다.

또한, 워터시스템(공용 수도 사업)이 구축되면서 아이들과 여성들이 새벽부터 먼 곳까지 물을 길러 가지 않아도 되었다. 이제는 집 앞 수도꼭지만 틀면 밥을 짓고, 세수를 하고, 빨래를 할 수 있게 되었다.

이렇게 학교가 세워지고 생활이 개선되자 마을 인구가 증가했다. 인구가 늘어나니 자연스럽게 시장이 형성되었고, 마을 간 왕래도 활발해졌다. 전기가 들어오고 태양광 패널이 설치되면서 어두웠던 마을에 빛이 생겼다. 상급학교에 진학한 아이들 중 일부는 교사가 되어 다시 자기 마을의 학교로 돌아오기도 했다.

또한, JTS는 양어장과 농사 기술을 안내하고, 주민들이 재배한 커피를 수매하여 판매하는 등 경제 자립을 위한 지원도 이루어졌다.

무엇보다 과거에는 주민들이 스스로 삶을 개선하기 위한 노력을 펼치기 어려웠지만, 학교 건설을 통해 주민들 간의 협력의 경험을 쌓으면서 이제는 마을 발전을 위해 스스로 문제를 해결하려는 노력이 활발해졌다.

학교는 교육 기관을 넘어 마을과 마을, 마을과 지역 군청을 연결하며 갈등과 분쟁으로 닫혀 있던 관계를 이해와 협력으로 변화시키는 역할을 했다. 이제 넓어진 길 위에서 아이들과 마을의 미래가 새로운 이해와 협력의 든든한 연결망 속에서 더욱 밝게 펼쳐지고 있다.

키다마 — 농업 프로그램의 모범 마을이 되다

키다마 마을은 2003년 분쟁으로 167가구 주민들이 노스코타바토로 피난을 갔다. 2005년부터 일부 주민들이 돌아오기 시작했지만, 집과 가축을 모두 잃은 상태여서 생계를 유지할 수 없어 돌아오지 못하는 주민들도 많았다. JTS는 총코 군수의 추천으로 이 마을을 처음 방문했고, 당시 81가구의 주민들이 살고 있었다. 마을 대부분은 모로이슬람해방전선(MILF)의 전사들이었다.

키다마 마을은 3명의 리더가 솔선수범하여 JTS필리핀 학교 건축 역사상 최단 기간인 43일 만에 학교를 건설하는 성과를 이루었다. 학교가 만들어지자, 피난을 갔던 주민들이 돌아오면서 마을 인구는 급격히 증가하였다.

이 마을은 통솔력 있는 지도자들과 주민들 간의 협력으로 마을개발 모델로 JTS에 추천되었다. 2011년 9월 11일, JTS는 키다마 마을 리더를 포함한 6명의 주민을 마닐라의 가나안 농군학교 훈련 프로그램 참가를 지원하고, 이를 통해 농업 개발에 대한 지식과 기술을 배울 기회를 제공했다. 또한, 커피나무 묘목과 과실수를 지원하고, 훈련을 받은 주민들을 중심으로 과실수 심기 및 각종 농업 개발 프로그램을 실행하였다.

지방정부는 앙가안과 키다마 마을까지 도로와 전기를 설치하는 등 적극적으로 지원하였다. 주민들의 자발적인 노력과 지방정부의 지원으로 키다마 마을은 이전보다 훨씬 살기 좋은 마을이 되었다. 이 과정에서 주민들은 협력과 자립의 중요성을 배우며, JTS와 지방정부의 지원을 바탕으로 지속 가능한 발전을 이루었다. 키다마는 이제 농업 프로그램 모범 마을로서 귀감이 되는 사례가 되었다.

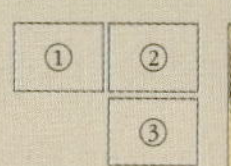

① 농업 실습 중인 키다마 주민
② 최단기간 완공을 이루어낸 키다마 마을 리더들
③ 키다마 학교 준공식

인라보—도로 건설

2013년 1월 5일, 학교 건축이 시작된 지 약 4개월 만에 완공되어 주민들의 염원이 실현되었다. 학교를 건축하면서 다물록군은 마을에 넓은 도로를 개설하고 전기를 연결해주었다. 이제 마을에서 생산된 옥수수와 쌀을 오토바이와 트럭을 이용해 대량으로 다물록 중심가에 판매할 수 있게 되었다. 마을 리더인 콘라도(Conrado Comeros)는 학교와 도로 덕분에 수입이 증가했고, 아이들을 학교에 보낼 수 있게 되어 기쁘다고 전했다.

킬라올라오—도로 건설

마을에 학교가 생기자 다른 지역에서 꾸준히 이주해왔다. 학교 건축 이전 마을 인구는 23가구였으나 공사 중에 인구가 지속적으로 늘었고, 학교 완공 후 44가구로 증가했다. 어린이 수도 45명에서 82명으로 늘었다. 다물록군이 도로 건설을 하여 주민들 소득도 증가했다. 오토바이를 이용해 읍내로 농작물을 내다 파는 것이 가능해졌다. 특히 매주 목요일마다 바나나 장수가 오토바이를 타고 판매하러 오기 때문에 주민들은 그동안 먹기 힘들었던 바나나를 사먹을 수 있게 되었다. 상업이 활발해지면서 마을에는 상점도 생겼다.

까나안—학교와 마을 시설 확장

JTS는 농업 지원책으로 2006년에 최대 60자루의 옥수수를 말릴 수 있는 다목적 태양열 건조장을 건설할 수 있도록 자재를 제공했다. 학교, 상수도, 건조장 등 여러 시설이 들어서자 마을은 더욱 발전했으며, 2004년 131가구에서 2009년에는 약 220가구로 크게 증가했다.

화합과
협력,
그리고 변화

'변화'―이 세상에서 유일하게 변치 않고 거듭되는 것이죠.
모든 것은 세월이 흐르면서 변화를 계속해요. 불루안 마을과
학교는 이전보다 무척 달라졌어요. 산골 오지에서 이렇게
아름다운 학교를 보게 되리라곤 생각하지 않았어요. 주민들과
학생들 그리고 교사들이 변화를 함께 이끌어나갔어요.
우리 교사들은 좋은 본보기가 되기 위해 최선을 다했어요.
우리는 학교의 발전을 이끌어가기 위해 충분히 토의하고,
주민들의 의견도 물었어요. 교사들과 주민들은 서로를 믿고
함께 협력했습니다. 우리 교사들은 주민들의 삶을 개선하기 위해
학생뿐만 아니라 마을 어른들도 보살피죠. 마을의 변화는 이미
일어나고 있어요.
우리는 여러 가지 아이디어를 제시했어요. 주민들은 텃밭을
가지고 있었지만 심은 채소의 종류가 매우 적었어요.
그래서 JTS에 도움을 요청해서 주민들이 다양한 씨앗을 받고
텃밭을 매우 열심히 가꾸게 되었어요. JTS의 모든 지원은
우리가 학교와 마을의 변화를 이끄는 데 매우 큰 도움이
되었어요. 우리가 지금 누리는 것을 가능하게 한 비결은
바로 '화합과 협력'이에요. 우리가 실천한 작은 일이 변화를
이루어서 기뻐요.

― 불루안 교사 지(Rose B. Juntilla)

가장
행복한 마을,
발루드

우리 마을은 36가구만 살고 있었고 학교를 다니는 학생이 없었
습니다. 왜냐면 무슬림과 기독교 간의 갈등이 심했기 때문입니다.
무슬림은 기독교인을 보면 도망갔고 기독교인은 무슬림을 보면
도망갔습니다. 그러나 JTS가 우리 마을에 학교를 지어준 뒤,
지금 우리 마을에는 113가구가 살고 있고 마을에도 많은 발전이
있었습니다. 도로도 생기고, 전기도 들어오고, 워터시스템도
생겼습니다. 만약 JTS가 없었다면 이런 발전과 평화도 없었을
것입니다. 이제는 자신있게 말할 수 있습니다. 우리 마을이 다물
록군에서 가장 행복한 마을 중 하나라고요. 이 모든 것이 가능할
수 있게 관심과 지원을 해준 JTS에 감사합니다.

땅굴란(Tankulan) 면의원(counciler)
노메이다 사말(Nomaida Samal, 코만도 타운팅 딸)

4. 분쟁 지역에서 평화 실현의 장으로

JTS의 활동 성과는 오랫동안 종교적·민족적 갈등과 분쟁이 끊이지 않았던 민다나오에서 문맹퇴치와 빈곤퇴치를 통해 지역의 평화 실현에 기여한 것이다. 정부와 MILF 간 분쟁으로 이슬람과 원주민들은 오지 마을에 고립되어 생활했고, 그로 인해 학교가 없어 문맹률이 높았으며, 주민들은 언제 분쟁이 발생할지 모르는 불안 속에서 생계를 유지하기조차 어려웠다. 마을 내에서는 종교와 민족이 달라 서로 갈등하거나 왕래가 없었다.

그러나 JTS와 마을 주민들이 아이들 미래를 위해 한마음으로 학교를 건축하고 워터시스템 등 필요한 시설을 마련했다. 군청과 교육청 등 지방 정부는 그동안 이들을 외면했지만, JTS와 협력하기 시작하면서 마을에 관심을 가지고 지원하였다.

학교를 건축하면서 자재 운반, 교사 문제, 도로 건설 등에 대해 주민들은 의견을 나누며 함께 일했다. 대화와 협력 속에서 노동하며 서로 이해하고 협력하는 방법을 배워나갔다. 그렇게 마을 공동체가 다시 살아나면서 평화가 깃들었고, 분쟁으로 떠났던 사람들도 다시 모여들었다. 마을 주민들은 자신들이 만든 학교에서 아이들이 교육받는 모습을 보며 마을 발전과 평화 유지에 대한 책임감을 크게 느끼게 되었다.

하지만 때로는 내전이 격화되어 사람들이 마을을 떠나 학교 운영이 중단되는 경우도 있었다. 이 경험을 통해 교육과 평화는 불가분의 관계임을 알았다. 학교 건축을 통해 평화가 만들어지기도 하지만, 평화가 전제되지 않으면 문맹퇴치도 어렵다는 사실을 몸소 느낄 수 있었다.

평화는 멀리 있는 것이 아니라 서로를 이해하는 마음을 가지면 일상 속에서도 언제든지 소통하며 문제 해결이 가능하다는 것을 알게 되었다. 서로 다르지만, 그 '다름'이 오히려 다양한 접근을 통해 문제를 해결할 실마리가 되었다. 고정관념으로 얽혀 있던 차별과 갈등의 매듭이 하나둘씩 풀려나갔다.

가가후만

가가후만은 필리핀 부키드논주 말리복군에 위치한 히가오논 원주민 마을이다. JTS가 처음으로 지원한 오지 마을이다. 2003년부터 2004년까지 약 6개월에 걸쳐 학교 건축이 진행되었으며, 이후에도 지속적인 보수가 이루어졌다. 이 마을은 신인민해방군(NPA)의 활동 지역으로 정부군과의 충돌이 잦았으며 지방정부의 지원이 어려운 환경이었다. 또한 광산 개발을 둘러싼 이해관계로 인해 사업 진행이 쉽지 않았다.

이러한 어려움 속에서도 JTS는 마을 주민과 지방정부를 설득하며 학교 건축을 지원하였다. 또한 평화캠프를 운영하여 한국과 필리핀 대학생들이 마을을 방문하고, 주민들과 함께 생활하며 상호 이해를 높였다. 이는 교육 지원을 넘어 마을 공동체의 결속을 다지고 평화를 이루는 중요한 계기가 되었다.

JTS는 문맹퇴치와 빈곤 해결을 위해 학교뿐만 아니라 생활 인프라 개선에도 힘썼다. 마을 주민들에게 양어장과 물소를 지원하고, 곡식 저장 창고, 대장간, 재봉틀, 취수관 등을 제공하며 경제적 자립을 돕는 기반을 마련하였다. 이러한 지원을 통해 가가후만 주민들은 점차 자립할 수 있는 능력을 키워갔다.

무엇보다도 가가후만의 변화는 단순한 시설 확충이 아닌, 주민들 간의 협력을 통한 평화 실현이었다. 원주민과 외부인들이 함께 협력하며 마을 발전을 도모하는 과정에서 서로에 대한 신뢰가 쌓였고, 이는 지속 가능한 평화를 이루는 중

① 다투 만사이사얀과 마을 어른들이 모인 학교 건축 중간 회의
② 학교 건축에 참여한 마을 주민들
③ 목재로 벽과 지붕의 기초 골격을 만드는 모습
④ 가가후만 학교

요한 밑거름이 되었다. 과거에는 갈등과 분쟁이 존재했던 마을이었지만, JTS의 지원을 통해 주민들이 서로를 이해하고 함께 살아가는 공동체로 변화할 수 있었다.

가가후만 사례는 학교 건축을 넘어, 교육과 평화가 하나의 흐름으로 이어지며 마을의 발전을 이끄는 좋은 모델이 되었다. JTS가 처음으로 지원한 오지 마을에서 시작된 변화는 이후 다른 마을로 확산되며 필리핀 민다나오 전역에서 더욱 많은 평화의 씨앗을 심는 계기가 되었다.

다물록의 변화와 평화 정착

2007년, 총코가 군수로 당선되면서 다물록에 변화가 시작되었다. 그는 무력을 통한 평화 유지에 비판적이었으며, 대화와 교류만이 평화를 정착시킬 수 있다고 믿었다. 그는 분쟁과 빈곤이 만연한 다물록을 발전시키기 위해 총 대신 대화를 통해 평화를 정착시키겠다고 약속했다. 군수에 당선된 후 가장 먼저 정부군 철수를 추진하였으며, '플랑이-퓰리타 삼각지대'에서 MILF와의 평화협정을 추진했다.

평화협정이 체결된 이후, 다물록군과 JTS는 정부 지원에서 소외된 가난한 주민들을 돕기 위한 사업을 적극 추진하였다. JTS의 학교 건축이 진행되면서, 무슬림과 기독교인, 원주민 간의 갈등을 해소하고 협력을 이끌어내는 계기가 되었다. 학교 건축은 교육 기회를 제공하는 데 그치지 않았다. 학교를 매개로 한 지방정부와 JTS의 협력은 문맹퇴치와 빈곤퇴치를 넘어 지역사회의 실질적인 변화를 가져왔다.

MILF의 호위를 받으며 플랑이강 유역 마을을 답사하는 JTS 일행들

주민들의 의식도 크게 변화했다. 과거에는 서로를 외면하고 분쟁까지 벌였던 무슬림, 기독교인, 원주민들이 이제는 서로를 인정하고 활발하게 교류하기 시작했다. 이제는 이웃이 되어 살아가는 변화가 일어났다.

다물록의 사례는 갈등과 분쟁은 해결될 수 있으며, 평화가 정착되면 모든 사람이 더 나은 삶을 누릴 수 있음을 보여주는 긍정적인 모델이다. 학교를 세우는 과정에서 주민들은 서로 협력하며 공동체를 만들어갔고, 지방정부와 JTS의 지속적인 지원 속에서 다물록은 전쟁과 갈등의 상징에서 평화와 발전의 마을로 변화할 수 있었다.

이 사례는 단순한 지원이 아니라, 지역 주민들이 주체적으로 변화하고 협력하며 지속 가능한 평화를 만들어가는 과정이 얼마나 중요한지를 잘 보여준다.

미카실리 학교
준공식 행사에
함께한 법륜 스님과
총코 군수
(오른쪽에서 네 번째)
(2008)

2007년 총코 군수는
MILF 사령관을 만나
평화협정을 맺었다.
2023년 3월,
이원주 JTS필리핀 대표(왼쪽)와
당시 군수였던 총코(가운데),
MILF 사령관이었던 타운팅(Taunting)이
지난 세월을 돌아보며
평화에 대해 얘기를 나눴다.

사라와곤 마을은 마노보 원주민, 무슬림, 기독교인이 공존하는 마을로, 원주민 60%, 무슬림 30%, 기독교인 10%를 차지한다. 세 종교 대표가 마을 공동 리더를 맡고 있으며, 학교 건축을 위한 마을 회의가 열렸을 때 처음부터 약간의 기싸움이 있었다. 필리핀에서는 작은 회의라도 시작 전에 기도하는 문화가 있는데, 그 기도를 누가 먼저 할지를 정하는 데서부터 의견이 갈렸다. 무슬림이 먼저 하겠다고 나섰고, 그 뒤를 기독교가 이었고 원주민은 마지막에 했다. 문화 차이로 인해 의견을 표현하는 방식에도 차이가 있는데, 무슬림은 적극적인 편이라 문화 차이를 고려하면서 의견을 수렴하는 것이 중요했다.

사라와곤 마을은 종교가 다른 세 부족 간에 갈등이 크지는 않았지만, JTS가 마을을 방문하여 학교 건축을 논의하기 전까지 세 부족 간의 왕래는 거의 없었다. 그래서 학교를 건축하는 것은 쉬운 일이 아니었다. JTS는 이러한 상황을 파악하고 부족별로 돌아가며 일을 진행하는 방법을 제안하여 진행하였다. 주민들은 학교 건축을 통해 처음으로 함께 일하게 되었고, 공사 기간 중 어려운 상황에 부딪히면 함께 논의하고 협력하는 방법을 배워갔다.

사라와곤 학교 건축은 지방정부 및 교육청과 MOA를 체결한 첫 사례였다. 당시 대부분 아이는 학교에 다니지 못하고 있었다. 2008년 4월 22일, 공사가 시작되었으며, 하루에 총 30명의 주민이 학교 건축에 참여했다. 주민들은 나무 그늘도 없는 언덕길을 오르내리며 자재를 직접 운반했다. 종교가 달라도 세 부족이 단합하여 공사는 순조롭게 진행되었다. 공사 과정에서 오해가 생기면 각 리더가 모여 문제를 해결했다.

주민들은 공동체의 미래를 위해 자발적으로 건축에 참여하였다. 학교 건축 이후, 인구가 증가하면서 학생 수가 늘어났고, 교육청은 교실을 추가로 지원하였다. 그러나 교사 대부분은 기독교인으로 무슬림 문화와 언어를 이해하지 못해 교육에 어려움을 겪었다. 이를 위해 JTS는 〈교사 연수 프로그램〉을 기획·진행하였다. 무슬림 문화와 원주민 문화에 대한 교육을 진행하고, 실제 현장에서 사용할 수 있는 교육 방법도 안내했다.

교사 연수에 참여한 선생님은 연수 이후 무슬림과 원주민 문화를 잘 이해하게 되었고, 아이들과 교감하며 가르치는 데 큰 도움이 되었다고 말했다. 그들은 JTS에 감사의 마음을 전했다.

세 부족이 협력하고 마을 주민들도 증가하며 마을은 발전하고 있었지만, 여전히 큰 어려움이 있었다. 바로 물 문제였다. 사라와곤 마을은 수원지가 멀어 많은 사람들이 물을 길러 장거리를 이동해야 했고, 그 과정에서 어린 여자아이들이 위험에 처하는 문제도 있었다. 이를 해결하고자 JTS는 2020년에 세 마을 주민들이 충분히 사용할 수 있도록 약 3만 리터 워터탱크를 설치하고 수도를 연결하는 〈워터시스템 프로젝트〉를 진행했다. 무슬림, 기독교인, 원주민의 생활 습관과 문화적 차이를 고려하여 별도의 파이프를 설치해 이용에 불편함이 없도록 했다.

사라와곤 마을은 도로와 전기가 들어오면서 인구가 급격히 증가했다. 2023년 사라와곤 마을을 방문했을 때, 한 선생님은 학부모들이 무슬림, 원주민, 기독교인을 막론하고 학교를 가꾸고 운영하는 데 매우 적극적이며 협력을 잘한다고 자랑스럽게 말했다. 그리고 가장 잘 가꾼 학교로 선정되어 교육청에서 상을 받았다고 한다.

마을에는 원주민과 무슬림, 기독교인 간의 결혼이 이루어지며 점차 경계가 허물어지고 있었다. 처음에는 긴장된 관계였고 서로 왕래가 없었지만, JTS가 학교 건축을 지원하는 과정을 통해 협력이 이루어졌고, 이로 인해 마을이 발전하였다. 이제 마을은 교육청과 군청의 관심을 받으며 자체적으로 발전을 이끌어가고 있다.

① 학교 건축 회의에 참석한 세 종교의 리더와 총코 군수, JTS활동가
② 사라와곤 학교
③ 사라와곤 학교 준공식 기념 행사
④ 워터탱크 앞에서 마을 주민들과 함께

●

알라원

알라원 학교와 새로운 길, 다리는 알라원에 큰 변화를 가져왔다. 학교가 만들어지기 전, 12km 떨어진 실리폰 주민들은 알라원 주민들을 무섭고 위험하다고 여기거나, 산 위에 산다고 업신여기는 경우가 많았다. 이로 인해 두 마을 사이에는 갈등이 끊이지 않았다. 매주 토요일 시장이 열리면 알라원 주민들이 실리폰으로 내려가 생산물을 팔고 생필품을 구입해 갔는데, 이때마다 두 마을 주민들 간의 싸움이 빈번하게 일어났다.

그러나 JTS가 학교 건축을 진행하면서 JTS활동가들이 수시로 알라원을 방문하게 되자, 실리폰 주민들 중 몇몇은 JTS사업에 관심을 가져 직접 알라원을 방문하기도 했다. 그들은 알라원에서 함께 생활하며 서로를 이해하게 되었고, 더 이상 알라원은 실리폰 주민들에게 두려운 존재가 아니었다. 알라원 학교 준공식에는 실리폰 주민들도 참석하였고, 이를 계기로 두 마을은 친구가 되었다. 또한, 새로 개설된 길과 다리 덕분에 두 마을 간의 왕래가 편리해지고 교류가 활발해지면서, 두 마을의 관계는 더욱 돈독해졌다.

알라원 마을로 가는 다리

탐파란 마을은 내전 중에도 학교를 완공하려는 강한 의지를 보여준 사례이다. 2008년 5월 25일, 학교 건축 공사를 본격적으로 시작했다. 술탄과 바랑가이 캡틴 '아카사 마날라오(Acasa Manalao)'는 공사를 책임지고 주민들을 조직하였다. 술탄은 직접 지붕 위에 올라가 주민들과 함께 일하며 솔선수범하였다. 또한, 무나이 군은 군청 소속의 기술자 3명과 자재 운반용 트럭, 푸드포워크 등을 지원하여 공사는 순조롭게 진행되었다.

8월 10일경, 공사는 거의 마무리되고 천장과 유리 젤루시를 설치하는 작업만 남아 있었다. 하지만 그때 대규모 내전이 발발하면서 탐파란 지역에 소개령이 내려졌고, 모든 주민들이 피난을 가야 했다. 학교 공사는 중단되었고, 전쟁이 끝난 후에도 정부군이 마을에 주둔하는 상황이 지속되었다.

JTS는 공사가 중단된 상황을 안타까워하며 바랑가이 캡틴과 지속적으로 연락을 주고받으며 공사가 재개되기를 기다렸다. 바랑가이 캡틴은 정부군과 MILF 양측 군대에 학교를 공격하지 말아달라고 요청했고, JTS에 유리 젤루시만 지원해주면 자신이 마을로 직접 운반하여 완공하겠다고 했다. JTS는 전쟁이 끝나고 안전이 보장되면 자재를 제공하기로 했다.

2010년 4월, 공사가 재개되었지만 다시 마을을 방문했을 때 수많은 가옥이

① 마을 사람들과 학교 보수공사에 대해 논의하는 모습
② 학교 건축 과정에서 지붕 작업에 직접 참여한 술탄(맨 위)
③ 학교 건축 논의 후 코만도 최측근과 악수하는 이원주 대표
④ 새롭게 단장한 학교의 아이들에게 학용품 지원

파괴되고 학교 지붕도 폭탄 파편으로 찢겨져 있었다. 주민들은 또 한번 내전의 아픔을 겪었지만, 학교 건축을 포기하지 않았다. 바랑가이 캡틴과 주민들의 간절한 바람은 그해 6월에 비로소 이루어져 학교는 완공되었다. 학교 완공은 마을 사람들의 끈질긴 노력과 희망의 결과물이었다.

타포난

타포난 마을은 큰 어려움을 겪고 난 후, 평화와 화합을 이룬 사례이다. 2008년 12월 15일, 다물록 군수가 법륜 스님을 초청하여 타포난 마을을 방문했다. 당시 마을은 약 120명이 거주하였으며 대부분 문맹이었다. 2009년 학교 건축을 위한 사전 협의가 진행되었고, 주민들은 만장일치로 학교 건축을 찬성하고 자원봉사로 참여하기로 합의했다.

그러나 학교 건축을 위한 합의 후, 불행히도 MILF 군인 두 명 간의 오해로 총격 사건이 발생했다. '리도'라는 복수 문화로 인해 복수의 연쇄를 일으켰고, 두 가족은 서로 죽고 죽이는 상황에 이르렀다. 주민 대부분은 두려움에 빠져 다른 바랑가이로 대피하였고, 마을에는 원로 '쥐아플로스'를 비롯한 극소수만 남게 되었다. JTS는 마을에 평화가 정착되지 않으면 학교를 건축할 수 없다고 했다.

2011년, 타포난 인근 마을 키타스와 발라에서는 학교 건축이 진행 중이었으

① 예순이 넘은 노구의 몸으로 직접 자재를 나르는 원로, 쥐아플로스
② 마을 회의에 참여한 주민들과 JTS활동가
③ 총을 걸어 놓고 공사에 참여한 주민들
④ 완공된 타포난 마을 학교 모습

며, JTS활동가가 이 마을을 지나갈 때마다 타포난 주민들은 학교 건축을 요청하며 서운해했다. 주민들은 JTS와 총코 군수에게 학교 건축을 간절히 요청하였고, 군수는 "분쟁으로 인해 주민들이 떠났기 때문에 학교를 지을 수 없다. 싸움을 멈추기로 약속하면 학교를 지어줄 수 있다"고 답했다.

이후 MILF 코만도인 키낙은 다투 하론에게 싸움을 중재하고 주민들이 돌아오도록 도와달라고 요청했다. 하론은 마을 리더인 마스로딘과 협력하여 두 가족 간의 평화협정을 중재했다. 이로 인해 주민들이 다시 돌아오게 되었다. 2011년 12월 6일, 3년 만에 타포난 마을은 학교 건축 사업지로 재선정되어 학교 건축이 진행되었다.

학교가 완공되자 마을을 떠났던 주민들이 돌아오기 시작했고, 새롭게 이주한 주민들을 환영하며 안전을 보장하는 문제를 논의하는 모임도 생겼다. 타포난은 마침내 평화롭고 화합하는 마을로 거듭나며, 학교 건축을 통해 마을 사람들의 마음이 하나로 모였다.

이곳에
평화의 씨앗을
심었습니다.

마탐파이 마을과 함께 학교 보수 프로젝트를 진행한 JTS에
감사의 말씀을 드리고 싶습니다. JTS는 이곳에 평화의 씨앗을
심었습니다.

왜냐하면 이해가 있는 곳에 평화가 있고, 이해가 있는 곳에
소통과 화합이 이루어질 수 있기 때문입니다. 이 프로젝트를
완성하기 위해서 주민들이 노동력을 제공하고 힘들게 일을
했는데 오늘의 이 결실을 보니 너무나 만족스럽습니다.
JTS 설립자 법륜 스님과 활동가들, 그리고 한국분들에게
깊이 감사 드립니다. 또한 이 프로젝트를 실현할 수 있게 도와준
분들에게도 감사 드립니다. 우리는 이 학교가 완성되어 매우
행복합니다. 저희가 얼마나 기쁜지를 말로 다 표현할 수 없을
정도입니다.

2007. 8. 28 준공식에서
마탐파이 술탄 디마시(Dimasi Condalo)

마탐파이 마을의 술탄
디마시(Dimasi Condalo)

2023년 학교를 방문한
JTS활동가들과
현지 봉사자들

04
JTS 필리핀
함께한 사람들

JTS가 민다나오 오지마을에서 20년 이상 활동할 수 있는 것은 지방정부의 도움과 함께 현지 코디네이터, 현지 자원봉사자들의 참여 덕분이었다. JTS필리핀 출발부터 결합했던 현지인 도동과 트렐, 알라원 학교 건축을 매개로 만났던 미오는 현재까지도 주요한 JTS의 활동가이다.

활동 영역을 확대하기 위해서는 JTS의 정신과 원칙에 따르는 현지 인력이 더욱 필요했다. 기획뿐만 아니라 이후 관리와 운영을 담당할 현지 인력 확보는 활동의 지속과 발전에 있어 가장 중요한 자산이기 때문이다.

JTS사업지원센터에서 개최된
JTS필리핀 20년 활동 기념 행사
(2022년 9월 15일)

안토니오 레데스마
Antonio J. Ledesma
카가얀데오로 전 대주교

JTS는 무슬림과 원주민, 기독교 가정 등 종교에
관계없이 자선을 행하였고, 그들의 인도적 사업은 서로
다른 종교 간 대화의 구체적인 형태를 보여줬습니다.
정부 입장에서는 간헐적으로 충돌이 일어나는 회색지
대인 지역에서 JTS가 평화 구축을 해주신 것입니다.
민다나오의 많은 지역은 군사 충돌이 잦다고 묘사되었
지만, JTS의 도움으로 이제 점차 평화와 발전의 지역이
되어가고 있습니다. 법륜 스님과 JTS가 주신 넓은 도량
에 감사 인사를 드립니다.

로메오 총코
Romeo P. Tiongco
다불록 전 군수

아름다움과 이로운 일을 표현하는
필리핀 속담이 있습니다.
'Hulog ng langit(하늘이 준 선물)'입니다.
나에게 JTS는 하늘이 준 선물입니다.
사회가 불안정한 것은 가난한 사람들에 대한
차별, 방치, 차등 때문입니다.
평화를 되찾기 위해서 필요한 것은
부족과 사회, 종교적 차이의 존중과
수용입니다.
평화는 각각 다른 사람들 사이의
화합과 협력입니다.
JTS가 지난 20년 동안 그 역할을 해왔습니다.

이리네오 카핀 주니어
Irineo Capin JR.
다물록 킬라올라오 리더

JTS 학교 건축이 시작되기 전, 킬라올라오 총 인구는 32가구에 160명이었습니다. 학교에 가려면 6km나 걸어야 했기 때문에 부모들이 아이들을 학교에 등록하기를 꺼려했습니다. 교통 수단을 이용한다 해도 도로 사정이 나빠서 말이나 물소를 탈 수밖에 없었습니다. 전기도 들어오지 않아서 사람들이 결혼을 하면 다른 곳으로 이사해버리는 경우가 많았고 수년간 평화와 치안 문제가 해결되지 않아 NPA(신인민군)의 위협도 받고 있었습니다.

킬라올라오에 JTS 학교 건축 프로젝트가 승인됐다는 소식과 함께 곧 도로 공사도 시작된다는 소식이 전해지자 마을 사람들 모두 기뻐했습니다.

바랑가이 위원회, 다물록 지방정부, 특히 JTS의 지원이 마을 사람들의 노력과 더해져 학교 건축 공사는 순조롭게 진행되었습니다. 이 프로젝트 덕분에 킬라올라오는 다양한 기회를 얻었습니다. FIBECO(부키드논 전기 회사)에서 전기를 공급받고 JTS에서 급수 시설을 마련해주었으며 다물록 지방정부를 통해 평화와 질서를 유지할 수 있게 되었습니다.

현재 킬라올라오의 총 인구는 200% 이상 증가하여 72가구에 368명이 살고 있습니다. 특히 우리 마을을 아이들이 살기 좋은 보금자리로 만드는 데 전폭적인 지원을 해준 JTS에 깊은 감사의 마음을 전합니다.

글로리아 비니그노 박사
Dr. Gloria D. Benigno
부키드논 전 교육감

JTS가 우리의 장애인 학생들에게 너그럽다고
생각했습니다. JTS가 교실뿐 아니라 시각장애인,
청각장애인, 언어장애인들을 위해 설계된 기숙사도
지었기 때문입니다.

또한 장애를 가진 어린이들에게 이바지하고자 하는
특수교육 교사들이 헌신하는 마음이 흔들리지
않도록 JTS는 용기를 북돋워주는 정신적 지지도
제공하였습니다. JTS는 또한 특수교육 학급에
학용품과 물품도 지원해주었습니다.

JTS와 같이 일할 때 흥미로웠던 것은
JTS의 요구 조건 가운데 하나는 공동체 혹은
그에 상응하는 상대가 함께하는 것이었습니다.

JTS는 JTS가 실시하는 어떤 프로젝트에도
교육청뿐만 아니라 공동체의 참여가
보증되기를 원합니다.

주인의식을 갖도록 하여 지역민 혹은
공동체 성원들에게 프로젝트를 자랑스러워하게 하고,
JTS가 없을 때라도 이해당사자들에 의해
확실하게 프로젝트가 유지되도록 해줍니다.

JTS의 기본 과제인 문맹, 빈곤, 질병을 다루는 데
교육을 통하는 것보다 더 나은 방법은 없습니다.

펄린 알라드 카반리트 아보이
Perlyn Alad-ad Cabanlit-Aboy
까나안 초등학교 졸업생,
예술무역학교 교사

나는 까나안 초등학교를 졸업하고
현재는 마이고(Maigo) 예술무역학교 교사가
되었습니다. 제 삶은 결코 쉽지 않았습니다.
왜냐하면 나는 부유한 가정의 딸이 아니었기
때문입니다. 아버지는 농부였고, 어머니는
가정주부였습니다. 나는 오지 마을인 까나안에
살았습니다.
내가 사는 오지 마을에서 가장 가까운 학교는
8km가 떨어져 있었습니다.
말을 타거나 하이킹을 해야 학교에 갈 수 있었어요.
마을의 많은 아이들이 학교를 그만두었습니다.
아이들이 8km나 되는 거리를 하이킹해서 가는 것을
부모들이 걱정했기 때문입니다.
JTS 덕분에 나는 8km나 되는 거리를 걸어서
학교에 가지 않아도 되었습니다.
부모님은 아이들이 안전하게 학교에 다닐 수 있어
안심했습니다. 제가 바로 JTS의 도움을 받은 수혜자
중 한 명입니다. 학교 건물뿐만 아니라 교복, 교과서
그리고 필기구까지 모두 지원해주실 줄은 몰랐습니다.
이런 도움들이 내가 공부를 잘 하고, 또 끝마칠 수
있었던 계기였습니다.
나는 JTS의 도움으로 졸업한 첫 번째 졸업생입니다.
나뿐만 아니라 함께 공부한 친구들이 누리는
오늘날의 성공은 JTS의 기부와 도움 덕분입니다.
내가 이 자리에 있을 수 있는 것은 여러분의 친절함
덕분입니다. 우리 마을에 도움의 손길을 주셔서
고맙습니다. 여러분이 제 삶을 바꿔주신 일을
절대 잊지 못할 것입니다.

05
JTS 필리핀
걸어온 길

2002	07	• JTS 설립자 법륜 스님, 막사이사이상 수상
2003	04	• 민다나오 사업 대상 지역 첫 답사
	05	• 키불락 학교 건축 (~2006. 3) ※괄호 안 날짜는 종료일
	06	• 깔랑아난 학교 건축 (~2004. 6)
	09	• 가가후만 학교 건축 (~2004. 6)
	12	• 산이시드로 학교 건축 (~2004. 5)
		• 딸라각 특수학교 학교 건축 (~2005. 6)
2004	04	• 딸라각 특수학교 기숙사 건축 (~2006. 8)
		• 구임바(PKK) 유아원 건축 (~2005. 8)
		• 말리모노(OKK) 유아원 건축 (~2004. 9)
		• 디바로산 유아원 건축 (~2005. 2)
	06	• 까나안 학교 건축 (~2005. 7)
	07	• 오버루킹 학교 건축 (~2005. 8)
		• 룩사얀 학교 보수 (~2004. 8)
	08	• 15개 학교 교육 지원
	09	• 둘라이 웨스트(SKP) 유아원 건축 (~2005. 2)
	12	• 티가손 학교 건축 (~2006. 2)
2005	01	• 제1차 평화 캠프(가가후만)
	07	• 방코 학교 건축 (~2006. 8)
	08	• 준공식—까나안, 오버루킹, 티가손, 둘라이웨스트, 말리보노, 구임바, 딸라각 특수학교 기숙사
		• 제2차 평화 캠프(까나안)
		• 7개 학교 교육 지원
	09	• 알라원 학교 건축 (~2006. 4)
	12	• 부알란 A&B 유아원 건축 (~2006. 4)
2006	01	• 바릿 유아원 건축 (~2006. 6)
		• 제3차 평화 캠프(알라원)
	04	• 바갈랑잇 학교 건축 (~2006. 8)
		• 바구아 인굿 학교 건축 (~2007. 7)

04	▪ 만타부 학교 건축 (~2006. 8)
	▪ 산마테오 학교 건축 (~2007. 3)
05	▪ 펜둘로난 학교 건축 (~2007. 7)
07	▪ 송코 딸란딕 다투 키눌린탕홀 리모델링 (~2006. 10)
08	▪ 20개 학교 학용품 지원
	▪ 학교 준공식―방코, 알라원, 바갈랑잇, 만타부, 디바로산, 바릿, 부알란 A&B
	▪ 제1회 마을 리더 교육
	▪ 제4차 평화 캠프(만타부)
10	▪ 맘팔라나이 생활전통학교 건축 (~2007. 3)
12	【긴급구호】 알바이·카마린스수르주(태풍 두리안)
	▪ 알라원 다리 건축 완료 및 준공식

2007

01	▪ 제5차 평화 캠프(맘팔라나이)
03	▪ 산마테오 학교 준공식(28일)
	▪ 맘팔라나이 생활전통학교 준공식(28일)
04	▪ 송코 딸란딕 피스홀 건축 (~2008. 3)
	▪ 마탐파이 학교 건축 (~2007. 8)
	▪ 마룬둑 유아원 건축 (~2007. 8)
	▪ 깔라수얀 학교 건축 (~2008. 3)
07	▪ 제6차 평화 캠프(송코)
08	▪ 24개 학교 교육 지원
	▪ 학교 준공식―마탐파이, 마룬둑 유치원

2008

01	▪ 미카실리 학교 건축 (~2008. 12)
	▪ 제7차 평화 캠프(깔라수얀)
02	▪ 빅바니실론 학교 건축 (~2008. 6)
03	▪ 송코 딸란딕 부족 피스홀 준공식(26일)
	▪ 깔라수얀 학교 준공식
04	▪ 사라와곤 학교 건축 (~2008. 12)
05	▪ 탐파란 학교 건축 (~2010. 8)
07	▪ 제8차 평화 캠프(산마테오)
08	▪ 18개 학교 교육지원
10	▪ 발루드 학교 건축 (~2008. 12)
12	▪ 학교 준공식―사라와곤, 미카실리, 발루드
	▪ 제2회 마을 리더 교육―민다나오 평화와 개발을 위한 파트너십과 변화적 리더십

2009	01	▪ 제9차 평화 캠프(알라원)
	05	▪ 파굼퐁 학교 건축 (~2009. 12)
		▪ 불루안 학교 건축 (~2009. 12)
	06	▪ 까나안 학교 증축 (~2010. 3)
		▪ 핀둘루난(무나이) 건축 (~2010. 7)
	07	▪ 제10차 평화 캠프(까나안)
	08	▪ 19개 학교 교육 지원
	09	【긴급구호】 마닐라 홍수 피해(태풍 오노이)
	10	▪ 키다마 학교 건축 (~2009. 12)
	11	▪ 제3회 마을 리더 교육—민다나오 평화와 발전을 위한 리더십 훈련
	12	▪ 파굼퐁 학교 준공식(6일)
		▪ 불루안·키다마 학교 준공식(7일)
2010	01	▪ 제1차 청소년 워크캠프(만타부)
		▪ 제11차 평화 캠프(바갈랑잇)
	03	▪ JTS사업지원센터 준공식
		▪ 까나안 학교 졸업식(JTS 지원 학교 중 첫 졸업식)
	07	▪ 제12차 평화 캠프(오버루킹)
	08	▪ 18개 학교 교육 지원
	11	▪ 제4회 마을 리더 교육—빈곤퇴치를 위한 리더들의 의식 강화 훈련
2011	01	▪ 바삭 학교 건축 (~2012. 4)
	04	▪ 제1회 한방 의료봉사—다물록 2개 학교, 땅깔군청(7~11일)
	05	▪ 키타스 학교 건축 (~2012. 4)
		▪ 발라 학교 건축 (~2012. 4)
		▪ 제1회 교사 워크숍
	08	▪ 제1회 다물록군 교사 모임
	09	▪ 가나안 농군 훈련 프로그램
	11	【긴급구호】 카가얀데오로·일리간(태풍 센동)
		▪ 제5회 마을 리더 교육—제1회 마을개발 훈련 프로그램
2012	04	【다물록 프로젝트】 다물록 개발 프로젝트 착공식
		▪ 학교 준공식—키타스, 발라, 바삭
		▪ 제6회 마을 리더 교육—학교 건축 관련 워크숍
	05	▪ 제2회 교사 워크숍
		▪ 제2회 한방 의료봉사—다물록
	06	【다물록 프로젝트】 마카파리 국립고등학교 1차년도 공사 (~2012. 11)

06	【다물록 프로젝트】군 보건소 1차년도 공사 (~2012. 12)
	▪ 제3회 한방 의료봉사—다물록
08	▪ 인라보 학교 건축 (~2013. 1)
	▪ 타포난 학교 건축 (~2013. 1)
	【긴급구호】마닐라 홍수 피해 지원
09	▪ 22개 학교 교육 지원
10	▪ 제7회 마을 리더 교육—다물록군
	【다물록 프로젝트】3개 마을(발루드, 피둘라나, 키다마) 다목적 태양열 곡식 건조장 건축 (~2013. 1)
11	【다물록 프로젝트】마카파리 국립고등학교 준공식
12	▪ 제3회 교사 워크숍

2013

01	▪ 인라보 학교 준공식(5일)
	▪ 타포난 학교 준공식(27일)
	【다물록 프로젝트】군 묘목장 및 상수시설 공사 (~2013. 11)
	【다물록 프로젝트】마카파리 고등학교 2차년도 공사 (~2013. 9)
	【다물록 프로젝트】산후조리원 공사 (~2013. 7)
	【다물록 프로젝트】결핵검사소 공사 (~2013. 7)
	【다물록 프로젝트】1차년도 사업 준공식
02	▪ 발루드·사라와곤 2개 학교 동화책 150여 권 지원
04	▪ 알라원 다리 복구 공사 (~2014. 3)
	▪ 킬라올라오 학교 건축 (~2013. 8)
05	▪ 아폴란 학교 건축 (~2013. 8)
	▪ 제4회 교사 워크숍
08	【다물록 프로젝트】킬라올라오·아폴란 학교 준공식
	【다물록 프로젝트】마카파리 국립고등학교 2차 준공식
	▪ 17개 학교 교육 지원
10	▪ JTS 시범학교 불루안 프로젝트 시작
11	【긴급구호】레이테주 타나우완(태풍 하이엔)
12	【다물록 프로젝트】마카파리 고등학교 책상 지원
	【다물록 프로젝트】보건소 의료기기 지원
	▪ 제5회 교사 워크숍—다물록 JTS 교사 단합대회
	▪ 제2회 다물록군 교사 모임
	▪ 마라붓 조기 복구 사업 (~2015. 3)

2014

02	▪ JTS시범학교 만타부 프로젝트 시작
08	▪ 2개 학교 교육 지원
	▪ 마라붓 조기복구—1, 2차 사업 대상 지붕 수리 및 교실 완성
12	▪ 마라붓 조기복구—3, 4차 조기 복구 사업 진행

| **2015** | 02 | • 만타부 학교 증축 (~2015. 8) |

2015

02
• 만타부 학교 증축 (~2015. 8)

04
• 딸라각 특수학교 보수공사 (~2015. 9)
• 딸란딕 부족 한국 방문 프로그램

05
• 콘솔라시온 학교 건축 (~2016. 3)
• 키한아이 학교 건축 (~2016. 3)
• 알라원 학교 보수공사 (~2016. 1)

06
• 29개 학교 교육 지원—부키드논, 라나오델노르테, 아구산델수르

07
• 제13차 평화 캠프(알라원, 만타부)
• 알라원 다리 보수공사 (~2015. 8)

08
• 만타부 학교 준공식

09
• 딸라각 특수학교 및 기숙사 증여식
• 교사 숙소 및 화장실 건축—인라보, 킬라올라오, 아폴란 (~2016. 1) / 타포난(~2016. 8)
• 가가후만 학교 보수공사 (~2016. 5)

10
• 실리폰 바랑가이 주민들을 위한 커피 교육

2016

01
• 기증식—인라보(교사 숙소), 킬라올라오(교사 숙소 및 화장실, 건물 보수)
• 알라원 커피 수매
• 마카파리 국립고등학교 '사랑의 PC 전달식' 진행
• 마룬둑 유아원 및 탐파란 학교 보수공사 (~2016. 9)

03
• 학교 준공식—키한아이, 콘솔라시온
• JTS사업지원센터 기숙사 준공식

06
• 가가후만—정식 초등학교 등록
• 바갈랑잇 학교 보수공사 (~2016. 8)
• 수밀라오 특수학교 교실과 기숙사 기공식 (~2016. 12)

07
• 제14차 평화 캠프(바갈랑잇)
• 알라원 정식 교사 파견

08
• 타푸칸 학교 건축 (~2016. 12)
• 30여 개 학교에 교육 지원
• 송코 따굴람봉 교육관 보수공사 (~2016. 11)

09
• 알라원—정식 학교 인가를 위한 지원

11
• 알라원 정규 학교 인가

12
• 송코 따굴람봉 교육관 증여식

2017

01
• 제6차 JTS 교사 연수

05
• 바갈랑잇 교실 증축 및 교사 숙소 신축 기공식
• 마카파리 국립고등학교 기숙사 신축 기공식

	05	▪ 제8회 마을 리더 교육—마을 리더 연수(유기농법 교육)
	06	【긴급구호】 마라위시 분쟁지역 피난민(일리간시 산타엘레나) ▪ 수밀라오 특수학교 기숙사 TV, 담요, 주방용품 등 지원 ▪ 알라원 보조 교사 파견
	07	▪ 수밀라오 특수학교 교사 지원—다바오 특수교육 세미나 참석 (4명)
	09	▪ 키타스·파굼퐁 학교 보수공사 (~2017. 1)
	10	▪ 알라원 학교 보수공사 ▪ 제7차 JTS 교사 연수 ▪ 불루안·사라와곤 학교 보수공사 (~2017. 11) ▪ 키한아이 교사 숙소 매입 및 보수공사 (~2018. 8)
	11	▪ 알라원 페인트 추가 지원 ▪ 28개 학교 교육 지원
2018	01	▪ 제9회 마을 리더 교육—유기농법 교육
	03	▪ 까따블라란 초등학교 기공식 ▪ 까월리한 학교 건축 (~2019. 2)
	04	▪ 마하약 학교 건축 (~2019. 11) ▪ 발라아스 학교 건축 (~2019. 6)
	05	▪ 송코 피스홀 도색 (~2018. 8)
	06	▪ 마카파리 국립고등학교 기숙사 개원
	07	▪ 까따블라란 학교를 시작으로 23개교 교육 지원 ▪ 콘솔라시온 교사 숙소 신축 (~2018. 10) ▪ 2개 지역 의료봉사 (7.29~8. 4)
	08	▪ 제10회 마을 리더 교육—리더십 연수(1차 모듈)
	09	【긴급구호】 이토곤군(태풍 망쿳)
	10	▪ 발루드 워터시스템 완성
	11	▪ 제11회 마을 리더 교육—리더십 연수(2차 모듈)
	12	▪ 학교 준공식—까따블라란, 발라아스, 까월리한, 마하약
2019	03	▪ 마놀로폴티치 특수학교 교실 건축 기공식 ▪ 깔라카판 유아원 건축 기공식
	04	▪ 제12회 마을 리더 교육—리더십 연수(3차 모듈) ▪ 바욕 워터시스템 공사 (~2019. 5)
	06	▪ 딸라각 특수학교·산마테오·만타부 학교 보수공사 ▪ 13개 학교 학생(1,000여 명), 교사(50여 명) 교육 지원
	07	▪ 까방라산군 아동 영양식 제공(HAPAG-ASA)

	08	• 5개 지역 의료봉사 (3~10일)
		• 알라원 초등학교 교육 지원
	12	• 마놀로폴티치 특수학교 준공식
		• 깔라카판 유아원 준공식
		• 까따블라란 마을 철제 다리 현판식
2020	02	• 밀루똥 학교 건축 (~2022. 8)
	05	• 1차 코로나19 의료 지원—북부민다나오의료센터(NMMC)
	11	• 2차 코로나19 의료 지원—NMMC
	12	• 의료 지원—부키드논 15개 군청 격리 시설에 PPE 지원
		• 뎅기열 테스트 키트 지원—부키드논 5개 군청에 1,500개
2021	09	• 3차 코로나19 의료 지원—NMMC
		• 의약품 지원—실리폰 바랑가이, 리보나군 보건소
	12	【긴급구호】 바쿠악, 세부 힐루뚱안섬, 보홀 코스테스, 산이스드로, 안테쿠라(태풍 라이)
2022	08	• 코로나19 팬데믹 이후 학교 대면 수업 진행
		• 11개 학교 교육 지원 (~2022. 9)
	09	• 밀루똥 학교 준공식
		• JTS필리핀 활동 20년 기념 행사(15일)
		• 알라원 학교 보수공사 (~2022.10)
2023		• 딸라각 산미구엘 고등학교 준공식
		• 까방라산 까따블라란 초등학교 증축 준공식
		• 까방라산 특수학교 준공식
		• 마놀로 폴티치 다밀락 특수학교 준공식
2024		• 특수학교 5개 준공식—깔링랑안, 빵안투칸, 마라막, 퀘존, 다몰록
		• 원주민 마을 학교 5개 준공식—산페르난도 말룽운, 마바왁, 붕붕, 미따뿔, 퀘존 가뚱은
		• 의료 자원 활동

3. 북한

North Korea

북한은 동아시아 한반도 북부에 위치한 나라이다. 북쪽으로는 중국, 러시아와 국경을 접하고 있으며, 남쪽으로는 대한민국과 군사분계선을 사이에 두고 대치하고 있다. 사계절이 뚜렷한 대륙성 기후의 특징을 보이며, 겨울에는 춥고 건조하고 여름에는 고온다습하다. 북한은 조선로동당의 일당 독재 체제를 유지하고 있으며, 김일성-김정일-김정은으로 이어지는 수령 중심의 유일 영도 체제가 특징이다. 이러한 정치체제는 모든 권력이 최고지도자에게 집중되어 있다. 계획 경제 체제를 표방하지만, 오랜 경제난과 국제 제재로 인해 심각한 빈곤 문제를 겪고 있다. 과거 '고난의 행군'을 겪으며 대규모 아사자가 발생하기도 했으며, 현재도 주민들의 식량난과 영양실조는 해결되지 않은 문제이다. 빈부 격차가 심하고 주민들의 삶은 매우 열악한 상태이다.

01
북한 식량난

1. 북한 식량난 실태

1990년대 중반 이후, 대홍수와 가뭄 등 자연재해로 인해 시작된 북한의 식량난은 현재까지도 해결되지 않고 있다. 식량난이 가장 극심했던 시기인 1995년 8월부터 1998년 7월 말까지 약 300만 명 이상 굶주림으로 사망했을 것으로 추정된다. 이 수치는 당시 북한 전체 인구의 약 13%에 달하며, 영유아와 노인의 사망률이 매우 높았다.

1998년 3월 2일 북한 '큰물피해대책위원회'는 1년간 식용만으로 필요한 식량이 482만 톤인데, 1997년에는 268만 톤밖에 수확하지 못해 최소 200만 톤 이상의 식량이 부족하다고 발표했다. 그러나 국내외 북한 전문가들은 1997년 북한의 실제 곡물 생산량이 100만 톤 미만이었을 것으로 추정하며, 북한의 식량난이 개선되기는커녕 오히려 더욱 악화되고 있다고 분석했다. 1997년 북한이 제공한 통계를 분석한 미국 질병예방통제센터(CDC, Centers for Disease Control and Prevention) 보고서에 따르면, 5살 미만의 영유아 12만 명 가량이 1996년 사망한 것으로 추산했다. 북한의 5세 미만 유아 사망률은 1994년 인구 1천 명당 31명이었으나, 1996년에는 58명으로 거의 두 배 가까이 증가했다. 특히, 생후 2년 미만 영유아가 심한 영양실조를 겪게 되면 신체적으로나 지능적으로도 여러 결함이 생긴다. 성인의 경우 매일 소비되는 열량만 공급받으면 되지만, 성장중인 영유아는 매일 소비되는 열량 이외에 성장 발육에 필요한 열량과 단백질 보충이 필요하기 때문이다. 따라서 그 무엇보다 영유아 영양공급이 우선적이고 적극적으로 필요한 상태였다.

2. 사업 진행 배경

1995년 중국을 방문한 JTS 이사장 법륜 스님은 많은 북한 주민들이 굶주림으로 사망하고 있다는 이야기를 들었고, 우연히 압록강 건너편에서 본 북한 주민의 모습을 통해 그 이야기가 사실임을 확인할 수 있었다.

이후 북한을 돕기 위한 자료를 수집하는 과정에서, 1995년 대홍수로 피해가 심각해진 가운데 식량 배급마저 중단되자 북한이 자력으로 문제를 해결하기 어려워 국제적십자사연맹에 도움을 요청했다는 사실을 알게 되었다. 이는 북한이 자국의 어려운 상황을 처음으로 국제 사회에 공식적으로 알린 것으로, 당시 식량난의 심각성을 보여주는 중요한 단면이라 할 수 있다.

JTS는 '우리민족서로돕기 불교운동본부(現 사단법인 좋은벗들)'와 함께 1996년 12월 15일 북한 주민 돕기 첫 모금 캠페인을 전개했다. 북한의 어려운 사정을 알리고, 생존 위기에 처한 북한 주민을 인도주의 차원에서 돕는 것은 우리가 마땅히 해야 할 일이라는 것을 국민들에게 호소했다. 캠페인을 시작한 지 불과 3시간 만에 100만 원이 넘는 금액이 모금되었고, 북한 주민 돕기에 대해 반감이 있을 것이라 예상했던 시민들로부터 따뜻한 마음을 확인할 수 있었다.

정기적인 거리 캠페인과 법륜 스님의 전국 순회강연 등은 북한 주민 돕기에 대한 많은 이들의 인식 변화에 긍정적인 영향을 미쳤다.

1997년 3월 SBS 〈뉴스Q〉 프로그램에서 북한 식량난의 실태에 대한
영상이 방영되고, 4월 4일부터 〈한겨레신문〉에 '아! 굶주리는 북녘'이라는
특별 취재 기사 총 10편이 실렸다. 언론을 통해 북한의 상황이 노출되면
서 더 많은 사람이 북한 식량난의 심각성을 알 수 있게 됐고, 소극적이었
던 다른 NGO들도 북한 주민 돕기 운동에 적극성을 보였다.

'우리민족서로돕기 불교운동본부'는 1997년 9월부터 약 2년간 중국으
로 넘어온 북한 난민 1,855명을 직접 면담해《북한 식량난 실태조사 보고
서》를 작성했다. 이 보고서는 북한의 식량난이 얼마나 심각한지 국제사
회에 알려 지원을 요청할 수 있게 했고, 국내에서도 북한 지원 사업의 근
거가 되었다.

JTS 역시 북한 지원에 더욱더 박차를 가할 동력을 얻었다. JTS는 식량
부족으로 고통받는 북한 주민을 위해 식량은 물론 농업, 보건 의료, 생필
품 등 다양한 지원을 적극적으로 진행했다. 하지만 지금은 남북한 관계
경색과 유엔의 대북 제재로 인해 인도주의적 지원조차 어려운 상황에 직
면해 있다. 향후 이러한 제약이 해소되는 즉시, JTS는 대북 지원 활동을
재개할 계획이다.

북한 동포 돕기

1. 지도로 보는 지역별 지원 현황

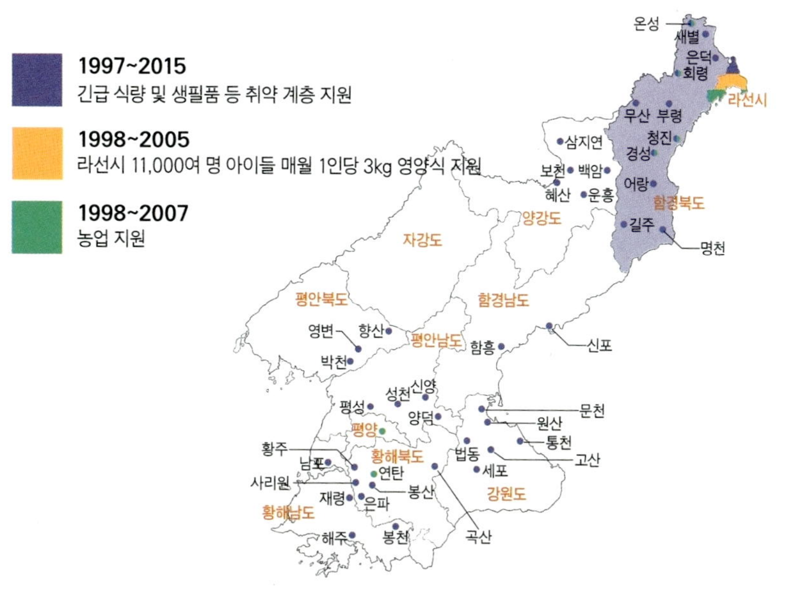

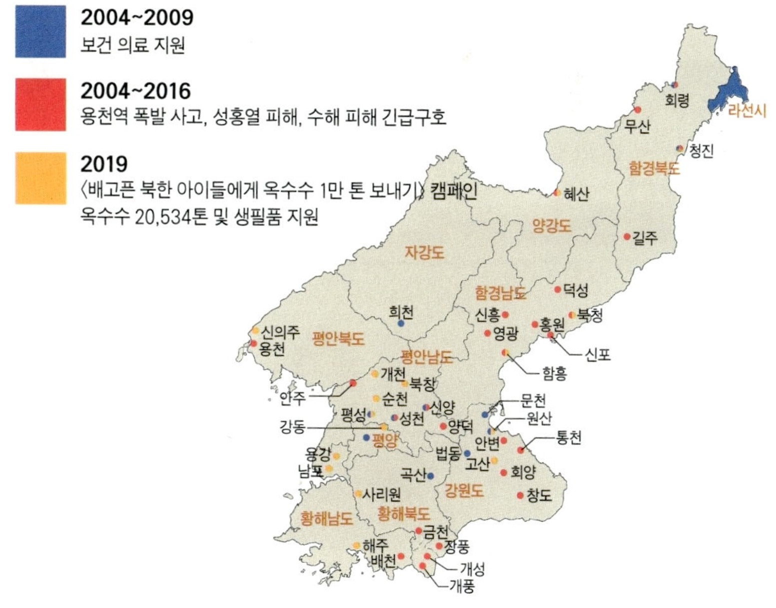

2. 긴급 식량 및 생필품 등 취약 계층 지원

(1) 취약 계층 식량 및 생필품 지원(1997~2006년)

JTS는 1997년, 북한의 보육원과 양로원 등 취약 계층에 긴급 식량 및 생필품 지원을 시작했다. 1997년부터 2002년까지 라선시와 함경북도 온성군, 청진시, 회령시, 새별군 등 두만강 인근 국경 지역을 대상으로 옥수수, 밀가루 등의 식량과 생필품을 지원했고, 이후 양강도, 황해북도 등 지원 지역을 점차 확대해 나갔다.

북한에서는 부모가 없는 아이들의 교육을 위해 연령대에 따라 육아원, 애육원, 초등학원(초등학교), 중등학원(중고등학교)으로 나누어 보살피고 있다. JTS는 2000년 3월 함경북도 청진시의 보육원을 처음 방문했다. 시설별 약 500~600여 명, 총 2,300여 명이 생활하고 있었는데, 육아원과 애육원은 주거와 교육 공간이 같았고, 초등학원과 중등학원은 분리돼 있었다.

청진시 보육원(육아원) 아이들

지원을 위해 시설을 살펴보니 열악하기 짝이 없었다. '무엇 무엇'이 필요한 것이 아니라 '사는 데 필요한 전부'가 없었다. 육아원 아이들은 기저귀가 없어 옷이나 이불을 찢어 대신 사용하는 경우가 많았고, 심지어 그것조차 없이 생활하는 아이들도 적지 않았다.

북한의 취약 계층 누구나 그렇겠지만 추운 날씨에도 양말 신은 아이들이 한 명도 없었고, 외투, 내복, 속옷도 없이 나일론 소재의 운동복 하나만 입고 생활하고 있었다. 그 옷 또한 비누가 없어 빨래를 못해 매우 지저분했다. 중등학원은 부모를 잃은 아이들이 많아 신설한 시설이었는데, 공간만 있지 생활하고 교육하는 데 필요한 것들이 매우 부족했다. 한 방에 10여 명이 함께 자는데 난방도 안 되는 냉랭한 방에 얇고 낡은 이불이 2~3채 밖에 없었다.

> 아이들이 옷 입은 모습이나 방안을 들여다보고 눈물 흘리지 않은 사람이 없었다. 라진-선봉에 처음 들어갈 때도 아이들이 영양실조로 피부가 헐고 벗겨지고 다리는 구부러지고 하는 모습을 보고 울었었는데 그때보다 더했다. 더구나 부모 없는 아이들이라 생각하니 안쓰러운 마음에 계속 눈물만 흘렸다.
> ― 청진시 보육원 답사 활동가

2000년 7월 함경북도 회령시에 있는 함경북도 양로원을 방문했다. 양로원에는 200여 명이 생활하고 있었는데 어르신들의 행색이 매우 남루했다. 방에는 장판조차 깔려 있지 않았고, 방구들은 깨져 연기가 새어 나오는 바람에 몇 안 되는 낡은 이불과 옷들이 모두 새까맣게 그을렸지만, 비누조차 없어 세탁을 하지 못하는 상황이었다.

2006년 3월 방문한 청진시 보육원은 안타깝게도 2000년의 모습과 별반 다르지 않았다. 육아원에는 젖먹이들 150여 명을 포함해 400여 명의 아이가 생활하고 있었다.

제대로 먹지 못한 탓에 아이들의 발육은 많이 늦어 보였고, 애육원과 중등학원 아이들 역시 남한 또래 아이들에 비해 체격이 매우 작았다. 중등학원에는 1,100여 명의 아이들이 생활하고 있었는데, 아이들이 모여 있는 방에 들어가 보니 매우 어둡고 퀴퀴한 곰팡내가 날 정도로 열악했다. 입고 있는 옷들도 매우 낡고 소매 부분은 때가 타서 새까맸다.

한 아이에게 중등학원을 졸업하면 무엇을 하는지 물으니 "체격이 좋거나 공부를 잘하면 인민군대나 전문대학으로 가는데, 대부분은 사회주의 건설장이나 협동농장, 기업소 등으로 간다"고 했다.

보육원 아이들은 북한 식량난이 가장 심각한 시기에 태어나 부모를 잃고, 굶주리고, 제대로 된 배움의 기회조차 얻지 못했다. 아이들의 안타까운 상황을 접한 JTS는, '가장 하고 싶은 것이 무엇이냐'는 질문에 '공을 차고 뛰어노는 것'이라고 답한 아이들의 바람을 반영하여, 2006년 신발과 각종 체육용품을 지원하였다.

정치적으로 갈등 관계에 있다 하더라도 어린이는 먹고 공부할 수 있도록 우리는 도와야 합니다. 인도, 아프가니스탄, 북한 어디에 살든 아이들은 모두 다르지 않습니다. 우리의 지원이 씨앗이 되어서 다른 민간단체와 정부 차원의 많은 지원이 이어지기를 간절히 바랍니다.

—JTS 이사장 법륜 스님

청진시 보육원(중등학원) 아이들에게 지원한 체육용품

연도	지역	대상	지원 물품
1997	함경북도 온성군	청년상화탄광, 주원탄광, 꽃제비 숙소 등	옥수수 51톤, 밀가루 30톤
	라선시	탁아소, 유치원, 물고기공장, 사슴농장 등	옥수수 70톤, 간장 100리터
	함경북도 회령시		옥수수 30톤
	함경북도 새별군		옥수수 10톤
	함경북도 은덕군		옥수수 10톤
	조선불교도연맹		옥수수 50톤
	라선시	탁아소, 유치원	자약수(피부약) 1,800개, 탈지면 5개
1998	함경북도 온성군		옥수수 53톤, 밀가루 15톤
	라선시		옥수수 30톤, 밀가루 3톤
	함경북도 청진시		옥수수 5톤, 밀가루 12톤
	함경북도 회령시		옥수수 30톤
	함경북도 무산군		옥수수 20톤
	함경북도 새별군		옥수수 10톤
	기타(지역 구분 불가)		옥수수 32톤
1999	라선시	탁아소, 유치원	젖병 800개, 학용품 등
2000	함경북도 청진시	보육원	쌀 10톤, 밀가루 112톤, 이불/요 400채, 기저귀 2,000개, 보온병 50개, 양말 500켤레, 사탕 200kg, 내복 2,000벌
	함경북도 회령시	양로원	이불/요 380채, 수건 200개, 양말 200켤레, 비누 390개, 편의복 187벌, 신발 197켤레, 칫솔 200개
	함경북도 온성군	풍서보육원	이불/요 280채, 의약품 6종, 운동복 140벌, 신발 140켤레, 양말 144켤레, 속옷 140개, 밥그릇 140개, 비누 170개, 의류 100벌, 유리 $100\,m^2$, 장판 $150\,m^2$, 전등 100개 등
	함경북도 경성군	수해 지역	이불/요 800채
	라선시	탁아소, 유치원	빨랫비누, 세숫비누 총 20,000여 개

연도	지역	대상	지원 물품
2001	평양시 근교	13개 육아원	의류, 신발 276상자
	함경북도 청진시	보육원	신발 300켤레, 국수기계 1대, 국수반죽기계 1대
	함경북도	보육원	밀가루 100톤, 내복 4,050벌
	라선시	탁아소, 유치원	의류 1,056벌, 목도리 311개, 신발 64켤레, 양말 193켤레, 운동복 40벌, 학용품 3상자 등
2002	함경북도 청진시	보육원	밀가루 100톤, 분유 3톤, 설탕 5톤
	함경북도 청진시	보육원	의류 2,042벌, 내복 9,300벌, 세숫비누 1,100개, 속옷 850벌, 이불 6채, 광목 60필, 냄비 42세트, 가방 140개, 공책 716권, 연필 214다스, 필통 528개, 크레파스 100세트, 스케치북 100권, 컵라면, 어린이 영양제 등
	라선시	탁아소, 유치원	
2003	함경북도 청진시	보육원	밀가루 210톤
	양강도 삼지연군		밀가루 100톤
	라선시	탁아소, 유치원	신발 20,000켤레
2004	함경북도 청진시	보육원	쌀 100톤
	라선시	탁아소, 유치원	이불 500채, 의류 10,000벌, 양말 10,000켤레, 신발 600켤레, 공책 1,600권 등
2005	함경북도 청진시	보육원	소금 100톤
	평양시 천남리	천남협동농장	이불 100채, 가방 2,900개, 유아용 양말 10,000켤레, 스타킹 10,000개, 볼펜 340,000개, 의류 48,640벌 등
2006	함경북도 청진시, 회령시, 경성군, 온성군 등	보육원, 삼봉농아학교, 양로원 5,000여 명	밀가루 18톤, 분유 1톤, 콩기름 1,800리터, 설탕 5톤, 초코파이 48,000개, 내복 10,000벌, 겨울용 점퍼 1,269벌, 신발 24,819켤레, 모자 2,700개, 체육용품, 온풍기 2대, 복사기 1대 등

(2) 취약 계층 식량 및 생필품 지원(2007년)

2007년 7월 31일 JTS는 북한에 또 다시 발생한 아사자를 막기 위해 긴급 식량으로 옥수수 1천 톤을 보내기로 했다. 8월 〈기아 STOP-우리만이 희망입니다〉 긴급 거리 모금 캠페인을 전국적으로 전개했고, 북한을 돕고자 하는 많은 이들의 참여가 이어졌다.

이때 JTS 이사장 법륜 스님은 북한 주민들의 아사 소식을 접한 다음 날부터, 굶주림에 시달리는 사람들을 잊지 않기 위해 35일간 단식을 했다.

옥수수는 중국에서 구입해 북한에 전달했다. 중국 현지 봉사자들은 품질 좋은 옥수수를 가장 싼 가격에 구입해 최대한 빨리 보내려고 발 빠르게 움직였다. 하지만 계약한 업체가 질 낮은 옥수수를 속여 포장하는 바람에 업체를 변경해야 했고, 계속된 비로 인해 포장과 상차 작업이 지연되면서 약속한 날짜보다 늦게 전달되었다. 옥수수는 당초 1천 톤을 지원하기로 했지만, 북한의 요청으로 500톤을 추가해 함경북도 회령시, 길주군, 은덕군 등 15개 시군에 총 1,500톤을 지원하였다.

시기	지역	대상	지원 물품
2월	평안남도 신양군	2006년 수해 피해 주민	밀가루 50톤, 내복 10,000벌
7월	평안남도 신양군, 양덕군, 성천군	14개 학교 및 유치원	밀가루 500톤, 설탕 20톤 【후원】영남제분㈜, 동그라미 어린이집
9월	함경북도	전체 15개 시군	옥수수 1,500톤
11월	함경북도	보육원	쌀 95톤
	함경북도 회령시	양로원	쌀 5톤
12월	함경북도 청진시	보육원	내복 4,180벌, 기저귀 3,000개 【후원】㈜아이네임즈
	함경북도 회령시	보육원	내복 4,000벌 【후원】㈜아이네임즈

밀가루 550톤, 옥수수 1,500톤, 쌀 100톤, 설탕 20톤, 내복 18,180벌, 기저귀 3,000개

(3) 취약 계층 식량 및 생필품 지원(2008년)

2008년에도 북한 주민의 대량 아사 위기 소식이 들려왔다. 2008년 7월 30일, 세계식량계획(WFP) 평양사무소 대표 장 피에르 드 마저리(Jean-Pierre de Margerie)는 중국 베이징에서 기자회견을 열고, WFP와 식량농업기구(FAO)가 공동으로 같은 해 6월부터 3주간 북한 8개 도 53개 군을 대상으로 실시한 긴급 식량 상황 조사 결과를 발표했다.

그는 "북한 주민 500~600만 명이 식량난으로 인해 끼니를 제대로 채우지 못하거나 야생 과일이나 초근목피로 목숨을 유지하는 등 1990년대 이후 가장 심각한 식량난을 겪고 있다"고 발표했다. 법륜 스님은 2007년에 이어 북한 주민들의 굶주림의 고통을 잊지 않기 위해 70일간 단식을 했다.

JTS는 2008년 5월부터 식량난으로 고통받는 북한 주민을 돕기 위해 〈미안하다 동포야〉 캠페인을 전개하며 식량 지원을 이어오던 중, WFP 발표 이후 더욱 적극적으로 지원에 나섰다. 그 결과 2008년 한 해 동안 함경북도, 양강도, 강원도, 평안북도, 황해북도 등 북한 전역에 밀가루 1,200톤, 밀가루 국수 480톤, 옥수수 국수 15톤 등을 지원하였다.

함경북도 어랑천 발전소 건설 노동자 지원 밀가루 국수 20톤

시기	지역	대상	지원 물품
5월	함경북도 청진시	보육원	밀가루 70톤
	함경북도 길주군	보육원	밀가루 30톤
	함경북도 온성군	보육원, 장애인학교	밀가루 20톤
	라선시	라선 어린이집	밀가루 20톤
	함경북도 회령시	양로원	밀가루 10톤
	양강도 혜산시	혜산 어린이집	밀가루 50톤
6월	함경북도 청진시	주민	옥수수 국수 15톤
7월	황해북도 곡산군	미루벌 물길공사 노동자	밀가루 국수 20톤
	양강도 혜산시	보육원	밀가루 국수 20톤, 국그릇 300개
8월	함경북도 어랑군	어랑천 발전소 건설 노동자	밀가루 국수 20톤
	황해북도 곡산군	미루벌 물길공사 노동자	밀가루 500톤 【후원】아름다운 가게, (사)한국방송작가협회 등
	양강도 백암군	주민	밀가루 국수 40톤
	함경북도 청진시	연로 보장자	밀가루 국수 60톤
	양강도 보천군	주민	밀가루 국수 40톤
9월	함경북도 어랑군	연로 보장자	밀가루 국수 30톤
	함경북도 부령군	연로 보장자	밀가루 국수 30톤
	함경북도 청진시, 회령시, 온성군, 길주군	보육원, 양로원, 장애인학교	밀가루 국수 20톤
	함경북도 어랑군	어랑천 발전소 건설 노동자	밀가루 국수 20톤
	함경북도 온성군	주민	밀가루 국수 20톤
	강원도 원산시	청년 발전소 육아원	밀가루 국수 20톤
10월	평안북도 박천군, 영변군	잠업 공장 노동자	밀가루 국수 60톤
	양강도 운흥군	주민	밀가루 국수 40톤
	강원도 원산시	보육원, 주민	밀가루 국수 40톤
	강원도 원산시, 법동군, 고산군, 통천군, 세포군	양로원, 보육원, 주민	밀가루 500톤 【후원】화계사, 맑고 향기롭게 등
밀가루 1,200톤, 밀가루 국수 480톤, 옥수수 국수 15톤, 국그릇 300개			

(4) 취약 계층 식량 및 생필품 지원(2009년)

2008년 새정부 출범 이후 남북 관계에 경색 조짐이 나타났고, 2009년에는 북한 지원이 크게 감소했다. JTS는 북한에 대한 인도주의적 지원이 다시 활발해지기를 바라는 마음을 담아 2009년 북한 8개 도 18개 시군 보육원, 양로원, 장애인학교 등 취약 계층 14만여 명을 대상으로 매시트포테이토 3.75톤, 의류, 생필품, 학용품 등을 지원하였다.

지역	대상	지원 물품
전국 8개 도 18개 시군	보육원, 양로원, 장애인학교, 2개 발전소 공사 노동자 등 취약 계층 140,000여 명	매시트포테이토 3.75톤, 의류 15,929벌, 신발 11,930켤레, 양말 43,160켤레, 이불 214채, 타이즈 21,752벌, 목도리 333개, 장갑 337켤레, 모자 90개, 돋보기 안경 204개, 기저귀 천 5상자, 공책 55,020권, 볼펜 107,136개, 가방 5,288개

2009년 취약 계층 겨울용 생필품, 학용품 등 지원 선적식

(5) 취약 계층 식량 및 생필품 지원(2010년)

2010년에는 〈친구야, 밥 먹자〉 캠페인을 진행하여 북한 9개 시도 53개 보육원, 양로원, 장애인학교 12,000명을 지원하였다. 기업, 단체, 개인 후원자들의 다양한 물품 후원으로 JTS는 한 해 동안 밀가루 620톤, 두유 719,424개, 분유, 이유식, 콩기름, 라면 등 식량과 함께 이불 5,000채, 담요 12,000채, 체육복 12,000벌, 겨울 신발, 고무장갑 등 생필품, 신체 계측 장비 등을 지원하였다.

시기	지역	대상	지원 물품
1분기	함경북도	보육원	밀가루 20톤
2분기	전국 9개 시도	53개 보육원, 양로원, 장애인학교 12,000명	밀가루 300톤, 두유(1리터) 359,712개, 분유, 이유식, 콩기름, 라면, 이불 5,000채, 신체 계측 장비 등
4분기	전국 9개 시도	53개 보육원, 양로원, 장애인학교 12,000명	밀가루 300톤, 두유(1리터) 359,712개, 분유, 이유식, 콩기름, 라면, 담요 12,000채, 체육복 12,000벌, 겨울 신발, 고무장갑 등

2010년 가을, 북한 9개 시도 53개 보육원, 양로원 등에 식량, 겨울용품, 학용품 지원 선적식

(6) 취약 계층 식량 및 생필품 지원(2011~2012년)

2011년에도 북한 9개 시도 53개 보육원, 양로원, 장애인학교 12,000명을
대상으로 한 지원은 계속됐다. 2011년 JTS는 다양한 영양소 섭취가 어
려운 북한 아이들을 위해 설렁탕, 짜장, 카레, 비빔용 김가루 등 영양 강
화 식품을 포함한 특식을 제공하는 데에 중점을 두었다. 그리고 밀가루
300톤, 두유 719,424개, 분유 21톤, 이유식 10톤 등의 식량과 함께 담요
5,000채, 체육복 12,000벌, 겨울 의류, 겨울 신발, 목도리, 고무장갑 등 생
필품, 신체 계측 장비를 지원하였다.

　2011년 7월 JTS는 민족화해협력범국민협의회 및 5개 대북 지원 단체
들과 함께 밀가루 300톤을 개성 육로를 통해 북한에 지원하였다. 이 지
원은 남북한 민족화해협력범국민협의회 실무자 회의를 통해 지원 대상
기관, 세부 배분계획, 현장 모니터링에 대한 합의 후, 남한 정부의 승인과
정을 거쳐 진행할 수 있었다. 밀가루 지원은 2010년 11월 발생한 '연평도
포격전' 후 약 8개월 만에 정부의 승인을 얻어 의미가 뜻깊었다.

　JTS의 밀가루 300톤은 황해북도 사리원시의 탁아소, 유치원, 소아병
원에 지원했고, 2011년 8월 7일 JTS 박지나 대표가 직접 사리원시를 방
문해 배분과정 및 배분 결과를 모니터링했다.

　2012년 5월에는 2011년 12월 김정일 국방위원장 사망으로 반출하지
못했던 물자를 포함한 이유식 10톤, 두유 359,712개, 분유 30톤, 영양 강
화 식품 2종을 북한 9개 시도 53개 보육원, 양로원, 장애인학교 12,000명
에게 지원하였다. 하반기 추가 지원을 협의했지만, 북한 내부 사정으로 지
원하지 못했다. 상반기 지원에 대한 모니터링도 북한 방문 승인 문제로
진행하지 못했다.

시기	지역	대상	지원 물품
2011	전국 9개 시도	53개 보육원, 양로원, 장애인학교 12,000명	밀가루 300톤, 두유(1리터) 719,424개, 이유식 10톤, 분유 21톤, 설렁탕 진액, 비빔용 김가루, 조리 짜장, 조리 카레, 목도리, 겨울 의류 등
	황해북도 사리원시	탁아소, 유치원, 소아병원	밀가루 300톤 【개성 육로】
2012	전국 9개 시도	53개 보육원, 양로원, 장애인학교 12,000명	이유식 10톤, 두유(1리터) 359,712개, 분유 30톤, 영양 강화 식품 2종

취약 계층에 지원한 밀가루, 두유 등

(7) 옥수수 1만 톤 보내기 캠페인(2019년)

남북한 경색 국면이 지속되면서 북한 지원 사업에도 제동이 걸렸다. 국내에서 북한 지원을 직접 할 수 없게 되어 JTS는 중국과 JTS미국을 통한 지원을 시도했다. 2015년 함경북도 청진시와 회령시의 보육원, 양로원에 중국을 통해 옥수수 국수 50톤과 콩 200톤(JTS미국 지원)을 지원하였다.

그러나 2016년 개성공단 폐쇄를 비롯한 남북 간 단절이 심화되면서, 북한에 대한 지원은 한층 위축되었다.

2019년 식량농업기구(FAO)와 세계식량계획(WFP)이 공동으로 발표한 보고서에 따르면, 북한의 식량 상황은 최근 10년 사이 가장 심각한 수준에 이르렀으며, 2019년 식량 부족량은 약 136만 톤에 달할 것으로 전망되었다. 이는 북한 전체 인구 2,573만 명이 136일 동안 굶주려야 할 정도로 심각한 규모이다.

식량 부족의 가장 큰 이유는 2018년 가뭄과 폭염, 홍수로 인한 재해 영향이었는데, 그 피해가 가장 심한 곳이 북한 곡창지대인 황해도였다. 최소한 7월이 되어야 햇감자 등 햇곡식을 수확할 수 있어 식량난이 다소 해소될 수 있지만, 문제는 그때까지 버틸 식량이 전혀 없다는 점이다. 식량

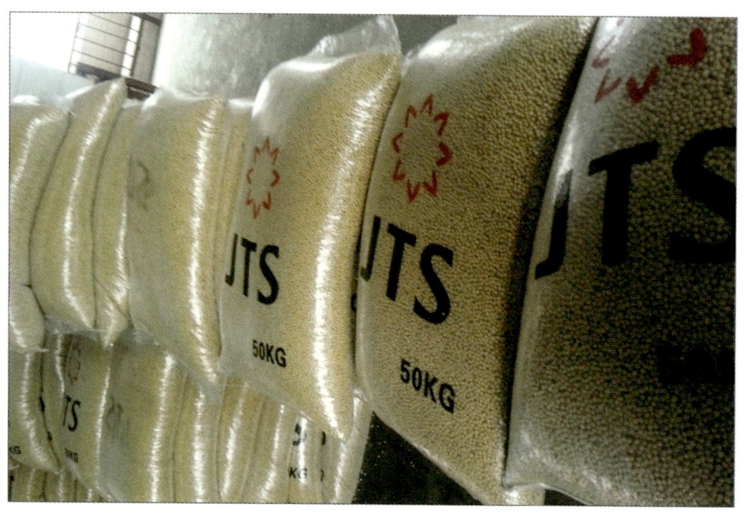

JTS미국이 북한에 지원한 콩 200톤(50kg 4,000포)

의 질도 중요하지만, 더 중요한 것은 충분한 양이며, 그보다도 시기가 가장 핵심적인 요소였다.

JTS는 발 빠르게 2019년 5월부터 약 2개월간 〈배고픈 북한 아이들에게 옥수수 1만 톤 보내기〉 캠페인을 전국적으로 선개하며 모금했다. 쌀이 아닌 옥수수를 선택한 이유는 북한 주민의 주식이기도 하고, 쌀의 절반 가격으로 더 많은 양을 지원할 수 있기 때문이었다.

왜 북한을 계속 돕느냐고요?

식량이 부족하니까 계속 돕는 거예요.

동포 이전에 인도주의적 입장에서 돕는 거예요.

인도주의적으로 돕는다는 것은

북한이 아니라 중국이라도 사정이 그렇다면 돕는 것입니다.

필리핀이 그렇다고 해도 돕고,

아프가니스탄이 그렇다고 해도 돕습니다.

—JTS 이사장 법륜 스님

통일부 허가 지연 및 중국에서의 수출 규제 등 여러 난관이 있었지만,

북한 전역 보육원 등 취약 계층에 지원한 옥수수

모니터링을 위해 부강화강석광산 유치원을 방문한 법륜 스님

2019년 1월 4일 옥수수 360톤을 보내기 시작해 7월까지 총 9차례에 걸쳐 총 1만 톤 이상을 지원할 수 있었다.

옥수수는 북한 전역의 보육원과 부강화강석광산, 강동지구탄광련합 등 5개의 탄광촌, 석왕사 복원 불사 노동자들에게 배분됐다. 치음에는 보육원 등 어린이 시설을 우선적으로 지원할 계획이었으나, 돌 광산, 석탄 광산, 철광산 등 주요 광산 기업들이 경제 제재로 인해 수출이 중단되면서 탄광촌 주민들이 큰 어려움을 겪고 있다는 사실을 알게 되었다.

북한 정부가 그나마 어린이 문제에는 일정한 관심을 두고 있어 보육원에는 일부 식량이 공급되고 있지만, 탄광촌의 노동자들과 그 가족들은 식량 지원조차 받지 못한 채 극심한 빈곤 속에서 생존의 위기에 직면해 있는 것으로 파악되었다. 탄광촌 주민 대다수는 JTS의 지원이 절실하다며 도움을 요청하였다.

2019년 5월 법륜 스님은 직접 탄광촌을 방문하여 열악한 상황을 확인한 뒤, 북한 정부로부터 필요한 사람들에게 정확히 배분해 줄 것을 약속받은 후 옥수수 일부를 탄광촌에 지원하였다.

모니터링을 위해 인포청년탄광 식량 공급소를 방문한 박지나 대표(왼쪽에서 두 번째)

JTS는 2019년 4월, 5월, 7월 세 차례에 걸쳐 북한을 방문하여 모니터링을 실시하였다. 총 53개 기관을 직접 방문해 계획했던 대로 배분이 잘됐는지 꼼꼼하게 확인했다. 북한은 JTS의 모니터링에 우호적으로 협조했으며, 계획에 따라 옥수수가 정확히 배분된 것을 확인할 수 있었다. 북한 주민들은 지원받은 옥수수를 국수, 떡, 과자 등 다양한 음식으로 가공하여 섭취하고 있었으며, 식량 지원 이후 탄광촌 노동자들의 출석률은 80%까지 상승하였다.

2019년 9월 옥수수 1만 톤을 추가 지원하기로 약속하고, 2019년 11월 4일 옥수수 11,000톤 지원에 대한 정부 허가를 얻었다. 2019년 11월 19일부터 12월 22일 사이, 옥수수 10,434톤이 여러 차례에 걸쳐 중국을 통해 화물로 반출되었고, 연말 중국 정부의 대규모 북한 비료 지원으로 인해 화물 수송용 기차를 임대할 수 없어 566톤은 지원하지 못했다.

2차 지원분에 대해서는 2019년 12월 말부터 코로나19 바이러스 확산으로 중국 입국이 금지되고 북한 국경이 폐쇄되면서, 인수증과 배분 확인서를 받지 못했으며 모니터링 또한 진행할 수 없었다. 중국 입국이 허용되고 북한의 국경이 개방되면 최대한 빠르게 모니터링을 진행하고자 했으나 코로나19 팬데믹 장기화로 불가능해졌다. JTS는 2019년 옥수수와 더불어 동일 지역에 방한모자 및 의류, 헤드랜턴 등을 함께 지원하였다.

기간	구분	대상	지원량(톤)	수혜자(명)
1~7월	보육원	황해남도 해주학원	350	3,528
		황해북도 사리원학원	340	3,482
		남포시 남포학원	210	2,248
		강원도 원산학원	240	2,464
		평안남도 평성학원	290	2,980
		평안북도 신의주학원	280	2,857
		함경남도 함흥학원	330	3,372
		함경북도 청진학원	320	3,165
		양강도 혜산학원	230	3,292
		자강도	340	3,483
		소계	2,930	30,871
	탄광촌	용강 부강화강석광산	200	2,290
		강동지구탄광련합	1,621	31,138
		순천지구탄광련합	1,592	35,958
		북창지구탄광련합	1,777	41,415
		개천지구탄광련합	1,880	44,580
		소계	7,070	155,381
	기타	석왕사 복원 불사 노동자	100	
		1~7월 합계	10,100	186,252
11~12월			10,434	

20,534톤

2019, 옥수수 1만 톤 보내기 캠페인 지원 결과

3. 어린이 영양식 지원

1997년 JTS는 굶주리고 있는 북한 아이들을 돕기 위해 다방면으로 노력
했다. 하지만 매우 폐쇄적인 북한을 지원하기란 쉬운 일이 아니었다. 식량
난으로 인한 아이들의 피해가 어느 정도인지 정확히 파악할 수 없었으며,
아이들에게 직접 지원할 수 있는 방법을 찾는 것도 매우 힘든 일이었다.
JTS는 심사숙고 끝에 북한 최초로 시장경제가 도입돼 외국인의 출입이
자유로운 라선시를 첫 사업지로 선정하고 라선시 탁아소, 유치원 아이들
에게 영양식 제공을 위한 사업을 계획했다.

1997년 7월, 북한 현지 조사와 함께 라선시 행정경제위원회와 북한 어
린이 지원을 위한 협의를 시작했다. 몇 차례의 현지 조사와 협의 과정을
거쳐 1997년 11월 JTS미국과 라선시 행정경제위원회 간의 합의서 교환
이 이뤄졌다.

1997년에 라선시 안주동에 있는 물고기 가공 공장 한쪽을 임대해
JTS 어린이 영양식 공장을 설립하고, 1998년 6월 JTS미국 뉴욕 라진·선
봉 상주 대표사무소 설립을 북한 정부로부터 공식 인가받았다.

대표사무소가 설립되기까지 북한측에 JTS의 활동이 순수한 인도주
의적 지원임을 여러 차례 설명하면서 신뢰를 쌓기 위해 노력하였다. JTS
어린이 영양식 공장은 20여 명의 노동자를 고용했고, 영양식의 생산부터
아이들에게 배분되기까지의 전 과정은 JTS에서 파견한 조선족 인력 3명
이 북한에 상주하며 직접 감독하였다.

JTS는 안정적인 사업 진행을 위해 〈북녘 어린이 결연사업〉을 시작했
다. 〈북녘 어린이 결연사업〉은 지원이 시급한 북한의 탁아소, 유치원 아이
들과 후원자(개인 또는 단체)가 직접 결연을 맺어 지원하는 방식으로 진행
되었다. 아이 한 명당 한 달 영양식 지원비는 약 5천 원이며, 결연을 맺은

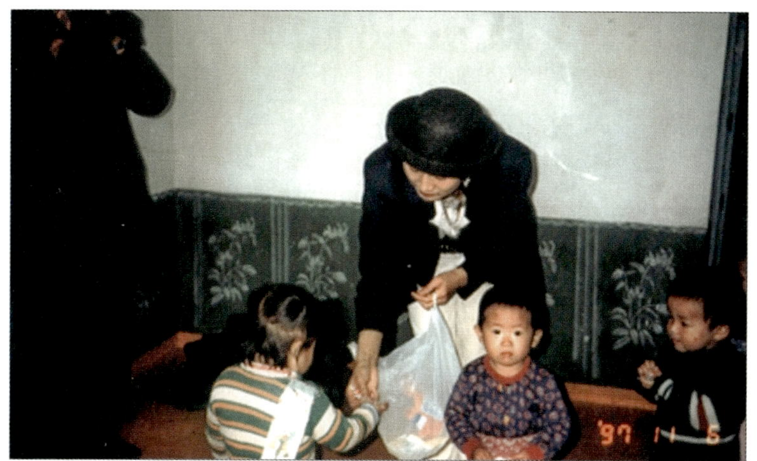

어린이 영양식 제공 사업의 사전답사차 라선시 내의 유치원, 탁아소를 방문한 JTS미국 최경숙 이사

탁아소나 유치원의 아동 수에 맞춰 지원이 이루어졌다.

●

전력 공급이 불안정한 북한 사정을 고려해 비교적 전력 소모가 적고 작동이 간단한 기계를 설치해 효율성을 높였다. 영양식 원재료를 어디서 공급할 것인지도 많은 조사를 통해 결정했다. 쌀, 옥수수, 콩은 가격이 저렴하고 품질도 나쁘지 않은 중국산으로, 분유, 설탕은 가격이 비싸긴 하지만 품질 면에서 월등한 한국 국내 제품을 공급했다. 라선시 우암목장에서 자체 생산하는 분유를 구입해 달라는 요청이 있어 지역경제 활성화 차원으로 교체해 봤으나 아이들이 먹질 않아 원래대로 국내 분유를 지원하였다.

JTS는 1997년 10월과 12월에 라선시 아이들에게 와하하(요구르트), 설탕, 쌀, 분유 등을 지원하였다. JTS 어린이 영양식 공장 설립 이후인 1998년 4월, 옥수수, 쌀, 분유, 설탕을 주원료로 한 영양식을 처음으로 생산하여 배분하였다.

1998년 6월부터 공장 가동을 안정화할 수 있어 라선시 전체 110개 탁아소, 유치원 11,000여 명의 아이들에게 매달 1인당 3kg의 영양식을 지

원하였다. 전기 공급에 문제가 있어 몇 달간 영양식 생산이 중단된 2001
년과 2003년에는 밀가루 100톤과 60톤을 각각 지원하기도 했다. 가루로
지원되는 영양식은 충분한 영양소를 갖추었을 뿐만 아니라 간단한 조리
법으로 떡이나 꽈배기 같은 맛있는 음식을 만들 수 있어 아이들에게 무
척 인기가 많았다.

JTS 어린이 영양식 공장 노동자들과 박지나 대표

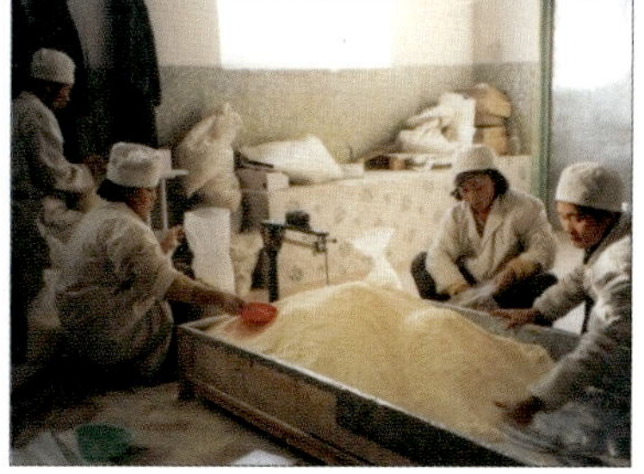

어린이 영양식 원재료 전달 선적식

JTS 어린이 영양식 공장 작업 모습

●

석유가 귀하고 비싼 북한에선 비닐류를 구하기가 쉽지 않아 2001년부터는 영양식을 담을 비닐봉지와 마대도 지원하였다. 또한 탁아소, 유치원 모니터링을 통해 아이들에게 필요한 학용품, 의류, 영양제, 생필품 등도 함께 지원하였다.

현지에 파견돼 상주하는 조선족이 있었지만 모니터링을 위해 JTS미국 최경숙 이사와 박지나 대표, 법륜 스님이 수시로 라선시를 방문했다. JTS 어린이 영양식 공장의 기계 상태, 원재료 재고, 영양식 배분 현황 등을 점검하고, 탁아소와 유치원을 방문하여 시설 환경과 아이들의 건강 상태를 직접 확인하였다.

모니터링을 통해, 지원 초기 영양 상태가 부실하고 허약해 보였던 아이들이 JTS에서 지원한 영양소가 풍부한 영양식을 섭취하면서 나날이 건강해지는 것을 확인할 수 있었다.

2005년, JTS는 더 많은 탁아소와 유치원에 대한 모니터링과 라선시 탁아소, 유치원 아동 수 재조사 요청 등 배분의 투명성을 확보하기 위한 협상을 진행하였다. 그러나 라선시 인민위원회의 비협조로 인해, 2005년 10월 분유와 설탕 지원을 마지막으로 해당 사업을 중단하게 되었다. 라선시 어린이 영양식 지원을 중단한 이유는 배분에 대한 투명성 확보가 어렵다고 판단했기 때문이다. 또한 북한의 식량 상황이 JTS의 지원 초기보다는 나아졌고, 자유경제무역 지대인 라선시는 북한의 다른 지역에 비해 외부 지원이 많았기에 상대적으로 아이들의 영양상태가 좋아졌다.

라선시 탁아소, 유치원 영양식 원재료 등 식량 지원 현황

연도	지원 물품					
	쌀(톤)	옥수수(톤)	분유(톤)	설탕(톤)	콩(톤)	기타
1997	40	20	6	3	–	와하하(요구르트) 10,560개
1998	137	80	28.7	47	2.3	
1999	156	124.1	43.56	62	–	
2000	210	94	79	101	–	사탕 1.5톤 【도드람 양돈조합 후원】 돼지고기 통조림 1톤, 돼지기름(쇼트닝) 7.5톤
2001	88	20	12	24	–	밀가루 100톤
2002	131	24	35	63	–	이유식 4,800캔, 마대 5,000장, 영양식 봉투 90,000장
2003	156	21	42	46	–	밀가루 60톤, 영양식 봉투 70,000장
2004	45	7	41	68	–	마대 4,000장, 영양식 봉투 50,000장
2005	20	10	14	20	–	
2006	–	–	–	–	–	영양식 봉투 10,000장
2009	–	–	–	–	–	영양식 봉투 10,000장
합계	983	400.1	301.26	434	2.3	

4. 북녘 어린이 결연사업

1997년 12월부터 시작된 〈북녘 어린이 결연사업〉은 국내외 많은 개인과 단체가 동참했다. 지원 대상과 내용이 명확하고, 자매결연이라는 약속이 밑바탕이 됐기에 후원자의 지속적인 참여를 끌어낼 수 있었다.

지난 5월 어느 날, 매일 버스로 등하교하는 연근이는 "어제, 저 집에 걸어갔어요. 아낀 차비 모금함에 넣을게요" 하며 모금함에 200원을 넣더군요. 또 혜미는 "선생님, 저 요즈음 저녁에는 미숫가루에 물만 타서 먹어요." 깜짝 놀라 이유를 물었더니 북한 어린이를 생각하면서 굶는다는 것이었습니다.
— 결연 가족 〈성산초등학교 2학년 3반〉 이야기

〈북녘 어린이 결연사업〉은 북한 주민 돕기 운동의 확산, 여론 형성에

라선시 탁아소, 유치원 어린이 결연사업 설명회

도 일정 부분 이바지한 것으로 판단한다. 사업 초기에는 JTS의 자체 홍보를 통해 결연 후원자를 모집했으나 북한 어린이의 비참한 생활상이 알려지면서 결연 후원자 일부가 결연사업과 북한 지원의 필요성을 알리는 명예 홍보 요원의 역할을 했다. 덕분에 북한 아이들의 영양을 책임질 영양식뿐만 아니라 각종 질병을 조기에 치료하고 예방할 수 있는 의약품 지원으로도 확대할 수 있었다.

사회생활을 하다 보면 자기 생활에 매몰되기가 쉬운데 이 활동을 하면서 5,000원이라는 돈이 제게 있어 그리 큰돈은 아니지만 북한의 어려운 생활을 망각하지 않고 지속적인 관심을 가질 수 있게 하고 있죠. 제게는 지속적인 관심을 둔다는 것이 중요한 것 같아요. 그것이 다른 사람에게 또 한 번 얘기할 수 있는 계기가 되고 제 삶을 돌아보는 데도 좋은 계기가 되는 것 같아요. 그런 점에서 계속해 나갈 생각입니다.

― 결연 후원자 젊은이들의 모임 〈햇살〉 이야기

5. 농업 지원

북한 주민 돕기 사업은 북한뿐만 아니라 국내에서도 다양한 제약이 따르기 때문에, JTS의 원칙을 지키며 사업을 추진하는 데 많은 어려움이 있었다. 그렇다고 움츠러들어 단순한 물품 지원에만 머물 수는 없었다. 아무리 많은 물품을 지원하더라도, 주민들이 자생할 수 없다면 문제는 해결되지 않는다. 수년간 계속된 식량난과 그로 인한 수많은 죽음을 막기 위해서는 근본적인 접근이 필요했다. JTS는 여러 사업을 진행한 경험을 통해 이 사실을 분명히 깨달았다.

1998년 당시 북한은 농업 생산량이 크게 감소한 상태였다. 수년간의 홍수와 가뭄 등의 자연재해와 비료나 농약 등의 농업 자재 부족, 농기계의 노후, 연료 부족 등의 영향이 컸다. 또한 '주체농법'이라는 현실에 맞지 않는 농업정책도 한몫했다.

북한의 주체농법은 식량 부족 문제를 해결하기 위해 산림이나 불모지

모니터링을 위해 농장을 방문한 박지나 대표

를 농지로 전환하여 경작지를 확대하는 데 중점을 두고 있다. 이 농법은 자력갱생과 주체사상을 바탕으로 한 북한 특유의 농업 방식이다. 산에서 농사를 지으려면 산사태를 방지하기 위해 계단식으로 농지를 조성해 지어야 하는데 더 많은 작물을 심기 위해 경사면에 작물을 심으면서 산사태를 유발했다. 산사태는 산지의 작물 피해에 그치지 않고, 쓸려 내려온 토사가 평야 지역까지 덮치면서 그곳 농사까지 망치게 만드는 주요 원인이 되었다.

주체농법은 모종을 초밀식으로 재배하는 방식을 택하고 있으며, 이는 많은 양의 물과 화학비료 투입이 필수적인 구조이다. 북한은 1990년대 이후 관개 수로 시설이 낙후되면서 물 공급이 원활하지 못했다. 소련의 붕괴로 석유 공급이 급감하고, 발전소의 노후화로 전력 생산마저 크게 감소하면서 비료 생산도 급격히 줄어들었다. 이로 인해 농업 생산량이 감소한 것은 당연한 결과였다.

물 공급이 원활하지 않은 상황에서는 모종을 심는 방식보다 씨를 직접 뿌리는 직파 농법이 더 적절했고, 비료가 부족할 경우 초밀식 재배 대신 다른 방식으로 농사를 짓는 것이 필요했다.

그러나 강력한 수령 중심 체제인 북한에서 농민들이 문제점 많은 주체농법을 외면하고 스스로 다른 농법을 선택해 농사짓는 것은 사실상 불가능했다. JTS는 주체농법만을 고수해서는 식량난 해소는 물론, 지원이 종료된 이후 북한 주민들의 자립도 어렵다고 판단하였다. 이에 따라 농업 생산량 증대를 위한 실질적인 농업 지원을 시작하게 되었다.

라선시 협동농장 비료 지원 선적식

JTS가 지원한 농장에서 수확한 옥수수

(1) JTS 시범농장 운영

북한 농업은 충분한 농업 자재와 새로운 농업기술이 보급될 경우, 생산량이 증가할 가능성이 분명하였다.

이에 따라 JTS는 1998년 함경북도 온성군 세선농장(60정보)에서 처음으로 시범농장을 운영하였다. 초기에 종자, 비료, 농약 등 최소한의 지원만으로도 생산량이 증가했다. 이후 농업 기술자를 파견해 농기계 사용법과 기술 등을 보급하니 생산량이 9배까지 증가했다.

JTS 시범농장은 온성군, 경성군, 라선시 등 함경북도를 중심으로 점차 확대해 나갔다. 2005년에는 함경북도 온성군 내의 23개 모든 벼 농장 1,980정보에 복합비료 270톤, 요소비료 450톤을 지원해 벼 수확량이 2004년 대비 약 2,700톤이 증가했다. 옥수수를 포함한 약 5,000톤의 증산량은 북한 전체에서도 손꼽히는 높은 증산율을 기록한 성과였다.

JTS는 농지에 여러 가지 농법으로 작물을 실험 재배해 생산량을 파악했다. 여러 실험과 연구 끝에 생산량이 많이 나오지 않는 주요 요인이 농지의 산도가 아니라 농지가 습하고 온도가 높기 때문이라는 것을 알게 됐다. 이런 농지에는 밭이랑에 비닐 박막을 덮고 씨를 심는 방식인 비닐 박막 피복재배가 가장 효과적이다.

1999년 라선시의 부포농장에 피복재배 기술을 처음 도입했고 8배가량의 수확량 증가 효과를 가져왔다. 이 성과를 계기로 함경북도 인민위원회는 2001년 경성군 염분진농장에 농업 지원을 요청했고, JTS는 100정보에 비료, 비닐 지원과 농업기술을 보급했다.

모니터링도 꾸준히 진행했다. 파견된 농업 기술자가 생산량 파악과 합의 내용 이행 여부 등을 점검했다. 모니터링이 불가한 농장은 지원을 중단할 수밖에 없었다.

(2) 시범농장 증산량 일부는 취약 계층 지원으로

JTS는 1998년부터 농업 지원을 시작했다. JTS의 농업 지원은 단순한 지원에 그치지 않고, 북한과의 합의를 통해 JTS 시범농장에서 증산된 농산물의 일부를 돌려받아 다른 취약 계층에 지원하는 계획을 세웠다.

2003년, JTS는 처음으로 북한으로부터 옥수수 8톤을 돌려받았다. 이는 단순한 양의 문제가 아니라 북한과의 신뢰 관계가 형성되기 시작했다는 점에서 큰 의미가 있다. 옥수수는 북한 내 취약 계층을 위한 지원에 사용됐으며, JTS의 지속적인 노력이 결실을 본 순간이었다.

이후 2004년 라선시 4개 농장의 증산량 일부인 쌀 30톤, 옥수수 40톤, 콩 20톤은 어린이 영양식 원재료로 사용했고, 2006년 함경북도 농장에선 옥수수 609톤을 돌려받아 취약 계층에 지원하였다. 이런 성과는 JTS의 지속적인 농업 지원이 실제로 북한의 식량 문제 해결은 물론 북한과의 신뢰 관계 구축에도 중요한 역할을 했음을 의미한다.

여러 상황으로 인해 2001년부터 생산량에 대한 모니터링을 시행할 수 없었지만, 2007년까지 비료, 비닐 등의 지원은 지속했다.

1998년부터 2007년까지 함경북도, 라선시, 황해북도의 농지 150,500 정보(약 104㎢)에 JTS 시범농장을 운영하며 비료 4,992.25톤, 비닐 133.5톤, 비닐 2,737,240㎡, 종자, 살충제, 살포제, 영양토 등을 지원하고 농업기술을 보급했다.

2008년 이명박정부 출범 이후 농업 지원 물품의 대북 반출이 전면 불허돼 농업 지원 사업은 보류 중이다.

농업 지원 현황

연도	지역	농장	재배 작물	계약 면적	지원 물품	정보당 수확량
1998 (60정보)	함경북도 온성군	세선농장	벼	30정보	비료, 농약 등	4.0톤
			옥수수	30정보		6.3톤
1999 (870정보)	함경북도 온성군	세선농장	벼	150정보	복합비료 18톤, 요소비료 18톤, 인산비료 22톤, 아연비료 0.5톤, 비닐 14톤, 종자, 살초제, 영양토, 농약, 모판 등	5.0톤
			옥수수	120정보		4.5톤
	라선시	사회리농장	벼	300정보	요소비료 72톤, 인산비료 22톤	5.0톤
		부포농장	옥수수	300정보	복합비료 40톤, 요소비료 83톤, 인산비료 5톤, 아연비료 0.25톤, 비닐 20,840㎡, 종자, 살초제, 영양토, 농약, 모판 등	6.0톤
		우암목장	–	–	복합비료 30톤	–
		–	–	–	복합비료 74톤	
2000 (1,850정보)	함경북도 온성군	–	벼	1,300정보	요소비료 440톤, 인산비료 290톤, 영양토 2.6톤, 모판살초제 300대	6.1톤
	라선시	부포농장	옥수수	150정보	요소비료 42톤, 인산비료 30톤, 생물칼슘비료 2.25톤,	6.6톤
		라선농장	옥수수	400정보	아연비료 2.25톤, 비닐 9톤, 살초제 950㎏, 살충제 750병	4.5톤
2001 (1,000정보)	함경북도 경성군	염분진농장	옥수수	100정보	복합비료 50톤, 요소비료 20톤, 비닐 6톤	–
	라선시	–	옥수수	300정보	복합비료 150톤, 요소비료 60톤, 비닐 18톤	–
	황해북도 연탄군	창매리농장	벼, 옥수수	600정보	복합비료 50톤, 요소비료 157.5톤, 인산비료 82.5톤, 비닐 10.5톤, 옥수수종자 1톤	–
2002 (400정보)	라선시	굴포농장	옥수수	70정보	복합비료 150톤, 요소비료 60톤, 비닐 18톤	–
		두만강농장	옥수수	30정보		–
		오리농장	옥수수	50정보		–
		사회목장	옥수수	40정보		–
		우암목장	옥수수	30정보		–

연도	지역	농장	재배 작물	계약 면적	지원 물품	정보당 수확량
2002 (400정보)	라선시	염소목장	옥수수	40정보	※앞 2002년 라선시 지원 내용 연결	–
		밍크목장	옥수수	20정보		–
		백학목장	옥수수	20정보		–
	함경북도 경성군	염분진농장	옥수수	100정보	복합비료 50톤, 요소비료 20톤, 비닐 6톤	–
2003 (400정보)	라선시	부포농장 외 2곳	옥수수	300정보	복합비료 228톤, 요소비료 60톤, 비닐 16톤	–
	함경북도 경성군	염분진농장	옥수수	100정보	복합비료 76톤, 요소비료 20톤, 비닐 8톤	–
2004 (400정보)	라선시	홍의농장	벼	100정보	복합비료 252톤, 비닐 28톤	–
		굴포농장	벼	100정보		–
			옥수수	50정보		–
		조산농장	옥수수	50정보		–
		웅산농장	콩	100정보		–
2005 (2,470정보)	함경북도 온성군	23개 협동농장	벼	1,980정보	복합비료 450톤, 요소비료 270톤	–
	평양시	천남협동농장	벼, 옥수수, 남새	490정보	복합비료 200톤, 요소비료 100톤, 멀칭용 비닐 60,000㎡, 못자리용 비닐 600,000㎡	–
2006 (1,700정보)	라선시	14개 협동농장	벼, 옥수수	650정보	복합비료 250톤, 비닐 200,000㎡	–
	함경북도 경성군	염분진농장	벼, 옥수수, 남새	1,050정보	복합비료 450톤, 비닐 300,000㎡	–
	함경북도 청진시	봉암협동농장				
2007 (1,350정보)	함경북도 온성군	세선농장	벼	150정보	복합비료 200톤, 못자리용 비닐 330,000㎡, 멀칭용 비닐 200,000㎡	–
			옥수수	100정보		–
		풍서농장	벼	100정보		–
			옥수수	150정보		–
	함경북도 청진시	송향농장	벼	100정보	복합비료 200톤, 못자리용 비닐 264,000㎡, 멀칭용 비닐 300,400㎡	–
			옥수수	200정보		–
		동호농장	벼	100정보		–
			옥수수	100정보		–
	함경북도 회령시	원산농장	벼	350정보	복합비료 175톤, 못자리용 비닐 462,000㎡	–
		인계농장				
	함경북도	인민위원회	–	–	비료 20톤	

10,500정보

농업 지원 총 면적

1정보=3,000평(약 1ha)

비료 4,992.25톤, 비닐 133.5톤, 비닐 2,737,240㎡, 살초제, 살충제, 종자, 모판, 영양토 등

6. 보건 의료 지원

JTS는 2004년 라선시의 3개 진료소에 기초 의약품 및 의료기기를 처음 지원한 후, 함경북도 지역을 중심으로 기초 의약품 및 의료기기를 지원하는 보건 의료 지원 사업을 진행했다. JTS의 보건 의료 지원은 '선 방문, 후 지원' 원칙을 정하고, 지원에 앞서 반드시 의료기관을 직접 방문하여 시설을 점검하고 의료진과의 인터뷰를 실시하였다.

의료기관 답사를 통해 확인한 북한의 의료 상황은 매우 열악했다. 바늘 끝이 갈라진 주사기를 끓여 재사용하거나, 탈지면을 세 번 이상 반복 사용해야 했으며, 치료 가능한 병임에도 약이 없어 죽어가는 환자들도 있었다. 마취제가 없어 마취 없이 수술을 받아야 하는 경우도 있었고, 한겨울에도 난방이 되지 않는 시설에서 진료가 이루어지는 등 그 실태는 상상을 초월했다.

북한이 자랑하던 무상의료체계는 현실적으로 기능이 마비된 상태였다. 의료기관에 기본적인 의약품조차 비치되어 있지 않아, 환자들이 주사

보건 의료 지원 답사를 위해 굴포리 인민병원을 방문한 박지나 대표

기, 붕대, 반창고 등 치료에 필요한 물품을 스스로 구입해 가야만 진료를
받을 수 있는 상황이었다.

JTS는 대형 의료시설이나 고가의 장비 지원에 초점을 두기보다는, 진
료에 꼭 필요한 기초 의약품과 의료기기 지원을 통해 북한의 의료 시스템
이 정상적으로 운영될 수 있도록 하는 데 중점을 두었다.

2005년 12월 승리화학 종합진료소를 포함한 라선시의 14개 진료소
를 방문해 의료상태를 파악했다. 이를 토대로 2006년 5월 승리화학 종
합진료소에 심전도, 초음파, X-ray, 산부인과용 검진대 등의 의료기기와
2004년 지원했던 3개의 진료소를 포함한 23개 라선시의 진료소에 기초
의약품 및 의료기기를 지원하였다.

2006년 8월에는 청진시에 위치한 함경북도 도 인민병원을 방문했다.

함경북도 도 인민병원 수술실

(위) 백학리 종합진료소의 비어 있는 약품 보관통
(아래) 굴포리 인민병원 해산실 수술기구

함경북도 도 인민병원 의료기기 지원 선적식

함경북도 내에서도 가장 큰 병원이지만 의료기기들이 대부분 30년 이상 오래됐고, 고장 난 것이 많아 병원 역할을 제대로 하기 어려운 상태였다.

JTS는 2006년 12월 정상적인 운영을 위해 시급히 필요한 고압멸균기 1대, 안과 수술용 현미경 1대, 마취기 1대, 병실 침대 100대, 수술대 2대 등 의료기기 및 병원 비품을 지원하였다.

2007년 6월, JTS는 평양시 소재 의학과학원과 취약 계층 치료를 위한 알약 및 주사 앰풀 생산 기계를 지원하기로 합의하였다. 주요 내용은 JTS가 의약품 제공을 요청할 경우, 의약품을 우선적으로 생산할 것과 JTS가 원할 경우 언제든지 생산 공장 및 의약품 배분 예정지와 배분 완료 지역에 대해 현장 방문이 가능하도록 협조한다는 것이었다. JTS는 2007년 8월 의학과학원에 알약 및 주사 앰풀 생산 기계 등 생산에 필요한 11대의 기기를 지원하였다.

2008년 상반기, 북한의 식량 사정이 악화된 가운데 일부 지역에서는 아사자가 발생했다는 소식이 전해졌다. 특히 평야가 적어 농업 생산이 어려운 황해북도 지역은 북한 내에서도 식량 문제로 인한 영양실조와 환자 발생이 많았으며, 여성들은 생리대 등 위생용품 부족으로 인해 위생 문제와 관련된 질병에 더욱 쉽게 노출되어 있었다. JTS는 2008년 6월 황해북도 곡산군 미루벌 물길공사지역에 포도당, 알코올 등 기초 의약품과 생리 대용 천을 지원하였다.

2008년 12월에는 함경북도 도 인민병원에 자동 인공호흡기 2대, 산소 발생기 2대, 병실 침대 100대 등 의료기기 및 병원 비품 총 19종을 지원하였다. 이는 북한의 요청에 의한 것으로 JTS는 2006년 첫 지원 후 몇 차례의 모니터링을 통해 추가 지원이 필요하다고 판단해 지원을 결정했다.

●

2006년 8월, JTS는 회령시 인민위원회와 협의하여 함경북도 회령시에 거주하는 36개월 미만의 영유아, 산모, 그리고 출산 후 6개월까지의 수유부를 지원하기 위한 합의를 체결하였다. 이에 따라 회령시에 모자보건센터를 설립하고, 해당 지역의 영유아와 산모, 수유부를 대상으로 영양 개선, 질병 예방 및 건강 관리를 포함한 종합적인 지원을 제공하기로 하였다. 그리고 북한은 모자보건센터 설립과 운영에 적극적으로 협조하기로 했다.

당초 합의된 내용은 모자보건센터를 신축하는 것이었으나, 북한의 요청으로 기존 병원 개보수로 변경했다. JTS는 변경에 앞서 건축 전문가를 현장으로 파견해 해당 시설을 모니터링하고 영양, 건강, 질병 관리 등을 수행하는 것에 무리가 없다는 답변을 받았다. 합의 이후 북한 측의 비협

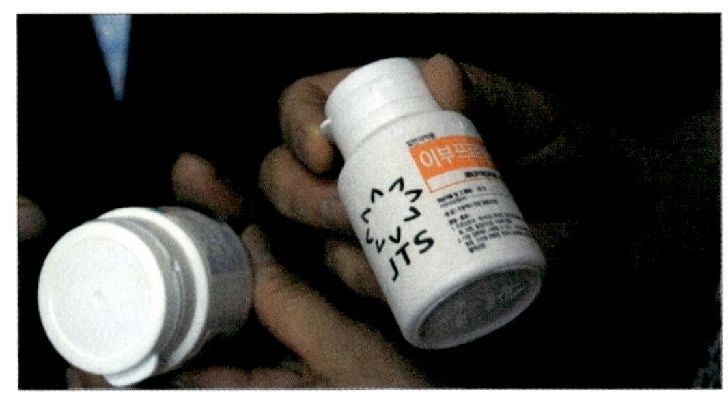
JTS 로고가 인쇄된 의약품

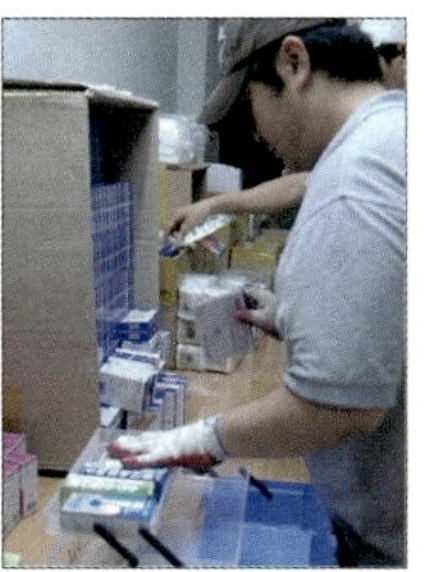
구급함에 의약품을 담는 봉사자

조로 한동안 정체되어 있던 사업은, 2008년 10월과 12월에 북한으로부터 영유아 및 산모 지원을 위한 신체 계측 자료(영유아: 키, 몸무게, 머리둘레/산모: 키, 몸무게, 팔뚝 둘레)와 회령산원 설계도면 등 기초 자료를 전달받으면서 다시 재개되었다.

2008년 12월 산모 영양식(미역죽 분말) 25톤, 밀가루 50톤, 전지분유 28톤, 설탕 20톤, 소금 1톤을 지원하였다. 2009년 2월 조선족 건축 전문가를 회령시로 파견해 회령산원 보수공사를 위한 기초 조사를 진행했다. 하지만 정부의 대북 지원 물품 중 건축자재 반출 금지와 통일부에서 해당 사업의 기금 의결을 전면 보류함으로써 사업이 지속되지 못했다.

2009년 8월 함경북도, 평안남도, 강원도의 9개 시군의 보육원, 양로원, 장애인학교, 탁아소, 유치원, 소학교, 광산과 자강도 희천시의 희천 발전소 건설 노동자(대부분 16~20세 청소년), 황해북도 미루벌 물길공사지역, 함경북도 어랑천 발전소 등에 구급함 9,600세트를 지원하였다. JTS는 투명성을 위해 구급함에 들어갈 기초 의약품에 대한 입찰공고를 실시해 업체를 선정했으며, 작은 연고 하나에도 JTS 로고를 인쇄하는 등 구급함을 열면 아픈 상처가 빨리 낫기를 바라는 후원자의 따뜻한 마음이 고스란히 전달될 수 있게 준비했다.

또한 물품의 정확성을 위해 구급함을 조립하는 업체를 방문해 구급함 속 기초 의약품을 하나하나 확인했다.

JTS는 2004년부터 2009년까지 라선시 23개 진료소, 함경북도 도 인민병원, 평양시 의학과학원 등에 진료에 가장 필요한 기초 의약품 및 의료기기 등을 지원해 북한의 의료시스템이 정상적으로 운영될 수 있도록 하였다.

보건 의료 지원 현황

연도	지역	지원 물품
2004	라선시 진료소 3곳	주사기 1,750개, 수액세트 600개, 강장제 90개, 주사약 6,000개, 소염제 2,500개, 감기약 515개, 관절약 400개, 칼슘제 300개, 지혈제 110개, 고혈압 치료제 460개, 치질약 50개, 소화제 900개, 빈혈제 130개, 결핵약 80개, 비타민 1,500개
	라선시	영양제 400,000정, 구충제 20,000정
2005	평양시 천남리, 천남협동농장	소화제 35,000정, 제산제 228,000포, 구충제 210,000전, 해열진통제 100,000정, 항생제 150,000정
2006	라선시 승리화학 종합진료소	X-ray 1대, 초음파 1대, 심전도 1대, 산부인과용 검진대 1대
	라선시 23개 진료소	위생컵(4개=1세트) 30세트, 수술용 가위(18㎝) 20개, 수술용 가위(16㎝) 20개, 주사기통(대) 16개, 주사기통(소) 16개, 위생접시(의사용) 30개, 체온계(10개=1통) 30통, 침 30세트, 현미경 5대, 의료용 타진기 50개, 수술용 칼(10개=1세트) 50세트, 혈압기 30개, 청진기 30개, 핀셋(18㎝) 40개, 핀셋(16㎝) 40개, 지혈 핀셋(18㎝) 20개, 지혈 핀셋(16㎝) 20개, 왕진가방 20개, 고압멸균 소독기(소) 13대, 고압멸균 소독기(대) 3대, 주사기(1㎖) 2,500개, 주사기(5㎖) 2,000개, 주사기(20㎖) 2,000개, 면봉(400개=1세트) 210세트, 소독액(500㏄) 60병, 반창고(링거용) 5,000개, 반창고(처치용) 1,500개, 수술용 장갑(중, 소) 1,500개, 탈지면(400g) 120개, 붕대(300㎝ x 80㎝) 500개, 거즈(10m x 80㎝) 30개, 정적관(5$\frac{1}{2}$호, 6호) 2,000개, 국부사싱 18,000정, 아몽씰린 6,000정, 짜소쿠어펜 20,000정, 토메소 12,000정, 페니실린(80만 단위) 6,000개, 페니실린(160만 단위) 4,000개, 앙푸싸싱 1,000병, 정통편 40,000정, 핑홍심편 3,000정, 핑홍심 400대, 안통심 600대, 리푸핑 300개, 엔쓰완 리또우카인 1,000대, 허우쩡완 3,600정, 허우통링펜 3,000정, 토메쑤 500개, 홍메수 300개, 까모쪼우낭 20,000정, 퓨팡안 편원안 4,800정, 링냥깐모편 4,800정, 커터링쪼우낭 14,400정, 커퍼칭 20,000정, 챵리피다루 240병, 국칭편 15,000정, 우이노루통편 30,000정, 땡체편 15,000정, 푸얼멘펜 20,000정, 꾸웨이쑤 30,000정, B1 30,000정, 쳐우자펜 20,000정, 관절진통편 20,000정, 쌍누예통 12,000정, 류허웨이수 36,000정, 쥬허웨이쑤 24,000정, 아미노산 주사액 600병, 쇼무 144,000정, 까웨이치통편 18,000정, 루싼찐수펜 15,000정, 쎄리팅 12,000정, 칭따메쑤산나 5,000정, 리터링 30,000정, 칭때메인쑤 6,000대, 포도당(250㏄) 600병, 포도당(500cc) 400병, 식염수(250㏄) 600병, 식염수(500㏄) 400병
	함경북도 도 인민병원	병실 침대 100대, 수술등 1개, 만능 수술대 1대, 분만 수술대 1대, 시력 측정표 1대, 검안경 1대, 안과 수술용 현미경 1대, 마취기 1대, 고압멸균기 1대, UPS 1대

2007	함경남북도	미니센스 12,000정, 케펜텍엘 1,500정, 로빈슨무기질비타민디 1,500정, 뉴로팍스 360정, 로빈슨칼슘비타민디 1,500정, 미네아민 130정, 로빈슨칼슘마그네슘 1,500정, 네오세프캡슐 2병, 피라진아미드 130정, 에이멘틴현탁정 1,400정, 크라몬현탁정 170상자, 네오세프캡슐 16병, 마크로신정 17병, 바이라독실 N캡슐 13병, 투록신정 1병, 설리드정 3병, 명인세파클러 6병, 신일모노독시엠캡슐 2병, 세픽심 60병, 브레핀정 5,000정, 타이레놀ER 10병, 나벤탁정 20병, 알부민(250㎖) 2,000병, 엣센비타 골드 13,750병, 세파클러 캡슐 100상자, 에리스토캅셀 2,310상자, 아목사실린 1,200상자, 목실린 캡슐 450상자
	평양시 의학과학원	알약 찍는 기계 3대, 알약 당 입히는 기계 1대, 알약용 싸락기계 1대, 분쇄기 1대, 교갑충진기 1대, 주사앰플 용폐기 2대, 증류수기 1대, 환풍건조기 1대
2008	황해북도 곡산군 미루벌 물길공사지역	포도당 20,000병, 알코올(500㎖) 3,000병, 정적관(5½) 10,000세트, 주사기(중) 2,400개, 빨간약 1,200병, 붕대 4,000개, 반창고(26cmX500cm) 1,000개, 면봉(120X20) 15세트, 노란소독약(20㎖) 100개, 고무줄 10m, 탈지면(500g) 20개, 수면천 1,200㎡, 방수천 25㎡
	함경북도 도 인민병원	자동 인공호흡기 2대, 산소발생기 2대, 심실제세동기 1대, 흡인기 2대, 냉난방기 1대, 수술대 1대, 수술실 무영등 2개, 보조촉등 5개, 외과 수술 장비 1개, 정형외과 수술 장비 1개, 병실 침대 100대, 식판 세트 50개, 환자복 320벌, 수술복 내피 100벌, 수술복 외피 100벌, 의사 가운 50벌, 시트 120개, 베개 120개, 담요 100채
	함경북도 회령시 영유아 및 산모	미역죽 분말 25톤, 밀가루 50톤, 전지분유 28톤, 설탕 20톤, 소금1톤
2009	강원도, 함경북도, 평안남도, 자강도, 황해북도	구급함 9,600세트(의약품 4종, 기초 구급용품 19종 포함), 아토피 크림 5,594개, 마스크 6,000개

7. 긴급구호 활동

북한의 수해 피해는 한두 해의 문제가 아니다. 비슷한 양의 비가 내려도 남한과 북한의 피해 규모 차이는 매우 크다. 자연재해 대비책과 복구 방안 등이 구축돼 있지 않기도 했지만, 가장 근본적 이유는 식량부족 때문이다. 산의 경사면은 밭으로 개간되었고, 땔감 부족으로 인해 불법이지만 어쩔 수 없이 벌목이 이루어지면서 산은 점점 헐벗어졌다. 그로 인해 비가 오면 산의 토사와 물이 한꺼번에 쏟아져 농작물과 주택의 피해가 심각하였다. JTS는 북한에서 계속되는 재난과 수해 등 자연재해가 발생했을 때 그 누구보다 적극적이고 기민하게 긴급구호 물품을 지원하였다.

(1) 2004년 용천역 열차 폭발 사고 긴급구호

2004년 4월 22일 평안북도 용천군 용천역에서 열차가 폭발하는 대규모 사고가 났다. 사고 원인은 질안비소(질소암모늄)를 적재한 화물 차량과 유조 차량을 궤도 교체하던 중 부주의로 전기선에 접촉해 폭발 사고가 발생했다. 철로가 훼손되고 용천역사를 비롯해 역 부근의 학교와 관공서, 상가건물, 주택 등이 무너져 폐허가 됐다. 주택 1,850여 채는 완전히 붕괴

용천역 열차 폭발 사고 현장

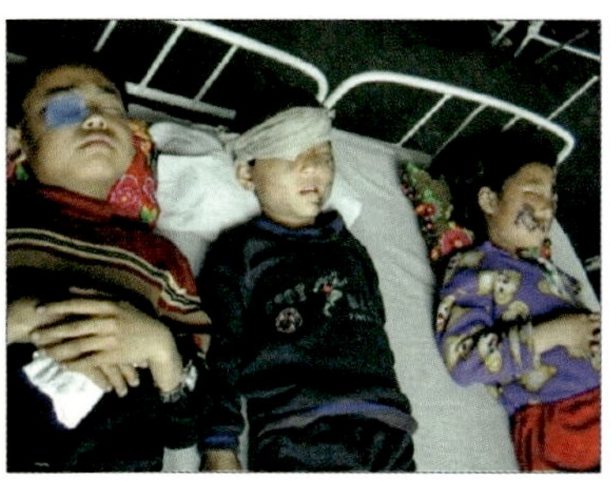

용천역 열차 폭발 사고 피해

용천역 열차 폭발 사고 긴급구호를 위해 중국으로 파견된 이지현 사무국장(왼쪽)과 박지나 대표(오른쪽)

했고, 6,300여 채의 주택은 부분적으로 피해를 봤으며, 8,000여 명의 이재민이 발생했다. 사망자 수는 150여 명, 부상자 수는 1,300여 명으로 인명피해도 많았다.

●

JTS는 사고 이틀 후 대책회의를 열고 긴급 모금 캠페인을 진행하고, 박지나 대표와 이지현 사무국장을 중국으로 파견했다.

4월 26일부터 중국 현지 봉사자와 함께 선양에서 구입하기 시작한 1차 긴급구호 물품(이불 500채, 항생제 21만 개, 주사기 10만 개, 체온계 5천 개 등)은 4월 29일 신의주에 도착했다.

2차 긴급구호 물품(PAT 의류 11,000여 벌)은 4월 28일 인천항을 출발해 4월 30일 용천군 피해 복구위원회에 전달됐다.

3차 긴급구호 물품은 북한의 요청으로 2004년 5월 18일 밀가루 100톤을 지원하였다.

용천역 열차 폭발 사고 2차 긴급 지원 선적식

세 차례의 지원 이후, 조선불교도연맹의 요청으로 2004년 8월 27일 밀가루 100톤, 2004년 9월 22일 의약품과 의료기기, 9월 23일 어린이용 양말과 신발, 공책 등을 추가 지원하였다.

용천역 열차 폭발 사고 긴급구호를 위해 국내에선 2004년 4월 26일부터 6월 19일까지 모금 캠페인을 전개했다. 매년 정기적으로 진행하는 어린이날 모금 캠페인에서도 용천역 열차 폭발 사고 피해자를 돕기 위한 모금을 진행하였다. JTS 후원회원을 비롯한 전국 봉사자들과 미국·일본 등 해외에서도 많은 사람이 참여하였다. 특히 인도의 불가촉천민 마을에 사는 수자타아카데미 학생들이 1~2루피씩 정성을 모아 보내온 후원은 큰 감동을 주었다.

용천역 열차 폭발 사고 3차 긴급 지원 선적식

용천역 열차 폭발 사고 긴급구호 현황

구분	일자	지원 물품
1차	2004.04.29 (중국 출발)	이불 500채, 항생제 210,000개, 페니실린 50,000개, 주사기 100,000개, 체온계 5,000개 등
2차	2004.04.28 (인천 출발)	의류 11,000여 벌
3차	2004.05.18 (인천 출발)	밀가루 100톤
4차	2004.08.27 (인천 출발)	밀가루 100톤
5차	2004.09.22 (인천 출발)	【의약품】 주사기 45,000개, 수액 세트 3,000개, 핀셋 3,000개, 가위 500개, 붕대 1,000개, 거즈 500개, 탈지면 500개, 청진기 100개, 체온계 1,000개, 포비돈(4ℓ) 100개, 소독용 알코올(4ℓ) 100개, 산화수소수(18ℓ) 50개, 에탄올(4ℓ) 100개, 바세린 300개, 수은혈압계 50개, 니라민산 1,000개, 맥시캅셀 50,000정, 아목실린갑셀 100,000정, 노드로시정 50,000정, 플루탈정 25,000정, 타이레놀 10,880개, 폰티나정 50,000정, 한화세트프리 약손 나트륨 주사 500병
6차	2004.09.23 (인천 출발)	양말 10,000켤레, 신발 600켤레, 공책 3,000권

(2) 2006년 평안남도 수해 피해 긴급구호

2006년 7월 14일~16일 3일간 집중적으로 쏟아진 폭우로 인해 북한의 피해가 심각하다는 소식을 접했다. 위급한 상황에서도 북한은 어떠한 국제구호기구에도 지원 요청을 하지 않았다. 2006년 7월 5일, 북한이 동해상으로 미사일을 발사한 사건 이후, 우리 정부의 식량 및 비료 지원이 보류되었고, 미국과 일본의 원조 또한 중단되면서 북한은 심각한 위기 상황에 직면하였다. JTS는 신속하게 긴급구호 활동을 개시했다.

8월 3일 1차 긴급구호 물품(밀가루 100톤, 라면 37,500개 등)을 인천항에서 남포항으로 보내 평안남도 양덕군 이재민에게 전달했다.

8월 2일 중국 선양으로 급파된 박지나 대표와 JTS 활동가는 선양 시장과 공장을 조사해 물품 구입을 시작했고, 8월 4일 2차 긴급구호 물품(이불 4,711채, 그릇 20,640개, 냄비 3,330개, 양동이 1,500개, 세숫대야 3,000개, 세숫비누 5,000개, 빨랫비누 2,000개, 칫솔 30,000개, 치약 864개)을 중국 단둥에서 신의주로 보내 평안남도 신양군, 성천군 이재민에게 전달했다. 피해가 큰 만큼 수해 지역에 필요한 물품을 파악해 3~5차 지원도 신속하게 이뤄졌다.

8월 9일 3차 긴급구호 물품(밀가루 100톤, 신발 2,200켤레, 해열제, 소독약

평안남도 양덕군 수해 피해 1차 긴급 지원 선적식

등 의약품)을 인천항에서 남포항으로 보내 평안남도 신양군 이재민에게 전달했다. 8월 14일과 16일 양일간에 걸쳐 4차 긴급구호 물품(이불 1만 채, 신발 20,786켤레)을 중국 단둥에서 신의주로 보내 평안남도 양덕군, 신양군, 성천군 이재민에게 전달했다. 8월 24일 5차 긴급구호 물품(밀가루 500톤, 항생제, 진통제 등 의약품)을 인천항에서 중국 단둥과 신의주를 거쳐 평안남도 이재민에게 전달했다.

국내에서는 7월 25일부터 8월 15일까지 긴급 거리 모금 캠페인을 전국적으로 전개하고, 8월 8일 정오 서울시 서초구 정토회관에서 〈남북한 수해 사망자를 위한 위령제〉를 열어 이번 수해로 허망하게 목숨을 잃은 영혼을 위로하였다.

평안남도 수해 피해 긴급구호 현황

구분	일자	지역	지원 물품
1차	2006.08.03 (인천 출발)	평안남도 양덕군	밀가루 100톤, 라면 37,500개, 의류 11,523벌, 슬리퍼 2,215켤레, 양말 5,428켤레, 양초 2,660개
2차	2006.08.04 (중국 단둥 출발)	평안남도 신양군, 성천군	이불 4,711채, 그릇 20,640개, 냄비 3,330개, 양동이 1,500개, 세숫대야 3,000개, 세숫비누 5,000개, 빨랫비누 2,000개, 칫솔 30,000개, 치약 864개
3차	2006.08.09 (인천 출발)	평안남도 신양군	밀가루 100톤, 신발 2,200켤레, 페디판정 100개, 발소콜정 100개, 바록신캅셀 40개, 씨트로정 20개, 셀텍정 10개, 파인투 24개
4차	2006.08.14,16 (중국 단둥 출발)	평안남도 양덕군, 신양군, 성천군	이불 10,000채, 신발 20,786켤레
5차	2006.08.24 (인천 출발)	평안남도	밀가루 500톤, 의약품 18상자

(3) 2006년 성홍열 피해 긴급구호

2006년 11월 북한 전역에서 발생한 전염병 성홍열의 치료를 위해 페니실린 주사약을 긴급 지원하였다. 11월 23일 박지나 대표를 중국 선양으로 파견해 페니실린 주사약 403,000개를 긴급 구입한 후, 11월 30일 103,000개는 양강도 혜산시, 20만 개는 평안남북도와 강원도에 지원하였다. 10만 개는 12월 1일 함경북도 회령시, 청진시, 길주군에 지원하였다.

(4) 2007년 평안남도 수해 피해 긴급구호

2007년 여름, 북한은 집중호우로 인한 최악의 홍수 피해가 발생했다. 8월에는 7일간 500~700㎜, 9월에는 2일간 300~400㎜의 비가 내린 것으로 기록됐다. 이 기간 내린 강수량은 한 해 총 강수량의 70~80%에 달하는 수치였다.

JTS는 8월 16일 전국 10개 도시에서 북한 수해 돕기 캠페인을 전개했

평안남도 양덕군 수해 피해 긴급 지원 선적식

고, 8월 23일 평안남도 양덕군 이재민에게 담요 5천 채, 의류 2만여 벌과
속옷, 양말, 신발, 양초, 비누, 치약, 칫솔 등 생필품을 지원하였다.

(5) 2007년 강원도 수해 피해 긴급구호

2007년 10월에는 수해로 인해 식량난에 시달리는 강원도 회양군, 창도
군, 안변군, 통천군에 옥수수 500톤을 지원하였다.

(6) 2010년 함경남도 수해 피해 긴급구호

2010년에도 북한의 수해 피해 소식이 들려왔다. 7~8월의 태풍과 집중호
우로 북한 전역이 심각한 피해를 봤는데 특히 신의주와 그 인근지역의 주
택과 농경지가 매몰되고 침수되는 등 피해가 매우 심각했다.

　JTS는 북한으로부터 신의주 피해 상황에 대한 조사 보고서를 받고 긴
급구호 물품을 보내기 위한 준비를 시작했다. 준비 과정에서 피해가 큰
만큼 국제구호기구의 지원이 신의주에 집중되는 것을 파악하고, 상대적
으로 피해는 적지만 외부의 지원이 거의 없는 함경남도로 지원 지역을 변
경했다.

　2010년 9월 함경남도 함흥시, 신포시, 신흥군, 북청군, 영광군, 덕성군,
홍원군 이재민에게 밀가루 500톤, 담요 3,000채, 겨울 신발 등을 지원하
였다.

개성시 수해 피해 긴급 지원 전달식

(7) 2010년 개성시 수해 피해 긴급구호

2010년 8월, '민족의 화해와 평화를 위한 종교인 모임'과 연계해 개성시 (개풍군 포함), 황해북도 장풍군과 금천군, 황해남도 배천군 등 6개 지역의 육아원과 취약 계층에 식량 지원을 했고, JTS는 밀가루 300톤을 지원하였다.

2010년 9월 JTS는 개성시 인근 이재민을 위해 밀가루 100톤을 지원하였다. 이는 '우리민족서로돕기 불교운동본부' '민족의 화해와 평화를 위한 종교인 모임'과 연계해 진행했다.

두 차례의 지원은 모두 개성 육로를 통해 북한으로 전달했다.

평안남도 수해 피해 긴급 지원 선적식

(8) 2012년 평안남도 수해 피해 긴급구호

2012년 북한은 6월 말부터 7월 말까지 발생한 홍수로 169명이 사망하고 144명이 부상을 당했으며, 400여 명이 실종되는 큰 인명피해가 발생했다. 또한 농경지 침수 등으로 약 $653km^2$가 피해를 봤고, 약 8,600채의 주택이 훼손돼 약 21만 명이 주택을 잃었다. 큰 피해를 본 북한은 신속하게 국제구호기구에 태풍 및 홍수 피해지역을 공개하고 유엔에 식량 및 연료 등의 긴급구호 물품 지원을 공식적으로 요청했다.

2011년 12월 김정일 사망 이후 인도주의적 차원의 식량 지원이 거의 중단되었고, 2012년 여름 심각한 가뭄과 함께 홍수와 태풍이 연이어 닥쳐 북한 식량난의 심각성은 이루 말할 수 없었다. JTS는 기초 식량 지원이 긴급하다고 판단하여 2012년 9월 평안남도 성천군에 밀가루 200톤, 안주시에 밀가루 300톤을 지원하였다.

2012년 수해 지원은 인도주의적 차원의 식량 지원이 중단된 이후 식량 지원이 재개된 것으로 그 의미가 컸다.

(9) 2016년 두만강 유역 홍수 피해 긴급구호

2016년 8월 말 태풍 라이언록(Lionrock)으로 인해 두만강이 범람해 함경북도에 최악의 홍수가 발생했다. 홍수로 138명이 사망하고 400여 명이 실종됐으며 4만 채의 주택이 붕괴해 약 14만 명이 주택을 잃었다. 긴급한 지원이 절실했던 북한은 국제사회에 지원을 요청했지만, 홍수 발생 직후인 9월 9일 5차 핵실험 강행으로 국제사회의 반응은 싸늘했다. 하지만 몇몇 국가와 단체는 북한 정부를 비난하면서도 이재민의 생존이 걸린 문제이기에 인도주의적 차원의 지원을 했다.

국내에서도 북한 지원에 대한 부정적인 여론이 대부분이었고, 정부도 지원이 불가하다는 의사를 밝혔다. JTS는 이러한 국내 상황에서도 인도주의적 차원의 지원은 반드시 이뤄져야 한다는 JTS 사업원칙에 따라 긴급구호 활동을 시작했다.

먼저 북한과 중국의 국경지대인 두만강 유역에 활동가를 파견해 홍수 피해를 파악했다. 비록 북한의 피해지역은 직접 둘러볼 수는 없었지만, 용정시와 도문시 등 두만강에 인접한 지역은 강물의 범람으로 집안에 물이 들어와 전자제품, 생필품, 의류 등이 모두 사용하기 어려운 상태라는 것을 전해 들을 수 있었다. 답사를 통해 긴급구호 물품 지원이 시급한 상황인 것을 확인했지만 정부의 승인 없이 국내에서 지원할 방법은 없었다.

JTS는 어쩔 수 없이 모금의 규모는 작지만, JTS미국을 통해 모금하여 지원하기로 했다. 이는 냉랭한 남북관계 속에서도 이재민의 고통을 조금이라도 해결하고자 하는 JTS의 간절한 의지였다. JTS미국은 2016년 9월부터 6차례에 걸쳐 함경북도 무산군, 회령시 등의 이재민에게 당장 필요한 쌀 10톤, 라면, 콩기름 등 식량과 대야, 식기 등 생필품, 내의와 방한복, 이불 등 겨울을 날 수 있는 방한용품을 지원하였다.

8. 모금 캠페인

JTS는 1996년 12월 북한 돕기 거리 모금 캠페인을 시작으로 1998년 6월부터는 매주 토요일 오후 3시부터 6시까지 서울특별시 명동에서 거리 모금 캠페인을 수년간 실시했다. 서울에서 시작된 정기 거리 모금 캠페인은 전국 도시로 영역을 넓혀갔다. 식량 부족 문제나 각종 재해로 인해 북한에 도움이 필요할 때마다 JTS 봉사자들은 주저하지 않고 거리로 나섰다.

1999년 4월, 거리 모금 캠페인에 참여한 어린이 봉사자들

(1) 북한 식량난의 현실, 캠페인으로 알리다

1996년 12월 처음 북한의 식량난 해소와 북한의 상황을 알리기 위해 시작한 북한 돕기 모금 캠페인은 2019년까지 이어졌다.

●

2006년 7월 25일부터 8월 15일까지 전국 9개 도시에서 남북 이재민 돕기 긴급 모금 캠페인을 진행했다. 이 캠페인은 삶의 터전을 잃고 고통받는 이재민을 위한 것으로, JTS는 남북 구분 없이 인도주의적 차원의 지원이 이뤄져야 한다는 메시지를 전했다. 국내에 잘 알려지지 않았던 북한의 피해 상황을 캠페인과 법륜 스님의 라디오 인터뷰 등으로 알리는 중요한 역할을 했고 많은 사람에게 북한 이재민을 도울 기회를 제공했다.

●

2007년, JTS는 북한에서 대량 아사자가 발행했다는 소식을 접하고 이를 더 많은 사람에게 알리고, 더 많은 지원을 위해 〈기아 STOP-우리만이 희망입니다〉 모금 캠페인을 전개했다. JTS의 후원자, 봉사자, 방송인 등 많은 사람이 전국에서 함께했다. 일부 봉사자들은 북한 주민들의 고통과 아픔을 잠시나마 함께하기 위해 일주일 동안 한 끼에 100g씩 옥수수로 만든 국수, 밥, 죽을 먹으며 그들의 어려운 상황을 체험했다.

평안남도 수해 피해 모금 캠페인

〈기아STOP-우리만이 희망입니다〉 캠페인

2008년 5월, JTS는 〈미안하다 동포야〉 모금 캠페인을 진행하며 퍼포먼스와 북한 주민의 밥상 체험 등 다양한 프로그램을 펼쳤다. 밥상 체험은 북한 주민들이 겪고 있는 식량난을 직접 체험하고 그들의 배고픔을 느끼는 행사였다. 약간의 보리와 쌀, 시금치 혹은 아욱을 넣어 끓인 멀건 죽을 지나가는 시민들에게 시식할 기회를 제공했다. 시민 대부분은 못 먹겠다며 거절했고 참여한 시민들은 북한 주민들이 먹는 음식이 맞냐며 재차 묻거나, 믿을 수 없다며 안타까워했다.

캠페인 마지막 날에는 '생명의 촛불 문화제'가 열렸다. 여러 연예인이 참여한 릴레이 형식의 '북한 돕기 UCC' 동영상을 함께 시청한 후, 행사에 참여한 모든 사람이 굶주린 북한 주민들을 생각하며 준비해 온 쌀을 큰 항아리에 담는 등 따뜻한 마음을 나누는 특별한 시간을 가졌다.

12
굶주리는 북한동포를 위한
굶주리는 북한동포를 위한 문화제
생명을 살리고자 하는
오늘 문화제에서는
흔적이 남지 않도록
미안하다 동포야
미안하다 동포야
모두 우리아이입니다

이와 같이 JTS의 모금 캠페인은 심각한 식량난 등 국내에 잘 알려지지 않은 북한의 상황을 많은 사람에게 알리는 데 중요한 역할을 해왔다. JTS는 북한의 어려운 현실을 알리고, 이를 해결하기 위한 나눔과 지원에 동참할 수 있도록 하는 것을 중요한 목표로 삼는다. 이를 통해 사람들의 관심과 참여를 유도하고, 실질적인 도움이 필요한 북한 주민들에게 필요한 지원을 전달하는 데 기여해왔다.

방송·연예인 모임 〈길벗〉의 모금 캠페인에 참여한 배우 배종옥

(2) 인도주의적 지원의 필요성 강조

2000년 굶주리는 북한 주민을 위해 한국, 미국, 일본의 청년들은 〈생명의 씨앗으로, 평화의 미래로〉 공동 캠페인을 진행했다. 청년들은 거리에서 모금을 진행하며 북한 주민의 어려운 상황을 알리고, 인도주의적 지원의 필요성을 강조했다.

인종, 민족, 성별, 계급, 계층에 관계없이 누구든지 기아, 질병, 문맹의 위기에 처해 있다면 무조건 지원해야 한다는 인도주의적 가치를 전파하는 것, 이는 JTS 모금 캠페인의 주요 목적 중 하나이다.

이러한 캠페인은 인도주의적 지원의 필요성에 대해 국민 정서와 여론을 변화시키는 큰 성과를 가져오기도 했다.

2000년, 북한 인도적 지원을 위한 한미일 공동 캠페인에 참여한 청년들의 거리 행진

(3) 도움을 주고받는 모두가 성장할 기회 마련

JTS는 2002년부터 2004년까지 매년 한 차례씩, 굶주림과 질병으로 고통받고 있는 북한, 인도, 아프가니스탄 어린이들을 돕기 위한 〈100일 릴레이 모금 캠페인〉을 진행했다. 2004년 캠페인은 8월 9일부터 11월 15일까지 진행됐으며, 이 기간 동안 전국 10개 지역과 미국 뉴욕·워싱턴에서 약 400명의 봉사자가 참여했다.

> 지금까지 생일에는 생일을 맞이한 주인공을 위해 축하해주고 선물도 주고, 자기의 생일날에는 남에게 축복받고 선물을 받는 날인 줄만 알았다. 이번 생일에 내 돈을 북한 어린이에게 전해 주니 기분이 좋았다. 또 생일날 다른 사람들에게 선물을 원하지 않고 어려운 사람들에게 내가 베풀어 주어야겠다고 생각했다. '내가 받은 것은 잊지 않고 베풀어 주며 남에게 준 것은 마음속 생각에서 지워라!'고 하는 책의 말과 같이… 앞으로 어려운 이웃을 도와가며 커서 꼭 한 의사가 되어 북한의 아픈 사람들과 내 주변 사람들의 병을 고쳐주어야겠다.
> ─ 〈100일 릴레이 모금 캠페인〉에 참여한 초등학생 봉사자

> 예전 같으면 TV 앞에서 마냥 흘려버렸을 시간에 의미 있는 일을 한다는 것이 그렇게 기쁠 수가 없었다. 거리로 나와 사람들을 만나면서 이 시대의 희망을 발견할 수 있었다. 작은 일을 통해 이렇게 큰 기쁨을 얻게 해준 JTS에 진심으로 감사드린다.
> ─ 〈100일 릴레이 모금 캠페인〉에 참여한 봉사자

2008년 진행한 〈미안하다 동포야〉 모금 캠페인에는 인도 불가촉천민 마을 둥게스와리(Dongheswari)의 수자타아카데미 학생들도 함께 참여했다. 힌두어로 더빙된 〈어느 북한 부부의 이야기〉 동영상을 시청한 학생들은 "우리는 적게 먹어도 굶어 죽지는 않는다"며 한푼 두푼 모아 총 2천

100루피(2008년 기준 약 52,500원)를 굶주린 북한 친구들을 위해 보내왔다. 누군가에게 1루피를 구걸하던 손들은 어느덧 다른 나라 친구를 살리는 나눔의 손으로 변화하고 있었다.

JTS의 모금 캠페인은 수혜자들에게 더 많은 지원을 하는 중요한 역할을 했을 뿐만 아니라, 봉사자들에게도 나눔의 기쁨과 사회적 책임감을 심어줬다. 봉사자들은 자신이 할 수 있는 일을 통해 성장하고, 사회에 긍정적인 영향을 미칠 수 있다는 사실을 깨닫게 됐으며 이는 결국 더 큰 나눔과 배려의 문화를 형성하는 데 기여할 것이다.

굶고 있는 북한 친구들을 위해
기부하는 수자타아카데미 학생들

모금 캠페인 로고

(4) 사회적 약자를 위한 실천과 나눔 문화 정착

2019년 〈배고픈 북한 아이들에게 옥수수 1만 톤 보내기〉 모금 캠페인은 JTS에게 큰 의미가 있다. 각 지역의 봉사자들은 창의적이고 적극적인 아이디어로 다양한 홍보물을 제작하며 주체적으로 활동했다. 또한, 온라인 홍보는 한국을 넘어 세계 곳곳으로 퍼져나가 더 많은 사람들에게 캠페인의 취지와 북한의 어려운 상황을 알리는 데 중요한 역할을 했다.

일부 봉사자는 직접 만든 옥수수 옷을 입고 피켓을 든 유쾌한 모습으로 거리의 시민을 만나며 홍보를 했다. 경기도 김포시 월곶초등학교 4, 5학년 학생들은 자신들이 직접 만든 음식을 판매하며 일일 키즈카페를 운영했고, 그 수익금을 기부했다.

장롱 속에 고이 보관해 둔 금반지, 팔찌, 목걸이 등 귀중품을 내어놓은 사람들, 매일 한 끼, 두 끼를 굶으며 모은 돈(끼니당 5천 원), 거리에서 3일 동안 1만 배 정진하며 1배에 1천 원씩 모은 돈을 기꺼이 기부한 사람들도 있었다. 또한,《이게 경제다》저자 건국대학교 경제학과 최배근 교수는 책 인세를 후원하기도 하는 등 각자의 자리에서 본인이 할 수 있는 다양한

〈배고픈 북한 아이들에게 옥수수 1만 톤 보내기〉 캠페인에 참여한 봉사자들

방법으로 캠페인에 참여했다.

온·오프라인에서 진행된 적극적인 홍보를 통해 북한의 심각한 식량 사정과 인도주의적 지원의 필요성을 널리 알릴 수 있었고, 이 과정에서 무려 2만여 명이 캠페인에 동참했다. 이러한 참여는 JTS 역사상 유례없는 성과를 끌어냈으며, 모두가 한마음 한뜻으로 함께했기에 기적 같은 일을 해낼 수 있었다.

〈배고픈 북한 아이들에게 옥수수 1만 톤 보내기〉 캠페인은 북한 어린이들에게 꼭 필요한 식량을 지원한 것뿐만 아니라 많은 사람의 참여와 관심을 끌어낸 중요한 사례이다. 더불어 다양한 세대가 함께 참여할 수 있는 뜻깊은 기회를 제공하였다.

●

JTS 모금 캠페인은 긴급한 지원이 필요한 북한 주민들에게 도움을 주는 것을 넘어, 사람들에게 사회적 책임감을 심어주고, 지속 가능한 나눔의 가치를 실천하게 하는 계기가 됐다. 지속적인 캠페인을 통해 다양한 연령층의 후원자, 봉사자들의 참여는 장기적인 나눔으로 이어져 우리 사회에 나눔 문화를 구축하는 데 중요한 역할을 했다고 평가된다.

키즈카페에서 판매할 음료를 만드는 월곶초등학교 학생들

JTS 북한 돕기 모금 캠페인

1996년	12.15 북한 동포 돕기 거리 모금 캠페인
1998년	북한 어린이 돕기 정기 거리 모금 캠페인 시작(매주 1회)
2000년	북한 인도적 지원을 위한 한일미 공동 캠페인 〈생명의 씨앗으로, 평화의 미래로〉
2001년	〈북한 어린이·북한 농업 지원〉 캠페인
2002년	〈100일 릴레이 모금 캠페인〉 2004년까지 연 1회 진행
2004년	〈북한 용천 돕기〉 캠페인
2005년	북한은 내 나라, 우리가 건설하자 〈밥 한 공기 나누기, 호미 한 자루 보내기〉
2006년	〈희망의 비료 보내기〉 캠페인
2006년	남북 이재민 돕기 긴급 모금 캠페인 〈한반도에 희망의 무지개를〉
2006년	〈내복 1만 벌 보내기〉 캠페인
2007년	〈기아 STOP 우리만이 희망입니다–생명의 옥수수 1천 톤 보내기〉 캠페인
2007년	〈북한 수해, 끝나야 합니다〉 캠페인
2008년	〈미안하다 동포야〉 캠페인
2008년	〈그래도 밥은 먹어야 합니다〉 캠페인
2008년	JTS-피자헛 공동 캠페인 〈한 조각의 사랑〉
2010년	〈친구야 밥 먹자〉 캠페인
2011년	〈더 주지 못해 미안해〉 캠페인
2011년	〈4°C의 사랑을 입혀주세요〉 캠페인
2019년	〈배고픈 북한 아이들에게 옥수수 1만 톤 보내기〉 캠페인

9. 기타 지원 사업

JTS는 북한의 주요 사업을 진행하며 실시한 모니터링과 북한 측 협력 단체 요청 등으로 JTS의 도움이 필요한 곳에 단발적인 지원도 실시했다.

2000년 10월 JTS는, 자재가 없어 훼손된 상태로 방치해 둔 함경북도 칠보산에 위치한 개심사 보수를 위해 단청, 안료, 유리 등의 자재를 지원하였다. 북한 문화재는 비단 북한 만의 것이 아닌 우리 민족의 유산이므로 보수에 필요한 자재를 파악해 적극적으로 지원하였다.

함경북도 청진시에서 건설 중인 어랑천 발전소 공사 현장은 환경이 매우 열악했다. 어두운 갱도 안에서 촛불을 켜고 안전 장비도 없이 공사를 하는 노동자들은 낙석 등으로 인한 안전사고에 빈번히 노출될 수밖에 없었다. JTS는 2006년 10월 노동자들이 안전하게 공사를 할 수 있도록 안전모와 헤드랜턴 각 1천 개와 랜턴용 건전지 10,200개를 지원하였다.

2006년 상반기 방문했던 함경북도 회령시에서 도로보수 및 주택 개량을 위한 시멘트 3,000톤 지원을 요청했다. JTS의 예산 검토와 북한의 핵실험 등의 이유로 지원이 미뤄지다 2006년 12월 시멘트 1,000톤을 지원

회령시 공공건물 보수를 위해 지원한 시멘트

할 수 있었다. 2007년 8월에도 함경북도 회령시와 청진시의 주택 및 공공 건물 보수를 위해 철판 지붕재 22,500m^2 등을 지원하였다.

2015년 JTS는 홍수로 인한 산사태와 농토 유실을 막아 기근의 근본적인 해결을 도모하기 위해 함경북도 지역에 버드나무 묘목 16만 그루를 지원하였다. 3월 1차로 함경북도 회령시와 부령군, 연사군, 어랑군에 버드나무 묘목 11만 그루를 지원했고, 5만 그루는 4월 온성군에 지원하였다.

기타 지원 현황

연도	지역	대상	지원 물품
2000	함경북도	칠보산 개심사 보수	단청, 안료, 유리 등
2006	함경북도	어랑천 발전소	안전모 1,000개, 헤드랜턴 1,000개, 건전지 10,200개
	함경북도 회령시	주택 건설 지역 등	시멘트 1,000톤
2007	함경북도 회령시, 청진시	주택 건설 지역 등	지붕재 22,500m^2 등
2015	함경북도 회령시, 부령군, 연사군, 어랑군, 온성군		버드나무 묘목 160,000그루

회령시 소층 살림집 보수용 지붕재 적재 작업

03
북한 지원 사업
성과와 걸어온 길

1. 북한 지원 사업 성과

(1) 신속하고 적극적인 지원

1995년 북한의 식량난 소식을 접한 이후, JTS는 정치체제와 이념을 넘어 굶주림으로 인한 죽음만은 막아야 한다는 원칙 아래, 북한 주민을 위한 신속하고 적극적인 지원을 지속적으로 펼쳐왔다.

라선시에 JTS 어린이 영양식 공장을 설립해 식량난 최대 피해자인 아이들의 영양을 책임졌고, 북한 주민 스스로 식량난을 극복할 수 있도록 농업 생산량 증가를 위한 농업 지원을 했다. 남북한 관계 경색이 장기화됨에 따라 북한 지원이 어려운 시기에도 모금 캠페인을 통해 북한의 실상을 알리고 많은 후원자의 참여를 끌어내며 식량 부족으로 고통받는 북한 주민들에게 신속하게 식량을 지원하였다.

2006년 태풍과 장마로 북한은 남한보다 훨씬 더 큰 피해를 봤지만, 국제사회에 지원을 요청하지 않았고, 외부 원조도 중단된 상황에서 민간단체로는 처음으로 JTS가 긴급구호에 나섰다. 이후 2019년, 식량 사정이 10년 만에 최악이라는 유엔 산하 기구의 평가에 따라 JTS는 북한의 취약 계층에 신속히 옥수수를 지원하며 기아를 막기 위해 노력했다.

최근에 들려오는 소식은 코로나19 방역과 유엔의 경제제재로 인해 많은 북한 주민이 식량부족으로 굶어 죽었다고 한다. 그러나 현재 북한 국경이 폐쇄된 상태이고, 우리 정부 또한 적극적인 대응을 하고 있지 않아 안타까운 마음에도 불구하고 마땅한 대책이 마련되지 못하고 있는 실정이다. JTS는 인도주의적 지원을 재개하기 위해 모든 방법을 동원하여 지원하고자 한다.

(2) 투명한 배분과 모니터링 시스템 마련

북한에 대한 지원은 민간뿐만 아니라 정부 및 국제사회에서도 이루어졌지만, 지속적으로 투명성 문제가 제기되어 왔다. 이에 JTS는 북한 지원 사업 초기부터, 방문이 제한되어 모니터링이 불가능한 지역에는 지원하지 않는 것을 원칙으로 삼았다. JTS는 지원하는 모든 지역을 직접 방문하여 사업 진행 상황을 철저히 점검해 왔다.

라선시에 JTS미국 뉴욕 라진·선봉 상주 대표사무소를 설치해 JTS에서 파견한 조선족 봉사자가 북한 현지에 상주해 모니터링을 진행했다. 이후 취약 계층 지원 사업을 비롯한 농업 지원, 보건 의료, 긴급구호까지 JTS는 직접 모니터링이 가능한 지역에만 지원한다는 원칙을 고수했다. 또한 JTS는 지원하는 모든 물자에 전용 용기를 사용하거나 JTS 로고를 부착함으로써 지원 물자의 외부 전용(轉用)을 방지하고 투명성을 확보하고자 하였다.

2006년 청진시, 회령시 등 함경북도 일대 방문이 가능하게 돼 보육원, 양로원 등 취약 계층 지원이 본격화됐고, 양강도, 강원도 등으로 지원 지역을 확대했다. 2009년부터는 평양시와 자강도를 제외한 북한 9개 시도 53개 보육원, 양로원, 장애인학교 등 취약 계층 12,000명에게 정기적으로 지원하였다. 지원한 지역은 모두 현장을 직접 방문해 지원 상황을 모니터링했고, 수혜자 12,000명을 대상으로 6개월마다 정기적으로 키, 몸무게, 팔 둘레 등 신체 계측 조사를 진행해 영양 상태를 점검했다. 이는 유엔 등 국제사회에서도 진행하지 못한 것이다. 신체 계측 자료는 수혜자의 영양 상태 변화를 점검해 향후 지원 방향을 정하는 데 큰 도움을 줬다.

(3) 모금 캠페인을 통한 참여 확대

1996년 12월 시작된 JTS의 북한 주민 돕기 모금 캠페인은, 더 많은 경제적 지원만이 아니라 북한 지원에 대한 사람들의 인식을 개선하기 위해서이기도 했다. 거리로 나선 봉사자들은 우리나라에도 굶는 사람이 많은데 우리에게 적대적인 북한을 왜 도와야 하냐는 핀잔을 듣기 일쑤였다. JTS는 캠페인을 통해 인종, 종교, 국적, 정치체제가 다르더라도 고통받는 이들을 돕는 것은 당연하며, 최악의 식량난을 겪고 있는 북한 주민을, 특히 북한 어린이를 향한 인도주의적 지원에 동참하기를 호소했다.

> 언뜻 보기에 형편이 넉넉하지 않을 것 같은 사람들이 모금함에 돈을 넣어줄 때는 더 가슴이 뭉클했다. 사람들이 모금에 동참하지 않더라도 우리의 모금활동을 보며 북한 주민들의 굶주림을 한번 생각하는 계기가 되길 마음속으로 바랐다.
> ─JTS 거리 모금 캠페인에 참여한 봉사자

JTS의 모금 캠페인은 시민들에게 북한의 실상을 알리는 데 큰 역할을 했다. 모금 캠페인 덕분에 북한 주민 돕기에 동참하는 시민이 점차 늘어날 수 있었고 북한 주민의 생계문제를 해결하는 데 실질적인 도움을 줄 수 있었다. 어린이, 청소년부터 노인까지 다양한 JTS 봉사자들이 거리로 나가 많은 시민들과 함께 도움의 기쁨을 나눴다.

(4) 대한적십자 단일 창구를 다원화하는 데 일조

JTS가 북한 지원을 시작할 1997년 당시 민간 차원에서의 지원은 대한적십자를 통해야만 했다. JTS는 다른 민간단체들과 함께 적극적인 북한 지원을 위해 창구 다원화를 정부에 지속적으로 요구했고, 비로소 1999년 JTS를 포함한 일정 요건을 갖춘 민간단체의 독자적인 북한 지원이 가능하게 됐다. 그로 인해 민간단체의 북한 지원의 규모 확대와 농업, 의료 등 지원 분야도 다양화되었다.

(5) 도움을 받는 사람에서 도움을 주는 사람으로

JTS 농업 지원의 주요 목적은 북한 주민이 스스로 식량난을 극복하는 것이었지만, 증산량 일부를 북한 내 취약 계층에 기부하는 것에도 큰 의미를 뒀다. 북한 주민이 도움을 받기만 하는 대상이 아닌 다른 북한 주민을 돕는 주체로 성장할 기회를 제공하는 것이다. 어려운 상황에서도 더 큰 어려움을 겪고 있는 사람들을 돕는 것은 북한 주민들의 자긍심을 높이고, 공동체의 유대감을 강화하는 데 중요한 역할을 한다.

이는 개인의 성장을 넘어, 더 나은 사회를 만드는 밑거름이 될 것이다. 서로 돕고 상생하는 사회는 더 큰 어려움도 함께 극복할 힘을 갖게 될 것이 분명하다. JTS의 노력이 북한 주민들 스스로 힘으로 더 나은 미래를 만들어 나가기를 기대한다.

JTS 지원을 받은
농장에서
취약 계층을 위해
기부한 옥수수

2. 북한 지원 사업—걸어온 길

1997

【긴급 식량 및 생필품 등 취약 계층 지원】
- 라선시, 함경북도 새별군, 온성군, 은덕군, 회령시, 조선불교도연맹
  —옥수수 221톤, 밀가루 30톤, 간장 100리터
- 라선시 자약수(피부약) 1,800개, 탈지면

【어린이 영양식 지원】
- JTS 어린이 영양식 공장 설립
- 라선시 쌀 40톤, 옥수수 20톤, 분유 6톤, 설탕 3톤, 와하하(요구르트) 10,560개

1998

- 6월 JTS미국 뉴욕 라진·선봉 상주 대표사무소 설립 인가

【긴급 식량 및 생필품 등 취약 계층 지원】
- 라선시, 함경북도 무산군, 새별군, 온성군, 회령시, 청진시
  —옥수수 180톤, 밀가루 30톤

【어린이 영양식 지원】
- 4월, 6월~12월 : 라선시 전체 110개 탁아소, 유치원 11,000여 명
  —쌀, 옥수수, 분유, 설탕 등 혼합 어린이 영양식(매월 1인당 3kg)

【농업 지원】
- 세선농장(함경북도 온성군) 시범농장 운영(60정보)—농업기술 전수, 비료, 농약 등

1999

【긴급 식량 및 생필품 등 취약 계층 지원】
- 라선시—젖병 800개, 학용품 등

【어린이 영양식 지원】
- 라선시 전체 110개 탁아소, 유치원 11,000여 명—쌀, 옥수수, 분유, 설탕 등 혼합 어린이 영양식(매월 1인당 3kg)

【농업 지원】

- 함경북도 온성군 세선농장 270정보—비료 58.5톤, 비닐 14톤, 종자, 살초제, 영양토 등
- 라선시 사회리농장, 부포농장 600정보 등 4개 농장—비료 326.25톤, 비닐 20,840㎡, 종자, 살초제, 영양토 등

2000

【긴급 식량 및 생필품 등 취약 계층 지원】

- 함경북도 청진시 쌀 10톤, 밀가루 112톤
- 라선시, 함경북도 경성군, 온성군, 청진시, 회령시—이불/요 1,860채, 기저귀 2,000개, 내복 2,000벌 등 생필품

【어린이 영양식 지원】

- 라선시 전체 110개 탁아소, 유치원 11,000여 명—쌀, 옥수수, 분유, 설탕 등 혼합 어린이 영양식(매월 1인당 3kg), 사탕 1.5톤, 돼지고기 통조림 1톤, 돼지기름(쇼트닝) 7.5톤

【농업 지원】

- 함경북도 온성군 1,300정보 비료 730톤, 영양토 2.6톤 등
- 라선시 2개 농장 550정보 비료 76.5톤, 비닐 9톤, 농약 등

【기타 지원】

- 함경북도 길주군 칠보산 개심사 보수공사 단청, 안료, 유리 등

2001

【긴급 식량 및 생필품 등 취약 계층 지원】

- 함경북도 보육원—밀가루 100톤
- 평양시 근교, 라선시, 함경북도 청진시 등—의류, 신발, 내복 4,050벌 등 생필품 및 학용품

【어린이 영양식 지원】

- 라선시 전체 110개 탁아소, 유치원 11,000여 명—쌀, 옥수수, 분유, 설탕 등 혼합 어린이 영양식(매월 1인당 3kg), 밀가루 100톤

【농업 지원】

- 함경북도 경성군 염분진농장 100정보 비료 70톤, 비닐 6톤
- 라선시 300정보 비료 210톤, 비닐 18톤
- 창매리농장(황해북도 연탄군) 600정보 비료 290톤, 비닐 10.5톤, 옥수수 종자 1톤

2002

【긴급 식량 및 생필품 등 취약 계층 지원】

- 함경북도 청진시 밀가루 100톤, 분유 3톤, 설탕 5톤
- 라선시, 함경북도 청진시 의류 2,042벌, 내복 9,300벌 등 생필품 및 학용품

【어린이 영양식 지원】

- 라선시 전체 110개 탁아소, 유치원 11,000여 명―쌀, 옥수수, 분유, 설탕 등 혼합 어린이 영양식(매월 1인당 3kg), 이유식 4,800캔, 마대 5,000장, 영양식 봉투 90,000장

【농업 지원】

- 함경북도 경성군 염분진농장 100정보 비료 70톤, 비닐 6톤
- 라선시 8개 농장 300정보 비료 210톤, 비닐 18톤

2003

【긴급 식량 및 생필품 등 취약 계층 지원】

- 함경북도 청진시, 양강도 삼지연군 밀가루 310톤
- 라선시 신발 20,000켤레

【어린이 영양식 지원】

- 라선시 전체 110개 탁아소, 유치원 11,000여 명―쌀, 옥수수, 분유, 설탕 등 혼합 어린이 영양식(매월 1인당 3kg), 밀가루 60톤, 영양식 봉투 70,000장

【농업 지원】

- 함경북도 경성군 염분진농장 100정보 비료 96톤, 비닐 8톤
- 라선시 3개 농장 300정보 비료 288톤, 비닐 16톤

2004

【긴급 식량 및 생필품 등 취약 계층 지원】

- 함경북도 청진시 쌀 100톤
- 라선시 이불 500채, 의류 10,000벌, 양말 10,000켤레 등 생필품 및 학용품

【어린이 영양식 지원】

- 라선시 전체 110개 탁아소, 유치원 11,000여 명―쌀, 옥수수, 분유, 설탕 등 혼합 어린이 영양식(매월 1인당 3kg), 마대 4,000장, 영양식 봉투 50,000장

【농업 지원】

- 라선시 4개 농장 400정보―비료 252톤, 비닐 28톤

【보건 의료 지원】

- 라선시 3개 진료소 주사기, 수액세트 등 의약품, 영양제 400,000정

【긴급구호】

- 용천역 열차 폭발 사고(평안북도 용천군)―항생제 210,000개, 페니실린 50,000개, 주사기 145,000개, 체온계 6,000개 등 의약품, 밀가루 200톤, 이불 500채, 의류 11,000여 벌, 양말 10,000켤레, 신발 600켤레, 공책 3,000권

2005

【긴급 식량 및 생필품 등 취약 계층 지원】

- 함경북도 청진시―소금 100톤
- 평양시 천남리 천남협동농장―이불 100채, 가방 2,900개, 유아용 양말 10,000켤레, 볼펜 340,000개 등

【어린이 영양식 지원】

- 라선시 전체 110개 탁아소, 유치원 11,000여 명―쌀, 옥수수, 분유, 설탕 등 혼합 어린이 영양식(매월 1인당 3kg)

【농업 지원】

- 함경북도 온성군 23개 협동농장 1,980정보―비료 720톤
- 평양시 천남협동농장 490정보―비료 300톤, 비닐 660,000m^2

【보건 의료 지원】

- 평양시 천남리 천남협동농장 등―소화제 35,000정, 제산제 228,000포 등

2006

【긴급 식량 및 생필품 등 취약 계층 지원】

- 함경북도 경성군, 온성군, 청진시, 회령시 등 보육원, 양로원, 장애인학교 5,000여 명―밀가루 18톤, 분유 1톤, 콩기름 1,800리터, 설탕 5톤, 초코파이 48,000개, 내복 10,000벌, 겨울용 점퍼 등 생필품, 체육용품, 온풍기 2대, 복사기 1대 등

【농업 지원】

- 함경북도 경성군 염분진농장, 청진시 봉암협동농장 1,050정보―비료 450톤, 비닐 300,000m^2
- 라선시 14개 협동농장 650정보 비료 250톤, 비닐 200,000m^2

【보건 의료 지원】

- 라선시 23개 진료소, 승리화학 종합진료소―X-ray, 초음파, 심전도, 기초 의약품 및 의료기기
- 함경북도 도 인민병원―병실 침대 100대, 수술대, 마취기 등

【긴급구호】

- 수해 피해(평안남도 신양군, 양덕군, 성천군)—밀가루 700톤, 라면 37,500개, 이불, 신발 등 생필품과 의약품 등
- 성홍열 피해(양강도, 평안남북도, 강원도, 함경북도)—페니실린 주사약 403,000개

【기타 지원】

- 함경북도 청진시 어랑천 발전소—안전모 1,000개, 헤드랜턴 1,000개, 랜턴용 건전지 10,200개 등
- 함경북도 회령시 도로보수 및 주택 개량—시멘트 1,000톤
- 라선시 어린이 영양식 공장—영양식 봉투 10,000장

2007

【긴급 식량 및 생필품 등 취약 계층 지원】

- 함경북도 보육원, 양로원—쌀 100톤, 내복 8,180벌, 기저귀 3,000개 등
- 평안남도 신양군, 양덕군, 성천군 14개 학교 및 유치원, 주민—밀가루 550톤, 설탕 20톤, 내복 10,000벌
- 함경북도 전체 15개 시군—옥수수 1,500톤

【농업 지원】

- 함경북도 온성군 세선농장, 풍서농장 500정보—비료 200톤, 비닐 530,000㎡
- 함경북도 청진시 송향농장, 동호농장 500정보—비료 200톤, 비닐 564,400㎡
- 함경북도 회령시 원산농장, 인계농장 350정보—비료 175톤, 비닐 462,000㎡
- 함경북도 인민위원회—비료 20톤

【보건 의료 지원】

- 함경남북도—미니센스 12,000정 등 의약품
- 평양시 의학과학원—알약 생산 기계 등

【긴급구호】

- 수해 피해(평안남도 양덕군)—담요 5,000채, 의류 및 생필품 등
- 수해 피해(강원도 회양군, 창도군, 안변군, 통천군)—옥수수 500톤

【기타 지원】

- 함경북도 회령시, 청진시—주택 및 공공건물 보수 지붕재 22,500㎡

2008

【긴급 식량 및 생필품 등 취약 계층 지원】

- 라선시, 함경북도 6개 시군, 양강도 4개 시군, 강원도 5개 시군, 평안북도 2개 군, 황해북도 곡산군—밀가루 1,200톤, 밀가루 국수 480톤, 옥수수 국수 15톤, 국그릇 300개

- 황해북도 곡산군 미루벌 물길공사지역 포도당, 알코올 등 기초 의약품, 생리 대용 천
- 함경북도 도 인민병원―자동 인공호흡기 2대, 산소발생기 2대, 병실 침대 100 대 등 의료기기 및 병원 비품 등
- 함경북도 회령시 영유아 및 산모 지원 사업―밀가루 50톤, 미역죽 분말 25톤, 전지분유 28톤, 설탕 20톤, 소금 1톤

2009

【긴급 식량 및 생필품 등 취약 계층 지원】

- 전국 8개 도 18개 시군 보육원, 양로원, 장애인학교 등 취약 계층 140,000여 명―매시트포테이토 3.75톤, 의류 15,929벌 등 생필품, 학용품 등

【보건 의료 지원】

- 강원도, 함경북도, 평안남도, 자강도, 황해북도―JTS 로고가 새겨진 구급함 9,600세트 등
- 전국 8개 도 18개 시군 보육원, 양로원, 장애인학교 등―아토피 크림 5,594개, 마스크 6,000개

【기타 지원】

- 라선시 어린이 영양식 공장 영양식 봉투 10,000장

2010

【긴급 식량 및 생필품 등 취약 계층 지원】

- 전국 9개 시도 53개 보육원, 양로원, 장애인학교 12,000명―밀가루 620톤, 두유 719,424개, 분유, 이유식, 콩기름, 라면 등 식품, 이불 5,000채, 담요 12,000채, 체육복 12,000벌, 겨울 신발, 고무장갑 등 생필품, 신체 계측 장비 등

【긴급구호】

- 수해 피해(함경남도 함흥시, 신포시, 신흥군, 북청군, 영광군, 덕성군, 홍원군)―밀가루 500톤, 담요 3,000채, 겨울 신발 등
- 수해 피해(개성시, 황해남북도)(개성 육로)―밀가루 400톤

2011

【긴급 식량 및 생필품 등 취약 계층 지원】

- 전국 9개 시도 53개 보육원, 양로원, 장애인학교 12,000명―밀가루 300톤, 이유식 10톤, 두유 719,424개, 분유 21톤, 영양 강화 식품, 겨울 의류 등
- 황해북도 사리원시 탁아소, 유치원, 소아병원(개성 육로)―밀가루 300톤

【긴급 식량 및 생필품 등 취약 계층 지원】

- 전국 9개 시도 53개 보육원, 양로원, 장애인학교 12,000명—이유식 10톤, 두유 359,712개, 분유 30톤, 영양 강화 식품 2종

【긴급구호】

- 수해 피해(평안남도 안주시, 성천군)—밀가루 500톤

2015

【긴급 식량 및 생필품 등 취약 계층 지원】

- 함경북도 청진시, 회령시 보육원, 양로원
  —【JTS중국】옥수수 국수 50톤/【JTS미국】콩 200톤

【기타 지원】

- 함경북도 회령시, 부령군, 연사군, 어랑군, 온성군
  —버드나무 묘목 160,000그루

2016

【긴급구호】

- 홍수 피해(함경북도 무산군, 회령시 등 두만강 유역)—【JTS미국】쌀 10톤, 라면, 콩기름, 대야, 식기 등 생필품, 내의와 방한복, 이불 등 방한용품

2019

【긴급 식량 및 생필품 등 취약 계층 지원】

- 〈배고픈 북한 아이들에게 옥수수 1만 톤 보내기〉 캠페인 진행—옥수수 20,534톤

4. 파키스탄

Pakistan

파키스탄은 남아시아에 위치한 이슬람 공화국으로, 북동쪽으로는 중국, 서쪽으로는 아프가니스탄과 이란, 동쪽으로는 인도, 그리고 남쪽으로는 아라비아해와 접해 있다. 국토는 산악 지역, 사막, 비옥한 평원으로 다양하게 구성되어 있으며, 기후는 대부분 건조하고 더운 편이지만 북부 산악 지역은 겨울에 매우 춥다.

파키스탄은 인더스문명의 발상지로 오랜 역사를 가지고 있다. 이 지역은 알렉산드로스 대왕의 침공, 이슬람 제국의 확산 등 여러 제국의 영향을 받았다. 특히 1947년 영국령 인도 제국이 인도와 파키스탄으로 분리 독립하면서 현재의 파키스탄 영토가 확립되었다. 이것은 힌두교가 다수인 인도와 이슬람교가 다수인 파키스탄 때문에 이루어졌으며, 이때 대규모의 인구 이동과 혼란이 발생했다. 1971년에는 동파키스탄이 방글라데시로 독립하면서 현재의 영토가 되었다.

파키스탄 주민의 95% 이상은 이슬람교를 믿으며, 다양한 민족과 언어가 공존하고 있다. 농업이 중요한 산업이며, 인더스강 유역의 비옥한 평원에서 농작물을 재배한다. 도시 지역에서는 제조업, 서비스업 등이 발달하고 있다. 문화적으로는 이슬람 전통과 지역적 특색이 융합된 형태를 띠고 있으며, 가족 중심의 공동체 문화가 강하다.

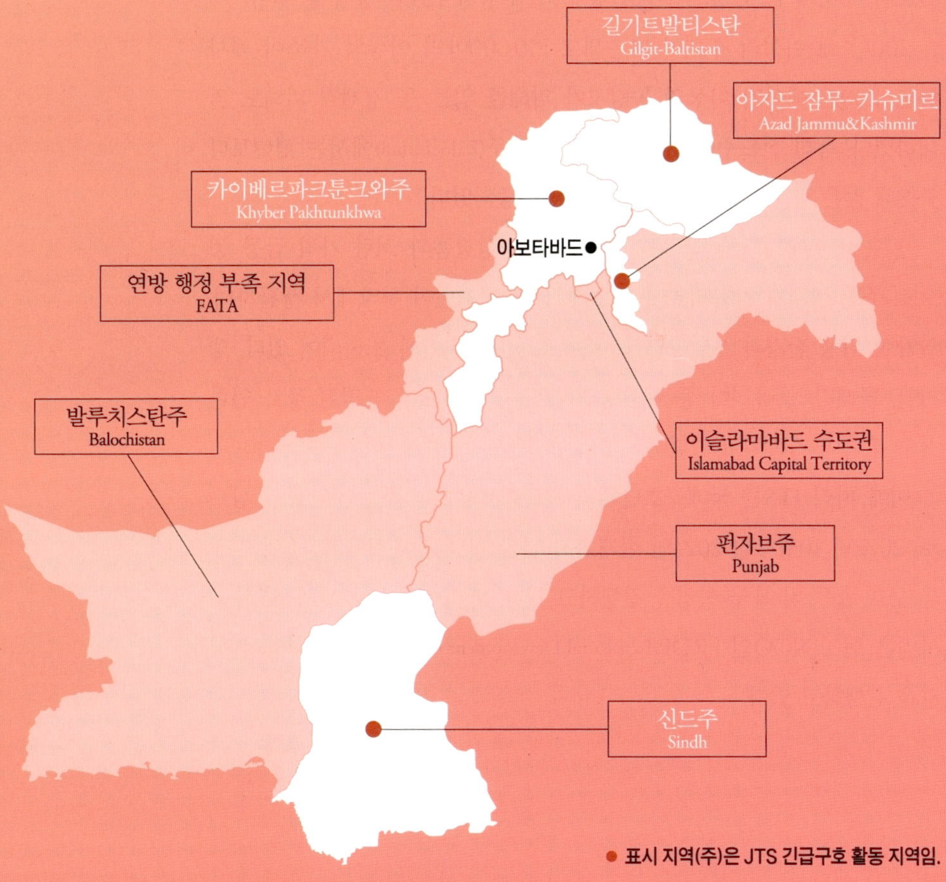

● 표시 지역(주)은 JTS 긴급구호 활동 지역임.

1. 활동 배경

2005년 10월 8일, 파키스탄 북부 카슈미르(Kashmir) 지역에서 규모 7.6의 지진이 발생하여 약 86,000명이 사망하고, 수십만 명이 부상을 입었다. 이 지진은 파키스탄 역사상 가장 치명적인 자연재해 중 하나로 기록될 만큼 많은 피해가 있었다. 그래서 JTS는 2005년 두차례에 걸쳐 긴급구호 활동을 진행하였다.

2022년에는 6월부터 9월까지 이어진 몬순 폭우로 전역이 심각한 홍수 피해를 입었다. 국토의 3분의 1이 침수되고, 3,300만 가구가 피해를 입었으며, 사망자 1,739명(어린이 647명 포함), 부상자 12,867명에 달했다.

200만 채 이상의 주택이 파손되고 719,000마리 이상의 가축이 폐사하고, 200만 에이커 이상의 농경지가 피해를 입는 등 경제적 피해도 막대하였다. 특히 신드주(Sindh)와 발루치스탄주(Balochistan)에서는 평년보다 5~8배 많은 강우량이 기록되며 피해가 집중되었다.

홍수 이후에는 공급망 붕괴, 물가 상승, 생필품과 식량 가격 급등 등으로 주민 생계가 악화되었다. 90% 이상의 이재민이 천막에서 생활하며, 열악한 위생 환경과 부엌 시설 부족으로 건강 위협에 노출되어 있다. 뎅기열, 콜레라, 말라리아 등 전염병 위험도 높아졌으며, 오염된 물로 인한 식수 부족이 지속되고 있다.

이에 따라 JTS는 국제구호단체의 지원이 미치지 않는 지역을 중심으로, 2022년 10월부터 2024년 현재까지 긴급 식료품, 핸드펌프, 주택 지원 등 구호 활동 및 복구 사업을 진행하고 있다. 파키스탄 구호 활동 및 복구 사업은 현지 NGO인 FRDP(Fast Rural Development Program)와 협력하여 사업을 진행하고 있다.

2. 파키스탄 구호 활동

(1) 2005 지진 피해 긴급구호

파키스탄 대사관을 통하여 긴급구호 자금을 전달하고, 현지에 박지나 대표를 파견하였다. 2005년 10월, 1차 긴급구호 활동을 진행하였다. 피해가 큰 만세르, 무자파라바드, 발루콧은 타단체의 지원활동이 활발하여 이곳들을 제외한 아보타바드(Abbottabad) 지역의 바콧(Bakot), 남발(Nambal), 파얀(Payan), 까한깔라우(Kahan-kalau), 컬리(Kurlee) 등 5개 산간마을에 이불 1,750채, 텐트 200개, 텐트 깔개 200개를 지원하였다.

2005년 11월, 2차 긴급구호 활동을 진행하였다. 고산지대에 위치한 랑갈라와 시르빌라 마을에 텐트, 침낭, 밀가루 등을 지원하였다. 자동차가 접근하기 어려운 까나이 마을에는 파키스탄군과 미군의 도움으로 두 대의 헬기에 텐트와 침낭, 밀가루, 식용유 등의 물품을 나누어 싣고 지원하였다. 2차 지원을 통해 총 텐트 1,000개, 침낭 2,000개, 밀가루 8,000kg, 식용유 400통, 문구 세트 200개가 전달되었다.

2005 지진 피해 긴급구호 현장

(2) 홍수피해 1~4차 긴급구호 (2022년 10월)

신드주 내 피해가 심각한 지역을 대상으로 6,300가구에 식료품을 지원하였다. 지원 품목은 밀가루, 쌀, 기름, 콩류, 설탕 등 생필품 중심으로 구성하였으며, 피해 주민들이 최소한의 생계를 유지할 수 있도록 배분하였다. 또한, 길기트발티스탄주 날타 계곡 내 천막 학교 10개 동을 지원하여, 홍수 피해로 인해 중단된 교육이 재개될 수 있도록 하였다. 이번 구호 활동에서는 현지 NGO인 FRDP 및 교육 단체 PLP(Perha Likhha Pakistan)와 협력하여 효과적인 지원이 이루어질 수 있도록 조율하였다.

홍수 피해 지원을 위한 구호 물품 배분 장면.
대규모 배분에서는 안전사고 예방을 위한
질서 유지가 필수적이다.

(3) 홍수피해 5~6차 긴급구호 (2023년 1월)

5~6차 구호에서는 추가적으로 4,000가구에 대한 식료품 지원을 진행하였으며, 시범적으로 핸드펌프 10기를 설치하였다. 이 시기에도 여전히 홍수 피해가 지속되고 있었으며, 식수원이 오염된 탓에 수인성 전염병 문제가 더욱 심각해지고 있었다. 이에 따라 JTS는 깨끗한 물을 확보하는 것이 가장 시급한 문제 중 하나라고 판단하여 핸드펌프를 설치하게 되었다.

① 4,000가구 지원을 위한 구호 물품 포장
② 홍수 피해 지원을 위한 구호 물품 배분
③ 핸드펌프 설치

(4) 홍수 피해 7차 긴급구호 (2023년 6월)

7차 긴급구호에서는 총 1,000가구에 식료품을 지원하고, 200기의 핸드
펌프를 설치하였다. 또한, 홍수로 집을 잃은 극빈층을 위한 주택 103채
건설을 목표로, 그 첫 단계로 모델 하우스 3채를 시범 완공하고 준공식
을 진행하였다.

　이번 구호 활동에서는 식량 지원과 더불어 장기적으로 안전한 식수
공급과 주거 문제 해결을 위한 기반을 마련하는 데 집중하였다. 또한, JTS
이사장 법륜 스님이 직접 현장을 방문하여 피해 주민들을 격려하고, 현
지 NGO FRDP 관계자들과 간담회를 진행하며 향후 협력 방안을 논의
하였다.

① 구호 물품 전달하는 JTS 이사장 법륜 스님
② 긴급구호 물품을 배분받은 이재민
③ 핸드펌프 추가 설치

(5) 핸드펌프 1,000기, 주택 100채 지원 (2024년)

JTS는 긴급구호 이후 장기적인 복구 지원의 필요성을 인식하고, 2023년 8월부터 지원 사업을 확대하여 핸드펌프 1,000기와 극빈자들을 위한 주택 100채를 건설하는 계획을 수립하였다. 해당 사업은 2024년 말까지 성공적으로 완료되었다.

핸드펌프 1기당 평균 8가구가 사용하며, 1가구당 평균 인원이 7~8명임을 고려했을 때, 총 56,700명이 깨끗한 식수를 공급받을 수 있는 환경이 조성되었다. 이를 통해 수인성 전염병 예방과 더불어 이재민들의 생활 여건이 크게 개선되었다.

주택 지원의 경우, 초기 단계로 모델하우스 3채를 건설한 뒤, 이를 기반으로 추가 100채를 건설하는 프로젝트를 추진하였다. 이 과정에서 JTS는 지역 관공서 및 협력 단체와 협의하여 최적의 위치를 선정하고, 공사를 진행하였다.

①	②
③	④

① 홍수 피해로 가축과 함께 천막에서 거주하는 파키스탄 주민

② 공사 완료된 지원 주택

③ 마실 물이 없어 흙탕물을 마시고 이용하는 주민들

④ 설치된 핸드펌프 1천 기는 5만여 명에게 혜택이 주어졌다.

3. 사업 성과

초기에는 식량 지원 중심의 긴급구호 활동을 펼쳤다. 이후에는 파키스탄 주민들의 삶의 안정화를 위한 복구 사업으로 전환하였다. 복구 단계에서는 핸드펌프 설치와 주택 건설을 중심으로 지원이 이루어졌다.

현지 NGO FRDP와의 긴밀한 협력을 통해 지원품 배분을 원활하게 진행하였으며, 보다 체계적인 복구 지원이 가능하도록 하였다. 여전히 천막이나 임시 거처에서 생활하고 있는 이재민들을 위해 JTS는 추가 주택 재건 프로젝트와 핸드펌프 설치를 진행 중이며, 앞으로도 현지 협력 단체와 함께 지속적인 복구 지원을 이어갈 예정이다.

파키스탄 구호 활동

사업명	시기		지역	지원 물품
2005년 지진 피해 긴급구호	1차	2005. 10.12~10.17	카이베르파크툰크와주 아보타바드 지역의 바콧, 남발, 파얀, 까한깔라우, 컬리	이불 1,750채, 텐트 200개, 텐트 깔개 200개
	2차	2005. 11.2~11.23	아자드 잠무–카슈미르주 랑갈라, 시르빌라, 까나이	텐트 1,000개, 침낭 2,000개, 밀가루 8,000kg, 식용유 400통, 문구 세트 200개
2022년 홍수 피해 긴급구호	1~4차	2022. 10.8~10.26	신드주 【1차】Saeed Khan Laghari (2,000가구) 【2차】Khan Dal (2,000가구) 【3차】Jhuddo Town (2,000가구) 【4차】추가 지원(300가구)	**【식료품 지원】** 6,300가구(약 4.4만 명) 밀가루, 쌀, 기름, 렌틸콩, 설탕, 소금, 차, 고추, 비스킷, 피클
			길기트발티스탄 주	**【천막학교 지원】** 천막 10개 동
	5~6차	2023. 1.6~1.16	신드주 【5차】Jacobabad(2,000가구) 【6차】Mirpurkhas(2,000가구)	**【식료품 지원】** 4,000가구(약 2.8만 명) 밀가루, 쌀, 기름, 렌틸콩, 설탕, 소금, 차, 고추, 비스킷, 피클 **【핸드펌프 설치】** 10기
	7차	2023. 6.1~ 6.2	신드주 【7차】Mirpurkhas, Muhammad Hashim Soomro (1,000가구)	**【식료품 지원】** 1,000가구 곡물 25kg, 오일 등 **【핸드펌프 설치】** 200기 **【주택 지원】** 모델하우스 3채 건축
		2023.8.1~ 2024.12.1	신드주	**【핸드펌프 설치】** 1,000기 **【주택 지원】** 100채 건축

5.
방글라데시
로힝야 난민

Bangladesh

로힝야족은 미얀마 라카인주 북부에 거주하는 소수민족으로, 주로 이슬람교를 믿는다. 이들의 언어는 인도-아리아어군에 속하는 로힝야어이며, 외모는 남아시아인과 동남아시아인의 특징을 모두 가지고 있다. 로힝야족은 수세기 동안 미얀마에 거주해왔지만, 미얀마 정부는 이들을 불법 이민자로 간주하여 시민권을 부여하지 않고 있다.

로힝야족의 주요 분포 지역은 미얀마 라카인주 북부이지만, 미얀마 정부의 탄압으로 인해 많은 수가 난민이 되어 다른 나라로 떠났다. 특히 2017년 미얀마 군부의 대규모 소탕 작전 이후, 70만 명 이상의 로힝야족이 국경을 넘어 방글라데시로 피난했다. 현재 방글라데시 콕스바자르에는 세계에서 가장 큰 규모의 난민촌이 형성되어 있으며, 이곳에는 약 100만 명의 로힝야 난민이 열악한 환경 속에서 살고 있다.

이들은 미얀마 군부의 폭력적인 탄압과 박해를 피해 고향을 떠났다. 미얀마 정부는 로힝야족을 겨냥하여 마을을 불태우고, 학살과 성폭행을 자행했으며, 이는 국제사회에서 인종청소로 규정되기도 했다. 이로 인해 로힝야족은 기본적인 인권과 안전을 보장받지 못하고, 난민으로서 불안정한 삶을 이어가고 있다.

1. 사업 배경

로힝야족(Rohingya people)은 미얀마 서부 라카인주에 거주하는 무슬림 소수민족으로, 약 8세기부터 해당 지역에 뿌리를 두고 살아왔다. 그러나 미얀마 정부는 로힝야족을 불법 이주민으로 간주하였고, 특히 영국 식민지 시기 로힝야족을 이용한 통치 방식이 미얀마 국민들에게 반감을 심어주었다. 독립 이후 로힝야족은 시민권을 박탈당하고 무차별적인 차별과 탄압을 받아왔으며, 1978년 이후 여러 차례의 학살과 강제 이주가 발생하였다.

크고 작은 갈등이 반복되던 중 2017년 8월 25일, 미얀마군이 라카인주에서 로힝야족을 대상으로 학살과 탄압이 계속되었다. 이로 인해 약 70만 명의 로힝야족이 피난을 떠났고, 미얀마와 접한 방글라데시 콕스바자르 지역에는 기존 난민을 포함하여 총 100만 명에 달하는 난민이 몰리게 되었으며, 그 절반은 18세 이하의 아동이었다.

JTS는 2017년 9월 사낫(Sanat) 방글라데시 INEB(International Network of Engaged Buddhists, 참여불교국제네트워크) 이사로부터 로힝야 난민 지원에 대한 제안을 받았다. 이후 10월 20일 국내 미얀마 스님이 운영하는 (사)법

승담마야나선원을 통해 의류 162박스를 보내는 것으로 로힝야 난민에 대한 JTS의 지원이 시작되었다.

2017. 10. 20	의류 162박스 지원(국내 (사)법승담마야나선원 통해 지원)
2017. 10. 24	1차 긴급 지원 (쌀 10.5톤, 모기장 700장)
2018. 1. 10	2차 긴급 지원 (쌀 30톤, 담요 2,000장)
2019. 1. 22	가스스토브 100,000대 1차 전달식
2019. 7	몬순 피해 지원 사업 (with 아디)
2020. 4 ~ 8	코로나19 긴급구호 방호복 10,000벌 지원
2020. 8	몬순 피해 경감 지원 사업 (with 아디)
2022. 9. 8	가스스토브 100,000대 2차 전달식
2022. 9	축구공 지원
2024. 12. 2	세수비누, 빨래비누 총 6,360,000개 전달식

거의 맨몸으로 강을 건너 미얀마를 탈출하는 로힝야 난민들 (출처 ⓒEPA)

2. 로힝야 난민 지원 활동

(1) 1차 지원 (2017. 10. 24)

JTS는 2017년 10월 19일, 긴급 지원을 위해 박지나 대표를 현지에 파견했다. 지원에 앞서 난민 캠프를 사전 조사하려 했지만, 외국인의 캠프 출입은 어렵다며 제지를 받았다.

이에 박지나 대표는 캠프 측에 JTS의 세 가지 원칙을 설명하며 분명하게 입장을 전달하였다. 첫째, 배분 과정의 투명성이 보장되어야 한다. 둘째, 철저한 모니터링을 위해 난민들의 상황을 직접 확인하고 물품을 선정한다. 셋째, 물품은 직접 배분한다. 이러한 입장을 전달했고, 우여곡절 끝에 10월 24일 JTS는 난민 캠프에 직접 들어가 물품을 지원할 수 있었다.

3,150명
수혜 인원 / 700가구

10,500kg
쌀 지원 / 가구 당 15kg

700장
모기장 지원

대부분의 나무가 훼손된 캠프

로힝야 난민 캠프 곳곳에 생긴 물웅덩이

(2) 2차 지원 (2018. 1. 10)

JTS는 2018년 1월 난민들의 주식인 쌀과 함께 쌀쌀한 날씨에 필요한 담요를 덴카리, 하킴파라(Hakim para) 난민 캠프에 직접 지원하였다. 두 차례에 걸쳐 생필품을 지원하면서 캠프 곳곳의 상황을 조사할 수 있었는데, 워낙 짧은 기간에 급격히 늘어난 인구로 인해 식량, 땔감, 담요, 모기장 등 모든 것이 부족한 상황이었다. 또한 우기가 되면 습지화 및 천막 함몰이 우려되었고, 식수와 위생, 방역 등 많은 문제가 예상되었다.

9,000명
수혜 인원 / 2,000가구

30,000kg
쌀 지원 / 가구 당 15kg

2,000장
담요 지원

덴카리, 하킴파라 캠프 쌀과 담요 지원

(3) 가스스토브 지원

●

지원 배경

2018년 1월 11일, 이후 로힝야 난민 캠프의 지속적인 지원을 논의하기 위해 유엔난민기구(UNHCR), 국제이주기구(IOM), 세계식량계획(WFP), 유엔아동기금(UNICEF) 등 UN 산하기관과 미팅을 진행하였다.

WFP에서 식량 관련 논의를 하던 중 연료가 가장 심각한 문제임을 알게 되었다. 식량은 WFP에서 주 2~3회 제공하지만, 짧은 기간에 많은 인구가 몰리다 보니 땔감이 턱없이 부족하였다. 이로 인해 캠프 근처의 산은 이미 황폐해져 숲을 파괴하는 환경문제가 심각했다. 또 조리를 제대로 못하니 생쌀을 먹거나 설익은 밥을 먹는 경우가 많고, 텐트 내부에서 취사하다 보니 환기가 되지 않아 건강을 해치는 등 많은 문제가 있었다. 하지만 가장 큰 문제는 어린아이들과 여성들이 땔감을 구하기 위해 신발도 없이 몇 시간을 숲으로 다니면서 폭행, 성희롱, 강간을 당하는 등 범죄에 노출되고 있다는 점이었다.

WFP는 한국 정부나 JTS가 품질 좋은 가스스토브를 지원해준다면, LPG는 WFP에서 지원이 가능하다고 했다. 한 가구당 5명의 가족수를 고려했을 때 가스스토브 200,000대가 필요하였다. 이것은 이곳 난민들

아이와 여성들이 땔감 나무를 구해오며 폭행, 성희롱, 강간 등 범죄에 노출되고 있었다.

의 생활 안정에 큰 도움이 될 것이라고 했다.

그러나 필요성에도 불구하고 가스스토브 지원과 관련해 화재 등 안전성에 대한 우려가 컸다. 이에 WFP 소장은 숯이나 나무를 때는 방식에도 비슷한 안전 문제가 있지만, 가스는 위험할 때 밸브를 잠가서 공급을 차단할 수 있다는 점 때문에 오히려 안전하다고 하였다. JTS의 우려를 듣고 가스통을 최대한 안전하게 만들고자 심혈을 기울이는 한편 현지 소방서에 요청하여 화재 대피 훈련과 안전 교육 등 안전장치를 마련해두고 있다고 하였다.

위험한 요소가 어느 정도 있음에도 불구하고 아이들과 여자들이 범죄에 노출되는 상황을 막아야 했기에 가스스토브를 지원하기로 결정했다. 또한 식량은 대부분 조리를 해야 섭취가 가능하기 때문에 가스스토브는 실제로 사람들 건강 등에 직접적 영향을 주는 가장 핵심적인 지원이라고 할 수 있었다.

●

1차 가스스토브 100,000대 지원 (2019. 1. 22)

가스스토브를 지원하려고 해도 수량과 비용이 문제가 되어 만만하지 않

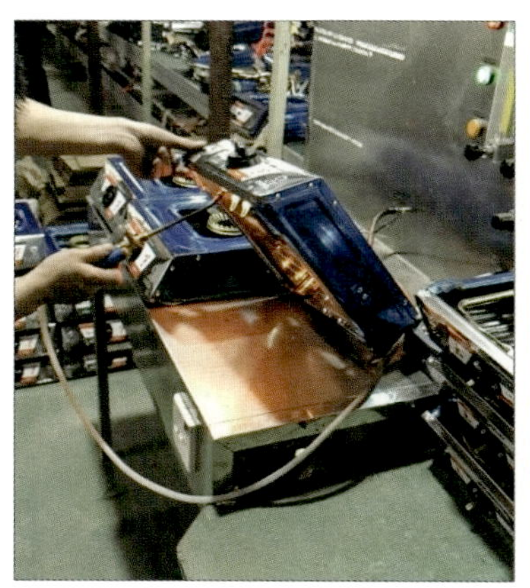

공장에서 테스트 중인 가스스토브

가스스토브 포장

았다. 당시 난민의 수가 약 88만 명에 이르고, 이를 5인 가족으로 계산해도 가구당 가스스토브 180,000대가 필요하였다. WFP에서 예상한 가스스토브 구입 비용을 계산해보니 그동안 JTS가 긴급구호에 지원해온 금액에 비해 너무 높은 수준이었다.

2018년 상반기, 난민 캠프에서 가스 기구를 사용하는 것에 대한 안정성과 필요성을 충분히 검토하였다.

"저희의 요청은 이 아이들을 잊지 말아달라는 것입니다. 이 사람들이 국경을 넘으면서 받은 상처는 여러분들이 상상할 수 없을 정도로 큽니다. 이들이 상처를 회복할 수 있도록 더 많은 지원을 부탁드립니다." —방글라데시 난민 구호 국장

"아이들이 상처 없이 자라기를 바랍니다. 아이들이 건강하게 자랄 수 있도록 충분한 영양 공급과 제때 배울 수 있는 기회를 우리가 함께 제공했으면 합니다. 모든 준비를 해주신 관계자 여러분께 진심으로 감사드립니다." —JTS 이사장 법륜 스님

먼저 JTS 박지나 대표는 방글라데시 현지에서 사용 가능한 가스스토브 규격을 조사하고, 10만 대의 가스스토브를 빠른 시간 안에 제작할 수

로힝야 난민 가스스토브 시연

제작된 가스스토브

있는 업체를 알아보기 시작했다.

그러던 중 정부의 개발도상국에 대한 무상원조 사업을 전담하기 위해 설립된 한국국제협력단(KOICA)의 인도적 지원 기금 사업에 선정되어 재원 일부를 마련할 수 있었나. 또한 WFP가 난민들에게 가스스토브 안전 교육을 담당하고, IOM이 가스스토브를 배분하는 것으로 역할을 분담하였다.

2019년 1월 22일, 1년간 준비한 끝에 쿠타팔롱 난민 캠프(Kutupalong Refugee Camp)에서 가스스토브 전달식이 진행되었다. JTS 이사장 법륜 스님, JTS 대표 박지나, KOICA 이사장 이미경, IOM 대표, WFP 방글라데시 총책임자 그리고 평소 JTS를 후원하며 국제구호 활동에 관심을 가져왔던 작가 노희경, 배우 조인성 등이 가스스토브 전달식에 참여하였다.

100,000대

1차 가스스토브 지원 수량

1차 가스스토브 지원 전달식

2차 가스스토브 100,000대 지원 (2022. 9. 8)

2021년 10월 21일, 1차 가스스토브 지원 모니터링 및 2차 가스스토브 100,000대 추가 지원 조사를 위해 난민 캠프를 방문하였다. IOM의 가스 지원이 이루어지는 현장에서 난민 여성들과 면담을 진행하고, 난민 가정을 직접 방문하여 현황을 점검하였다.

점검 결과, 과거에는 나무를 땔 때 발생하는 연기와 그을음으로 집 안이 더러워지고 아이들이 호흡기 질환을 겪는 일이 많았으나, 가스스토브를 사용한 이후 이러한 문제가 크게 개선된 것으로 나타났다.

또한 나무를 베지 않으니 황폐화되었던 집 주변이 나무로 인해 푸르러졌다. 우기마다 걱정했던 수질오염과 언덕이 무너져 내릴 염려를 막아주어 환경적으로도 크게 개선되었다. 특히 아이와 여성들이 땔감을 구하기 위해 먼 길을 오가며 겪었던 여러 위험을 줄일 수 있게 되었다는 점이 매우 의미 있는 성과라고 할 수 있었다.

다만 날씨가 습한 환경에서 2년 정도 사용하니 녹이 슬고 고장이 발생하여 교체가 필요한 경우도 있었다. 특히 가스스토브를 켤 때 돌리는 손

1차 지원 가스스토브 사용중인 천막 내부

잡이 부분에 고장이 잦았다. 가스스토브 품질보다 작동 미숙에 따라 사용 기간이 달라지기도 해 사용법 교육이 필요하였다.

2차 지원 가스스토브는 방글라데시 현지 업체와 진행하였다. 협상을 통하여 제작 가격을 1차 지원 때와 같은 금액으로 협의하고 제작 기간, A/S 방식 등을 논의하여 진행하였다.

또한 UNHCR, IOM 등과 물품 배분, 가스스토브 사용 교육, 난민 캠프 내 가스스토브 배분을 위한 방글라데시 정부의 승인 등 여러 절차를 논의하였다. 2차 지원은 1차 지원에서 제외되었던 가구와 기기 부식으로 교체가 필요한 가구를 대상으로 진행되었다.

2022년 7월 말부터 9월 초까지 50,000대, 10월 초에 50,000대, 총 100,000대를 지원하였다. 2022년 9월 8일 가스스토브 전달식이 진행되었고 JTS 이사장 법륜 스님이 참석하였다.

"가스스토브 덕분에 난민 캠프가 푸르러졌어요"

— IOM 대표

이 자리에서 IOM 대표는 가스스토브 지원 전 황폐했던 난민 캠프와 가스스토브 지원 후 나무가 무성히 자란 캠프의 모습을 비교한 사진을

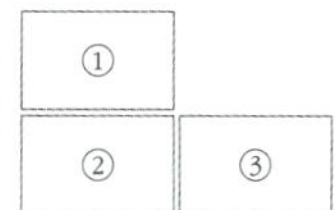

① 난민 캠프 변화된 사진 보여주는 IOM대표
② 가스스토브 지원 전 난민 캠프 전경
③ 가스스토브 지원 후 난민 캠프 전경

보여주었다. 또한 여성과 아이들이 땔감을 구하러 나갔다가 인신매매를 당하는 위험도 피할 수 있게 되었다며 여러 차례 감사를 표했다.

전달식을 마치고 법륜 스님은 캠프 곳곳을 둘러보았다. 모여든 아이들에게 필요한 것을 묻자 축구공이라고 답했고 지원을 약속하자 아이들은 손뼉을 치며 좋아했다.

"아이들에게 물어보니 축구공이 필요하다고 합니다.
아이들이 이렇게 많은데 놀거리가 없나봐요.
JTS가 모든 캠프에 축구공을 지원하겠습니다."
— IOM 대표에게 축구공 지원을 약속하는 법륜 스님

로힝야 난민들 중 JTS가 지원하기 전에 가스스토브를 사용해본 사람은 1%도 채 되지 않아, 처음 사용하는 이들은 청소나 관리 방법을 몰라

100,000대

2차 가스스토브 지원 수량

2차 가스스토브 지원 전달식

금방 고장이 발생했다고 한다. 이러한 점을 보완하기 위해 2차 지원할 때는 보급과 함께 사용 교육도 진행하였다.

UNHCR은 JTS 제안에 따라 가스스토브를 지속적으로 사용할 수 있도록, 난민 중 기술을 가진 이들을 대상으로 수리 담당자로 훈련하는 프로그램을 운영하고 있다. 2024년 12월 현재 캠프 내에서는 약 17명의 자원봉사자가 수리 작업에 참여하고 있다. 이 프로그램은 난민들에게 자립의 기회를 제공할 뿐 아니라, 가스스토브 수리를 신속하게 진행할 수 있도록 돕고 있다. 가스스토브의 손잡이는 열에 지속적으로 노출되면 쉽게 부식되고, 점화장치는 시간이 지나면서 먼지가 쌓여 막히는 문제가 발생한다. 이에 따라 해당 부품들을 청소하거나 교체하여 문제를 해결하고 있으며, 관리 상태에 따라 약 2년에서 2년 반 정도 사용할 수 있다. 가스스토브 수리는 단순한 물품 유지 관리 차원을 넘어, 난민들의 자립과 기술 역량 개발로 이어지는 중요한 활동이다.

가스스토브 1차 전달식에
함께한 JTS 홍보대사
배우 조인성 님

가스스토브를
사용하고 있는
로힝야 난민

(4) 몬순 피해 지원 및 피해 경감 지원 사업 협업

방글라데시 로힝야 난민 캠프에서 활동하는 한국 NGO 아디(ADI, Asian Dignity Initiative)와 협업하여 몬순 피해 관련 사업을 진행하였다.

2019년 7월 몬순 기간 동안 쉼터와 식수대 등이 파손되고 식량이 쥐에 노출되는 등 피해가 많았다. 총 34개 캠프 중 14개 캠프의 350가구에 식량을 안전하게 보관할 수 있는 식품 보관통을 지원하였다.

2022년 6월~8월 취약층을 대상으로 몬순 피해 경감을 위해 지원 사업을 진행하였다. 임시 대피소에 방수 천막, 로프, 철사 등으로 시설을 보수하고, 물탱크, 소화기, 선풍기, 전구, 카펫, 기도 매트 등을 비치하여 안락한 환경을 제공하였다. 또한 대응 매뉴얼을 작성하여 교육을 실시하였고 143명에게 식품 보관통, 손전등, 우산, 비누 등 키트를 지원하였다.

(5) 코로나19 긴급구호 방호복 10,000벌 지원

100만 명에 가까운 난민들이 밀집해 거주하는 난민 캠프는 의료시스템이 취약하고 사회안전망이 부족하기 때문에 전염병에 특히 취약한 상황이었다. 또한, 감염 예방 관리가 제대로 이루어지지 않고 개인 보호 장비도 부족해 감염 위험이 높은 상태였다. JTS는 코로나19에 대응 중인 로힝야 난민 캠프 의료센터에 코로나19 방역용 방호복 10,000벌을 지원하였다.

방호복 운송 적재

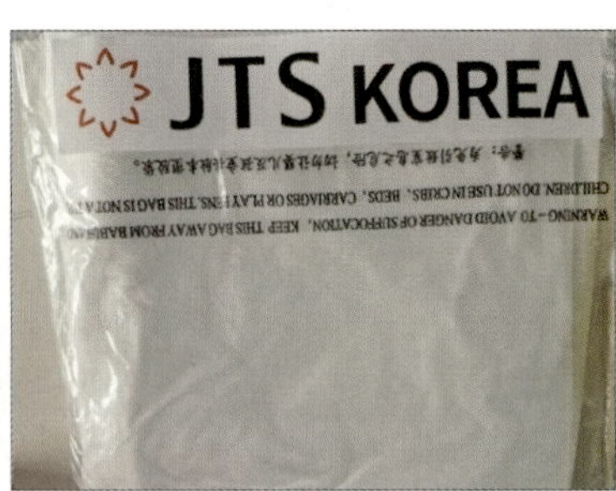

개별 포장된 방호복

(6) 축구공 지원

캠프의 아이들은 한창 뛰어놀아야 할 나이였지만, 마땅한 놀거리가 없었다. 아이들은 축구공을 갖고 싶어 했고, 이에 법륜 스님이 지원을 약속했다. 그 후 2022년 9월 중순 35개 캠프에 각 2개씩 총 70개의 축구공을 지원하였다.

축구공 지원

아이들 모습

(7) 세숫비누와 빨랫비누 총 636만 개 지원

로힝야 난민들은 협소한 공간에 물조차 부족해 위생 환경 개선과 물 공급이 건강과 생존을 위한 시급한 과제로 떠오르고 있다. 이에 UNHCR은 2024년 JTS에 비누 지원을 요청하였다.

JTS는 방글라데시 비누 공장을 직접 방문하여 시중가보다 저렴한 비용으로 UNHCR 기준을 상회하는 고품질 1등급 비누를 확보하였다. 이렇게 마련된 세숫비누와 빨랫비누 총 6,360,000개를 UNHCR이 관리하는 16개 캠프의 45만 명 난민에게 7개월에 걸쳐 배포하였다.

세숫비누, 빨랫비누 지원

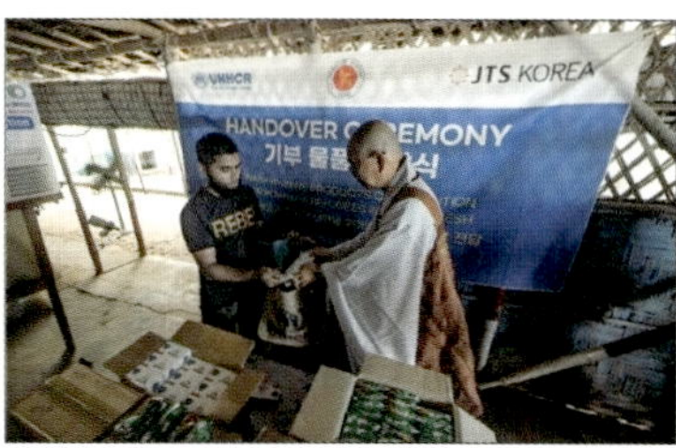

로힝야 난민에게 비누 전달

4. 사업 성과

JTS는 가스스토브를 지원하여 난민들이 인간으로서 누려야 할 최소한의 권리인 삶의 안정을 이끌어냈다. 이 과정에서 WFP, 유엔난민기구 등 국제기구와 긴밀히 협력하며 각 기관의 역할을 존중하고 책임을 나누는 방식으로 대응 효과를 높였다.

또한 가스스토브와 비누는 방글라데시 현지에서 생산된 제품을 활용하여, 방글라데시 경제에도 긍정적인 영향을 미쳤다. 캠프가 점차 안정되면서, 아이들이 이전보다 더 크게 웃고 자유롭게 뛰어노는 모습이 눈에 띄게 늘어났다.

"고향을 떠난 사람들을 보살피는 것은
곧 나 자신을 보살피는 일이다."
— 법륜 스님

로힝야 난민 캠프는 2024년 현재 UN 지원금이 급격히 줄어들었다. 더불어 미얀마 라카인주에서 계속되는 분쟁으로 인해 난민들이 고향으로 돌아갈 가능성은 더욱 희박해지고 있다. 난민들은 희망 없이 미래가 불투명한 삶을 이어가고 있으며, 앞으로도 지속적인 관심과 지원이 절실히 필요하다.

6. 아프가니스탄

Afghanistan

아프가니스탄은 내륙국으로 북쪽은 투르크메니스탄·우즈베키스탄·타지키스탄, 북동쪽은 중국, 동쪽과 남쪽은 파키스탄, 서쪽은 이란과 맞닿아 있다. 수도는 카불이다. 다민족 국가로서 주류 민족인 파슈툰족을 비롯해 타지크족, 하자라족, 우즈베크인, 아이마크인 등이 거주한다. 전략적인 위치로 인해 수많은 군사 활동이 이루어진 곳이기도 했다. 1919년 8월 19일 대영제국으로부터 독립한 이후 자히르 샤의 40년 통치 동안 아프가니스탄은 평화를 유지하였다. 1970년대 말부터 공화주의자, 사회주의자 등의 반란으로 내전 상태에 빠졌으며 1979년에는 10년에 걸친 소련–아프가니스탄 전쟁이 발발하였다. 2001년에 탈레반의 이슬람 토후국이 영토의 85%를 장악하게 되었으나 미국의 아프가니스탄 침공으로 축출되고 아프가니스탄 이슬람 공화국이 수립되었다. 그러나 이후 탈레반과 정부군 사이에 아프가니스탄 전쟁이 지속되며 새로운 내전에 돌입한다. 2020년부터 미군 철수와 함께 탈레반이 주도권을 장악하기 시작하며 끝내 2021년 8월 15일 아프가니스탄 이슬람 토후국이 재건되었다. 그러나 지금까지 아프가니스탄 이슬람 토후국은 국제사회로부터 정통 정부로 승인받지 못하고 있다. 아프가니스탄은 후발 개발도상국의 하나로, 농업과 목축업의 의존도가 높다. 현재 해외 원조로 재건되고 있으나 심각한 내부 분쟁으로 어려움을 겪고 있다.

● 표시 지역(주)은 JTS 활동 지역임.

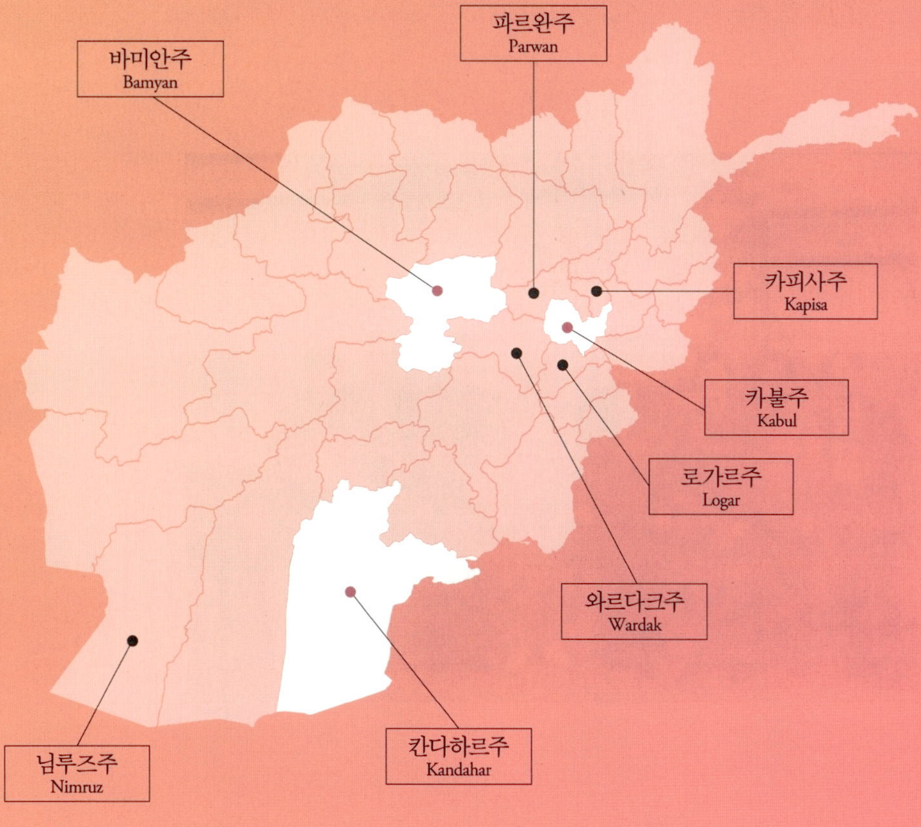

1. 사업 배경

아프가니스탄은 중앙아시아로 통하는 지리적 요충지에 위치해 외부의 침입이 끊이질 않았다. 1979년부터 1989년까지 10년에 걸친 '소련-아프가니스탄 전쟁'과 이후 군벌 간의 내전, 지속된 기근으로 국토는 점점 황폐해졌다. 2001년 10월 미국은, '9.11 테러'의 주범 오사마 빈 라덴(Osama bin Laden) 인도를 거부한 탈레반(Taliban) 정권을 공습했고, 같은 해 11월 탈레반 정권은 붕괴했다. 이후 아프가니스탄은 국제사회의 도움으로 새 정부 설립을 위한 본 합의(Bonn Agreement)를 체결했고, 국제 NGO는 아프가니스탄 지원에 나섰다.

JTS아프가니스탄 사무소 현판식(2002.12.13)

(1) 2002년의 아프가니스탄

◆── 완전히 붕괴한 산업시설

러시아(구소련)와의 전쟁, 공산주의와 전쟁, 종족 간의 내전, 탈레반의 집권 등으로 공장, 건물, 도로 등 산업시설이 완전히 붕괴되었다.

◆── 600만 명의 난민

전쟁을 피해 타국으로 피란했던 난민의 귀국뿐 아니라, 몇 년에 걸친 극심한 가뭄으로 농업 및 목축업의 기반마저도 무너져 자국 내 난민(IDP: Internally Displaced Persons)도 대량으로 발생하였다.

◆── 붕괴한 교육 기반 및 여성 교육의 부재

탈레반 정권 시기에 교육 시설 및 제도가 완전히 붕괴했고, 특히 여성을 억압하고 교육까지 금지해 여성의 인권과 권리 회복이 절실했다.

(2) 사업장 선정

JTS 이사장 법륜 스님과 박지나 대표(당시 해외사업본부장)는 2002년 9월 16일부터 22일까지 아프가니스탄 지원을 위한 현지 답사를 진행하였다. 카불(Kabul)주 파르자(Farza)군은 산악지역으로 계곡은 있지만 물의 양이 적어 6개 마을이 하루씩 돌아가며 물을 사용하고 있었다. 식수 및 농업 용수의 공급이 시급했다.

칸다하르(Kandahar)주 남쪽 사막 접경 지역에는 자국 내 난민과 전쟁을 피해 인근 국가로 피란했다 돌아온 난민, 유목민 등이 거대한 난민 캠프를 형성해 생활하고 있었다. 칸다하르주는 극심한 가뭄으로 목축과 농사가 어려웠고, 교통이 불편하고 치안도 굉장히 불안해 외부의 지원도 받기 어려운 실정이었다. 어느 곳보다 열악한 칸다하르주 난민들에겐 아이들 교육까지 신경 쓸 겨를이 없었다.

2002년 10월 본격적인 활동을 위해 아프가니스탄에 활동가를 파견했다. 주요 사업장을 칸다하르주 난민 캠프로 선정했지만, 치안 문제로 카불(Kabul)시에 사무실을 설치하고 아프가니스탄 과도정부에 NGO 등록을 했다.

JTS는 생존의 위기에 처한 칸다하르주 난민을 대상으로 긴급구호성 지원과, 마을 주민이 주체가 되어 참여하는 지역 복구 사업을 카불주, 바미안(Bamyan)주에서 펼쳤다.

JTS 아프가니스탄 사업 지역

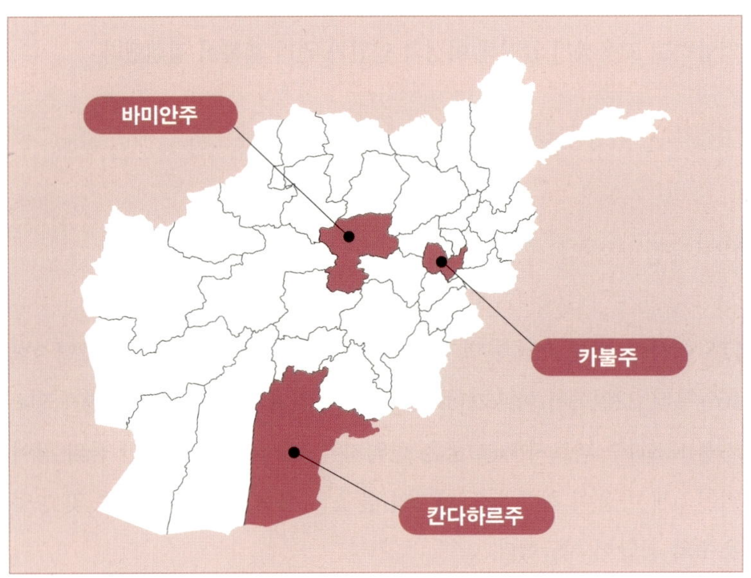

◆── 칸다하르

칸다하르주는 대부분 레기스탄(Registan)이라 불리는 사막 지역이고, 탈레반의 본거지로 교전이 없어 건물, 도로 등 시설물 파괴는 상대적으로 덜했다. 하지만 탈레반 정권 붕괴 후 지속적인 테러와 폭격 발생으로 유엔 기구나 국제 NGO들이 활발한 활동을 할 수 없어 다른 지역에 비해 더욱더 큰 어려움을 겪고 있었다.

JTS는 어느 곳보다 도움이 절실한, 난민 캠프 중에도 최빈곤 캠프인 판즈웨이(Panjwayi) IDP캠프를 주 사업장으로 선정하였다. 판즈웨이 IDP캠프는 마르갈(Marghar), 툴루칸(Tolukan), 무산(Mushan)과 마이완드(Maiwand)군의 칼라이사미르(Kalai Shamir, 주로 마이완드 캠프로 불림)로 나누어져 있고, 4개 캠프는 또다시 수십 개의 작은 캠프로 나누어진다. JTS는 칸다하르주에서 긴급구호를 진행하고 난민 캠프의 텐트학교 등에 교육 지원을 하였다.

◆── 카불

카불주는 아프가니스탄 동쪽에 위치하고, 수도인 카불시가 주도이다. 이 지역은 10여 년 동안 러시아(구 소련)와 무자헤딘(Mujahidin, 무장 게릴라조직)의 교전, 종교집단들과 탈레반의 점령, 반군 세력에 의한 탈환 등의 과정을 반복적으로 겪으며 많은 시설이 파괴됐다. JTS는 전쟁이 끝난 후 다른 지역에 비해 치안이 안정적인 카불주에서 지속 가능한 지원의 기초가 되는 주민 참여형 복구 사업과 여성 교육 재개를 위한 교육 지원 사업을 진행하였다.

◆── 바미안

JTS 주 사업장은 칸다하르주였지만, 유엔 산하 기구 등에서 불안정한 치안을 이유로 만류해 왔다. 이라크전쟁, 대통령 선거를 전후로 상황이 더 안 좋아져 칸다하르주가 아닌 다른 사업장을 모색할 수밖에 없었다.

아프가니스탄 중부 산지에 위치한 바미안주는 몽골족 후예로 추정되는 하자라(Hazara)족이 다수 거주하는 곳이다. 이들은 이슬람교의 소수파인 시아파(Shia)로 수니파(Sunni)인 탈레반 정권 당시 심한 탄압을 받았고, 많은 주민이 같은 시아파 국가인 이란으로 피란하기도 했다. 바미안주는 산악기후로 겨울(10월부터 3월까지)에는 눈 때문에 이동이 어려워 외국의 원조, 개발지원 등이 끊기거나, 지역 내에서 활동하던 국제 NGO들이 통신과 안전 문제로 카불주로 이동하는 경우가 많았다. JTS는 바미안주 학교에 교육 물품과 겨울철 의류를 지원하면서 이곳에서 장기 개발사업을 할 수 있을지 답사를 했고, 여성직업훈련센터를 건축하였다.

2002년 카불시내 건물 모습

칸다하르주 난민 캠프 아이들

"제일 필요한 것이 무엇이냐?"는 질문에
"식량… 텐트… 진료"를 말하는 그들에게
'학교'라는 대답을 듣기 원하는 것은
사치였다.

— JTS 이사장 법륜 스님

2. 긴급 지원

JTS는 판즈웨이 IDP캠프 등 최빈곤층을 대상으로 식량과 의류, 이불 등 생존을 위한 긴급 지원을 하였다.

(1) 겨울철 의류 배분

2002년 12월과 2003년 3월, 한국에서 기부받은 의류는 40피트 컨테이너(내부 규격 길이12m×넓이2.3m×높이2.4m) 총 7개 규모였다. 카불주와 칸다하르주, 바미안주 등에 배분하였다. 아프가니스탄에서의 첫 활동이었기에 배분 과정을 통해 아프가니스탄의 상황과 분위기 등을 파악하는 데 큰 도움이 되었다.

겨울철 의류
지원을 위해
한국에서 보내온
컨테이너

카불주에서
진행한
겨울철 의류
배분 활동

2002년 12월 카불에 도착한 컨테이너 4개 중 1개는 카불주와 인근 지역에 배분하였다. 카불 빈민촌 배분은 정토회 대학생 선재수련 1기와 NPO(Norwegian Project Office, 노르웨이 프로젝트 사무국)가 참여하였다.

지역	기간	내용	협력
파르완주 탑다라 마을	2003. 1.22	가구당 5벌씩 650가구	
카불주 하산다라 마을	2003. 1.22	가구당 5벌씩 350가구	
카불주 다라이 사카르다라 마을	2003. 1.25	가구당 5벌씩 160가구	
카불 시내 (러시아대사관 근처 빈민촌)	2003. 1.28	가구당 5벌씩 270가구	
카불 시내 카테세이 빈민촌	2003. 1.30	가구당 5벌씩 350가구	
카불 빈민촌	2003. 2. 2~2.10	가구당 10벌씩, 옷, 이불 District 1—60가구 District 3—220가구 District 7—960가구 District 10—160가구	정토회, NPO

컨테이너 3개는 UNHCR이 인수하여 VARA(Voluntary Organization for Rehabilitation of Afghanistan, 아프간 부흥 자활기구)를 통해 칸다하르주 난민 캠프에 배분하였다.

지역	판즈웨이, 스핀 볼닥(Spin Boldak) 등 난민 캠프
기간	2003.11 ~ 2004. 1
내용	겨울철 의류 150,000여 벌
협력	UNHCR, VARA

◆── **2차 겨울철 의류 배분**

2차 겨울철 의류 지원은 카불주, 파르완(Parwan)주, 바미안주 와라스(Waras)
군에 배분하였다. 컨테이너 3개 분량의 의류 분류를 위해 아프가니스탄
주부 20여 명에게 2주간 도움을 받았다. 바미안주 와라스군의 배분은
FOCUS(Focus Humanitarian Assistance), AKDN(Aga Khan Development Network,
아가 칸 개발 네트워크)과 협력해 진행하였다.

지역	기간	내용	협력
파르완주 탑다라 마을	2003. 7. 10	가구당 5벌씩 750가구	
카불주 다라이 사카르다라 마을	2003. 8. 1 ~ 8. 27	가구당 12벌씩 1,600가구	
파르완주 코히사피군 트릴라이 난민	2003. 11. 13	가구당 12벌씩 183가구	
파르완주 코히사피군 물라아드켈 난민	2003. 11. 13	가구당 12벌씩 211가구	
카불주 시내 난민 (폴리차르키 지역)	2003. 11. 14	가구당 12벌씩 134가구	
바미안주 와라스군	2003. 11. 1 ~ 11. 9	21개 쇼라(마을 공동체) 1,323가구에 각 12벌씩, 추가 2,124벌 총 18,000벌	FOCUS, AKDN

(2) 식량 지원

JTS는 2003년 5월 칸다하르주를 답사한 후, 2003년 6월 28일부터 8월 8
일까지 칸다하르주에 상주하며 2천여 가구를 대상으로 식량을 지원하였
다. 투명성 있는 배분과 난민 인구 파악을 위해 노력하였다.

JTS는 각 마을 리더와 합의해 약 2,000개의 쿠폰을 리더들에게 지급
하고 노약자 또는 빈곤층을 우선순위로 배부하도록 요청하였다. 또한
100톤이 넘는 식량을 가구마다 방문해 배분하는 것이 현실적으로 어려
워 배분 장소를 정해 인근에 거주하는 난민에게 직접 배분하고 나머지는
마을 리더를 통해 배분하였다.

◆— 밀, 기름 등 배분 (2003년)

비록 가격 경쟁력은 낮았지만, 아프가니스탄 경제에 실질적인 도움이 되
도록 밀을 현지에서 구매하였다. 밀가루가 아닌 밀을 선택한 이유는 상대
적으로 긴 보관 기간 때문이었다.

(단위 : 가구)

캠프	날짜	밀 (50kg)	기름 (3kg)	쌀 (50kg)	설탕 (3kg)	소금 (2kg)	차 (500g)	신발 (1켤레)
마르갈	7.31	313	313	-	-	-	-	10
무산	8. 1	508	510	-	-	-	-	28
툴루칸	8. 2	853	853	-	-	-	-	36
칼라이사미르	8. 3	349	349	-	-	-	-	11
키스키나후드	8. 3	35	35	35	35	35	35	-
기타		6	7	-	-	-	-	47
분실		5	3	-	-	-	-	3
합계		2,069	2,070	35	35	35	35	135

칸다하르주 WFP(World Food Programme, 세계식량계획)는 FFE(Food for Education, 교육을 위한 식량 지원)를 진행하고 남은 비스킷 500여 박스를 JTS에 기증하였다. JTS 활동가가 WFP 창고에서 비스킷을 직접 운반해 식량 배분을 했던 캠프에 배분하였다.

(단위 : 가구)

캠프	날짜	비스킷(1box)
마르갈	2003. 8. 5	111
무산	2003. 8. 4	154
툴루칸	2003. 8. 4	166
칼라이사미르	2003. 8. 3	65
키스키나후드	2003. 8. 3	8
기타		11
합계		515

2003년 8월
무산캠프
식량 배분

비스킷 배분받고
즐거워하는
아이들

3. 교육 지원

탈레반 정권은 통치 지역 내 여학교를 모두 폐쇄했고, 여성은 남편을 동반하지 않으면 외출을 금지했기에 여교사들이 출근할 수 없어 많은 남학교마저 폐쇄되었다. 어느 순간부터 '여성은 공부할 필요 없고, 집안일을 도와야 한다'는 인식이 퍼지면서, 여성의 교육률은 남성보다 현저히 낮아질 수밖에 없었다.

난민 캠프 아이들도 교육에서 소외된 상태였다. 난민 캠프 내 학교는 교육을 반대하는 탈레반의 공격 위험에 노출되어 있었고, 정부는 난민 캠프의 장기화를 우려해 학교를 건축할 수 없었다.

JTS는 아이들이 기초 교육을 통해 더 나은 미래를 꿈꿀 수 있도록 교육에 필요한 지원을 적극적으로 진행하였다. 박지나 대표는 마을 리더들에게 교육의 필요성을 전달하기 위해 하루 종일 설득하였다.

박지나 대표와 마을 리더들의 회의

(1) 카불주 및 인근 지역

◆─ 교복, 신발, 학습지 등 지원 (2003)

JTS는 깨끗한 교복을 입고 학교에 다니는 기쁨을 느낄 수 있도록 여학생 대상으로 교복을 지원하였다. 사전 답사할 때 이름과 치수를 파악해 제작 주문하고 1개월 동안 출석한 학생만 교복을 지급하였다. 지급받지 못한 학생들에겐 1개월 후 다시 방문해 출석 확인 후 지급하기로 약속해 출석률 향상에 긍정적인 효과가 있었다. 또한 부족한 학습지와 도서(교사용 포함), 맨발로 가시나무가 많은 들판을 지나 등교하는 학생들에게 신발 등을 지원하였다. 교복은 시내 빈민가 과부들에게 제작을 의뢰해 생계의 어려움이 많은 과부들에게 일거리와 직업 훈련의 기회를 제공하였다.

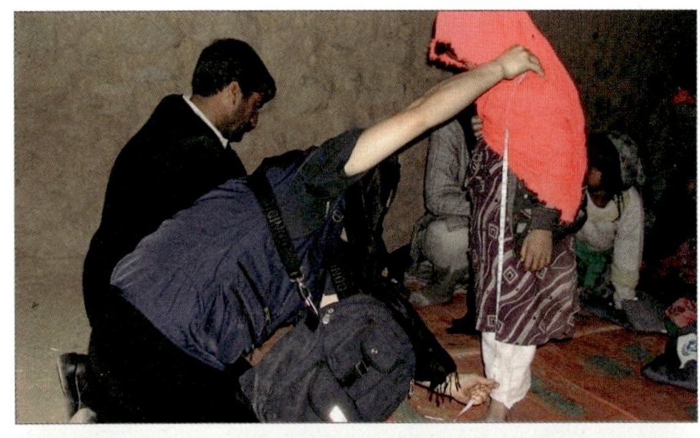

교복 지원을 위한
치수 측정

지원받은
교복을 입은
여학생들

학교	지역			기간	교복 (벌)	신발 (켤레)	학습지 (권)	도서 (권)	교사 도서 (권)
	주	시/군	마을						
탑다라 초등학교	파르완	차하리카르	탑다라	5. 3 ~ 7.10	75	308	115	171	7
사카르다라 고등학교	카불	사카르다라	다라이 사카르다라	5. 6 ~ 6.28	73	170	121	171	7
쉴바스켈 학교 (구찌 마을)	카불	사카르다라	다라이 사카르다라	5.10 ~ 6.24	46	134	101	171	7
사카르다라 정글라 학교	카불	사카르다라	다라이 사카르다라	6.22	108	196	203	171	7
사카르다라 유니스켈 여학교	카불	사카르다라	다라이 사카르다라	7.17	54	48	54	–	–
레이사 코이사피 고등학교	파르완	코이사피	레이사	6.25, 10. 8	–	–	65	171	7
단다르 레이사 고등학교	파르완	코이사피	단다르 레이사	6.25, 10. 8	–	–	170	171	7
모모제학교	파르완	바그람	–	7.13	–	–	200	171	7
IOC(International Orphan Center)	카불	카불	–	7.13	–	–	150	171	7
모하메드 아가 여학교	로가르	모하메드 아가	–	7.12	–	–	100	171	7
볼라가인 여학교	카피사	코르반드	볼라가인	10. 7	350	350	–	171	7
합계					706	1,206	1,279	1,710	70

◆── 카불 거리 아이들을 위한 겨울철 의류 지원 (2003)

여성의 외출을 금지한 탈레반 정권 시기, 전쟁으로 아버지를 잃은 어린아이들은 가정의 생계를 책임져야 했다. 어린 나이에 생업을 책임진 아이들을 시내 곳곳에서 쉽게 볼 수 있었다. 데이케어센터(Day Care Center)는 노르웨이나 스웨덴 등의 지원을 받아 거리 아이들에게 기본 교육과 기술 교육을 실시하였다. JTS는 데이케어센터 등 11개 단체에 소속된 학생들과 가족들이 겨울을 날 수 있는 의류와 털신을 지원하였다.

> 나는 가능하면 이 아이들의 눈높이에서 그들을 보려고 하였다. 그리고 가까이에서 보려고 하였다. 아이들의 피부 상태와 영양상태를 좀 더 자세하게 파악하고 싶었기 때문이다. 데이케어센터 일곱 군데를 조사하고 나서 어리석은 어른들의 욕심으로 전쟁이 일어나고 그 전쟁의 피해는 아이들이 고스란히 물려받는 것을 보았다.
> — 아프가니스탄 파견 JTS활동가

단체명	기간	수혜 학생수 (명)	겨울철 의류 (세트, 1세트=12벌)	털신 (켤레)
아프가나 데이케어센터	10.13 ~ 12.10	650	650	700
카이르 커나 데이케어센터	10.14 ~ 12. 7	330	330	350
샤시 다락 데이케어센터	10.13 ~ 12. 8	610	610	621
샤레나오 데이케어센터	10. 9 ~ 12.14	150	150	150
카르테 쵸르 데이케어센터	10.13 ~ 12.13	200	200	200
코티상기 데이케어센터	10. 9 ~ 12.14	270	270	270
타이마스칸 데이케어센터	12. 8	300	–	300
IOC	12.14	293	–	293
스트리트 칠드런센터	12. 8	20	–	20
코자키스탄 보육원	10.13 ~ 10.14	163	163	–
알라우딘 보육원	10.18	850	850	–
합계		3,836	3,223	2,904

(2) 칸다하르주 및 인근 지역

◆― 텐트학교 설립 및 학용품 지원 (2003. 10. 4 ~ 10.10)

판즈웨이 IDP캠프 중 텐트학교 설립에 동의한 툴루칸과 무산 캠프에 각 2개의 텐트학교를 설립하였다. 학교는 설립했지만, 교사 수급이 쉽지 않았다. 하지만 아이들 교육은 꼭 필요했기에, 난민 중 3~10학년 수준의 교육을 받은 이들에게 교사를 맡기고 캠프의 리더가 교장 역할을 수행하기로 하였다. 정규 교육 이외에 이슬람 코란(어린이용은 세파라)과 아프가니스탄 공식 언어인 파슈토어도 교육했다. 글을 모르는 대부분의 난민은 자신의 아이들이 교육의 기회를 제공받는 것에 무척 감동했고 JTS 교육 사업에 자발적이고 적극적으로 참여하였다.

단체	대형 교실용 (12m × 6m)	중형 재봉교육용 (8m × 5m)	중형 교무실용 (8m × 5m)	학용품
툴루칸 모하메드 잔 학교	6개	5개	1개	연필, 연필깎이, 공책, 필통, 세파라(어린이 코란) **총 1,700명**
무산 쉬르알리 학교	5개	2개	1개	
무산 하지 막바르 학교	5개	2개	1개	
말랙 학교	6개	2개	1개	
칸다하르 NGO VARA	1개	-	-	-
칸다하르 MEC	-	-	1개	-
The Frontiers	2개	-	4개	-
콸랏베베카라 고등중학교	1개	-	1개	-
합계	26개	11개	10개	

● MEC : 반부패 감시 평가 위원회　● The Frontiers : 사단법인 개척자들

내용		기간	툴루칸 모하메드 잔 학교	무산 쉬르알리 학교	무산 하지 막바르 학교	말랙 학교	합계
어린이 교육 테스트		7. 9	93명 통과 (110명)	35명 통과 (50명)	35명 통과 (40명)	20명 통과 (45명)	183명 통과 (245명)
국어(파슈토어), 산수	1학년	7.16	각 100권	각 130권	각 50권	각 50권	각 330권
	2학년		각 95권	각 35권	각 35권	각 20권	각 185권
비타민 C	1학년	8.14	200명	91명	51명	126명	468명
	2학년		59명	37명	43명	20명	159명
비스킷	1학년	3~8월 (월 1회)	177명	98명	52명	120명	447명
	2학년		60명	30명	44명	15명	149명
식량(1박스), 스웨터, 교복천	1학년	8.17	284명	117명	55명	154명	610명
	2학년		58명	49명	45명	20명	172명
학용품		7.22~ 9. 1	300세트	200세트	120세트	200세트	820세트
칠판			5개	4개	4개	8개	21개
칠판지우개			10개	–	8개	–	18개

텐트학교를 설치 중인 난민들

◆── **칸다하르주 근교 학용품 지원** (2004. 7. 22 ~ 9. 1)

2004년 7월 22일부터 9월 1일까지 학용품 세트와 칠판 등을 18개 학교에 지원하였다. 본래 님루즈(Nimruz)주에 2만 세트를 배분할 계획이었으나, 배분 일정이 변경됨에 따라 칸다하르주 근교 학교에 지원하게 되었다.

내용	학용품	칠판	칠판지우개	분필	학교텐트
세크마테 바바 중학교 (1-4학년)	245박스	–	–	1박스	–
세크마테 바바 초등학교	1,035박스	–	–	1박스	–
레사라 초등학교	430박스	14개	–	1박스	–
콸랏베베카라 고등중학교	888박스	60개	–	2박스	2개
아르기스탄 학교	410세트	5개	–	2박스	–
모아메드 타르자이 초등학교	870세트	–	–	–	–
자르구나 초등학교	549세트	–	–	–	–
자르구나 아나 고등학교	234세트	–	–	–	–
모하메드 마드라사 학교	675세트	–	–	–	–
말라리 초등학교	493세트	–	–	–	–
미르와이즈 미나 초등학교	663세트	–	–	–	–
사크토마니 초등학교	522세트	–	–	–	–
무쉬레키 초등학교	354세트	–	–	–	–
사르다 마다르 칸 초등학교	430세트	–	–	–	–
사히드 압둘라 하드 초등학교	344세트	–	–	–	–
하지 압둘 라티프 초등학교	130세트	–	–	–	–
티모르 사히 중학교	–	31개	60개	10박스	–
MEC학교	150세트	15개	–	–	–
합계	2,598박스 5,824세트	125개	60개	17박스	2개

칸다하르주 근교 학교에 지원한 칠판과 학용품

◆─ **텐트학교 교사 훈련 워크숍** (2004. 8. 18~22)

난민 캠프 교사들은 대부분 캠프 내에서 선정된 사람들이었기 때문에
교사로서 자질과 능력이 부족했고 학생들 또한 교사와 학교, 학급 분위
기에 만족하지 못했다. 이를 개선하기 위해 JTS는 교사 훈련 워크숍을 진
행하였다. 워크숍에 참여한 교사들에게 가르치는 것에 대한 자부심과 긍
지를 느끼는 좋은 계기가 되었다. 또한 난민 캠프 리더 역할을 함께해야
한다는 것에 공감하면서, 교육의 중요성과 난민 캠프의 발전에 대한 책임
의식을 높이는 시간이 되었다.

목표	1. 교사로서 자부심과 교사 역할의 중요성을 인식시킨다. 2. 워크숍을 통해 새로운 수업 방식과 교육에 대한 자기 평가 능력을 향상한다. 3. 교사로서 교육과 지역 개발을 함께 고려해 교육할 수 있는 능력을 고양한다. 4. 국어(파슈토어)와 수학에 대한 기능과 역량을 키운다. 5. 학교의 운영과 유지 관리에 대한 다양한 문제 해결 능력을 키운다.
일정	2004년 8월 18일 ~ 22일
참가자	교사 총 14명 (툴루칸 모하메드 잔 학교 4명/무산 쉬르알리 학교 4명/무산 하지 막바르 학교 4명/말랙 학교 2명)
프로그램	1. 교육 진행법 2. 학생 활동 3. 학급 통제 4. 어린이의 대화와 소통 5. 행동 모델 개발 6. 교육 활동 경험 나누기 7. 아프가니스탄의 교육과 미래, 교육법 8. JTS의 활동 방향과 난민 캠프의 발전
강사	아사드(Asad, JTS 칸다하르 자원봉사자) 아하메드 나비 칸 모하키(Ahmed Nabi Khan Mohaky) 이덕아(JTS아프간 소장)

텐트학교 교사 훈련 워크숍에 참여한 교사와 강사 (2004)

◆— 텐트학교 교복, 신발 및 학용품 지원 (2005)

내용		기간	툴루칸 모하메드 잔 학교	무산 쉬르알리 학교	무산 하지 막바르 학교	말랙 학교	합계
교복, 신발		2004.12.31~ 2005. 1. 7	227명	214명	120명	156명	**717명**
학용품	1학년	4차례에 걸쳐 지원	224세트	100세트	55세트	140세트	**519세트**
	2학년		80세트	40세트	45세트	20세트	**185세트**
이름표	1학년		140명	100명	55명	–	**295명**
	2학년		70명	40명	45명	–	**155명**
모자			–	140개	100개	–	**240개**
사감			–	–	3개	–	**3개**
여름용 티셔츠			–	37개	42개	–	**79개**
가방			–	3개	–	–	**3개**

(3) 바미안주 및 인근 지역

JTS는 칸다하르주에서 바미안주로 주요 사업장 변경을 계획하고, 교육 지원을 하면서 바미안주 전체에 대한 답사를 진행하였다.

◆— 1차 학용품 지원

지역	바미안주 바미안센터
기간	2004. 6.23 ~ 6.25
품목	학용품 약 3,000세트 (1세트 : 가방, 공책 3권, 연필 2자루, 볼펜, 지우개, 연필깎이, 색연필)

◆— 2차 학용품 및 겨울철 의류 지원 (2004. 8.25 ~ 9. 7)

지역	주	바미안			와르다크	합계
	시/군	바미안센터	야카울랑	펀잡	와라스	비슈드	
수혜 학생수 (명)	1,344	2,122	442	1,194	2,298	7,400
학용품 (세트)	1,344	2,122	442	1,194	2,298	7,400
겨울요·의류 (포대)	382	–	–	–	383	765
털 실내화 (켤레)	1,315	2,126	445	–	–	3,886
유아 용품 (개)	760	–	444	–	2,298	3,502
목도리 (개)	–	2,122	442	–	–	2,564
양말 (켤레)	–	–	–	1,194	–	1,194
칠판 (개)	10	10	10	10	10	50
칠판 지우개 (개)	20	20	20	20	20	100
분필 (세트)	6	6	6	6	6	30

4. 복구 사업

JTS는 당초 카불주의 파르자군 하산다라(Hasandara) 마을과 파르완주 차하리카르(Chaharikar)시 탑다라(Topdara) 마을에서 식수 및 농업용수 공급을 위한 소형 댐 건설과 학교 건축을 계획했다. 하지만 정부와 국제 NGO의 전액 지원 프로그램이 늘어남에 따라 JTS의 '주민 참여를 바탕으로 한 지원' 원칙을 온전히 실행하기 어려웠다. JTS는 사업이 다소 더디게 진행되더라도 마을 주민들과 여러 차례 토론하고 설득하는 과정을 통해 주민들의 자발적인 참여를 유도했다. 이는 단지 마을의 다리나 회관을 지원하는 것만이 목적이 아니라, 주민들 스스로 다리와 회관을 건축하여 성취감을 느끼고 공동체 의식을 강화해 마을 문제를 해결할 수 있는 자립적인 공동체 형성이 목적이기 때문이다.

JTS는 마을 주민들과 함께 카불주 사카르다라(Shakardara)군에 다리, 마을회관, 토관 및 상판 다리 건축과 카불시 카이르 커나(Khair Khana) 마을에 급수 시설을 설치했고, 바미안주에 여성직업훈련센터를 건축하였다.

러즈다라 다리 철근 공사(왼쪽)와 난간 공사(오른쪽)

(1) 마을과 마을을 잇는 다리 건축

카불주 사카르다라군 다라이 사카르다라(Dara e Shakardara)마을에 다리 3개를 건축하였다.

약 1,600가구 6,000여 명이 살고 있는 큰 마을인 러즈다라(Luz Dara)의 다리는 다라이 사카르다라에서 윗마을로 올라가는 주요 길목에 자리 잡고 있다. 폐철 자재와 돌을 이어 만들었는데 다리에 구멍이 나 바퀴가 빠지는 등 사고가 잦았다. JTS는 시멘트와 철근 등 자재를 지원하고, 마을 주민들이 기술자 인건비와 노동력을 제공하기로 합의했다. 대부분의 공사는 마을 주민들의 공동 노동으로 진행해 비용이 많이 들지 않았다. 다만 기술자 인건비를 제때 지급하지 않아 마무리되지 않은 것은 JTS와 마을 학교 교장 등이 완료해야 했다.

차프다라(Chap Dara) 다리는 봄에 산에서 내려오는 물의 양이 많아 개울을 건너기 힘들고, 물살에 휩쓸리는 사고가 빈번히 발생해 마을 주민들이 다리 건축 지원을 강력히 요청해 왔다. 마을 주민들은 모래와 자갈 채취, 잡석 채우기 등 공동 노동에 참여하기로 하고 시작했지만, 약 3차례 정도까지만 진행되었다.

굴리켈(Gullikhel)은 다라이 사카르다라에 속한 마을이지만, 산을 넘어가야 하고, 차량 진입은커녕 수레조차 다닐 수 없었다. 옆 마을 커자(Khaza)와도 깊은 계곡이 있어 거의 고립된 상태였다. 주민들은 오래전부터 다리가 필요하다고 호소했고, 마을로 진입할 수 있는 도로도 주민들이 만들어 놓은 상태였다.

차프다라 교각 및 상부 공사

JTS는 마을 주민들의 자립 정신을 보고 지원을 결정했다. 돌, 자갈, 모래 채취와 잡석 채우기 등은 주민들이 공동 노동으로 참여하고, JTS는 자재와 기술자를 지원하였다. 마을 리더의 헌신적인 노력으로 작업이 원활히 진행됐고, JTS가 추구하는 주민 참여형 개발 원칙에 가장 가깝게 진행된 사업으로 평가된다.

명칭	기간	위치 및 지원 내용
에테팍 풀 (협동의 다리)	2003. 6. 6 ~ 2003.12.15	러즈다라의 방앗간 옆 부서진 다리 보수 폭 4m/길이 13m
와하다트 풀 (단결의 다리)	2003.12.10 ~ 2004.12.23	차프다라의 진입로 다리 폭 5m/길이 18m/높이 2.5m
아자디 풀 (자립의 다리)	2004. 7.17 ~ 2004.12.21	굴리켈과 커자를 잇는 계곡의 다리 폭 4m/길이 7m(전체 12m)/높이 7m

①	②
③	④
⑤	

① ② 공동 노동에 참여한 마을 주민들
③ 완공된 러즈다라 다리
④ 완공된 차프다라 다리
⑤ 완공된 굴리켈 다리

(2) 수로를 위한 토관 및 상판 다리 건축

카불주 사카르다라군은 계곡의 물이 도로까지 넘쳐 사람과 차량 이동의
어려움이 컸다. JTS는 이를 해소하고자 26개의 토관과 6개의 상판 다리
를 지원하는 정비 사업을 진행하였다. 주민 협조가 좋았던 칼라이랄라이
(Karailarai)는 모든 공사를 주민들의 힘으로 완료했고, 그 외 지역은 공사
지연 등으로 완공률이 낮았다.

기간	2003. 6. 6 ~ 12.15
지원 내용	● 토관 26개 지원 : 길이 100cm, 지름 30cm ● 상판 다리 6개 지원 : 길이 90cm X 폭 120cm X 두께 15cm

(3) 마을회관 건축

카불주 사카르다라군 다라이 사카르다라 마을에서 보건소 건축을 요청
했다. 하지만 보건부의 승인이 어려워 마을회관, 보건소, 학교 교무실 등
다용도로 사용할 수 있는 마을회관을 건축하였다.
　몇 차례의 회의 끝에 마을 주민들과 학생들은 돌 나르기와 터 파기,
고르기, 다지기 등에 참여하였다. 전체 공사는 현지 NGO ACRU(Afghan
Community rehabilitation Unit, 아프간 지역사회재건단)를 통해 시행하였다.

명칭	솔라하 에스테캄 쇼라 다프타르 (평화 마을 공동체 회관)
기간	2004. 7.29 ~ 12.15
지원 내용	40평 (폭 10m /길이 13m, 방 5칸)

다리와 마을회관 건축을 마무리하면서 마을 주민들에게 공모해서 이름을 지었습니다. 그 다리, 그 마을에 붙어 있는 JTS의 이름은 수십 년간 이곳을 오가는 수많은 마을 주민의 눈에 깊이 각인될 것입니다. 그리고 그 돌팻말이 붙어있는 마을회관에서는 이 마을의 발전과 평화를 위한 수많은 모임과 대화가 있을 것입니다. 이 모두 한국에 있는 수많은 JTS 후원자의 애정 어린 관심의 씨앗들이 이곳에 날라와 흩뿌려진 것이지요.

— JTS아프간 카불사업팀장 유정길

(4) 여성직업훈련센터 건축

3년 간의 계획된 사업 기간을 완료하고 아프가니스탄에서 철수를 결정한 JTS는 사업장 철수 전 바미안주 톱치(Topchi) 난민 캠프에 여성들의 문맹퇴치 교육과 직업 훈련을 목적으로 여성직업훈련센터 건축을 진행하였다.

지역	바미안주 톱치(Topchi) 난민 캠프
기간	2005. 6월 ~ 11월
지원 내용	① 5칸, 약 45평 규모의 건물 건축 ② 교육 프로그램 운영비는 국내 아시아평화인권연대에서 1년 간 지원

다라이 사카르다라 마을회관

톱치 난민 캠프 여성직업훈련센터 완공

(5) 급수 시설 설치

카불시 카이르 커나 마을은 도시개발 지역으로 식수 공급시설이 없어 많은 어려움을 겪고 있었다. JTS가 아프가니스탄에서 철수 후, 현지 봉사자였던 모하마드 하심(Mohammad Hashim)이 사업을 제안했고, 사업 점검을 위해 아프가니스탄을 방문한 박지나 대표가 검토 후 지원하기로 결정하였다. 물탱크와 우물을 연결하는 공사는 계획한 만큼은 하지 못했지만 물탱크 3개를 설치할 수 있었다.

기간	2006. 2월 ~ 12월
지원 내용	안정적인 식수 공급을 위해 우물 파기와 물탱크 3개 설치

급수 시설
설치를 위해
땅을 파는
마을 주민

물탱크에서
공급되는 물

5. 의료 지원—영양실조로 고통받는 아이들

칸다하르주 활동을 통해 난민들의 고통스러운 삶을 조금 더 깊숙이 들여다볼 수 있었다. 사막에서 텐트 생활을 하는 난민들의 건강은 좋을 수가 없었다. 특히 캠프 내 수많은 아이들은 어른들의 욕심으로 최소한의 영양분도 섭취하지 못하고 병들어 갔다. 테러의 위험을 무릅쓰고 모래바람이 센 멀고 먼 칸다하르주로 갈 수밖에 없게 만들었다.

모든 활동이 그렇지만, 2004년 7월 식량 배분을 위해 방문한 칼라이사미르 캠프에서 아픈 아이들을 치료해준 것은 의미가 컸다.

판즈웨이 IDP캠프 식량 배분을 마무리한 박지나 대표는 캠프에서 만난 아픈 아이들의 모습을 떠올리며 눈물을 보였고 아이들을 무조건 살려야 한다는 의지를 보였다. 철저히 계획된 사업을 예산에 맞게 수행하는 것도 중요하지만, 가난으로 치료받지 못하는 병든 아이들을 외면하는 것은 JTS의 원칙에 맞지 않다는 결론을 내렸다.

JTS는 치료가 시급해 보이는 카라이사미르 캠프의 중증 어린이 환자 다섯 명을 치료하기로 하였다. 아프가니스탄은 종합병원 시스템이 구축

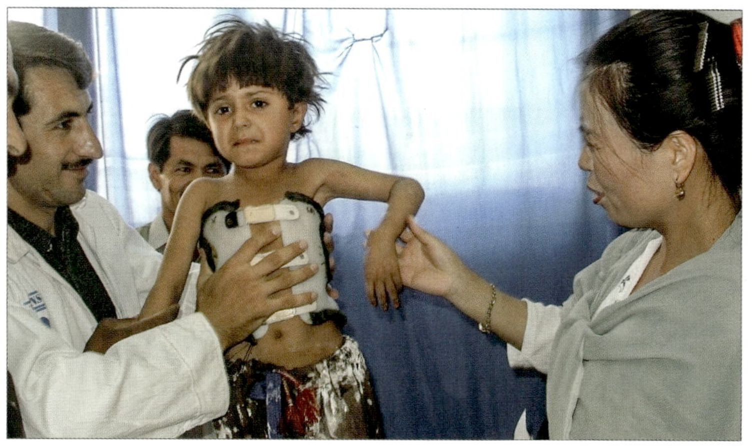

교정용 조끼를 착용한 사이 존

되지 않아 검사를 위해 여러 병원을 방문해야 했다.

뼈결핵으로 등이 점점 휘어져 제대로 서지도 걷지도 못하는 5살 남아 사이 존(Sai Jhon), 피부 전체에 부스럼이 생기고 기운이 없어 엄마 젖도 못 빨아먹는 26개월 남아 압둘라(Abdula), 탈장인 7살 남아 가니 모하메드(Gani Mohd), 목에 고름이 생겨 심한 통증에 시달리는 13살 여아 사비라(Sabira), 성장이 멈추고 말라리아에 걸려 정신이상 증상을 보이고 눈병으로 눈도 제대로 뜨지 못하는 12살 여아 사르다 비비(Sarda Bibi), 모두 증상은 달랐지만, 영양 실조로 발병 혹은 증상이 악화되었다는 결과를 받았다.

결핵 센터에서 사이 존과 결핵 환자인 어머니에게 복용할 약을 지원해주었다. 그리고 가르지언이라는 단체에서 운영하는 병원에서는 사이 존이 7주간 무료로 입원해 물리치료를 받을 수 있게 해주고, 더이상 등이 휘지 않도록 교정용 조끼도 지원해주었다.

사비라와 가니 모하메드는 정부 병원에서 무료로 수술을 받게 돼 JTS는 수술에 필요한 모든 약과 도구를 지원하였다. 영양 섭취가 치료에 중요한 압둘라에게는 한 달 이상 분량의 영양제와 분유를 지원하였다. 사르

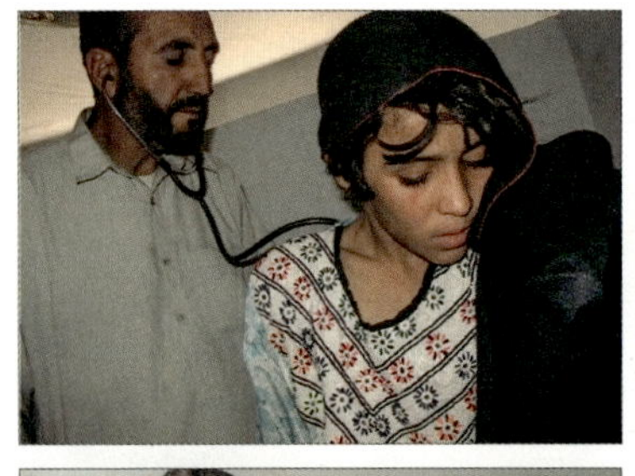
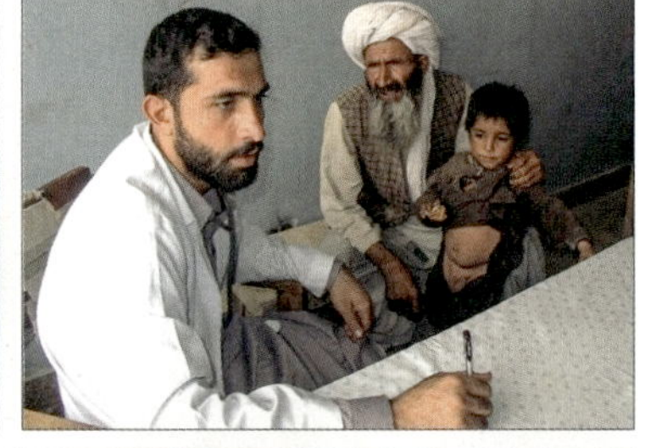
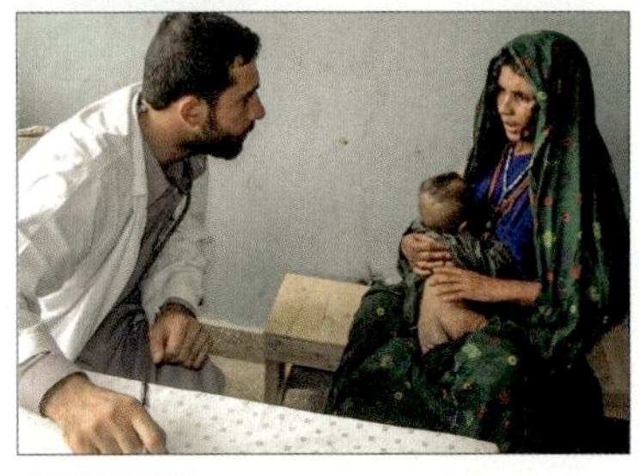
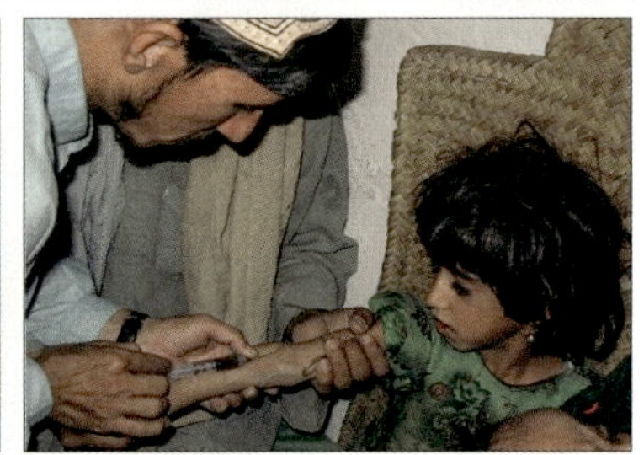

① 검사받는 사비라
② 검사받는 가니 모하메드
③ 검사받는 압둘라
④ 검사받는 사르다 비비

다 비비는 치료법을 찾지 못했다. 아이들 병이 영양 부족에서 생긴 병이라 잘 먹는 것이 중요했기에 영양 비스킷 40개와 2,100아프가니(AFN, 약 50달러)씩 지원하였다. 보호자들이 문맹이라 약 복용법, 약 바르는 법, 분유 타는 법 등을 반복해서 설명했고, 지원금은 꼭 아이들 영양식 구매에 사용해야 한다는 것을 당부하였다.

한 달 뒤 캠프를 다시 방문해서 아이들을 보니 수술을 한 사비라와 가니 모하메드는 호전되었고, 사이 존은 조금씩 걷게 되었고, 압둘라의 피부도 깨끗해져 있었다. 하지만 사르다 비비는 한 달 전 모습 그대로였다.

열두 살 소녀가 맨발로 사막을 걷고 있다.
오른손엔 병원 진단서 뭉치를 들고
넘어질 듯 넘어질 듯 걸어가고 있다.
멀어져 가는 열두 살 소녀의 뒷모습을 바라보며
나는 가슴이 미어진다.
열두 살 소녀가 살아가야 할 세월을 생각하면
자꾸만 자꾸만 슬퍼진다.
영양실조로 성장이 멈춘 열두 살 소녀
말라리아로 정신이상이 생긴 소녀
엉클어진 머리, 눈곱 낀 눈, 마른 팔다리
나를 보곤 너무 반갑게 웃는 열두 살 소녀
그 뒤로 무관심한 부모와 어려운 환경이 겹친다.
— 이덕아(JTS아프가니스탄 소장)

검사와 치료를 하며 만난 의료진은 외국인 활동가들에게는 친절했으나, 자국민 아이들과 보호자는 무시하는 경향이 있었다. 또 활동가들이 묵는 숙소에서 하룻밤을 보내야 했는데, 냄새나고 지저분하다고 입실을 거부당하는 일도 있었다. 난민으로 산다는 것은 단지 물질적인 궁핍만이 아니라는 것에 안쓰러운 마음이 들었다.

5. 아프가니스탄 사업 성과

JTS는 다른 NGO의 손길이 닿지 않는 오지를 중심으로 한 활동을 지향해왔으며, 아프가니스탄에서도 열악한 지역 중 하나인 칸다하르주를 주요 사업지로 선정하였다. 그러나 불안정한 치안 문제로 정착이 어려웠다. 그래서 JTS는 비교적 안전한 카불주에 사무소를 설치하고 복구 사업을 병행하며 현지 상황에 맞추어 유연하게 대응하였다.

전쟁 직후의 아프가니스탄에서는 철저한 안전 수칙 준수가 필수였다. 활동가들은 비상 대처 요령을 지속적으로 학습하고 훈련해야 했으며, 치안이 극도로 불안정한 칸다하르주에서 식량을 직접 배분할 수 있었던 것도 이러한 철저한 대비 덕분이었다.

긴급한 지원이 필요했던 칸다하르주와 달리 카불주는 외부 지원으로 비교적 상황이 나아 JTS는 이곳에서 주민 참여형 복구 사업을 계획했고, 마을 주민들과의 합의를 통해 사업을 시작하였다. 하지만 일부 주민들이

공동 노동에 참여한 마을 주민들과 아이들

약속한 내용을 이행하지 않아 사업을 중단하는 아픈 경험도 겪었다.

전쟁과 재난 상황에 놓인 주민들에게는 생계가 우선이며, 물질적으로 더 나은 지원 조건을 제시하면 기존 합의가 쉽게 흔들릴 수 있다는 점을 인식하게 됐다. 이후에는 주민 참여형 사업의 취지를 설명하고 충분한 동의를 얻기 위해 사전 회의를 강화했다.

아프가니스탄 사업은 재난과 전쟁 현장을 처음 경험한 JTS에게 의미 있는 출발점이었다. 재난 지역의 특성과 긴급구호 및 개발 지원의 차이를 체감하며 배울 수 있었고, 다른 NGO와의 협력과 교류를 통해 다양한 사업 방식을 접할 수 있었다. 2002년부터 2005년까지 이어진 3년간의 아프가니스탄 활동은 이후 JTS의 국제 활동에 큰 밑거름이 되었다.

툴루칸 캠프
식량 배분 활동가들

카불주 사카르다라군
마을 리더 회의
기념 사진

JTS아프간—걸어온 길

2002
- 9월— 카불, 칸다하르 사전 답사
- 10월— JTS아프간 사무소 설치(NGO 등록)

2003　【칸다하르】
- 7~8월— 5개 난민 캠프 2,000여 가구 지원(밀, 기름 등 식량)
- 8월— 5개 난민 캠프 515가구 지원(WFP에서 기증받은 비스킷 배분)
- 10월— 난민 캠프, 텐트학교 4개 설립 및 학용품 지원
- 11월~2004. 1월— 난민 캠프, 겨울철 의류 배분(총 150,000여 벌)

【카불】
- 1~11월— 카불주, 파르완주 6,000여 가구, 겨울철 의류 배분
- 5~10월— 11개 학교, 교복, 신발, 학습지, 도서(교사용 포함) 지원
- 6~12월— 사카르다라군 러즈다라 다리 보수
- 6~12월— 사카르다라군 배수 토관 및 상판 다리 건축
- 10~12월—11개 단체(데이케어센터, 보육원 등), 겨울철 의류, 털신 지원
- 12월— 사카르다라군 차프다라 다리 건축 착공

【바미안】
- 11월— 겨울철 의류 배분(총 18,000여 벌)

2004　【칸다하르】
- 7~9월— 난민 캠프 4개 텐트학교 교육 지원(어린이 교육 테스트, 교과서 및 학용품 등)
- 7~9월— 18개 학교, 학용품, 칠판 등 지원
- 8월 텐트학교 교사훈련 워크숍 진행
- 12월~2005. 1월— 난민 캠프 4개 텐트학교, 교복, 신발 지원

【카불】
- 12월— 사카르다라군 차프다라 다리 건축 준공
- 7~12월— 사카르다라군 굴리켈-커자 다리 건축
- 7~12월— 사카르다라군 마을회관 건축

【바미안】
- 6~9월— 학용품(10,000여 세트), 칠판, 겨울철 의류 지원

2005	【칸다하르】
	▪ 난민 캠프 4개 텐트학교, 학용품 등 4차례 지원
	【바미안】
	▪ 6~11월— 여성직업훈련센터 건축
	▪ 7월— JTS아프간 사무소 철수
2006	【카불】
	▪ 2~12월— 카이르 커나 급수 시설 설치

7. 스리랑카

Sri Lanka

스리랑카는 인도양에 위치한 섬나라이다. 열대몬순 기후로 연중 고온 다습한 날씨가 지속된다. 정치적으로는 의회공화제를 채택하고 있다. 종교는 불교가 가장 널리 퍼져있으며, 소수 종교로 힌두교, 이슬람교, 기독교가 있다. 2022년 이후 스리랑카는 심각한 경제 위기를 겪고 있다. 외환 보유액 부족으로 인해 식량, 연료, 의약품 수입이 어려워지면서 물가 폭등과 생필품 부족 사태가 발생했다. 이는 과도한 부채, 잘못된 경제 정책, 코로나19 팬데믹으로 인한 관광 수입 감소 등이 복합적으로 작용한 결과이다.

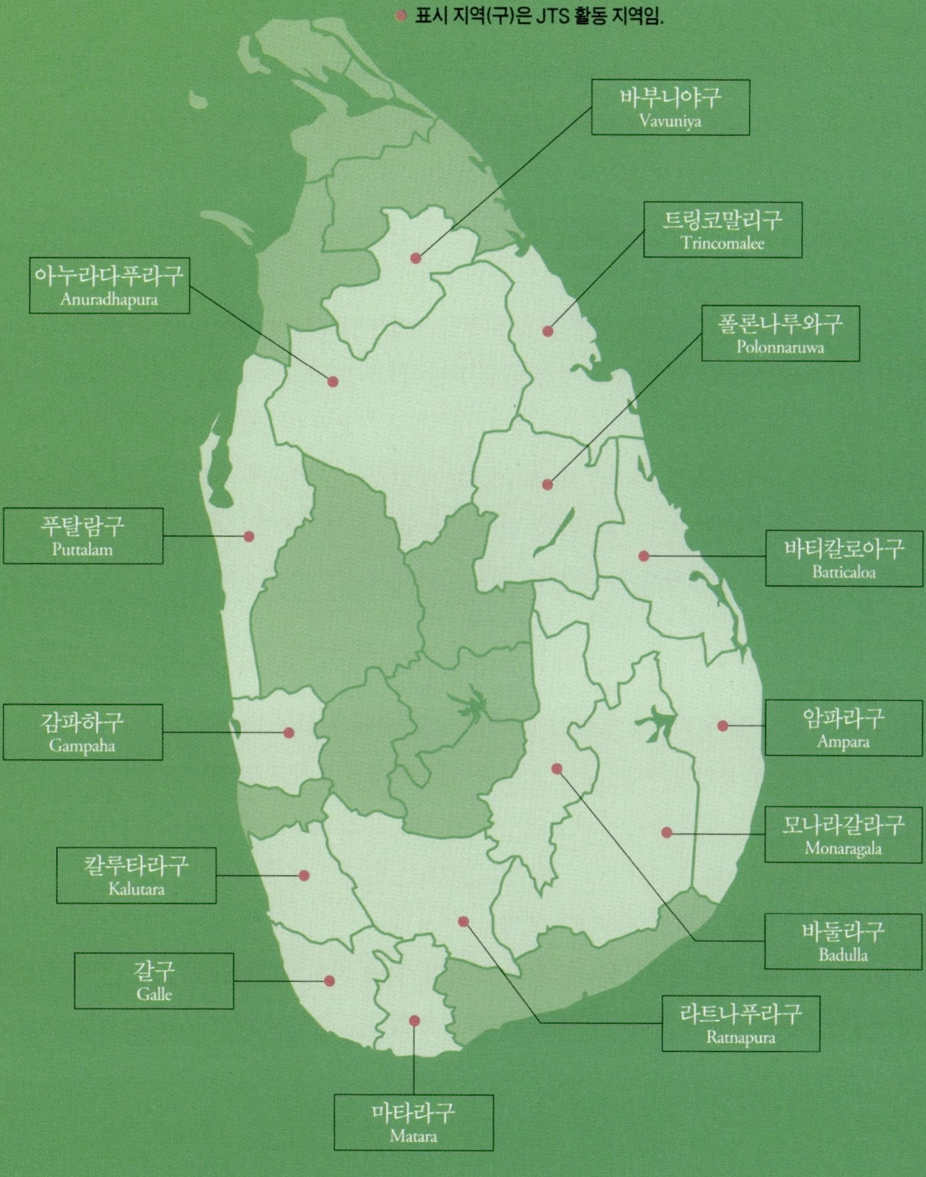

● 표시 지역(구)은 JTS 활동 지역임.

1. 사업 배경

2004년 12월 26일, 인도네시아 수마트라(Sumatra)섬 서부 해안에서 발생한 규모 9.1~9.3의 강진(남아시아 대지진)은 쓰나미(Tsunami, 지진해일)를 일으키며 인도양 연안 여러 국가에 막대한 피해를 남겼다. 약 30만 명 사망, 169만 명의 이재민이 발생했다.

스리랑카에서는 약 3만~3만 5천 명 사망, 50만~100만 명의 이재민이 발생해 피해가 심각했다. 피해는 주로 동부 및 남부 해안 지역에 집중됐으며, 마을과 도로, 학교, 병원 등 주요 기반 시설이 파괴됐다. 국제사회가 긴급구호에 나섰지만, 피해 규모가 워낙 커 복구 작업은 더디게 진행됐다.

쓰나미 피해와 더불어, 스리랑카는 1983년부터 이어진 내전으로 이미 사회적·경제적으로 불안정한 상태였다. 내전은 타밀족(Tamil)의 독립을 주장하며 무장 투쟁을 벌인 타밀 엘람 해방 호랑이(LTTE, Liberation Tigers of Tamil Eelam)와 스리랑카 정부군 간의 충돌이었다. 정부군과 LTTE 간의 무력 충돌은 지속됐고, 특히 북부와 동부 지역 주민들은 피난길에 오르며 생활이 더욱 어려워졌다. 2002년 한 차례 평화협정을 맺었지만, 2005년부터 다시 교전이 격화됐고, 2009년 5월, 스리랑카 정부군의 강력한 공세로 LTTE가 항복을 선언하며 내전은 종결됐다.

그러나 그 과정에서 많은 인명 피해와 사회적·경제적 손실이 발생했다. 많은 사람이 삶의 터전을 잃었고, 테러의 공포 속에서 살아야 했다. 또한 서로에 대한 불신과 적대감은 스리랑카 사회를 병들게 하고 있었다. 내전과 자연재해의 후유증은 오랫동안 지속됐으며 2022년에는 국가부도를 선언하며 극심한 경제위기에 직면했고, 2024년 현재도 경제 회복과 사회 안정화를 위한 노력이 계속되고 있다.

JTS는 2004년부터 긴급구호, 조기 복구 사업, 농업 지원, 생활 환경 개선, 긴급 식량 및 교육 지원 등의 활동을 해오고 있다.

JTS 활동 지역

바부니야구
트링코말리구
아누라다푸라구
폴론나루와구
바티칼로아구
푸탈람구
바둘라구
감파하구
암파라구
모나라갈라구
칼루타라구
갈구
라트나푸라구
마타라구

긴급구호
조기 복구 사업
농업 지원
생활 환경 개선
기타

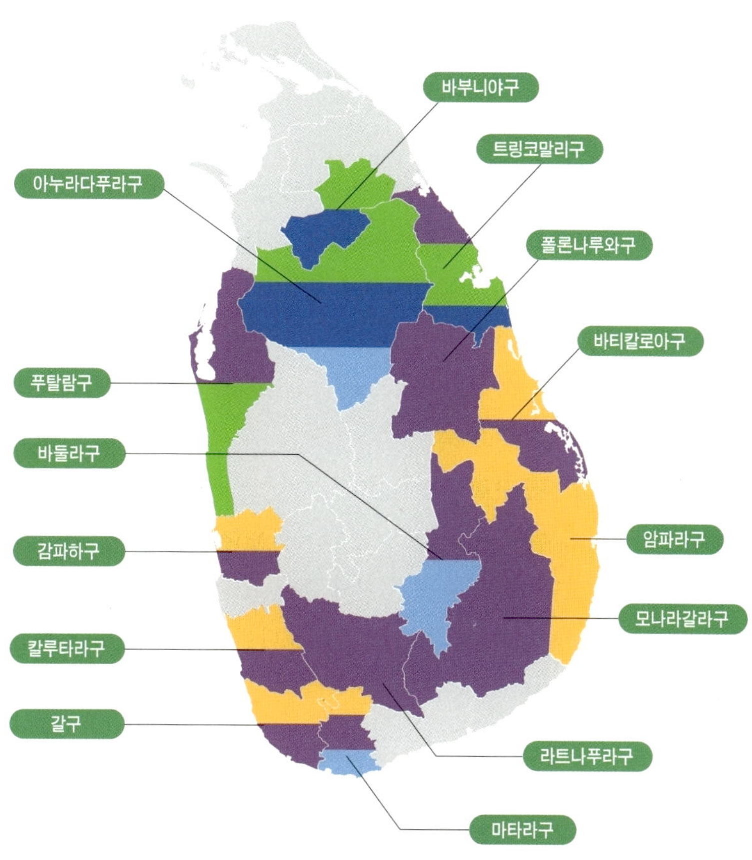

2. 긴급구호

2004년 남아시아 대지진 피해 긴급구호 및 조기 복구 사업

◆— 사업 배경

2004년 12월 26일 발생한 남아시아 대지진으로 피해를 본 해안가 마을에서는 주택과 유치원의 대부분이 붕괴했고, 해안에서 조금 떨어진 건물들도 수리가 필요한 상태였다. 재해 발생 두 달이 지나도록 복구 작업은 시작되지 않았고, 주택을 잃은 이재민들은 난민촌을 형성해 생활하고 있었다.

◆— 성금 전달 및 긴급구호 물품 지원

2004년 12월 27일부터 전국적인 모금 캠페인을 전개했고, 특히 큰 피해를 본 스리랑카의 이재민을 돕기 위해 주한 스리랑카 대사관에 성금을 전달했다. 또한, 스리랑카 현지의 사르보다야슈라마다나운동본부(Sarvodaya Shramadana Movement)를 통해서 담요와 의약품 등 이재민에게 필요한 물품을 신속하게 구매해 배분할 수 있도록 했다. 그 후 주한 스리랑

쓰나미 피해로 흔적도 없이 사라진 건물

쓰나미 피해 돕기 모금 캠페인

카 대사관의 요청에 따라 국내에서 긴급구호 물품을 구매해 지원하였다. JTS는 사르보다야슈라마다나운동본부와 협력해 피해 지역 이재민들에게 가장 필요한 물품을 신속하게 파악한 뒤, 긴급구호 물품을 준비했다. 2005년 1월 29일, 주방용품 1,000세트, 학용품 10,000세트, 지붕용 천막 원단 66롤 등의 긴급구호 물품이 부산항을 출발해 2월 10일 스리랑카 콜롬보(Colombo)항에 도착했다.

현지 배분은 사르보다야슈라마다나운동본부에서 진행했으며, 여러 단체에서 한꺼번에 보내온 물품들로 업무가 과중된 상황에서도 JTS의 지원 물품을 우선적으로 배분하는 등 많은 도움을 받았다.

◆— 피해 지역 복구 사업

2005년 2월 23일, JTS 이사장 법륜 스님은 2004년 12월 발생한 지진으로 큰 피해를 입은 지역 복구를 위해 스리랑카를 방문했다. 사르보다야슈라마다나운동본부의 안내를 받아 동부주 바티칼로아(Batticaloa)구와 암파라(Ampara)구, 서부주 칼루타라(Kalutara)구, 남부주 갈(Galle)구를 답사했다.

쓰나미 피해로 인해 해안선 100m 이내에는 건축이 제한되면서 이재

쓰나미 피해로 황폐해진 채 방치된 마을

완공된 암파라구 페리야칼러 마을 유치원　　　　　갈구 아쿠랄라 마을 유치원 준공식 날 교실 내부

민들은 주거 문제로 큰 어려움에 직면했다. 무엇보다 임시 거처 마련이 시급한 상황이었고, 학교나 유치원 등 교육 시설 복구는 우선순위에서 밀릴 수밖에 없었다. JTS는 아이들의 교육 단절 역시 해결해야 할 중요한 과제로 판단하고 교육 지원에 나섰다.

JTS는 재해로 인해 정상적인 교육을 받지 못하는 아이들을 위해 유치원 조기 복구 사업을 추진했다. 답사 지역 중 동부주 바티칼로아구, 암파라구와 남부주 갈구에 있는 12개 마을을 대상으로 1차 유치원 조기 복구 사업을 진행하였고, 2005년 2월에 시작해 9월까지 순차적으로 유치원 복구와 우물 및 물탱크 설치를 완료하였다.

이후 JTS는 2005년 7월 스리랑카를 다시 방문해 1차 유치원 조기 복구 사업을 점검하고, 2차 지원을 위한 답사를 진행하였다.

2차 유치원 조기 복구 사업은 쓰나미 피해를 본 15개 마을을 대상으로 2005년 9월부터 시작됐으나, 쓰나미 이후 건축자재비 및 인건비 상승, 마을 주민들의 공동노동 참여 저조 등의 이유로 일부 지역에서 사업이 축소될 수밖에 없었다. 그럼에도 불구하고, 2006년 8월까지 남부주의 마타라(Matara)구, 갈구와 서부주 칼루타라구, 감파하(Gampaha)구에 있는 9개 마을 유치원 복구와 우물 및 물탱크 설치를 성공적으로 완료했다.

2차례에 걸친 유치원 조기 복구 사업을 통해 아이들에게 안정적인 학습 환경을 제공했으며, 우물과 물탱크 설치로 깨끗한 식수를 공급할 수 있게 돼 수인성 질병 예방을 가능하게 했다. 더불어 놀이 시설과 교과서 및 학용품을 지원해 아이들이 마음껏 뛰놀고 학습할 수 있도록 했으며, 주방용품 지원을 통해 급식 제공이 가능하게 하였다.

	사업 기간	유치원 건축	우물 및 물탱크 설치	기타
1차	2005. 2~2005. 8	12개	12개	화장실, 놀이 시설, 학용품, 주방용품 등
2차	2005. 9~2006. 8	9개	9개	

유치원 조기 복구 사업은 아이들에게 교육 환경을 제공하는 것뿐 아니라 마을 공동체 회복에도 긍정적인 영향을 미쳤다. 마을 주민들은 자녀들 교육 공간을 직접 복구하며 교육의 중요성을 인식하게 됐고, 유치원 운영에 관한 관심과 애정도 자연스럽게 형성됐다. 또, 필요한 건축자재를 지역 내에서 구매하고, 지역의 건축 전문가를 채용해 지역 경제 활성화 및 일거리 창출 효과도 있었다.

유치원 조기 복구를 위한 2차 답사(법륜 스님)

공동노동에 참여한 마을 주민들

완공된 마타라구 다누웰라 마을 유치원

바티칼로아구 코타이칼라루 마을 유치원 놀이기구

2017년 수해 피해 긴급구호

2017년 5월 말, 스리랑카는 우기가 시작되면서 발생한 홍수와 산사태로 200여 명이 사망하고 100여 명이 실종됐으며, 이재민이 50만 명에 육박하는 등 14년 만에 최악의 수해를 겪었다. 거리는 침수된 집기들로 뒤덮였고, 주택과 도로는 흔적도 없이 사라졌으며, 논이 물에 잠겨 마치 강처럼 변하는 등 피해 상황은 매우 심각했다.

JTS는 신속한 대응을 위해 5월 31일 박지나 대표를 현지에 파견해 피해 규모를 파악하고, 가장 필요한 지원 물품이 무엇인지 조사하였다. 조사 결과, 이재민들에게 가장 필요한 것은 식량과 주방용품이었으며, 특히 아이들을 위한 학용품 지원이 절실했다. 이를 바탕으로 JTS는 긴급구호 계획을 수립해 즉시 지원하였다.

6월 10일 사바라가무와(Sabaragamuwa)주 라트나푸라(Ratnapura)구의 아이들에게 책가방, 도시락통, 물통, 학용품, 신발 300세트를 지원하였다. 이어 6월 11일부터 13일까지 3일간 서부주 칼루타라구, 남부주 마타라구와 갈구의 3천 가구에 가구당 쌀 20kg, 달(콩) 5kg, 코코넛 오일 1kg, 밥솥, 주전자, 냄비 세트(3종류), 식기류, 대야, 대형 타올 등을 긴급 지원하였다.

긴급구호 물품 전달 후 아이들과 박지나 대표

1차 지원이 신속하게 이루어진 후, JTS는 8월 3일부터 6일까지 4일간 이재민 2천 가구에 의자와 주방용품을 추가 지원하였다. 이재민들이 하루빨리 일상을 회복하고 안정적인 삶으로 돌아갈 수 있는 실질적인 도움을 제공하였다.

	사업 기간(2017)	지역	대상	지원 물품
1차	5.31 ~ 6.15	라트나푸라구	학생 300명	(학생 1명당) 책가방, 도시락통, 물통, 학용품, 신발
		칼루타라구, 마타라구, 갈구	3,000가구	(가구당) 쌀 20kg, 달(콩) 5kg, 코코넛오일 1kg, 밥솥, 주전자, 냄비(세트-3종류), 식기류, 대야, 대형 타올 등
2차	8. 3 ~ 8. 6	칼루타라구, 마타라구, 갈구	2,000가구	의자, 주방용품

수해 피해로 물에 잠긴 도로

수해 피해로 붕괴한 주택

긴급구호 물품(가방)을 전달하는 박지나 대표

긴급구호 물품을 배분받는 이재민들

2023년 홍수 피해 긴급구호

2023년 10월, 스리랑카 마타라구는 갑작스러운 홍수로 큰 피해를 입었다. 특히, 캄부르삐띠아(Kamburupitiya)의 카라고다우얀고다(Karagoda Uyangoda) 마을은 전체 2,450명 중 1,440명(약 59%)이 피해를 입었다.

JTS는 10월 12일, 캄부르삐띠아 행정청 요청으로 피해를 입은 400가구(약 1,630명)에 필요한 물품을 지원하였다. 10월 14일부터 16일까지 식량과 위생용품으로 구성된 긴급구호 물품을 준비하고 포장했으며, 10월 17일부터 18일까지 총 400가구에 이를 전달하였다.

구호 활동에는 스리랑카 현지 자원봉사자와 행정청 공무원이 함께 참여해 긴급한 상황에서도 신속하고 안전하게 배분하였다. 이들은 피해 조사부터 물품 준비 및 배분까지 각 단계마다 서로 긴밀하게 협력하여 구호 활동을 원활하게 진행할 수 있었다. 피해 주민들은 JTS의 긴급구호 물품이 실용적이고 풍성해 만족을 표하였다.

긴급구호 물품 구성—쌀(3kg), 양파(500g), 렌틸콩(500g), 콩고기(250g), 고춧가루(200g), 카레가루(200g), 설탕(1kg), 건어물(250g), 홍차가루(250g), 코코넛(2개), 비누(1개), 세제(1개)

홍수로 물에 잠긴 마을

① 홍수로 물에 잠긴 마을
② 긴급구호 물품을 배분받는 이재민
③ 긴급구호 활동에 참여한 현지 봉사자들

2024년 사이클론(Cyclone) 피해 긴급구호

2024년 11월 말, 사이클론 펜갈(Fengal)이 스리랑카를 강타했다. 폭우와 강풍으로 홍수와 산사태를 일으켜 심각한 피해를 초래했다. 특히, 피해가 극심했던 동부주는 내전의 아픔을 간직한 지역으로, 천천히 상처를 치유하던 중 또 다시 사이클론으로 큰 고통을 겪게 됐다.

스리랑카 봉사자들과 동부주 행정청이 함께 협력해 피해가 심각한 바티칼로아구와 트링코말리(Trincomalee)구의 525가구와 사찰 1곳을 지원 대상으로 선정하고, 필요한 물품을 파악하였다.

2023년 긴급구호 활동과 마찬가지로, 이번에도 한국 활동가 파견 없이 현지 봉사자들이 주도적으로 구호 활동을 펼쳤다. 스리랑카 경제 사정이 각박해지면서 도난 사건이 증가하자, 현지 봉사자들은 모기가 들끓는 창고를 밤새워 지키며 크리스마스 연휴 기간에도 물품을 안전하게 관리하고 포장하는 데 최선을 다했다. 이런 노력 끝에 12월 27일 식량과 생필품 세트를 525가구에 배분하였다.

JTS는 사업 방향을 설정하고 진행 상황을 점검하며 사업비를 적시에 지급하였다. 스리랑카 현지 봉사자들은 물품 구매와 배분, 대상자 확인,

긴급구호 활동에 참여한 봉사자들

배분 장소 섭외 등 사업 전반을 이끌어갔으며, 행정청은 피해 주민 조사, 물품 포장과 배분에 도움을 줬다. 이와 같은 협력을 통해 대상자 선정, 적합한 물품 구성, 안전한 배분이 원활하게 이뤄졌다. 또한, 바티칼로아구 망갈라가마(Mangalagama) 마을 주민 약 50명의 자발적인 도움은 자연재해 속에서도 공동체가 협력하는 긍정적인 사례로 큰 의미가 있었다.

지역		대상	지원 수량
바티칼로아구	망갈라가마 마을	350가구	350개
	푸나푸다 마을	25가구	25개
	아란탈라와(Aranthalawa) 사찰		5개
트링코말리구	베루갈 마을	150가구	150개

긴급구호 물품 구성— 쌀(5kg), 렌틸콩(1kg), 양파(1kg), 콩고기(250g), 고춧가루(250g), 카레 가루(250g), 설탕(1kg), 건어물(250g), 잎차 가루(250g), 감자(1kg), 누들(250g), 소금(400g), 비누(1개), 소염진통제(1개), 감기약(1개), 담요(1채), 모기장(1채), 돗자리(1개)

사이클론 피해로 침수된 주택

구호 물품 배분을 위해 준비하는 봉사자들

구호 물품 배분을 위해 준비하는 봉사자들

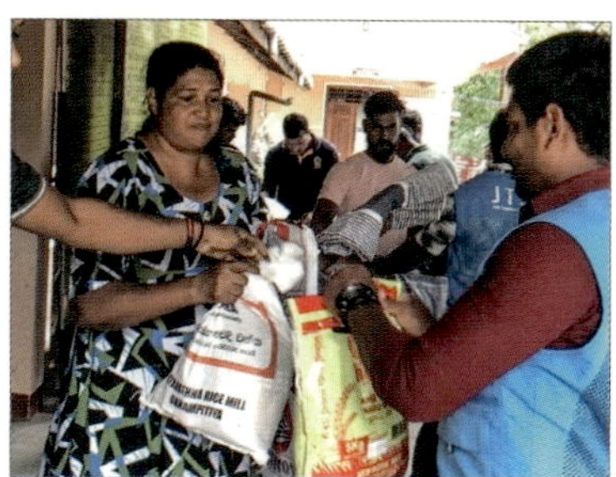
구호 물품을 배분받는 이재민

3. 농업 지원

(1) 지원 배경

2007년 10월, 법륜 스님과 스리랑카 지역개발 NGO인 세와랑카재단(Sevalanka Foundation)의 하르샤 나바라트네(Harsha Navaratne, 이하 '하르샤') 이사장은 JTS의 스리랑카 지원에 대해 처음 이야기를 나눴다. 이듬해 2월, 법륜 스님이 스리랑카를 방문하면서 JTS와 세와랑카재단이 협력할 방안에 대해 깊이 논의했고, 하르샤 이사장은 스리랑카의 농업생산력 증대를 위한 지원을 요청했다. 이에 따라 2008년 5월 30일, JTS는 세와랑카재단 관계자 4명을 한국으로 초청해 경상북도 칠곡군과 한국농어촌공사를 방문하였다.

이들은 한국의 선진 농업기술을 직접 경험하며 스리랑카 농업의 방향을 구체화하는 데 도움을 받았다. JTS는 이를 계기로 본격적인 농업 지원을 추진하기로 하였다.

2008년 10월 15일, JTS는 스리랑카로 활동가를 파견하였다. 3일간 북중부주 아누라다푸라(Anuradhapura)구와 폴론나루와(Polonnaruwa)구를 답사하며 농업 지원이 필요한 곳을 살폈다. 두 지역은 직접적인 내전 피해

세와랑카재단 관계자 경상북도 칠곡군 농업기술센터 방문

는 없지만, 내전 지역의 경계에 위치해 내전이 심각하게 진행됐던 1990년 대에 많은 주민이 마을을 떠났던 곳이다. 주민이 떠난 마을은 황폐해졌고, 농업 기반 시설도 대부분 파괴됐다.

2002년 스리랑카 정부와 반군 LTTE 간 평화협정이 체결되면서 주민들이 다시 고향으로 돌아왔지만, 마을을 복구하기에는 많은 어려움이 있었다. 정부와 국제사회의 지원은 쓰나미와 내전 피해가 극심했던 지역에 집중됐고, 상대적으로 피해가 적었던 이 지역은 지원에서 소외될 수밖에 없었다. JTS는 고향으로 돌아온 주민들이 안정적인 삶을 되찾을 수 있도록 아누라다푸라구를 중심으로 농업 지원을 시작했다.

농업 지원을 위한 JTS활동가의 스리랑카 현지답사

황폐해진 마을(왼쪽)과 유휴지를 정비하는 마을 주민들(오른쪽)

(2) 농업 지원 내용

스리랑카 농업의 최대 문제점은 많은 노동력에 비해 생산량이 현저히 떨어진다는 것이다. 이러한 문제점을 해결하기 위해 JTS는 농기계 및 농자재 지원, 농업기술 전수, 농업 시설 복구에 중점을 뒀다.

◆── **농법 실험을 위한 시범농장 운영**

스리랑카는 보편적으로 직파법을 통해 논농사를 짓는데, 이것이 생산성을 떨어뜨리는 요인 중 하나이기 때문에 이앙법으로 변경하는 것이 효과적일 것으로 판단했다. 하지만 생계와 직결된 농법을 이론만으로 판단해 한순간에 변경한다는 것은 무모하고도 어려운 일이었다. JTS는 농법 변경을 단기간이 아닌 장기간의 사업으로 분류하고 아누라다푸라구의 소규모 논농사를 짓는 가구를 시범농장으로 선정하여 진행하였다.

시범농장─모내기할 논을 정돈하는 주민들

2008년 12월, 시범농장으로 선정된 가구와 세와랑카재단에서 운영하는 농업교육 훈련센터인 아일랜더센터(Islander Center)에 이앙기, 콤바인, 정미기를 각 3대씩 지원하였다. 그리고 이앙법 시행과 농기계 사용이 생산성 증대에 어떤 효과가 있는지 실험하였다.

농업기계화가 더디게 진행되고 있는 스리랑카에서 새로운 농법을 도입하고 농기계를 활용하려면 체계적인 교육이 필수적이었다. JTS는 농기계를 구매했던 한국농기계공업협동조합에 협조를 요청해 농기계 전문가 1명을 아일랜더센터로 파견했다. 2009년 2월 16일부터 23일까지 총 8일간 진행된 교육에는 아일랜더센터 직원과 지역 주민 15명이 참여하였다.

교육과정은 안전사고 예방 및 보관 관리, 농기계의 구조 및 기능, 취급 조작 연습 및 운전 등 농기계 사용에 필수적인 내용으로 구성됐으며, 교육생들이 적극적으로 참여하여 순조롭게 진행되었다. 그러나 1명의 전문가가 15명 모두에게 취급 조작과 운전 실습을 포함한 전 과정을 짧은 연

지원한 농기계—이앙기(왼쪽)와 콤바인(오른쪽)

농기계 사용 교육

농기계 사용 실습

수 기간에 교육하는 데에는 한계가 있었다. 이를 보완하기 위해 농기계 조작에 관심이 많고 지속적으로 관리·운영할 아일랜더센터 직원 5명을 우선 선발해 실습 과정을 집중적으로 교육한 후, 그들이 다른 교육생들에게 배운 내용을 전할 수 있도록 하였다.

이 교육을 통해 교육생들은 '우리가 농기계를 사용할 수 있을까' 하는 불안감이 해소됐을 뿐만 아니라, 콤바인으로 벼를 수확하고 탈곡해 수북이 쌓인 낟알들을 보며 농업기계화의 절실함을 깨닫게 됐다.

◆— 우수 벼 종자 및 가축 지원

아누라다푸라구는 스리랑카 내에서도 특히 건조한 지역으로 농업 활동에 어려움이 많았다. 2009년 상반기 JTS는 마을공동체, 지방정부, 세와랑카재단과 협력해 건조 지역에 적합한 우수 벼 종자와 더불어 가축(소)을 지원하였다.

우수 벼 종자는 논농사에 중점을 두고 시범적으로 관리·경작할 수 있는 20가구를 선정해 지원했고, 가축은 여성 한부모 가구, 장애인 가구 등 취약 계층 10가구에 지원하였다. 가축은 노동력을 제공할 뿐만 아니라 배설물을 퇴비로 활용해 농업생산력을 향상할 수 있었다.

2010년에도 아누라다푸라구에 가축(병아리) 800마리를 지원하였고, 우수 벼 종자 지원은 2013년까지 지속했다. 2011년에는 우수 벼 종자 지원을 북부주 바부니야(Vavuniya)구로 확대해 농업 지원의 범위를 넓혔다.

우수 벼 종자 지원

가축(소) 지원

농사를 짓는 데 꼭 필요한 것 중 하나는 물이다. 2008년 10월 답사를 통해 아누라다푸라구는 기존의 관개수로, 저수지, 농업용 우물 등 대부분이 파괴돼 농사를 짓기 어려운 상황임을 확인하였다.

JTS는 2008년 12월부터 2009년 4월까지 아누라다푸라구에 2km 길이의 관개수로와 저수지 1개를 건설하고, 농업용 우물 8개 설치 사업을 진행하였다. 건설 기자재 구매 비용과 기술 노동자 보수는 JTS에서 지원하고 세와랑카재단은 진행 과정을 감독했으며, 마을 주민들은 공동노동에 적극 참여하였다.

농업 시설 지원으로 농업용수를 안정적으로 공급할 수 있게 됐고, 그동안 농사를 제대로 짓지 못했던 약 200ac의 땅에서 농사를 지을 수 있게 되었다. 이로써 농업생산력이 증가하며 지역 경제도 활성화되었다. 또한 농업용수가 부족해 다른 지역으로 이동해 농사를 짓던 주민들이 마을에 정착하게 되어 마을 정상화에도 기여했고, 공동노동을 통해 마을 공동체를 더욱 단단히 형성할 수 있었다.

JTS는 이후 2010년부터 2013년까지 북중부주 아누라다푸라구, 북부주 바부니야구, 동부주 트링코말리구, 북서부주 푸탈람(Puttalam)구의 원활한 농업용수 공급을 위한 관개수로, 저수지 건설 및 농업용 우물 설치를 진행해 지역 농업의 지속 가능한 성장을 도왔다.

관개수로 건설 중

① ② 농업용수 시설을 만들며 공동노동에 참여한 마을 주민들
③ 저수지 건설
④ 농업용 우물 설치
⑤ ⑥ 화장실 건축 과정
⑦ 식수용 우물 설치

JTS는 농업 지원을 진행하는 과정에서, 마을 주민들이 안전하고 안정적인 식수를 공급받지 못하고 있으며, 위생적인 생활을 위한 화장실이 부족하다는 문제를 파악했다.

2011년 2월부터 약 1년간 북중부주 아누라다푸라구, 북부주 바부니야구, 동부주 트링코말리구 7개 마을에 식수용 우물 20여 개를 설치하고, 북중부주 아누라다푸라구, 북부주 바부니야구 5개 마을에 화장실 80개를 건축했다. 이를 통해 주민들의 기초 생활 수준이 개선되었다.

(3) 농업 지원 성과

JTS는 스리랑카 농업 지원을 통해 농업생산력 증대와 지역 경제 활성화에 큰 도움을 주었다. 농기계와 농업기술을 지원하고, 우수 벼 종자와 가축을 지원함으로써 농업 기반을 강화했다. 또한, 농업용수 공급을 위한 관개수로, 저수지, 우물 건설로 안정적인 물 공급을 보장하고, 주민들이 안정적으로 농사를 지을 수 있도록 지원하였다.

식수용 우물 건설과 화장실 설치를 통해 주민들의 기초 생활 수준을 개선하는 한편, 공동노동을 통해 주민들이 협력하며 공동체 의식을 강화하고 마을 복원에 이바지했다.

이러한 노력은 지역 공동체 복원과 지속 가능한 발전을 도왔으며, 주민들 간의 유대감을 형성하는 데 중요한 역할을 하였다. 이와 같이 JTS의 지원과 활동은 삶의 근간인 농업을 강화하고, 이를 통해 지속 가능한 삶을 설계하였다. 앞으로도 주민들의 삶의 자립을 가능하게 하고 이를 통한 마을공동체 회복에 초점을 맞춘 지원을 계속할 것이다.

스리랑카 농업 지원 내용

시기	지역	구분	지원 내용
2008~ 2009	아누라다푸라구	농업 시설	■ 관개수로(2km) 건설 ■ 저수지 1개 건설 ■ 농업용 우물 8개 설치
		농업용 기자재	■ 이앙기, 콤바인, 정미기 각 3대 ■ 우수 벼 종자 20가구 ■ 가축 지원 : 소 10마리
		농기계 교육	■ 2009.2.16~23(8일간) – 농기계 전문가 1명 파견 – 교육생 15명 참여
2010	아누라다푸라구	농업시설	■ 관개수로 5개 건설 ■ 저수지 2개 건설 ■ 농업용 우물 10개 설치
		농업용 기자재	■ 우수 벼 종자(4,586 l) 및 비료(3,150kg) —63가구 ■ 가축 지원 : 병아리 800마리
2011	아누라다푸라구, 트링코말리구, 바부니야구, 푸탈람구	농업 시설	■ 7개 지역 관개수로 및 저수지 건설 ■ 농로 연장(3,737.6m/ 2,000m/ 1,577m)
		농업용 기자재	■ 우수 벼 종자 280가구
		생활 환경 개선	■ 식수용 우물 28개 ■ 화장실 80개
2012~ 2013	아누라다푸라구	농업 시설	■ 관개수로 및 저수지 복구
		농업용 기자재	■ 우수 벼 종자, 비료 및 농약, 농기계 대여료 지원 등

4. 긴급 식량 지원 및 교육 지원

(1) 지원 배경

2022년 5월, 국가부도를 선언한 스리랑카는 러시아-우크라이나 전쟁, 코로나19 여파, 그리고 중국 일대일로 참여로 인한 부채 누적으로 극심한 경제위기에 빠졌다. 2023년부터는 국제구호기구의 스리랑카 지원이 긴급 구호에서 공적개발원조(ODA) 중심으로 전환되며 자립 기반을 마련하기 위한 장기적 지원이 시작되었다.

하지만 스리랑카 국민들은 여전히 식량과 연료 부족으로 생존을 위협받고 있었다. 전기를 사용하지 못하는 가구가 많고, 물도 부족해 빗물을 받아 사용하거나 오염된 물을 그대로 사용하는 주민들이 많았다. 학생들 역시 가방이나 학용품이 부족해 학교에 다니지 못하는 경우가 흔했다. 마을 주민들은 일자리가 없어 실직 상태이거나, 차밭·고무나무·시나몬 농장 등에서 일용직으로 일하지만, 월급이 불안정해 생계에 어려움을 겪고 있었다.

빗물을 받아 생활하는 극빈층 주민들

극빈층 주거 생활 환경

(2) 사업지 선정 및 JTS 봉사단 구성

2022년 말, JTS안산다문화센터의 스리랑카 출신 이주노동자 누완은 고향 마을이 식량난으로 큰 고통을 겪고 있다며 JTS에 도움을 요청했다. 그의 고향인 스리랑카 남부 우바(Uva)주 바둘라(Badulla)구 파싸라(Passara)는 코로나19 이후 급격히 악화한 경제 상황으로 많은 주민들의 생계가 위협받고 있었다. 외부와 단절된 채 어려움을 견디고 있는 우바주 주민들의 생존권 보장을 위한 긴급 지원이 필요하다고 판단하여 2023년부터 JTS의 지원이 시작되었다.

누완의 가족과 지인들을 중심으로 스리랑카 현지 봉사단이 구성됐고 콜롬보 등 다른 지역에서도 자원봉사자들이 조직되면서 봉사자의 참여가 점차 확대되었다. 이들은 JTS의 봉사 정신에 따라 모두 무보수로 활동하며, 2년이 넘는 시간 동안 스리랑카 전역에서 어려운 이웃을 돕기 위해 헌신적인 활동을 이어가고 있다.

현장 조사를 진행하는 JTS활동가들

스리랑카 현지 자원봉사자들

(3) 지원 내용

2023년 5월 스리랑카 현지 자원봉사자들과 행정청의 협력으로 총 1,300 가구를 지원 대상으로 선정하였다. 한국에서 JTS 활동가와 JTS안산다문화센터 누완이 스리랑카로 파견되어 활동을 진행하였다. 동남아를 순회하며 JTS 활동을 펼쳐가던 법륜 스님 역시 구호품 배분에 함께했다.

JTS 봉사자들은 행정청과 경찰서를 방문하여 지원 활동에 대한 협조를 요청하였다. 그리고 질서 있고 안전한 배분을 위해 사전에 쿠폰을 배포하고, 5월 8일부터 16일까지 배분하였다.

'어려울 때 돕는 친구가 진짜 친구다'라는 말이 있습니다.
여러분이 지금 어렵다고 해서 JTS는 친구로서 찾아왔습니다.
우리의 작은 기부를 통해 함께 우정을 나눌 수 있기를 소망합니다.
— JTS 이사장 법륜 스님

구호물품(쌀)을 받고 기뻐하는 마을 주민들

① 극빈층 가구 방문하여 생활 환경을 점검하는 법륜 스님
② 스리랑카 주민들에게 인사말을 하는 법륜 스님
③ 학용품을 지원받은 학생들

JTS는 2023년부터 2024년까지 총 7차례에 걸쳐 스리랑카 전역에 식량 및 교육 지원을 확대하며 구호 활동을 펼쳐왔다. 지원할 때마다 봉사자들은 본인들 생계 유지를 위한 일을 하면서도 활동 범위를 넓히며 주도적인 역할을 수행했다. 마을과 학교를 방문해 대상자를 직접 조사하고, 지원 대상자에게 쿠폰을 배포하고 적절한 물품을 구입하기 위해 여러 상점을 다니며 가격을 비교하고 협상하는 등의 수고도 마다하지 않았다. 일부 지원에서는 형평성 문제로 주민들의 불만이 제기되자, 대상 가구를 직접 방문해 면밀히 확인하는 등 더욱 신중하게 활동하며 JTS의 원칙에 따라 책임감 있게 지원을 이어갔다.

JTS는 2023년 9월 3차 지원부터 기존의 남부 지역을 넘어 서부, 북중부, 북서부 등 스리랑카 전역으로 지원을 확대했으며, 지원 대상도 소수 민족인 타밀족을 포함해 더욱 다양화했다.

2023년 11월 4차 지원에서는 와뚜와(Wadduwa) 몰리고다(Molligoda) 사원의 담마난다(Dhammananda) 스님과 함께 다종교 평화 행사를 진행하며 중학생 303명에게 학용품을 지원하였다. 이 행사는 이슬람교, 기독교, 힌두교, 불교 등 다양한 종교 지도자들이 협력해 학생들을 도왔다.

지원 품목은 주민들에게는 주로 쌀을 지원했으며, 학생들에게는 가방 등의 학용품 중심으로 지원하였다. 그리고 필요에 따라 맞춤형으로 다양

학용품을 포장하는 봉사자들

쌀을 나르는 배분 지역 봉사자들

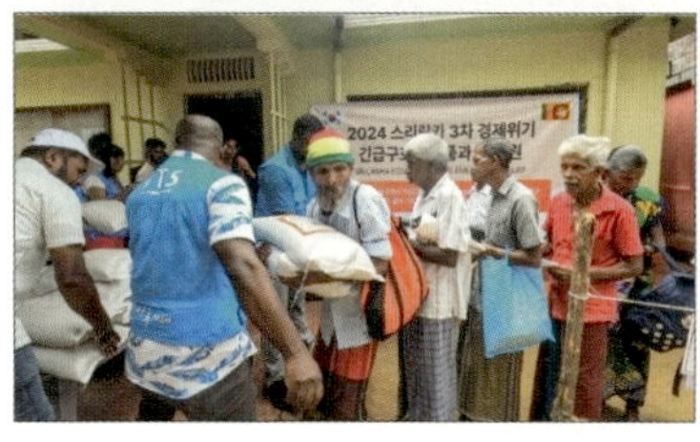

① 물품(쌀)을 나르는 봉사자들
② 물품(쌀)을 배분받는 폴론나루와구 주민들
③ 질서 있게 진행되는 학용품과 식량 배분 현장
④ 학생들에게 지원한 학용품
⑤ 가방을 지원받은 학생들
⑥ 식료품을 배분받는 임산부들
⑦ 무대 조명등 설치
⑧ 마하비하라야 학교 책걸상 20세트 지원 기념
⑨ 노약자 우선 배분
⑩ 지원받은 가방을 안고 활짝 웃는 아이들

①	②
③	④
⑤	⑥
⑦	⑧
⑨	⑩

하게 지원하였다. 경제 형편이 어려운 임산부 55명을 위한 특별식 지원 외에도 학생들의 열악한 교육 환경을 개선하기 위해 강당 조명등 설치, 책걸상 지원 등도 이루어졌다.

서부주 칼루타라구 파나두라(Panadura)의 2개 학교는 좁은 교실에 40명의 학생이 밀착해 수업을 듣는데 선풍기가 없거나 고장 나서 학습 환경이 매우 열악했다. 이들 학교에 총 27대의 선풍기를 지원하였다.

그리고 파싸라 중앙학교(Passara Central College) 강당 무대에 조명등을 설치하였다. 법륜 스님이 학교를 방문했을 때 노후화된 강당 무대의 보수를 요청받았고, 열악한 시설을 확인한 후 지원을 결정했다. 좋은 제품을 합리적인 가격에 구매하기 위해 스리랑카 현지 봉사자들은 멀리 떨어진 콜롬보시 시장에서 직접 조명등을 구매하고 작업을 감독하는 등 사업 전반을 책임졌다. 조명등을 설치하자 강당의 분위기가 훨씬 밝고 쾌적해졌다.

그리고 남부주 마타라구 학마나(Hakmana)의 마하비하라 학교(Maha Vihara School)에 책걸상 20세트를 지원하였다.

●

7차에 걸친 JTS 지원은 당장 식량이 절실했던 많은 주민에게 실질적인 도움을 주었으며, 주민들은 깊은 감사의 마음을 전했다. 또한 학생들에게 새 학기 시작 전에 학용품을 지원해 큰 도움이 되었다.

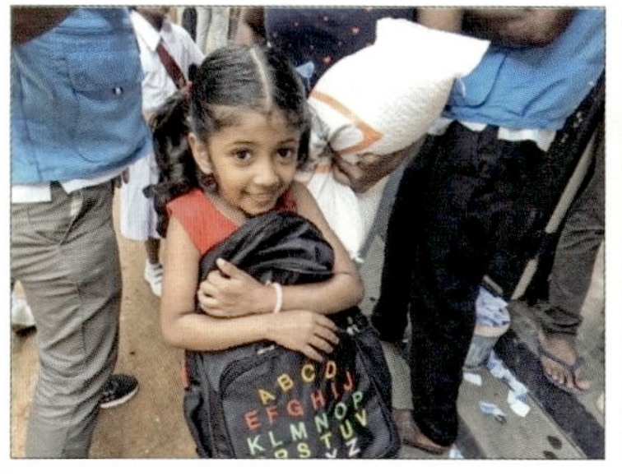

지원받은 가방을 안고 기뻐하는 학생

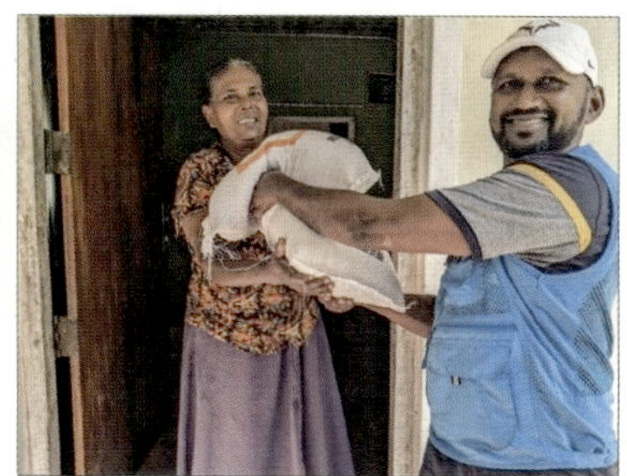

쌀을 전해받는 마을 주민

(4) 식량 지원 및 교육 지원 성과

◆— 스리랑카 현지 자원봉사자들의 주도적인 참여

JTS의 해외 긴급구호 활동은 일반적으로 현지 NGO와 협력해 진행했지
만, 2023년부터 진행된 스리랑카 긴급구호 활동은 현지 자원봉사자들이
주도적으로 참여하며 지원 활동의 중심이 되었다.

> 나는 밥을 먹으니 굶주린 사람을 돕자.
> 나는 옷을 입고 있으니 옷이 없는 사람을 돕자.
> 저 사람의 지붕이 새니 수리해 주자.
> 이러한 마음이 있다면 누구나 JTS와 함께할 수 있습니다.
> —JTS 이사장 법륜 스님

이들은 스스로도 어려운 상황에 처해 있었지만, 지역사회를 돕기 위
해 적극적으로 나섰다. 지역 행정청과 협력해 지원 대상자를 선정하고,
시장 조사를 통해 지원 물품을 직접 준비했으며, 한국인 활동가가 현지
에 도착하기 전 사전 답사를 주도적으로 수행했다. 이후 한국인 활동가

스리랑카 현지 자원봉사자들과 이야기 나누는 법륜 스님

가 합류하면서 유기적인 협력을 통해 지원 활동을 성공적으로 마무리할
수 있었다.

스리랑카 봉사자들은 지원 지역이 확대됨에 따라 협력할 수 있는 단
체와 봉사자를 적극적으로 발굴하였다. 지역별로 정부 기관, 사찰, 대학
등과 연계하여 봉사자를 모집해, 대규모 지원이 가능하도록 활동 기반을
체계적으로 마련하였다.

> 혼자서 할 수 있는 일에는 한계가 있지만,
> JTS와 함께 많은 이웃을 도울 수 있다는 점에서
> 많은 것을 느꼈습니다.
> JTS가 지원 대상자를 선별하고 배분하는 방식이 매우 공평합니다.
> 이를 통해 더욱 신뢰할 수 있는 봉사 활동이 이뤄졌습니다.
> — 스리랑카 현지 자원봉사자

JTS는 현지 자원봉사자와의 협력을 강화하기 위해 구호 활동의 모든
과정을 온라인 화상회의를 통해 서로 긴밀하게 소통할 뿐만 아니라 3차
례의 〈JTS 자원봉사자 연수〉를 진행하였다. 봉사자들은 한자리에 모여

구호품 배분을 마친 후, 활동에 관한 이야기를 나누는 봉사자들

캄부르뻬띠아 행정청 공무원들

제1차 자원봉사자 연수(2023. 7)

활동을 돌아보고 경험을 공유하며, 향후 사업 방향을 논의하는 뜻깊은 시간을 가졌다. 이를 통해 봉사자들은 JTS 활동에 대한 이해가 깊어졌고, 앞으로의 방향을 구체화하는 계기가 되었다.

현지 봉사자들은 7차례 경제위기 식량 지원 활동과 2차례 긴급구호 활동, 그리고 봉사자 연수를 거치며 역할이 확대되고, 활동 역량이 크게 향상되었다. 이들의 성장과 헌신은 JTS의 스리랑카 활동에 있어 소중한 자산이 되었다. 이러한 성과를 기반으로 JTS 스리랑카 지사를 설립할 계획이다.

◆— 경제위기 극복을 위한 실질적인 지원

JTS 스리랑카 식량 지원 사업은 경제위기 속에서 현지 주민들에게 실질적인 도움이 되었다. 급격한 경제위기로 생계가 위협받고 있는 가구에 식량을 안정적으로 제공하고, 교육을 이어가기 어려운 학생에게 학용품을 지원해 지속적으로 교육받을 기회를 마련하였다. 또한 현지 행정청 등과 협력하여 형평성을 고려하여 대상자를 선정함으로써 지원이 가장 필요한 지역과 가구에 제때 지원할 수 있었다.

15,035
긴급 식량 지원 가구수

273,350㎏
긴급 식량 지원(쌀)

10,744
교육 지원 수혜 학생 수

긴급 식량 지원 및 교육 지원 내용

차수	배분 기간	지역		식량 지원		학용품	기타 지원
		구	마을/학교	가구수	쌀(kg)	학생수	
1차	2023. 5. 8~5.16	바둘라	폴갈란도	1,300	26,000	129	▶ 학용품 구성 ● 초등학생 : 가방(1개), 필통(1개), 연필(5자루), 공책(5권), 물병(1개) ● 중학생 : 가방(1개), 연필(5자루), 공책(5권) ▶ 파싸라 중앙학교 강당 조명등 설치 (2023.6.13~7.12)
			암바테나				
			코타무두나				
			미리야바드 학교				
			파싸라 중앙학교				
			밀라바다				
		모나라갈라	라달리야다				
			에티말레				
2차	2023. 7. 3~7. 5	바둘라	미디엄삐띠야 B구역	1,050	21,000	–	
			암바테나				
			톨라보와트				
		마타라	마하비하라 학교				책걸상 20세트
3차	2023. 9.14~9.20	바둘라	센트럴	2,050	41,550	500	▶ 학용품 구성 ● 초등학생 : 가방(1개), 공책(5권), 스케치북(1권), 연필(5자루), 색연필(1세트), 파스텔(1세트), 비스킷(1개) ▶ 선풍기(27대) ▶ 임산부 식료품(55명) ● 쌀(10kg), 우유(1ℓ), 비스킷, 건어물, 양파, 감자, 콩고기, 차, 코코넛(2개), 설탕
			톨라보와트				
			미디엄삐띠야 D구역				
			폴갈란도				
		칼루타라	파나두라				
4차	2023. 11. 6~11.14	칼루타라	와뚜와	1,970	26,200	2,663	▶ 학용품 구성 ● 초등학생 : 가방(1개), 연습장(5권), 스케치북(1권), 연필(5자루), 색연필(1세트), 물병(1개) ● 중학생 : 가방(1개), 연습장(3권), 공책(5권), 연필(5자루), 펜(10자루), 제도박스(1개), 물병(1개)
		마타라	캄부르삐띠아				
		바둘라	파싸라				
		폴론나루와					
5차	2024. 2. 5~2. 6	칼루타라	아야가마	1,450	29,000	1,452	▶ 학용품 구성 ● 초등학생 : 가방(1개), 연습장(5권), 스케치북(1권), 색연필(1세트), 파스텔(1세트), 연필(5자루), 물병(1개)
			파나두라				
			호라나				
6차	2024. 5.17~5.19	감파하		3,160	49,600	3,000	▶ 학용품 구성 ● 초등학생 : 가방(1개), 연습장(5권), 스케치북(1권), 색연필(1세트), 크레파스(1세트), 연필(5자루), 물병(1개)
		푸탈람	칠라오				
		폴론나루와	메디리기리야				
7차	2024. 9.28~10. 2	마타라	아쿠레사	4,000	80,000	3,000	▶ 학용품 구성 ● 초등학생 : 가방(1개), 연습장(3권), 스케치북(1권), 공책(2권), 색연필(1세트), 크레파스(1세트), 연필(5자루), 물병(1개)
		모나라갈라					
		바둘라	루누갈라				
		칼루타라	파나두라				

JTS
JTS
A B C D
E F G H I J
K L M N O
Q R S T U V
W X Y Z
A B
E F
K L M N O P
Q R S T U V
W X Y Z

JTS
A B C D
E F G H I J
K L M N O P
Q R S T U V
W X Y Z

5. '모든 사람을 위한 순수한 물 프로젝트' 참여

2017년 9월 JTS는 INEB에서 활동하는 스리랑카 스님을 통해 〈모든 사람을 위한 순수한 물(Pure Water for All) 프로젝트〉의 후원을 요청받았다. 이 프로젝트는 CKDu(Chronic Kidney Disease of Unknown Etiology)로 고통받는 주민들을 위한 활동으로 스리랑카 슈라다TV, 시민보안부(CSD), 마하메브나와 명상수도원, 켈라니야 대학 화학과가 협력해 실행 중이었다. CKDu는 1991년 스리랑카에서 최초로 보고된 원인 불명의 만성 신장 질환으로, 특히 북중부주를 중심으로 점차 증가했다. CKDu는 발병 원인이 명확하지 않지만 농약 노출, 중금속, 오염된 식수 등이 위험 요인으로 거론되고 있다. 이에 '모든 사람을 위한 순수한 물 프로젝트'는 물속 유해한 중금속을 제거할 수 있는 역삼투(RO, Reverse Osmosis) 기술을 적용한 역삼투 정수장을 설치해 CKDu로 고통받는 주민들에게 안전한 식수를 공급할 수 있게 했다.

스리랑카 내에서도 발병률이 높은 북중부주는 2008년부터 2013년까지 JTS가 농업 지원 사업을 진행했던 곳이다. JTS는 해당 지역의 피해 규모의 심각성을 고려해 '모든 사람을 위한 순수한 물 프로젝트'에 동참했다. 아누라다푸라구 2개 마을에서 2017년 9월부터 2019년 8월까지 약 3년간 진행된 2개의 역삼투 정수장 설치에 대한 비용을 전액 지원하였다.

역삼투 정수장 내부

역삼투 정수장 설치 기념

6. JTS 스리랑카 사업 성과

JTS는 스리랑카가 자연재해, 내전, 경제위기 등 국가적 위기를 겪을 때마다 신속하고 효과적인 대응을 통해 주민들의 삶을 보호하고 회복을 지원해 왔다. 2004년 남아시아 대지진 당시 긴급구호 활동을 펼쳐 피해 지역에 구호 물품을 전달하고, 아이들의 교육이 빠르게 정상화될 수 있도록 도왔다. 내전으로 오랜 기간 불안 속에 살아온 주민들에게는 농업 지원을 통해 자립의 기회를 제공하며 새로운 출발을 돕기도 했다.

2022년 스리랑카가 국가부도로 인해 심각한 경제위기가 닥쳤을 때도 긴급 식량 지원과 학용품 지원 등을 통해 주민들이 생존의 위협을 넘고 아이들이 학업을 이어갈 수 있도록 힘을 보탰다. JTS는 단기적인 구호에 그치지 않고 장기적인 지역사회의 자립과 회복을 목표로 한다. 현지 봉사자 교육과 주민 참여를 확대해 이웃을 돌보는 문화를 조성하고 공동체 기능을 강화하는 데 기여하고 있다. 이를 통해 스리랑카 주민들이 희망을 되찾고, 스스로 더 나은 미래를 만들어갈 수 있도록 지속적인 지원을 이어가고 있다.

JTS는 스리랑카의 지속적 지원을 더욱 안정적으로 이어가기 위해 2025년부터 JTS는 스리랑카 지사를 설립해 활동을 전개할 예정이다. 2023년부터 이어진 스리랑카 활동은 한국 내 JTS안산다문화센터를 통해 인연을 맺은 외국인노동자가 중심이 되어 활동을 시작해, 현지 봉사단이 구성되고 JTS 지사 설립으로 이어졌다는 점에서 JTS 활동의 새로운 가능성을 보여주고 있다.

이는 '도움을 받는 사람에서 도움을 주는 사람으로 성장한다'는 JTS의 활동 방향을 잘 보여주는 사례라 할 수 있다. JTS는 스리랑카 사례를 바탕으로 아시아 지역 활동을 더욱 확대하려고 한다.

7. JTS 스리랑카 — 걸어온 길

- 주한 스리랑카 대사관 성금 전달
- 스리랑카 현지 사르보다야 슈라마다나 운동본부 성금 전달
- 1,000가구 주방용품, 1만 명 학용품, 지붕용 천막 원단 66롤 등
- 2005. 2~2006. 8— 21개 마을 유지원 복구, 우물과 물탱크 설치, 교과서
  및 학용품 지원

2008~2013 농업 지원(북중부주 아누라다푸라구 등 4개 주 4개 구)

2008.11 스리랑카 정부 사업 허가 취득

- 2008.12 시범농장, 아일랜더센터 : 이앙기, 콤바인, 정미기 각 3대 지원
- 2008.12~2009. 4 관개수로 2km 및 저수지 1개 건설, 농업용 우물 8개 설치
- 2009. 2.16~23(8일간) 농기계 사용 교육 프로그램 진행
  (한국 농기계 전문가 파견, 주민 및 아일랜더센터 직원 15명 참여)
- 2009 시범농장 20가구 우수 벼 종자, 취약 계층 10가구 가축(소) 지원
- 2010 관개수로 5개 및 저수지 2개 건설, 농업용 우물 10개 설치,
  63가구 우수 벼 종자 및 비료, 취약 계층 40가구 가축(병아리) 800마리 지원
- 2011 관개수로 및 저수지 건설, 농로 연장, 280가구 우수 벼 종자 지원,
  화장실 80개 건축, 식수용 우물 20여 개 설치
- 2012~2013 관개수로 및 저수지 건설, 우수 벼 종자, 비료 및 농약 지원

2017. 5~8 수해 피해 긴급구호(사바라가무와주 라트나푸라구 등 3개 주 4개 구)

- 1차 : 3,000가구 식량 및 주방용품, 학용품 300세트
- 2차 : 2,000가구 의자 및 주방용품

2017. 9~2019. 8 '모든 사람을 위한 순수한 물 프로젝트' 참여

- 역삼투 정수장 2개 설치 비용 지원

- 1차 : 1,300가구, 가구당 쌀 20kg, 129명 학용품
- 2차 : 1,050가구, 가구당 쌀 20kg
- 3차 : 2,050가구, 가구당 쌀 20kg, 500명 학용품, 2개 학교 선풍기 27대 설치, 임산부 55명 식료품(쌀 10kg, 우유, 콩고기 등)
- 4차 : 650가구, 가구당 쌀 20kg/1,320가구, 가구당 쌀 10kg, 2,663명 학용품
- 2023. 6~7 우바주 바둘라구 파싸라 중앙학교 강당 무대에 조명등 설치
- 2023. 7 남부주 마타라구 마하비하라 학교 책걸상 20세트

2023.10 홍수 피해 긴급구호(남부주 마타라구)

- 400가구 식량, 비누 등 지원

2024 경제위기 식량 지원(우바주 바둘라구 등 5개 주 7개 구)

- 5차 : 1,450가구, 가구당 쌀 20kg, 1,452명 학용품 지원
- 6차 : 1,800가구, 가구당 쌀 20kg/ 1,360가구, 가구당 쌀 10kg, 3,000명 학용품 지원
- 7차 : 4,000가구, 가구당 쌀 20kg, 3,000명 학용품 지원

2024.12 사이클론 피해 긴급구호(동부주 바티칼로아구, 트링코말리구/아란탈라와 사찰)

- 525가구, 사찰 1곳 식량 및 생필품 지원

8. 미얀마

미얀마는 인도, 중국, 태국 등과 국경을 맞대고 있는 동남아시아의 국가이다. 북부는 온대, 남부는 열대몬순 기후로, 우기와 건기가 뚜렷하게 나뉜다. 미얀마는 135개 이상의 다양한 소수민족으로 구성되어 있다. 특히 버마족이 전체 인구의 68%를 차지하며, 이로 인해 소수민족과의 갈등이 빈번했다. 1948년 영국으로부터 독립한 이후 군부 독재가 오랜 기간 지속되다가, 2011년 민주화 개혁을 시작했다. 그러나 2021년 군부 쿠데타가 발생하여 민주 정부가 무너지고 군사 정권이 다시 들어섰다. 이로 인해 미얀마의 경제는 심각한 타격을 입었다. 군부 통제 아래 기업 활동이 위축되었고, 국제 사회의 제재와 시민 불복종 운동으로 인해 생산과 소비가 모두 감소했다. 또한, 내전으로 인한 사회 불안정은 투자와 교역을 어렵게 만들고 있으며, 국민들의 삶을 더욱 힘들게 하고 있다.

● 표시 지역(주, 도)은 JTS 활동 지역임.

1. 사업 배경

미얀마는 동남아시아에 위치한 내륙 국가로, 전체 인구의 약 70%가 농업에 종사하고 있는 전형적인 농촌 기반 사회이다. 지리적으로는 사이클론, 홍수, 지진 등 자연재해가 빈번하게 발생하는 지역으로, 매년 수많은 주민들이 재난으로 생계 기반을 상실하거나 집을 잃고 이재민이 되는 일이 반복되고 있다. 이로 인해 주민들의 삶은 불안정해지고, 외부의 지속적인 지원 없이는 회복하기 어려운 상황에 놓이기도 한다.

JTS는 이러한 미얀마의 구조적 취약성과 인도적 지원의 필요성을 인식하고, 2008년부터 미얀마와 인연을 맺기 시작했다. 처음에는 긴급구호 활동을 통해 주민들과 교류를 시작하였으며, 점차 지역사회의 신뢰를 바탕으로 다양한 인도적 지원 활동을 확대해 나갔다.

1999~2000	난민촌 지원 위한 답사 (3차)
2008. 5	사이클론 나르기스 피해 긴급구호
2012. 9	수해피해 긴급구호 (짜웅공 타운쉽)
2013. 5	아웅산 나루터 완공
2013. 6	다리 완공 (쭌차웅, 탄터빈, 삐야지)
2013. 7	초등학교 재건축 완공 (타공)
2014. 1	마을 운동회 (탄터빈)
2014. 6	마을 보건위생 프로젝트 (어린이 치아건강 관리, 마을 쓰레기 줍기)
2015	홍수 피해 지원
2020. 11	코로나19 긴급구호 물품 지원
2023	미얀마 사마산 보육시설 지원 (1차, 2차)
2023. 5	미얀마 사이클론 모카 피해 긴급구호 (1차, 2차)
2024. 9	태풍 야기 피해 긴급구호

2. 태풍 피해 긴급구호 (2008)

2008년 5월 2일, 미얀마에 상륙한 태풍 나르기스(Nargis)로 인해 22,000 명 이상의 사망자와 4만 명 이상의 실종자가 발생했다. 이에 JTS는 신속히 대응하여 두 차례에 걸쳐 활동가들을 파견하고, 현지인과 협력해 물자를 지원하였다.

주요 피해 지역인 에야와디(Ayeyarwady) 지역의 보글리(Bogaley)와 라부타(Labutta)에 위치한 라인본(Hlinbone) 마을 주민들을 대상으로 총 3차례에 걸쳐 쌀 60,000kg을 3,000여 가구(2만여 명)에게 지원하고, 주한 미얀마 대사관을 통해 성금을 전달하였다.

또한, 께까산(Kyiekkasan) 사원도 태풍으로 지붕이 모두 날아가 스님들이 머물 곳을 잃는 등 심각한 피해를 입었다. 주변 지역 역시 극도로 궁핍해 걸식이 어려웠고, 특히 비구니 스님들은 비구 스님들보다 상대적으로 관심과 지원이 부족해, 더욱 힘든 여건 속에 놓여 있었다. 이에 JTS는 께까산 사원의 피해 복구비로 3,500달러를 지원하였다.

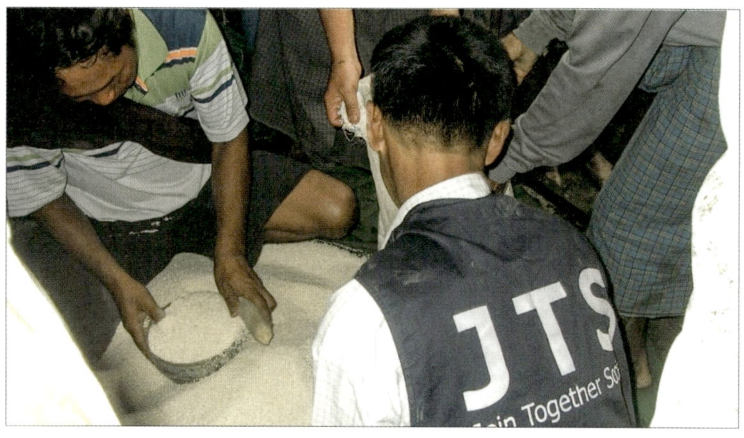

마을 사람들에게 쌀을 나눠주는 모습

3. 수해 피해 긴급구호 (2012)

(1) 홍수 피해 주민들에게 식량 지원

2012년 집중호우로 큰 피해가 발생했다. 7만 명 이상의 주민이 219개 대피소로 피신했지만, 수용 인원이 부족해 1만 5천 명은 다른 지역으로 이동해야 했다. 약 2,400㎢의 농경지가 물에 잠겼으며, 487개 초중등학교가 휴교했다.

JTS는 미얀마 중앙재난대책위원회를 통해 피해가 심각한 지역과 지원이 필요한 지역을 검토했다. 그중에서도 짜웅공(Kyaunggon)의 피해가 크다는 점을 확인하고 공무원들과 함께 현장을 답사하며 피해 상황을 직접 확인한 뒤, 아직 지원이 전혀 이루어지지 않은 에야와디 남부 짜웅공 마을을 지원하기로 결정하였다.

이곳은 다카(Daika)강을 중심으로 동서로 나뉘며, 총 410개 마을이 있다. 다카강은 바다와 맞닿아 있어 매년 우기에 수위가 5.5m까지 오르는데, 2012년에는 기록적인 폭우로 7월 30일 수위가 6.4m에 도달했다. 결국 8월 2일부터 주민들은 학교, 사원, 교회 등을 대피소로 삼아 피난을 시작했으며, 일부 사람들은 집에서 2층으로 피신하기도 했다. 8월 27~28일 홍수가 절정에 달하면서 짜웅공의 157개 마을이 피해를 입었고, 7천

여 채의 가옥이 물에 잠겼으며, 총 3만여 명이 수해를 입었다. 특히 농경지 147㎢ 중 117㎢는 복구가 불가능할 정도로 파괴되었으며, 농업용수를 확보하기 위한 연못 등도 모두 유실되었다. 홍수로 인해 농경지가 파괴되면서 많은 주민이 생계를 위협받았다. 짜웅공은 외딴 지역에 위치하여 정부 및 복지단체 지원이 제대로 닿지 않았으며, 주민들은 쌀을 구하기 어려워 사원 등에서 돈을 빌려 생활하는 상황이 지속되었다.

JTS는 최상품 쌀을 짜웅공 현지에서 구입하여 선박으로 흘레뭬와 탄터빈 마을로 운반했다. 쌀을 배분하는 과정에 마을 주민들이 직접 참여해 지원이 단순한 원조에 그치지 않고 마을 공동체가 주도하는 방식으로 이루어지도록 했다.

쌀 지원 과정은 철저한 계획과 공정성을 바탕으로 진행되었다. 지원이 중복되거나 누락되지 않도록 사전에 피해 가구 명단을 확인한 후, 마을 이장들과 협력해 쌀 교환 쿠폰을 제작하고 하루 전날 대상 가구에 배부했다. 지원 당일에는 쿠폰을 제시하면 쌀을 받을 수 있도록 하고, 수령 여부를 명단에 기록하는 방식으로 운영했다.

이를 통해 약 9개월 동안 짜웅공 타운십과 주변 16개 마을 내 수입이 없는 481가구에 안정적인 식량을 공급할 수 있었다. 또한, 단순한 식량 지원을 넘어 주민들이 주인의식을 갖고 적극적으로 참여하도록 유도했다는 점에서 의미가 컸다. 공정한 배분을 위한 쿠폰제 도입과 신속한 지원 덕분에 주민들은 3~4주간 식량 걱정 없이 농경지 복구에 집중할 수 있었으며, 이를 통해 공동체 자립의 기반을 다지는 계기가 되었다.

(2) 홍수에도 끄떡없는 튼튼한 다리 건설

2012년 홍수로 기존의 대나무 다리 세 곳이 완전히 파괴되면서 쭌차웅, 탄터빈, 삐야지 마을 주민들은 학교, 시장, 병원에 가기 위해 배를 이용할 수밖에 없었다. 이로 인해 교통비 부담이 커지고 이동이 어려워졌으며, 특히 노인과 어린이들은 강을 건너 병원이나 학교를 오가는 데 큰 어려움을 겪었다.

또한, 탄터빈 주민들은 농업과 어업이 주요 생계 수단이었기 때문에 농작물과 농기계를 운반할 수 있는 튼튼한 다리가 절실했다. 이런 이유로 주민들은 JTS와 회의하면서 다리 재건축을 간곡히 요청했고, JTS는 구청, 토목 기술자들과 함께 현장을 답사한 후 최종적으로 쭌차웅, 탄터빈, 삐야지 다리 재건축을 결정하였다. 하지만 주민들만의 힘으로는 공사를 진행하기 어려웠기 때문에, 외부 건설업체를 선정해 공사를 맡겼다.

다리 건설에 필요한 자재 비용은 전액 JTS가 지원했으며, 기술 제공과 공정 관리는 건설회사가 맡았다. 일부 기술자를 제외한 나머지 노동력은 주민들이 직접 담당하여 사업에 주도적으로 참여하도록 했다.

공사에 앞서 주민들과 공무원들에게 JTS 사업 원칙을 교육하고, 마을

JTS가 지원하여 건설한 튼튼한 다리

마을 사람들이 이용하던 대나무 다리

주민들의 적극적인 참여를 독려했다. 이를 위해 마을과 JTS 간 협약을 체결하고, 다리 재건축위원회를 구성해 주민들이 스스로 참여 현황을 점검할 수 있도록 하였다. 주민들은 직접 공사에 참여함으로써 단순한 수혜자가 아니라 마을의 재건 과정에 주도적으로 기여할 수 있었으며, 이를 통해 공동체 의식이 더욱 강화되었다.

3개의 다리를 재건축하는 것이 목표였으며, 홍수에도 파괴되지 않고 안전하게 사용할 수 있도록 콘크리트와 철근을 사용해 튼튼하게 건설하기로 했다. 이를 통해 세 마을뿐만 아니라 인근 100여 개 마을 주민들에게도 육로를 제공하여, 이동 시간을 단축하며 경제적 손실을 줄이고자 하였다. 또한, 자전거와 오토바이가 다닐 수 있는 넓고 튼튼한 다리를 건설해 주민들이 시장, 병원, 학교에 쉽게 접근할 수 있도록 하였다.

◆── 쭌차웅 마을 (2013년 1월 ~ 6월)

당시 쭌차웅 마을에는 3,660명의 주민이 거주하고 있었으며, 총 802가구가 있었다. 콘크리트 다리가 건설되면 쭌차웅 마을 주민뿐만 아니라 인근 11개 마을 주민들도 혜택을 받을 수 있었다.

2012년 홍수로 기존 목재 다리가 침수되고, 부유물과 침전물로 기둥과 빔이 손상되었다. 그러나 주민들은 다른 대안이 없어 위험한 다리를 계속 이용했으며, 경운기와 오토바이 통행으로 추가 붕괴 위험이 커지고 있었다. 이에 주민들과 구청의 요청을 반영해, 보다 튼튼한 콘크리트 다리로 재건하기로 결정하였다. 새롭게 건설된 다리는 최대 10톤까지 하중을 견딜 수 있어 경운기와 오토바이도 안전하게 통행할 수 있게 되었다. 이를 통해 주민들의 이동이 원활해졌을 뿐만 아니라, 농작물과 농기계 운반이 쉬워져 경제활동에도 큰 도움이 되었다.

다리 건설 과정에서 기술 노동자가 필요한 부분을 제외한 모든 작업은 주민들이 직접 참여해 이루어졌다. 주민들은 스스로 다리 재건위원회를 구성하고, 작업자 출석을 체크하며 간식을 기부하는 등 적극적으로 협력했다. 건설 과정 중에 역할 분담에 대한 의견 충돌과 상류 마을과 하류 마을 간의 갈등이 발생했지만, 공사는 차질 없이 진행되었다. 이후 마무리 공사인 다리 진입로 공사와 준공식을 치르면서 두 마을 이장과 주민들 간의 화합이 이루어졌고, 다리는 공동체의 협력을 상징하는 중요한 시설로 자리 잡았다.

◆— **탄터빈 마을 / 삐야지 마을** (2013년 4월 ~ 6월)

탄터빈 다리는 강폭이 약 60m로 넓어 콘크리트 다리 대신 현수교(출렁다리)로 계획했다. 또한, 탄터빈 마을에는 다른 육로가 없었기 때문에 주민들의 의견을 반영해 폭 2.5m, 최대 중량 5톤 규모로 건설하여 경운기 통행이 가능하도록 했다.

기존 대나무 다리를 이용할 때는 오토바이 통행이 불안정하고, 주민들은 무거운 짐을 머리에 이고 건너야 하는 불편을 겪었지만, 새로운 다리는 보다 안전하고 편리한 이동을 가능하게 하였다. 특히, 경운기가 다리를 지나갈 수 있게 되면서 농민들은 뱃삯을 절약할 수 있었고, 경제적 손실도 줄일 수 있었다. 또한, 다리는 우기에도 안전하게 사용할 수 있도록 강의 최고 수위보다 2m 높게 설계되었다. 이로 인해 탄터빈 마을과 주변 5개 마을의 454가구, 총 1,712명의 주민들이 농번기인 우기에도 안정적으로 강을 건널 수 있게 되었다.

같은 시기에 삐야지 마을에도 탄터빈 다리와 같은 구조의 현수교를 건설하였다. 총 3톤 규모로 설계된 이 다리는 삐야지 마을을 포함한 인근 10개 마을, 총 6,255명의 주민들에게 안전한 이동 수단이 되었다.

두 마을 모두 다리 건설 과정에서 전문적인 기술이 필요한 부분을 제외한 나머지 작업을 주민들이 직접 참여하여 진행하였다. 또한, 주민들이 스스로 다리 재건 위원회를 구성해 참여자의 출석을 관리하고, 새참을 기부하는 등 협력하며 공동체 의식을 높였다. 낮에만 운행하던 배와 달리, 다리는 해가 진 후에도 통행이 가능하게 되어 주민들의 경제활동에도 큰 도움이 되었다.

마을 주민들이 협력하여 만든 다리

(3) 학교 건축과 책걸상 지원

◆─ 타공 초등학교 건축

짜웅공에 위치한 타공(Tar Kone) 초등학교는 지어진 지 3년밖에 되지 않았지만, 설계 없이 간단히 지어져 구조적으로 취약했다. 외벽은 갈라지고 하중을 견디지 못해 벽이 기울어진 곳도 많았다. 2012년 홍수 때 건물 부식이 심각해져 결국 2014년 폐교될 위기에 처했다. 이에 주민들은 다리 건축을 진행 중이던 JTS에 긴급 지원을 요청하였다.

타공 초등학교에는 6개 마을에서 온 111명의 학생이 재학 중이었으며, 4명의 교사(정교사 2명, 보조교사 2명)가 근무하고 있었다. 학생들에게 안전한 교육환경을 제공하고, 폐교를 막아 지속적인 학습 기회를 보장하는 것이 필요하였다. 또한, 주민들이 직접 봉사활동에 참여하며 공동체 의식을 키울 수 있었다.

JTS는 주민, 교장, 교육청 관계자, 토목 기술자와 회의를 거쳐 사업 원칙을 공유한 뒤 협약을 체결하고 공사에 착수했다. 자재는 JTS가 직접 시장 조사를 거쳐 구매 및 운송했으며, 관청에서는 기술자를 제공하고 주민들은 건축에 참여하였다. 그 결과, 콘크리트 구조의 새로운 학교 건물

타공 초등학교 준공식

이 완공되면서 폐교 위기를 막을 수 있었다. 폐교되면 다른 지역으로 장거리 통학을 해야 한다는 걱정이 사라지면서 학부모들의 만족도도 높았다. 또한 통학로를 정비해 아이들이 논두렁을 따라 자전거로 통학하는 위험을 줄였다. 특히 우기에도 안전하게 학교에 다닐 수 있도록 함으로써 교육 접근성과 통학률을 높이는 데 기여했다.

전문 기술 작업을 제외한 모든 노동은 주민들이 자발적으로 맡았으며, 학교 재건위원회를 직접 결성해 참여자 출석 관리와 역할을 분담했다. 이를 통해 공동체 의식과 주인의식을 한층 더 강화할 수 있었다. 또한, 짜웅공 구청의 토목 기술자가 설계를 맡고 공정을 감독했지만, 주민들이 적극적으로 의견을 내고 협력하면서 건물의 내구성과 안전성을 더욱 철저히 확보할 수 있었다. 이 과정에서 관공서 또한 주민들의 주도적인 노력에 힘입어 사업에 적극 참여하게 되었고, 향후 지역사회 발전에서 주민들의 주체적인 역할이 한층 강화되는 계기가 되었다.

◆― 11개 학교 책걸상 지원

홍수로 인해 책상과 의자도 파손되었으며, 대나무로 만들어진 화장실도 무너졌다. 이에 짜웅공 구청은 피해 규모와 피해액을 조사한 후 JTS에 복구 지원을 요청했다. JTS는 교육 기자재를 지원하여 아이들에게 안정적인 교육 환경을 제공하고자 했다.

당시 학생들은 대부분 책걸상이 없어 바닥에서 공부하고 있었기 때문에 학교 건축보다 기본적인 기자재를 우선 지원하는 것이 더 효과적이라고 판단했다. 현장 답사 결과 지원이 절실한 11개 학교(Thea Kon, Kyrin Nyu Gyi, Thet Yin Kone, Ah Su Gyi, Yin Saing Wa, Mee Thuay Taik, Bago Su, Ne Choung Village, Htantabin, Taung Yar Su, Taung Kyi Lay)를 최종 선정했다.

이들 11개 학교에는 총 1,236명의 학생이 다녔지만, 책걸상이 130개뿐이라 대부분 바닥에서 공부해야만 했다. 특히 저학년 학생들은 바닥에 엎드려 필기하거나, 4인용 책걸상에 5~6명이 비좁게 앉아 수업을 들을 수밖에 없었다. 이에 JTS는 짜웅공 교육청과 협력해 지역 내에서 직접 책

책걸상 지원

걸상을 제작하여, 각 마을 교사와 주민들이 참석한 가운데 책걸상 세트 122개와 걸상 8개를 전달했다. 특히 책걸상은 일반 가구보다 습기와 내구성이 뛰어난 목재를 사용했다. 이로써 학교와 주민, 교육청이 추후 기자재 교체 비용을 절감할 수 있었다.

이번 사업을 통해 정부 및 외부 지원의 사각지대에 놓였던 오지 학교들이 실질적인 도움을 받을 수 있었다. 또한 지원 과정에서 교사들과 주민들이 함께 참여함으로써 지역사회가 아이들의 교육 환경 개선에 관심을 갖고 협력할 수 있는 계기가 되었다.

(4) 아웅산 나루터 재건

짜웅공에 위치한 아웅산 나루터(Aung San Jetty)는 1947년 4월, 미얀마 독립 영웅 아웅산 장군이 역사적인 연설을 했던 곳이다. 그러나 매년 반복되는 홍수로 파손되었으며, 특히 2012년 대홍수로 심각한 피해를 입었다. 이에 2013년 1월, 짜웅공 구청장은 JTS에 재건축을 공식 요청하였다. 이곳은 역사적 장소이기도 해, 주민들과 공무원까지 재건에 강한 의지를 보였다.

나루터를 재건해 배가 안전하게 정박하고, 짜웅공 주민들의 생활 편의를 높이는 것이 목표였다. 또, 역사적 건축물을 복원하여 주민들이 지역에 대한 자부심을 가질 수 있도록 하는 데에도 의미를 두었다. 이에 따라 JTS는 복구에 필요한 목재와 부자재를 지원했으며, 주민들이 직접 공사에 참여하도록 하였다. 공정 관리와 감독은 토목 기술자가 맡았다.

2013년 1월 23일부터 2월 28일까지 약 1개월간의 공사로 나루터는 본래의 모습을 되찾았다. 나루터를 이용하는 짜웅공 마을 6,995가구, 총 30,992명의 주민들은 복원된 나루터를 환영했다. 아웅산 나루터는 경비선 정박과 같은 공적 업무를 위한 용도로 활용하기로 결정되었다. 또한, 지역 주민들에게는 단순한 교통시설을 넘어 공동체의 중심 공간이자 쉼터로 자리 잡게 되었다. 짜웅공 지역 주민들과 공무원들은 JTS에 감사 인사를 전하며, 역사 건물 재건에 대한 큰 자부심을 표했다.

파손된 아웅산 나루터

재건된 아웅산 나루터

(5) 마을 운동회를 통해 주민들의 단합 다지기

짜웅공의 탄터빈 마을에서 열린 마을운동회(Htantabin Village Track Sea Game)가 2014년 1월 11일부터 12일까지 6개 마을 1,568명이 참여하여 열렸다. 탄터빈 마을에서는 과거 우기가 끝나고 강물이 가장 불어나는 9~10월에 나룻배 경주를 개최하는 전통이 있었으나, 수십 년 전 중단되었다. 이에 주민들은 JTS와 함께 이를 다시 열고 싶다는 뜻을 전했다.

JTS는 나룻배 경주의 복원뿐만 아니라 한국과 미얀마의 전통 놀이를 결합하여 마을운동회를 기획하였다. 이를 통해 탄터빈 마을의 전통 놀이 문화를 보존하고, 한국과 미얀마 간의 문화 교류를 촉진하는 것을 목표로 삼았다. 또한, 마을 공동체 내에서 주민들의 유대감과 소속감을 높이고, 공동체 의식을 강화하는 데 중점을 두었다. 나아가 주민들이 직접 운동회를 기획하고 운영하도록 유도하여 자립심을 키울 수 있도록 하였다. 대회 운영을 위해 탄터빈 내에 운동회조직위원회, 운영위원회, 심판 그룹 등 3개 위원회를 구성하였으며, 각 마을 이장들과 함께 행사 준비부터 개최, 진행, 마무리까지 주민들이 직접 참여하도록 유도했다. 이를 통해 단순한 지원 사업이 아닌, 주민 주도 행사로 자리 잡도록 하였다.

마을운동회에서
전통놀이를 즐기는
마을 사람들

4. 홍수 피해 지원 (2015)

우기를 맞아 몇 주에 걸쳐 큰비가 내린 미얀마에서 전국적 규모의 홍수가 발생하였다. 미얀마 14개 주 중 13개 주에서 홍수와 산사태로 인한 피해가 발생했고, 100만 명에 달하는 이재민이 생겼다. 게다가 미얀마 인근에 상륙한 사이클론 '코멘'의 영향으로 그 피해가 더 커졌다. 미얀마 정부는 4개 주를 국가재난구역으로 선포하고, 국제사회에도 지원을 요청했다.

이미 수 차례 미얀마에서 사업 진행 경험이 있는 JTS도 미얀마 홍수 피해 긴급구호에 나섰다. 긴급구호 준비 과정에서 주한 미얀마 대사관의 요청에 따라 10,000달러를 먼저 지원하여 미얀마 정부가 구조 및 복구 작업을 즉시 시작할 수 있도록 도왔다.

JTS가 홍수 피해 지원을 위해 쌀을 나누어 주는 모습

3차에 걸친 긴급구호가 진행되었다. 폭우 속에서 구호 작업은 쉽지 않았다. 도로가 물에 잠겨 길과 강의 경계가 모호한 상황에서 차량이 빠질 위험을 무릅쓰고 조심스럽게 길을 헤쳐 나가야 했다. 마을과 논밭이 물에 잠겨 트럭을 이용할 수 없을 때는 배를 타고 몇 가구씩 물품을 나르는 수밖에 없었다. 침수된 집과 떠내려간 물건들이 곳곳에서 눈에 띄었고, 주민들은 구호 물품을 기다리고 있었다. 일부 주민들은 새벽부터 나와 준비를 하며, 비를 맞으면서도 자리를 지켰다. 비를 맞으며 구호 물품을 배분하는 일이 쉽지 않았지만, 미리 쌀과 콩을 비닐로 한 겹 더 포장해 두어 젖지 않고 안전하게 전달할 수 있었다. 다행히 마지막 날에는 연예인 봉사자들도 함께해 주민들의 사기가 올라갔고, 아이들도 밝은 표정으로 물품을 받아갔다. 어려운 환경 속에서도 모두가 힘을 합친 덕분에 구호 활동을 무사히 마칠 수 있었다.

2015년 미얀마 홍수 피해 긴급구호 활동

구분	기간	지역	지원 대상	지원 내용	비고
1차	8.16~23	에야와디도	3,600가구	▪ 쌀 61.5톤 ▪ 콩 18.05톤 ▪ 라면 108,000개 ▪ 멸치젓갈 15,445개 ▪ 식용유 3,600리터	보트 이용 구호 물품 운반 및 배분
2차	9.19~23	피해 지역 (총 40개 마을)	3,042가구	▪ 쌀 91.3톤 ▪ 콩 46톤 ▪ 식용유 3,000리터	9월 21일, 연예인(미얀마) 참여
3차	11.20~12.1	친주	3,600가구	▪ 쌀 17kg(가구당) ▪ 콩 4kg(가구당) ▪ 식용유 2리터(가구당) ▪ 커피 30봉(가구당) ▪ 젓갈 400g(가구당) ▪ 담요 2,000장	고산지대 특성상 겨울 대비 물품 추가 지원, 보호시설 10곳 지원

5. 코로나19 의료용품 지원 (2020)

2020년 9월 말부터 미얀마에서는 하루 평균 1,500여 명의 코로나 확진 자가 발생하고 있었다. 정부 기관은 50%만 운영되고, 대중교통도 차단하는 등 강력한 봉쇄령을 펼쳤지만, 확진자 숫자는 쉽사리 줄어들지 않아 동남아에서 코로나19가 가장 심각한 나라가 되었다.

JTS는 INEB(국제참여불교연대)와 연대해 미얀마 NGO인 KMF(Kalyana Mitta Development Foundation)를 통해 긴급구호 물품을 지원하기로 했다. 가장 최전선에서 일하는 의료진들을 보호하기 위한 방호복 10,008벌, KF94 마스크 30,000개, 의료용 장갑 30,000쌍, 슈커버 10,200쌍, 페이스 쉴드 10,000개, 항원진단키트 10,000개를 확보한 뒤, KMF를 통해 양곤 소재 코로나 거점 병원 중에 가장 규모가 큰 Phaung Gyi병원에 모든 물품을 기증하였다.

봉사자들이
청주물류센터에서
구호 물품을
준비하는 모습

코로나19
긴급구호 물품
선적식

6. 사마산 보육 시설 지원 (2023)

미얀마는 쿠데타와 경제 위기로 취약 계층, 특히 보육 시설에 거주하는 아동들의 삶이 더욱 어려워졌다. 이에 따라 JTS는 한국에서 재활용 의류와 생활용품을 수집하여 미얀마 보육 시설에 전달하는 지원 사업을 추진하였다. 이 과정에서 한국에 거주하는 미얀마인들이 보육 시설과 소통하며 구호 물품을 한국에서 미얀마 보육 시설까지 무료로 이송할 수 있도록 큰 역할을 하였다.

2022년부터 2023년까지 1,154명의 아동들에게 의류와 생활용품을 제공하였으며, 2차 지원에서는 칫솔, 수건, 세면비누 등 필수 위생용품을 추가로 지원하였다. 이를 통해 보육 시설 아동들의 기본적인 생활 여건 개선에 기여하였다.

미얀마
보육 시설에 보낼
구호 물품 포장

미얀마
보육 시설
아이들과 함께

7. 태풍 피해 긴급구호 (2023)

2023년 5월 14일, 최대 시속 209km의 강풍을 동반한 사이클론 모카 (Mocha)가 미얀마 서부 라카인주를 강타하면서 수천 채의 집이 파괴되고 수많은 주민이 피해를 입었다.

JTS는 미얀마 NGO인 노블하트(Noble Heart)와 협력하여 긴급구호를 실시하였다. 1차 지원에서는 1,000가구를 대상으로 쌀 20kg, 식용유 1.8L, 소금 1kg, 커피 1팩(30개), 라면 1박스(30개)와 방수포를 제공하였다. 2차 지원에서는 5,000가구로 확대하여 쌀 20kg, 식용유 1.8L, 병아리콩 5kg, 라면 1박스(30개), 생선 페이스트 10봉의 구호 물품을 전달하였다.

구호 물품을 배분 받는 미얀마 주민들

8. 태풍 피해 긴급구호 (2024)

2024년 9월, 태풍 야기 피해 긴급구호 활동을 진행하였다. 특히 라카인 주와 샨주 남부의 인레 호수 지역 피해가 극심하였다. 배수가 원활하지 않아 농경지가 황폐화되었고, 주민들은 임시 거처에서 생활해야 하는 어려움을 겪었다. JTS는 구호 활동에 대한 미얀마 군부의 많은 제약에도 불구하고 미얀마 현지인과 협력하여 11월 말 라카인주 나폴리 지역 300가구(약 1,410명)에 가구당 쌀 48kg을 전달하였다.

구호 물품을
배분 받은
미얀마 주민들

미얀마와 JTS,
서로 사랑에 빠지다

조용한 미소의 나라 미얀마⋯ 그러나 JTS미얀마 사무실은 그다지 조용하지 못하다. 일찍 도착하는 자원봉사자들은 오자마자 빗자루를 들고 청소를 시작하면서 나를 괴롭힌다. 그렇게 청소를 마치면 옹기종기 모여 앉아 금세 웃고 떠든다. 무슨 말을 하는지 거의 알아들을 수 없지만, 나를 힐끗힐끗 쳐다보면서 얘기하다가 자기들끼리 빵빵 터지는 걸 보니, 내 얘기를 하는 것이 분명하다. 보나 마나 오늘도 안 씻은 것 같다느니, 맨날 똑같은 옷만 입는다느니, 청소를 도무지 안 한다느니 하는 얘기일 것이다. 당연히 전부 거짓말이지만⋯

근무 시간이 되면 갑자기 진지해져 아침 회의를 시작하길 기다린다. JTS미얀마는 상근 자원봉사자 7명과 비상근 엔지니어 자원봉사자 3명으로 운영되고 있다. 미얀마 자원봉사자들이 이렇게 많은이유를 곰곰이 생각해보았다. 사람들을 만날 때마다 자원봉사자를 소개해달라고 부탁했던 것, 자원봉사자 모집 공고문을 양곤대학교와 시내의 Language School 곳곳에 붙이고 다녔던 것이 근본적인 이유는 아닐 것이다.

JTS 사무실이 양곤에 있는 것과 미얀마에 한류 바람이 부는 것이 더 많은 미얀마 사람들의 눈길을 끄는 데 일조했겠지만, 그들의 마음을 JTS 자원봉사로 향하게끔 움직이게 한 더 큰 이유는 따로 있다. 바로 '미얀마 사람의 심성'과 'JTS의 특성', 이 두 가지가 서로 통하면서 자원봉사자들로 넘쳐나게 된 것이 아닌가 싶다. 미얀마 사람들은 대가 없이 스스로 누군가를 도우려는 마음이 크다. 좋은 일도 혼자 하지 않고 반드시 남에게 권해서 같이하려는 심성이 있다. 심지어 지인이 뭔가 사회적으로 좋은 일, 즉 기부나 봉사 같은 일을 하면 본인도 경쟁하듯 참여하고, 질투도 한다. 혹자는 그것이 미얀마 특유의 불교문화 때문이라고도 하고, 혹자는 2008년에 13만여 명이 희생 당한 태풍 나르기스를 시점으로 이러한 봉사와 기부 문화가 미얀마 사회에 널리 퍼졌다고도 한다. 이러한 미얀마인들의 심성과 더불어, '대가 없이 마음으로 봉사한다' '해외파견자는 현지인 기준으로 산다'는 JTS만의 특성에 그들은 감동하고 JTS를 신뢰하는 것 같다. 나르기스 이후에 많은 NGO들이 미얀마에서 본격적으로 개발협력 사업을 추진하면서 이미 외국 NGO 활동은 미얀마인들에게 친숙하다. JTS 활동가는 늘 버스를 타고, 현지인들처럼 입고 다니며, 도시 주민이 아닌 가난한 마을 현지 주민들과 같은 기준으로 동화되고자 노력한다. 입을 열지 않으면 어딜 가도 현지인처럼 취급되는 겉모습에, 마을에 가서 밥을 먹을 때 숟가락과 포크 대신 마을 사람들처럼 오른손으로 밥을 먹는 모습에, 현지 자원봉사자들은 항상 "JTS 프로젝트 매니저 까시네, 까시네!(짠돌이, 자린고비라는 뜻)" 하고 놀리면서도 자신들 친구를 하나둘 사무실에 데리고 와서 자원봉사 신청서를 쓰게 하고 자원봉사를 하게끔 만든다. 결국 미얀마인들의 마음과 JTS의 마음이 꼭 맞아떨어지고 서로 감동을 주는 곳이다 보니, JTS 사무실에 사람이 안 모일 수가 없다. JTS미얀마 자원봉사자들은 겨우 교통비만 마련해서 사무실에 나오는, 그리 여유롭지 않은 환경에 있다. 하물며 보수적이다 못해 폐쇄적이기까지 한 미얀마의 문화는 여성 자원봉사자들의 봉사에 더 큰 장애가 되기도 한다. 집에서 1시간을 걸어 나와서, 만원 버스를 1시간 더 타고 와야 사무실에 도착하는 여성자원봉사자 싸치(Zar Chi)와 이카잉(Ei Khine)

은 일을 해서 돈을 벌라는 부모님들의 반대를 무릅쓰고 친척집에서 지내면서까지 매일 꾸역꾸역 사무실에 나오고 있다. 또 군대에서 11년을 복무하고 제대한 딴진민(Htan Zin Minn)은 군인연금을 교통비로 쓰며 세 살 차이 나는 조카 씨투(Si Thu)와 매일 사무실에 출근하고 있다. 이제 고등학교를 졸업한 이퓨(Ei Phyw)는 틈틈이 일을 하면서 사무실에 오는 차비를 마련해서 봉사활동을 나오고, 초등학교를 다니는 딸이 있는 쑤쑤(Su Su)는 남편이 NGO 일을 하는 것을 그리 탐탁지 않게 여기지만 연신 나에게 "No Problem"이란다. 이처럼 이제 막 걸음마를 뗀 JTS미얀마는 다양한 색깔의 자원봉사자들이 각기 다른 어려운 환경에서 한결같은 마음으로 비로소 조금씩 앞으로 나아가고 있다. 아직은 걸음마 단계이지만 우리 자원봉사자들의 열정과 의지를 보고 있노라면 곧 마라톤 선수처럼 힘차게 뛰는 JTS미얀마가 되기까지 그리 오랜 시간이 걸릴 것 같지는 않다. 기대가 큰 만큼 실망도 크고, 많은 일을 하는 만큼 많은 부침이 있으리라는 것을 잘 안다. 그러나 JTS의 마음이 자원봉사자들의 마음과 일맥상통해서 굳은 의지를 만들어 내니 미리 두려워할 필요도, 애써 걱정할 필요도 없을 것 같다. 뜻이 있는 곳에 길이 있듯이, JTS미얀마는 오늘도 그 길에서 걷는다. 마라톤 선수의 마음으로!

JTS미얀마 활동가 김성현

9. 사업 성과

JTS는 미얀마에서 반복되는 자연재해와 군부 쿠데타 이후 악화된 인도적 위기 속에서도, 제한된 인력으로 효과적인 긴급구호 활동을 수행했다. 소수 활동가들이 현지에 파견되어 활동하되, 현지 봉사자 및 지역 단체들과의 협력을 통해 단순 물자 전달을 넘어, 현지 주민들과 함께하는 실질적인 회복 기반을 마련했다.

특히, 답사를 통해 외부 지원이 미치지 못하는 사각지대를 적극적으로 발굴했고, 생계 위기에 놓인 이재민, 고립된 마을 등 도움이 절실한 곳을 우선적으로 지원하였다. 한정된 자원을 가장 효과적으로 사용하며 도움을 제공할 수 있었다.

또한 JTS는 단기적인 지원을 넘어 지속 가능한 자립 기반 구축을 위해 미얀마 짜웅공 지역에 JTS 사무소를 설립하였다. 현지 사무소는 단순한 행정 거점을 넘어서 주민들과 일상적으로 교류하고 신뢰를 쌓아가는 공간으로 기능하였다. 현지 활동가들은 주민들이 직접 사업에 참여하도록 독려하고 그들의 주인의식과 자립심을 고취시키는 중추적인 역할을 수행하였다.

그뿐만 아니라 마을운동회와 같은 공동체 행사를 통해 주민 간 유대감을 강화하였다. 역사적 의미가 있는 장소를 복원하는 사업을 함께 추진함으로써 주민들의 마음에 '다시 함께 일어설 수 있다'는 희망과 용기를 불어넣고자 노력하였다. 이는 단순한 구호를 넘어 지역사회의 정신적 회복과 지속 가능한 발전을 이끄는 기반이 되었다.

박지나 대표와 긴급구호에 참여한 미얀마 자원봉사자들

9. 시리아·튀르키예

Syria & Turkiye

시리아는 중동에 위치한 국가로, 터키, 이라크, 레바논, 요르단 등과 국경을 맞대고 있다. 기후는 지중해성 기후와 사막 기후가 혼합되어 나타나며, 건조하고 덥다. 인구의 다수는 아랍인이며, 소수민족으로 쿠르드족 등이 있다. 시리아 내전으로 인해 극심한 정치적 혼란을 겪고 있다. 이로 인해 경제는 붕괴 상태에 이르렀으며, 실업률과 물가 상승률이 매우 높다. 내전으로 인해 수백만 명의 난민이 발생하여 이웃 국가와 유럽 등으로 떠나고 있다.

튀르키예는 유럽과 아시아의 교차로에 위치한 국가이다. 지중해성 기후와 대륙성 기후가 혼합되어 나타난다. 인구의 대다수가 이슬람교를 믿고, 정치적으로는 대통령제를 채택하고 있다. 튀르키예는 제조업, 농업, 관광업이 주요 부문을 차지하고 있지만, 최근에는 높은 인플레이션과 통화 가치 하락으로 어려움을 겪고 있다. 특히 2023년 대지진으로 인해 막대한 경제적 피해를 입었다.

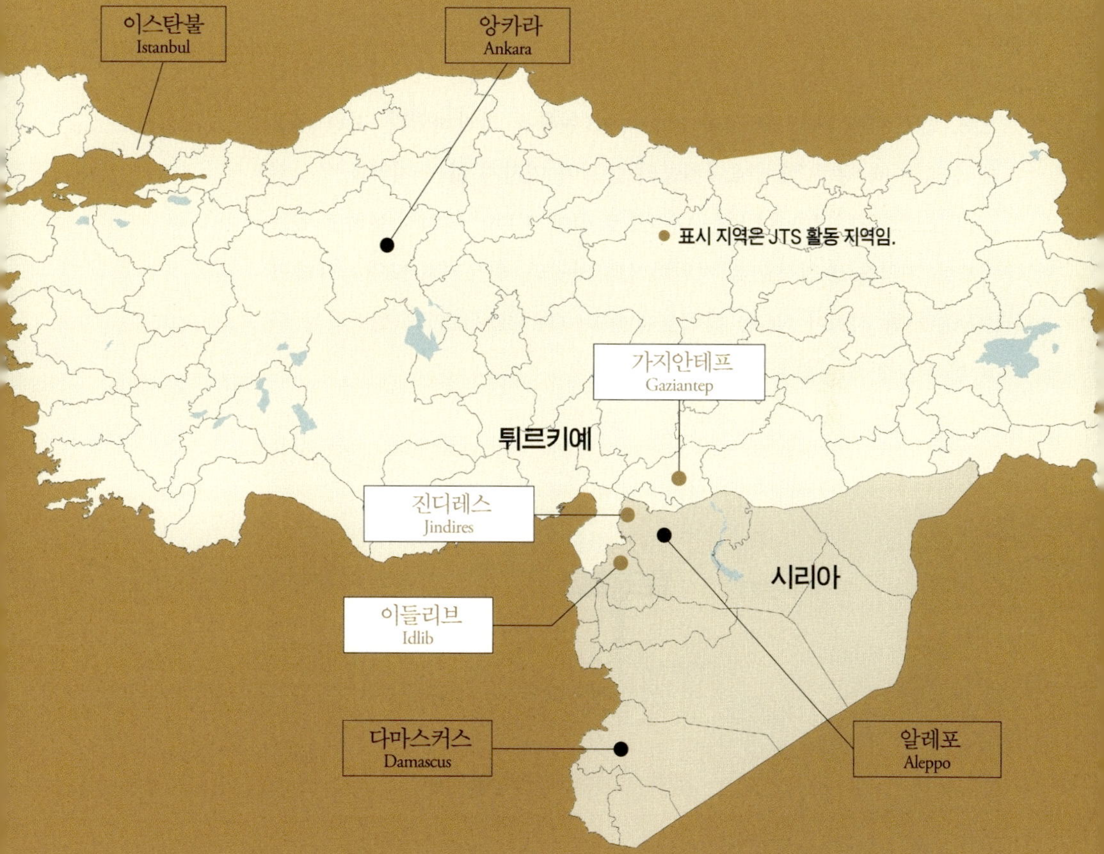

1. 사업 배경

2023년 2월 6일, 튀르키예 가지안테프(Gaziantep)에서 규모 7.8의 대지진이 발생하여 약 51,000명이 사망하고 108,000명이 부상을 입었다. 16만 채 이상의 건물이 파괴되었으며, 경제적 피해는 약 45조 원에 달했다. 11,000회 이상의 여진이 발생하며 주민들은 극심한 불안 속에서 생활해야 했다. 이에 JTS는 즉각적인 구호 활동을 펼쳤다.

JTS는 소외된 이들을 지원하고자 두 차례에 걸쳐 현장 답사를 진행하였으며, 난민촌과 현지 NGO를 방문하여 현황을 파악하였다. 지원 대상을 선정할 때 정부 및 구호단체들의 손길이 미치지 않는 지역을 우선적으로 고려하였다. 10년이 넘는 내전으로 국제 지원이 미치지 못하고 있는 시리아 지역을 중점적으로 지원하기로 하였다. 튀르키예 NGO 샤파크(SHAFAK)와 시리아 NGO 화이트헬멧(WHITE HELMET)과 협력하여 구호 활동을 전개하였다.

2023. 3	■ 1차 현장 답사 (2. 22 ~ 3. 2) ■ 2차 현장 답사 (3. 17 ~ 3. 30)
2023. 4	【튀르키예 시리아 지진 피해 1차 지원】 ■ 튀르키예 가지안테프 오스마니예 캠프 500가구 ■ 시리아 이들리브의 와탄캠프 2,000가구 ■ 식품꾸러미, 지혈대 3,300개, 의약품 10만불 어치 지원
2023. 5	【튀르키예 지진 피해 2차 지원】 ■ 비누 50,000개, 샴푸 50,000개 UNHCR 통해 튀르키예 지역 배분
2023. 7	【시리아 지진 피해 3차 지원】 ■ 시리아 난민 캠프(Alshuhadaa, Alrahmah, Alsabah, Aljub 등 8개 캠프) ■ 2,938가구 식량꾸러미 지원
2023. 8	【시리아 지진 피해 4차 지원】 ■ 비누 64,800개, 샴푸 35,000개, 생리대 100,000팩 ■ 시리아 난민 여성센터 통해 배분
2023. 7 ~ 2024.10	■ 진디레스 시티, 칼리드 빈 엘-왈리드 학교 재건(4,000명 규모)

2. 지원 활동

(1) 1차 지원 — 지진 피해 초기 대응

2023년 4월 대지진 직후, 가장 시급한 구호 활동으로 튀르키예 오스마니예 캠프와 시리아 와탄 캠프에 식량을 지원하였다. 식량꾸러미에는 쌀, 밀가루, 식용유, 설탕, 통조림 등이 포함되었으며, 총 2,500가구에 배분되었다. 또한 의료 지원의 일환으로 지혈대 3,300개와 10만 달러 상당의 의약품을 제공하였다. 샤파크와 화이트헬멧과의 협력을 통해 구호 물자는 신속하게 배분되었다. JTS 이사장 법륜 스님은 직접 현장을 찾아 배분 과정에 함께하며 주민들에게 위로와 희망을 전하였다. 샤파크는 JTS의 따뜻한 연대와 헌신적인 지원에 깊은 감동을 받았으며, 진심 어린 감사의 뜻을 담아 감사패를 전달하였다.

<table>
<tr><td>①</td><td>②</td></tr>
<tr><td>③</td><td>④</td></tr>
</table>

① 구호 물품 배분 장면
② 구호 물품을 받기 위해 줄을 선 모습
③ 이재민 가구를 방문하여 구호 물품 전달
④ 샤퍄크에서 전달한 감사패

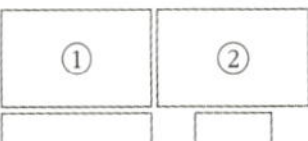

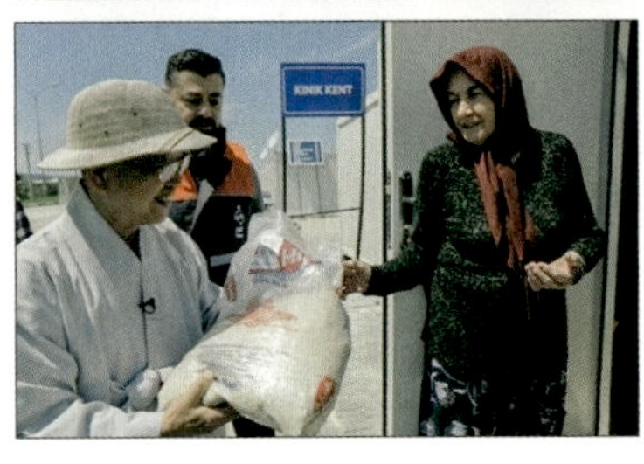

(2) 2차 지원 ─ 위생용품 긴급 제공

2023년 5월에는 UNHCR(유엔난민기구)의 요청에 따라 위생용품을 제공하였다. 비누 50,000개와 샴푸 50,000개를 부산항을 통해 튀르키예로 운송하였고 현지에서 UNHCR이 배분을 진행하였다.

(3) 3차 지원 ─ 추가 식량 지원

2023년 7월, 시리아의 8개 난민 캠프를 대상으로 추가 식량 지원을 실시하였다. Alshuhadaa, Alrahmah, Alsabah, Aljub 등 8개 캠프 총 2,938가구에 식량꾸러미를 지원하였다. 식량꾸러미는 40kg 상당의 식품으로 구성되었으며, 샤파크 및 화이트헬멧과 협력하여 원활하게 배분되었다.

(4) 4차 지원 ─ 여성 위생용품 및 위생 물품 지원

2023년 10월, 여성 위생용품 지원을 확대하여 시리아 난민 여성들에게 생리대 100,000팩, 비누 64,800개, 샴푸 35,000개를 지원하였다. 이 물품들은 화이트헬멧과 협력하여 난민 여성센터를 통해 배분되었으며, 생리대의 경우 국내에서 품질이 우수한 공급업체를 선정하여 조달하였다.

시리아 난민 여성들을 위해 지원한 생리대와 샴푸, 비누

(5) 학교 재건 — 진디레스시 칼리드 빈 엘-왈리드 학교

시리아 칼리드 빈 엘-왈리드 학교 재건 사업은 대지진으로 무너진 학교를 복구하여 지역 사회에 희망을 되살린 감동적인 프로젝트였다. 지진으로 약 4,000명의 학생이 다니던 학교가 붕괴되고, 교사 9명과 학생 124명이 희생되는 안타까운 일이 발생하였다. 이 프로젝트는 시리아 시민방위대인 화이트헬멧과 JTS의 협력으로 진행되었으며, 화이트헬멧 대원들의 헌신적인 노력 덕분에 약 1년 만에 성공적으로 완공될 수 있었다.

2023년 10월 지반 공사를 시작으로, 2024년 10월에 준공된 이 학교는 지하 1층, 지상 3층 규모로, 4,000명의 학생을 수용할 수 있는 현대적인 시설을 갖추고 있다. 초등학생과 중등학생을 위한 이 학교는 총 122개의 공간으로 구성되어 있으며, 그중 교실은 52칸이며 과학실, 도서관, 컴퓨터실, 심리지원실 등이 마련되어 있다. 또한 지하에는 전쟁이나 지진 피해 시 학생들이 대피할 수 있는 대피소도 마련하였다. 태양광 발전 시스템을 도입하여 지속 가능성을 고려한 설계가 이루어졌다.

화이트헬멧 대원들은 건설 과정에 적극 참여하여 학생들이 안전한 환경에서 학습할 수 있도록 힘썼으며, JTS는 4,000명의 학생들이 사용할 칠판, 책걸상, 컴퓨터 등의 기자재는 물론 교복, 신발, 가방, 학용품을 지원하였다.

2024년 10월 9일 준공식날, JTS와 화이트헬멧, 시리아 임시정부 수반과 장관들, 튀르키예 주지사들이 참석하여 함께 축하하는 자리를 가졌다. 법륜 스님은 축사에서 "부서진 건물이 새로 세워지듯 시리아 국민들도 고난을 극복하고 새로운 미래를 열어갈 수 있기를 바랍니다"라고 학교가 가져올 긍정적인 변화를 강조하였다.

이번 학교 프로젝트는 지진으로 희생된 학생들과 교사들을 기리는 추모비를 세우고, 지역 주민들에게 새로운 희망을 심어주는 공간으로 조성되었다. 이 학교는 시리아 재건의 상징이자 미래 세대를 위한 등대의 역할을 하며, 지역사회의 교육 기회 확대에 크게 기여할 것이다.

4. 사업 성과

JTS의 튀르키예·시리아 지진 사업은 단순히 긴급구호에 그치지 않고, 지진피해로 삶의 터전이 무너진 이들의 삶이 다시 회복 될 수 있도록 복구하고 아이들의 교육 기회 회복까지 아우른 지속 가능한 사람 중심의 구호 활동이다. 특히, 누구의 손길도 닿지 않는 지역을 우선 지원하였으며, 현지 단체들과 협력한 점, 여성과 아이들을 위한 맞춤형 물품을 제공한 점, 무너진 학교를 다시 세워 희망을 준 점 등은 내전과 지진으로 얼룩진 시리아의 장기적인 회복과 재건에 크게 기여하였다.

| ① | ② |
| ③ | ④ |

① 파손된 건물들
② 재건 중인 모습
③ 학교 건축 후 현판식
④ 완공된 학교 모습

مشروع بناء
مدرسة خالد بن الوليد
فاع المدني السوري بدعم من منظمة JTS KOREA
JTS KOREA
الدفاع المدني السوري
مقدمة لـ
2024 - 2023

부서진 건물이 새로 세워지듯
시리아 국민들도 고난을 극복하고
새로운 미래를 열어갈 수 있기를 바랍니다

10. 인도네시아

Indonesia

수마트라섬
빠당
Padang
중앙자바주
Central Java
자바섬
족자카르타 특별주
Yogyakarta

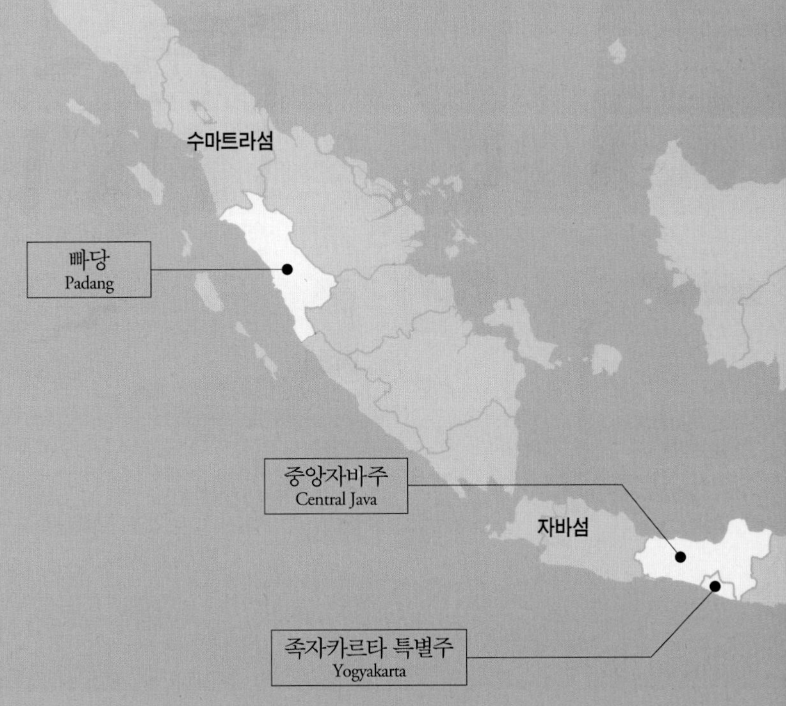

인도네시아는 동남아시아와 오세아니아에 걸쳐 있는 세계 최대의 군도 국가이다. 17,500개가 넘는 섬으로 이루어져 있으며, 적도를 끼고 있어 열대 기후이다. 이 나라는 환태평양 조산대에 위치하여 화산 활동과 지진이 빈번하다. 인도네시아는 300개 이상의 다양한 민족으로 구성되어 있다. 자바족이 가장 큰 비중을 차지하며, 수많은 언어가 사용되지만 인도네시아어가 공용어이다. 종교는 이슬람교가 주류이지만, 법적으로는 이슬람교, 개신교, 가톨릭교, 힌두교, 불교, 유교 등 6개의 종교를 공식 인정하고 있다. 정치적으로는 대통령제를 채택한 공화국이다. 농업, 광업, 제조업이 주를 이루며, 특히 팜유, 석탄, 천연가스 등 천연자원이 풍부하다.

● 표시 지역은 JTS 활동 지역임.

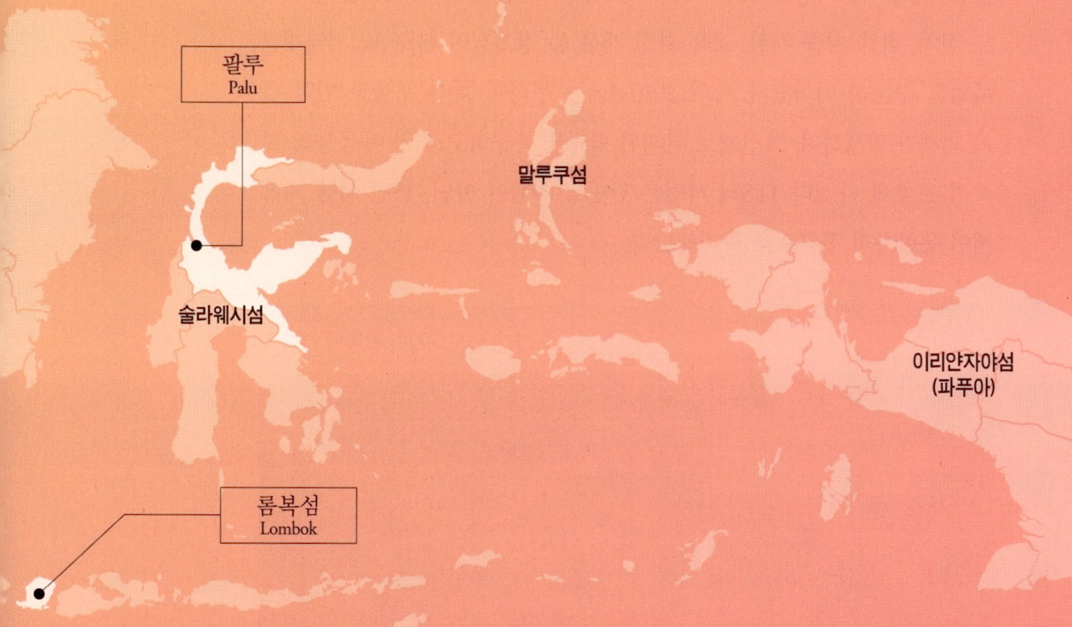

1. 사업 배경

인도네시아는 환태평양 조산대에 위치한 지질학적으로 불안정한 지역으로, 대형 자연재해가 빈번하게 발생하는 나라다. 특히 2006년 5월, 자바섬 중부 족자카르타(Yogyakarta) 지역에서 발생한 규모 6.3의 강진은 70만 명 이상의 이재민을 발생시키며 막대한 인명 및 재산 피해를 초래하였다. 이후에도 인근 지역에서는 여진과 함께 활화산인 무라피 화산(Mt. Merapi)의 활동까지 겹쳐, 주민들은 장기적인 재난 위험과 주거 불안정 상태에 놓이게 되었다.

JTS는 2006년 지진 직후, 상대적으로 지원이 부족했던 클라텐(Klaten) 지역을 중심으로 긴급구호 활동을 시작하였다. 이후 단기 구호에 그치지 않고, 현지 파트너인 DQS(Dana Qimian Sosial)와 협력하여 학교 건축, 상수도 설치, 취약 계층 지원, 교육 환경 개선 등 장기적인 복구 및 지역개발 사업을 꾸준히 이어왔다. 특히 2010년에는 무라피 화산 분출로 인한 추가 피해가 발생하자, 화산재로 파괴된 학교를 복구하고 지역 아동들의 교육권 보호에 나섰다. JTS의 사업은 단발성 지원이 아닌, 15년 이상 지속적인 동반자적 접근으로 확대해왔다.

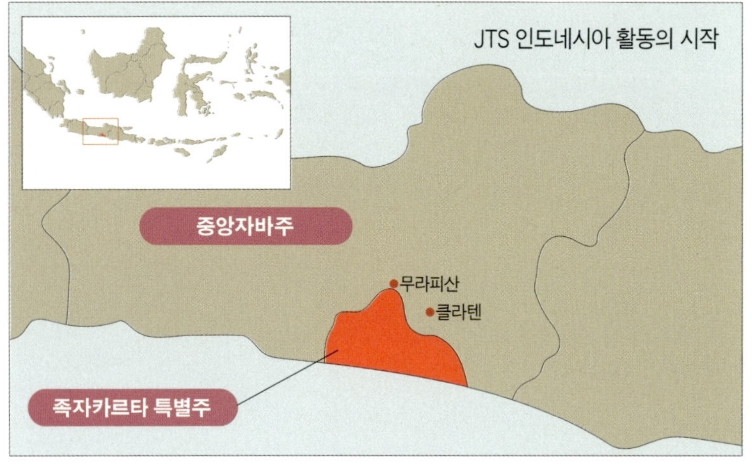

2006. 5	【자바섬 지진 피해 긴급구호 활동】 ■ 천막 1,065개, 돗자리 925개, 담요, 공구 35세트 지원
2009. 9	【수마트라 지진 피해 긴급구호 활동】 ■ 1,371가구 쌀, 주방기구, 텐트 지원 ■ 11개 지역 학교 1,260명의 어린이― 교복 519벌, 책가방 700개, 학용품 1,307세트 지원
2010. 1~12	【5개 마을】 ■ 주택 60채 건축 및 지원
2011	【5개 마을】 ■ 유치원 5개 건축, 책걸상 312세트, 놀이 시설, 학용품, 교과서 ■ 지하수 굴착 3건, 우물 1개, 상수 시설 1개 설치 ■ 농업용 관개수로 건축
2012	■ 유치원 2개 건축 ■ 꼬또말린땅 마을 보건소 건축, 심빵음팟 마을 보건소 건축 ■ 5개 마을 농기계 지원, 관개수로 건설 ■ 책걸상, 책장 등 교육 기자재 지원
2013	■ 200m기존 관개수로 구간 보수
2018	【팔루 지진·쓰나미 긴급구호】 ■ 16개 마을 3,000가구―텐트, 담요, 쌀, 주방기구, 티셔츠 지원 【롬복 지진 피해 긴급구호】 ■ 임시 주택 40개 건축 및 지원 ■ 임시 학교 1개 건축
2021	■ 코로나19 극복을 위한 마스크 120,000장 의료품 지원

2. 사업 세부 내용

(1) 자바섬 지진 피해 긴급구호 (2006)

2006년 5월 27일, 인도네시아 자바섬에서 발생한 규모 6.3의 강진으로 약 70만 명의 이재민이 발생하고 수많은 건물이 무너졌다. 이에 JTS는 긴급구호팀을 인도네시아 족자카르타(Yogyakarta) 지역으로 급파했다. 지진 발생 사흘 만에 현장에 도착한 이들은 약 보름 동안 포토로노(Potorono), 클라텐(Klaten), 웨디(Wedi), 덴켕(Dengkeng) 지역에서 구호 활동을 펼쳤다. 그리고 한국을 비롯한 해외에서 2주 동안 모금 캠페인을 벌여 시민들의 정성을 모았다.

지진으로 무너진 마을 곳곳에 천막이 세워져 있고, 병원 복도에는 많은 환자들이 치료를 기다리고 있었다. 수백 차례 이어지는 여진으로 사람들은 긴장과 불안이 가득했다. 절망적 상황 속에서도 여러 단체들이 구호 활동을 펼치고 있었는데 그중에서도 가장 인상적인 것은 현지 주민들이 서로를 돕는 모습이었다. 구호 물품을 싣고 이웃에게 달려가는 사

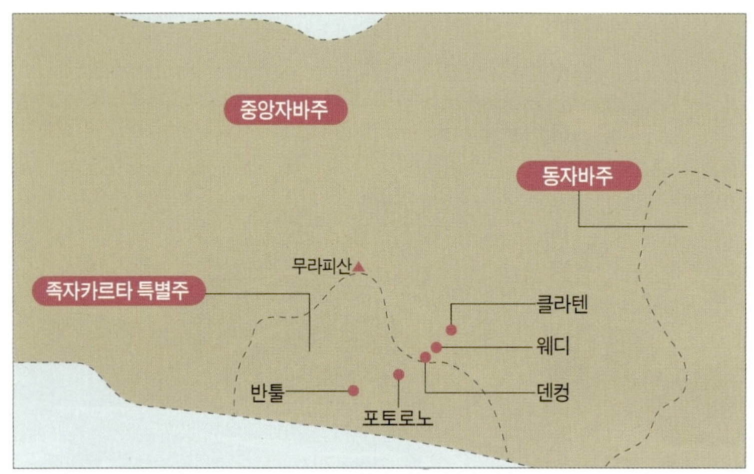

람들, 무너진 집을 다시 세우려는 수백 명의 자원봉사자들, 구호 물품을 나누는 대학생들까지 모두가 함께 힘을 모아 위기를 극복하고 있었다.

가장 큰 피해를 입은 지역은 반툴(Bantul)이었지만, 대부분의 구호 활동이 반툴로 집중되고 있던 터라, JTS는 상대적으로 지원이 부족한 클라텐 지역으로 이동했다. 마을 조사 결과 대부분의 집이 붕괴된 상태라 JTS는 주민들에게 천막과 돗자리 등 임시 거처를 지원하기로 결정했다.

이 과정에서 인도네시아 불교학생연합회 힉마부디(Hikmabuddhi)가 긴급구호 물품 가격 조사를 도왔고 시가자마다(Gadjah Mada) 대학생들이 통역, 물품 구매 및 분배 작업을 도왔다. 이렇게 마련한 천막 1,065개, 돗자리 925개, 담요 등 긴급구호 물품은 마을 주민들에게 차례로 전달되었고, 이를 받은 주민들은 "꼬레아!"를 외치며 감사를 표했다.

긴급구호 물품을 전달하며 마을을 둘러보니 주민들은 서로 힘을 합쳐 집을 하나씩 복구하고 있었다. 이에 JTS는 자립과 재건을 응원하는 마음을 담아 삽, 양동이, 노루발장도리, 망치 등으로 구성된 공구 35세트를 추가로 지원하였다.

자바섬 지진 피해 긴급구호 활동

(2) 수마트라 지진 피해 긴급구호 (2009)

2009년 9월 30일, 규모 7.9의 강진이 서부 수마트라 빠당(Padang) 지역을
세 차례 강타하며 수많은 학교와 주택이 무너졌다. 마을은 온통 진흙으
로 뒤덮였고, 약 74만 명의 주민이 도움의 손길을 기다리고 있었다. 10월
부터 우기가 시작되면 주민들은 더욱 큰 피해를 입을 위험에 처해 있었다.

10월 28일, JTS 활동가들은 지진 피해 현장에 도착해 긴급구호 활동
을 시작하였다. 먼저 마을을 직접 둘러보았다. 지진이 휩쓸고 지나간 자
리는 처참했다. 수많은 집이 무너져 내렸고, 그나마 남아 있는 집들도 기
둥과 벽에 금이 가 있었다. 우기가 시작되어 매일 비가 내리고 있었지만,
불안한 주민들은 집 안으로 들어가지 못한 채 밖에서 잠을 청하고 있었
다. 그들에게는 임시로 비를 피할 수 있는 텐트가 절실했다.

답사 결과, 정부나 구호단체의 지원을 모든 주민들이 공평하게 받지는
못하고 있었다. 특히 작은 마을은 언론의 관심에서 벗어나 지원이 적었
고, 그마저도 곧 끊길 예정이었다. JTS는 현지 주민들의 도움을 받아 지
원에서 소외된 마을들을 선정하고, 그중에서도 가장 형편이 어려운 가구
를 파악하였다.

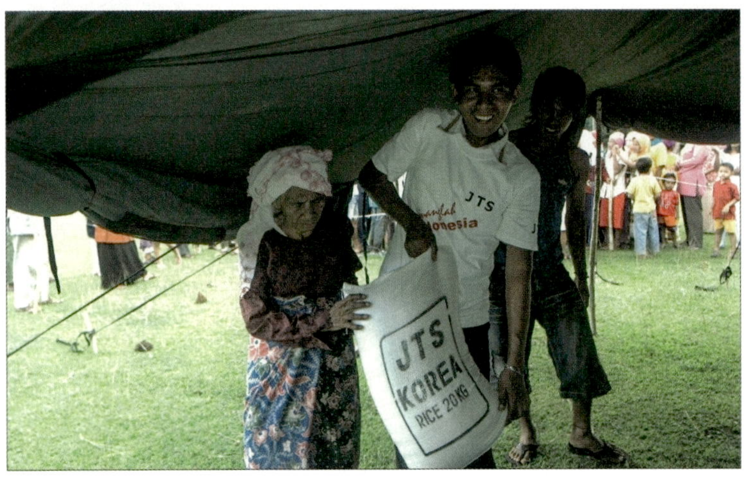

수마트라 지진 피해 긴급구호 활동

예를 들어, 아감(Agam) 지역은 지역 내 17개 마을에서 약 4,000가구가 피해를 입었을 정도로 피해 규모가 상당했다. 그중 부킷 말린당(Bukit Malintang) 마을은 집들이 많이 무너졌을 뿐만 아니라, 마을 이장마저 부상을 입은 상태였다. 마을 이장이 피해 현황 보고와 구호 물품 신청을 하지 못하니 정부나 타 단체의 지원에서도 소외되어 있었다. JTS는 이와 같은 어려움에 처한 8개 마을을 지원 대상으로 선정하였다.

지원 대상이 확정된 후에는 양질의 구호 물품을 구매하기 위해 시장 조사에 많은 노력을 기울였다. 여러 경로를 통해 조사하던 중, 알리 사파이라는 마을 이장의 도움으로 한 정미소를 방문하게 되었고, 시세보다 낮은 가격에 햅쌀을 구할 수 있었다. JTS 로고가 인쇄된 쌀포대에 쌀과 구호 물품을 실어 빠꾸달람(Pakudalam) 마을에 가장 먼저 도착하였다. 마을 주민들과 운동장에 텐트를 치고 구호품 배분 준비를 하였다.

배분 과정에서도 혹시라도 누락되는 가정이 없도록 심혈을 기울였다. 구호 물품 배분 전날, 마을을 방문해 이장들과 질서 있는 배분 방식과 쿠폰 사용 방법 등에 대해 논의하였다. 쿠폰에는 주민의 이름과 번호를 적어 가구별로 직접 배부했고, 배분 예정 시각에 맞춰 모여 달라는 당부도 잊지 않았다.

배분 당일, 주민들은 이장의 지시에 따라 사전 약속대로 준비하고 있었다. 이장이 입구에서 주민들을 확인하고, 경찰이 명단을 호명하면 해당 주민이 쿠폰을 제출했다. 쿠폰을 회수하는 담당자가 번호를 부르면 명단에서 한 명씩 체크하며 모든 주민들에게 공정하게 구호품을 전달하였다. 일부 마을에서는 배분이 더디게 진행되기도 했지만, 마을 주민들이 모두 공정하게 구호품을 받을 수 있도록 철저히 진행하였다.

2009년 인도네시아 지진 긴급구호는 JTS가 최소 인력 파견으로 현장에서 필요한 인력을 구성하여 진행하였다. 그중에서도 루북바숭에서 도움을 준 밤방은 매우 열정적인 공무원이었다. 그는 어느 마을이 가장 어려운 형편인지, 누가 구호품을 받지 못했는지를 세심하게 조사하며, 마을 주민 모두에게 혜택이 골고루 돌아갈 수 있도록 최선을 다했다.

이렇게 마무리된 긴급구호 활동은 하나의 인연이 되어, 이듬해 2010

년부터 장기 지원으로 이어졌다. 이를 바탕으로 지진 피해 복구 사업이
본격적으로 시작되었다.

상세 지원 내역 (8개 지역에 쌀, 텐트, 주방기구, 학용품 등 지원)

루북이뿌(Libuk Ipuh)	▪ 197가구—쌀 20kg(총 3,940kg), 텐트 1개(총 197개)
나가르 수누르	▪ 297가구—쌀 20kg(총 5,940kg)
빠꾸달람(Paguh Dalam)	▪ 150가구—쌀 20kg(총 3,000kg)
시카부(Sikabu)	▪ 87가구—쌀 20kg(총 1,740kg)
깜풍아빨(Kampung Apar)	▪ 32가구—쌀 20kg(총 640kg)
부킷 말린당(Bukit Malintang)	▪ 308가구—쌀 15kg(총 4,620kg), 주방기구 1세트(총 308세트)
깜풍글란풍	▪ 100가구—쌀 20kg(총 2,000kg)
루북바숭(Lubuk Basung)	▪ 200가구—쌀 20kg(총 4,000kg), 텐트 103개
총 11개 지역의 학교 (빠꾸달람, 라당, SD06, SDN12, SD17, SDN23, SDN31, SDN54, SDN59, SDN60, SDN61)	▪ 학생 1,260명—교복 519벌, 책가방 700개, 학용품세트 1,307세트

25,880kg
식량 지원(쌀)

300개
텐트 지원

1,307세트
지원 학용품

수마트라 지진 피해 긴급구호 활동

(3) 지진피해 복구

◆─ 주택 복구

2009년 9월 30일, 진도 7.9의 강진이 세 차례나 서부 수마트라를 강타했을 당시, JTS는 특히 큰 피해를 입은 몇몇 지역에서 긴급구호를 진행하였다. 이후 2010년부터 본격적인 피해 복구 작업에 착수하여, 같은 해 1월부터 12월까지 5개 마을의 주택을 복구하기로 하였다.

무너진 모든 집을 다시 지어주고 싶었지만, 한정된 자원으로 인해 가장 도움이 절실한 가구를 우선 선정해야 했다. 지원 대상은 완파된 주택 중에서도 경제적으로 어려운 가정을 중심으로 정했다. 특히 환자가 있거나 수입이 없는 취약 계층, 어린 자녀가 많은 가정을 우선적으로 고려하였다.

JTS는 지진으로 무너진 주택 30채를 복구할 계획이었다. 그러나 현지 실무자들의 노력으로 건축 자재 비용을 절감할 수 있었고, 이에 따라 30채를 추가로 더 지어 총 60채의 주택을 지었다. 하지만 복구 과정이 순탄치만은 않았다. 임시 거처 수준일 것이라고 지레짐작한 주민들이 JTS의 주택 복구 사업에 큰 관심을 보이지 않았기 때문이다. 그러나 인도네시아 정부의 내진 설계 기준에 맞춘 반영구적인 주택을 짓는다는 사실이 알려지면서 점차 많은 주민들이 신청하기 시작하였다.

공사는 주민들의 자립과 주인의식을 살린다는 JTS의 원칙에 따라 진행되었다. 건축 자재는 JTS에서 지원하고, 노동력은 주민들이 직접 제공하는 방식으로 진행되었다. 보통 5~7명의 친척이나 이웃이 함께 노동 공동체를 구성해 자재 운반부터 마감까지 모든 과정에 참여하였다. 인도네시아는 농경 사회 기반의 씨족 공동체 문화가 강한 만큼, 친인척들의 공동 노동 참여율이 높았다. 일부 주민들은 자신의 인맥을 활용해 전문 기술자를 섭외하기도 하였다.

물론 공사가 지연되는 경우도 있었다. 일부 주민들이 공사에 소극적인 태도를 보였는데, JTS 활동가들은 이들을 설득하며 공사를 진행하였다.

또 다른 변수는 라마단(이슬람교의 단식 수행 기간)이었다. 8월부터 한 달 동안 주민들은 해가 뜨고 질 때까지 음식을 비롯해 물 한 모금도 마시지 않는다. 더군다나 인도네시아의 8월은 무더위가 절정에 달하는 시기로, 기온이 매일 40도를 넘나들었다. JTS 활동가들은 공사를 재촉하기보다 적은 시간이라도 꾸준히 참여할 수 있도록 독려했다.

라마단이 끝나고 본격적으로 공사를 진행하려는 시점에 또 다른 장애가 생겼다. 바로 우기였다. 찌는 듯한 더위 속에서도 공사는 가능했지만, 폭우 앞에서는 속수무책이었다. 주민들은 비가 쏟아질 때에는 공사 현장 주변에서 대기하다가 해가 나면 재빨리 모여 작업을 이어갔다.

JTS의 인도네시아 지진 피해 주택 복구 사업은 큰 화제가 되어 현지 언론에 보도되었다. 2010년 7월 13일, 서부 수마트라 지역 방송국 Express TV 〈TRIARGA〉에 JTS 박지나 대표와 JTS 인도네시아 실무자인 에코 누그로호(Eko Nugroho R)가 출연하여 JTS 주택 복구 사업을 소개하였다. 또한, 〈Haluan〉 신문과 〈Singgalang〉 신문에도 관련 내용이 보도되었다.

2010년 1월에 시작된 주택 복구 사업은 2011년 2월에 마무리되었다. 애초에 30채를 계획했지만, 60채를 신축한 것은 큰 성과였다. 그러나 더 중요한 것은, 주민들에게 단순한 임시 거처가 아닌 반영구적인 주택을 제공했다는 점이었다. 그 덕분에 마을 주민들의 만족도 역시 매우 높았다.

지진 피해 주택(왼쪽)과 주택 복구 사업으로 새롭게 지은 집(오른쪽)

루북바숭(Lubuk Basung)은 약 30%가 논으로 이루어질 만큼 농업 의존도
가 높은 지역이었다. 하지만 농민들은 건기(1월~8월) 동안 농작물 관리에
많은 어려움을 겪고 있었다. 인근에 마닌자우(Mninjau)라는 큰 호수가 있
고 강우량도 적지 않았지만, 물길을 효과적으로 관리하지 못해 식수가
종종 끊기기도 했다. 주변에 관개수로나 저수지가 없어 벼농사에 필요한
물을 대부분 빗물에 의존해야 했으며, 비가 내리지 않는 기간에는 농사
를 망치는 일이 빈번했다. 그로 인해 농민들의 사기가 크게 저하되어 있
었다.

JTS는 관개수로 확장이 시급한 문제임을 인식하고 사전 답사를 진행
한 끝에 띠띠산뚱강(Titisan Tunggang) 마을을 우선 지원하기로 결정하였
다. 이 마을은 넓은 경작지와 좋은 기후를 갖추고 있었음에도 불구하고
관개수로가 없어 농업 생산량이 매우 낮았다. 다행히 주민들은 농업용수
확보가 생업과 직결된다는 점을 인지하고 있어 참여 의지가 높았다.

JTS와 마을 주민들이 적극적으로 협력하여 관개수로 공사는 빠르게
진행되었다. 공사에 필요한 자재는 JTS에서 지원하고, 노동력과 땅은 주
민들이 제공하였다. 그 결과, 총 1,000m 길이의 농업용 관개수로가 완공
되어 300*ha* 규모의 농경지에 안정적인 농업용수를 공급할 수 있게 되었
다. 이는 농작물 수확량 증가에 크게 기여했다.

관개수로 외에도 농민들의 고민이 한 가지 더 있었다. 마을 내 마땅한
도로가 없어 농산물 유통이 어렵다는 점이었다. 이에 JTS와 주민들은 협
의를 거쳐 도로를 보수하였고, 이를 통해 수확물을 더욱 편리하게 운반
할 수 있게 되었다.

나아가 JTS는 서부 수마트라주 아감군 띨라땅가망(Tilatang Kamang)면
꼬또땅아(Koto Tangah)리 우바(Ubah) 마을에도 총 3,240m 길이의 관개수
로를 건설하였다. 기존 수로는 흙과 돌로 만들어져 폭우가 내리면 마을
과 농경지로 범람하기 일쑤였고, 마을은 심각한 홍수 피해를 입었다. 이
에 따라 JTS는 50cm 높이의 석축을 쌓고 시멘트로 미장하여 더욱 견고

관개수로 건설 전(왼쪽)과 관개수로 정비 후(오른쪽)

한 관개수로를 완성하였다. 이 사업은 JTS가 자재를 제공하고, 마을 주민들이 노동을 담당하는 방식으로 진행되었으며, 2012년 5월 18일부터 2013년 3월 31일까지 약 10개월에 걸쳐 공사가 이루어졌다. 그 결과 농민뿐만 아니라 침수 지역에 거주하던 주민들의 만족도가 매우 높았다.

모든 공사는 주민들의 직접 참여를 원칙으로 하여 진행되었다. 인도네시아에서 점점 사라져가던 전통적 협업 방식인 '고통로용(공동 노동)'이 약 1년간 지속되었고, 이는 지방정부에서도 성공 사례로 평가되어 많은 관심을 받고 지역사회에 홍보되었다.

또 농기계 보급이 매우 저조하여 농업생산력이 낮은 것이 또 하나의 문제점이었다. 일부 농민들은 과거 정부에서 지원한 낡은 농기계를 사용하고 있었지만, 수요에 비해 턱없이 부족했다. 농기계 낙후로 인하여 고장이 잦아 이마저도 제대로 활용하지 못하고 있었다. 이러한 문제는 곧 농업생산력 저하로 이어졌고, 이는 다시 농가 소득 감소와 직결되었다.

JTS는 이를 해결하기 위해 경운기, 예초기, 비가림막, 트랙터, 탈곡기, 경작기, 펌프, 송풍기 등 다양한 농기계를 지원하였다. 주민들이 직접 농기계를 관리할 수 있도록 하였으며, 유지비 정도의 최소 임대료만 부과하여 소작농들의 경제적 부담을 크게 줄였다. 농기계 도입으로 인해 농업 생산량이 증가하였고, 이를 통해 농가 소득 향상도 기대할 수 있게 되었다.

2009년 발생한 지진으로 무너진 대부분의 교육시설은 2011년에도 여전히 복구되지 않아 많은 유치원들이 붕괴된 채 방치되어 있었다. 인도네시아의 교육 시스템상 유치원 과정은 초등학교 진학 전 필수과정이었기에 유치원 재건은 반드시 필요했다. 그러나 정부에서 유치원 재건을 지원하지 않자, 부모들은 직접 가건물을 세워 아이들의 교육을 이어가려 했다. 하지만 대부분의 가정이 하루 벌어 하루 먹고사는 형편이라 공사는 더디게 진행되었고, 전문 기술자의 손길이 필요한 부분도 있어 쉽지 않은 상황이었다.

이에 JTS는 마을 가까운 곳에 유치원을 건립하고 교육에 필요한 물품을 지원하기로 하였다. JTS의 사업 원칙에 따라 JTS에서 자재를 지원하고 주민들은 노동력을 제공하는 방식으로 진행되었다. 또한, 교육청과 협의하여 유치원 건물이 완공되면 교사는 정부에서 충원하기로 하였다. 유치원 건축 과정에서 JTS, 주민, 관할청이 서로 협력하여 자연스럽게 논의가 이루어졌고, 어느 한쪽이 일방적으로 주도하지 않는 방식으로 사업이 진행되었다.

완공된 유치원

유치원 건설 사업은 단순한 교실 신축만이 아니라, 교무실, 화장실, 놀이터, 담장, 배수로, 수도, 전기 등 모든 시설을 포함하는 종합적인 공사였다. 또한, 유치원마다 그네, 시소, 정글짐과 같은 놀이 시설을 마련하고, 학용품과 교과서도 지원하였다.

사업 대상이 된 마을들은 각기 다른 어려움을 안고 있었다. 예를 들어, 림보꾸마얀 마을은 깊은 밀림 속에 있어 공사뿐만 아니라 자재를 운반하는 것조차 큰 도전이었다. JTS는 최대한 깔끔하고 튼튼한 유치원을 짓기 위해 자재 관리에 심혈을 기울였으며, 매일 공사 현장을 방문해 애로사항을 듣고 즉각 조치하는 등 세심한 노력을 기울였다.

인도네시아 교육 지원 사업

시기	지원 대상	지원 내용
2011	1. 숭에자리앙(Sungai Jariang) 2. 림보 꾸마얀(Rimbo Kumayan) 3. 바뚜 함빠르(Batu Hampar) 4. 깜뿡 피낭(Kampung Pinang) 5. 띨라땅 까망(Tilatang Kamang) **총 300명**	■ 유치원 건축 5개 (교실 14칸, 화장실 15칸, 교무실 5칸) ■ 책걸상 312세트 ■ 놀이 시설—그네, 시소, 정글짐 등 ■ 학용품, 교과서 ■ 지하수 굴착 3건 ■ 우물 1개 ■ 상수 시설 1개
2012	1. 서부 수마트라주 아감군 루북바송면 깜뿡땅아리 뗑꽁뗑꽁 마을 2. 서부 수마트라주 아감군 딴중 무띠아라면 띠꾸 우따라리 두리언 케파 마을 **총 150명**	■ 유치원 건축 2개 (교실 6칸, 교무실 2칸, 화장실 2칸)

2011년 당시 이 지역은 식수 환경 또한 매우 열악했다. 마닌자우 호수에서 물을 끌어오거나 우물을 파는 방식으로 식수를 공급하고 있었다. 그러나 두 방식 모두 식수로 적합하지 않았다. 호수에는 양어장이 있어 오염이 심했으며, 정화 시설이 없어 오염된 물을 그대로 마시고 있었다. 또한, 지하수는 깊이 파지 않아 오염된 지표수가 그대로 스며들어 우물에서는 악취가 나거나 물고기 비린내가 나는 경우도 많았다.

JTS는 유치원 건설과 함께 안전한 물 공급을 위해 식수 지원 사업도 병행하였다. 모든 유치원에 지하수를 굴착하고, 양수 모터를 시설했다. 또 각 지역 특성에 맞는 방식으로 우물과 상수 시설을 마을에 설치하였다.

처음에는 주민들이 유치원 건축에 부담을 느꼈지만, 점차 자부심을 느끼며 적극적으로 참여하였다. 문제점이 생기면 협의하여 해결하는 문화가 정착되었고, 주민들은 점차 주인의식을 갖게 되었다. 유치원 건축으로 교육 접근성이 높아졌고, JTS의 지원으로 일반 유치원보다 저렴한 교육비가 책정되어 가계 부담이 경감되었다. 식수 지원 사업을 통해서는 아이들이 깨끗한 물을 마실 수 있어 수인성 질병 예방에도 큰 도움이 되었다.

이러한 변화는 단순한 인프라 개선을 넘어 마을 공동체의 자립과 지속 가능한 발전을 위한 초석이 되었다.

식수 지원 사업으로 우물과 상수 시설 설치

인도네시아에서 1차 의료기관은 매우 중요하다. 주민들은 접근성이 용이하고 진료비가 저렴한 보건소를 주로 이용하고 있었지만 보건소 시설과 의료진은 턱없이 부족했다. 대부분 지역에 보건소가 없는데, 오지에 사는 주민들은 적절한 이동수단조차 없었다.

JTS는 보건소를 건축하여 취약 계층의 건강 개선에 도움을 주고자 두 지역을 선정했다. 첫 지역은 서부 수마트라주 딸라땅가망면에 위치한 꼬또말린땅(Koto Malintang) 마을이었다. 2012년 7월 5일부터 2013년 3월 31일까지(약 9개월) 공사하여 보건소를 완공하였다. 이 보건소는 16개 마을 750가구 3천여 명의 주민이 이용하고 의사 1명과 간호사 2명, 조산원 1명이 근무하게 되었다.

두 번째는 서부 수마트라주 루북바송면에 위치한 심빵음팟 마을이었다. 2012년 4월 15일부터 2013년 3월 31일까지(약 11개월) 공사하여 보건소를 완공하였다. 이를 통해 200가구 1천여 명의 주민이 의료 혜택을 받을 수 있게 되었다. 작은 마을 단위에도 보건소가 생겨 접근성이 향상되었을 뿐 아니라, 24시간 응급의료 서비스도 가능해졌다.

꼬또말린땅 보건소 준공식

(4) 롬복 지진 피해 긴급구호 (2018)

2018년 8월 초, 인도네시아 롬복 지역에서 규모 6.9의 지진이 발생했다. 이후 인도네시아 정부, 자재공덕회, 지역 민간단체 등이 범국민적으로 긴급 지원을 펼쳤다. 그러나 9월 말 팔루 지역에서 지진과 쓰나미 피해가 발생하면서 대부분의 지원이 팔루로 집중되었고, 그로 인해 롬복 지역의 복구 지원은 점점 어려워졌다.

JTS 활동가가 현장을 방문해 보니, 지진 피해 직후 제공된 텐트는 그야말로 임시방편에 불과했다. 통풍이 잘되지 않아 모기가 많았고, 낮에는 더운 반면 밤에는 기온이 급격히 떨어져 장기적인 사용이 어려운 환경이었다. 또, 1개 텐트에 30~40명이 함께 생활해야 했으며, 남녀가 구분 없이 지내야 하는 상황이어서 장기간 머물기에는 적합하지 않았다.

정부 차원의 영구 주택 지원 대책이 마련되었지만, 이를 시행하는 데까지 몇 년이 걸릴 것으로 예상되었다. 이에 JTS는 주민들의 필요를 반영해 롬복섬 그랑공 마을에 임시 주택과 임시 학교를 짓기로 결정했다. 지속적인 여진과 교통 문제로 자재 구입과 운반에 어려움이 있었지만, 3개월간의 공사 끝에 임시 주택 40채와 임시 학교 1채를 완공했다. 그 결과, 180명의 주민이 새롭게 마련된 임시주택에서 생활할 수 있었고, 180명의 학생이 학업을 이어갈 수 있는 기반이 마련되었다.

(5) 팔루 지역 지진·쓰나미 피해 긴급구호 (2018)

2018년 9월, 인도네시아 술라웨시주의 해변 도시 팔루(Palu)와 동갈라(Donggala) 지역에서 규모 7.5의 강진이 발생했다. 이어진 쓰나미 해일과 200회 이상의 여진으로 약 19만 명의 주민이 긴급구호 지원을 기다리고 있었다. 피해 지역에는 임시 거처가 절실했으나, 텐트 가격이 비싸 원활한 지원이 이루어지지 못하는 상황이었다.

이에 JTS는 2018년 12월, 현지 NGO인 펄 재단(Yayasan Mutiara Sis

Aldjufri Palu)과 협력하여 구호 물품을 마련하였다. 그러나 팔루 지역은 지진 피해 직후 물가가 천정부지로 치솟아 현지에서 물품을 구입하는 것이 불가능했다. 이에 JTS는 이웃한 수라바야섬에서 물품을 조달했지만, 교통 인프라가 복구되지 않아 운송에도 많은 어려움이 있었다. 그럼에도 불구하고 자원봉사자 50명의 협력으로 총 16개 마을의 3,000가구에 구호 물품을 성공적으로 전달할 수 있었다.

또한, JTS 봉사자들은 지진의 여파로 무기력감과 우울감에 빠진 마을 주민들을 위해 응원의 메시지를 담은 티셔츠를 제작했다. 티셔츠에는 인도네시아어로 "PALU KUAT(팔루 힘내요)" "PALU BANGKIT(팔루여, 일어나라)"라는 희망의 메시지가 새겨져 있었다.

당시 인도네시아 정부는 해외 NGO와의 협력을 차단한 상태였으나, JTS는 국가 기관인 인도네시아 적십자와 협력하여 긴급구호 물품을 총 3,000가구에 전달하였다. 이를 통해 16개 마을 주민들에게 실질적인 도움을 제공할 수 있었다.

【지원 내용】
텐트 1,000개, 담요 3,000장, 쌀 75톤(가구당 25kg), 주방기구 16종 3,000세트, 티셔츠 3,200장

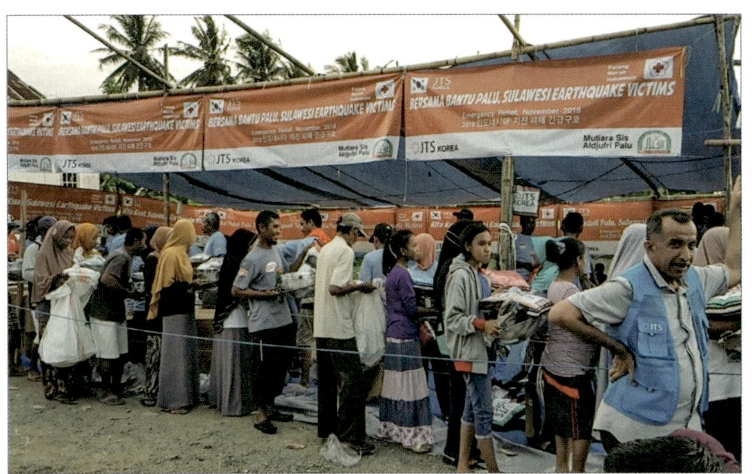

팔루 지역 지진 피해 긴급구호-16개 마을에 텐트, 담요, 쌀, 주방도구, 티셔츠 등 지원

(6) 코로나19 극복을 위한 마스크 지원 (2021)

2021년, 코로나가 급속히 확산되고 마스크 수급이 어려웠던 시기, JTS는
인도네시아에 마스크 120,000장을 지원하였다.

코로나19 극복을 위한 마스크 120,000장 지원

4. 사업 성과

2006년 자바섬 지진을 계기로 시작된 JTS인도네시아 사업은 긴급구호를
넘어 장기적인 복구 사업으로 확장되었다. 특히 구호 물자의 현지 조달과
주민 참여 방식은 신속성뿐만 아니라 수혜자 만족도와 효율성을 높였으
며, 지역 내 신뢰 기반을 마련하는 데 기여하였다.

2009년 수마트라섬 지진 이후 JTS는 피해 복구에 그치지 않고, 주민들
의 자발적인 참여를 통한 학교 재건 및 보건시설 지원 등 지역사회 인프라
복구에 주력하였다. 건축 지원이나 물품 제공뿐만 아니라, '사람 중심'의 접
근으로 주민들이 스스로 회복하고 성장하여 주인의식을 고취하였다.

11. 캄보디아

Cambodia

캄보디아는 동남아시아의 인도차이나반도 남부에 위치한 국가이다. 태국, 라오스, 베트남과 국경을 맞대고 있으며, 남서쪽으로는 태국만과 접해 있다. 넓은 평야 지대와 메콩강 유역을 중심으로 형성되어 있다. 기후는 열대 몬순 기후로, 건기(11월~4월)와 우기(5월~10월)가 뚜렷하게 나뉜다. 민족은 크메르족이 전체 인구의 90% 이상을 차지하며, 베트남계, 중국계 소수민족도 거주한다. 국교는 상좌부 불교로, 국민의 97% 이상이 불교를 믿는다. 정치적으로는 입헌군주제를 채택하고 있으나, 오랜 기간 훈센 총리가 집권하며 사실상 권위주의 체제가 유지되어 왔다. 2023년 아들인 훈 마넷이 총리직을 승계했다. 주로 의류, 관광, 농업에 의존하지만 앙코르와트와 같은 유적지를 찾는 관광객이 주요 수입원이다. 캄보디아는 동남아시아에서 가장 가난한 나라 중 하나이다. 정부의 빈곤 감소 정책에도 불구하고, 여전히 많은 인구가 빈곤선 아래에서 생활하고 있다. 특히 농촌 지역의 빈곤율이 높으며, 교육과 의료 서비스 접근성도 낮아 빈곤의 악순환이 지속되고 있다.

1. 사업장 선정

JTS가 2007년 캄보디아를 지원하기로 했을 당시, 캄보디아는 유엔이 지정한 최빈국 중 하나로 주민 생활 여건은 매우 열악했다. 전체 주민의 69%가 문맹이었으며, 특히 1970년대 크메르루주(Khmers Rouges, 공산당 무장 군사 조직)의 대학살로 많은 지식인들이 희생되면서 주민들의 교육에 대한 의지도 매우 낮은 상황이었다.

그러던 중 JTS의 인도, 필리핀 등의 교육사업에 대한 성과가 외부로 알려지면서, 현지에서는 학교 건축 및 교육 지원에 대한 요청이 계속해서 이어졌다. 이에 JTS는 2007년부터 교육 환경이 열악한 지역을 여러 차례 답사하며 사전 조사를 진행하였다. 그 결과, 2009년 5월 JTS캄보디아 사무소를 설치하고, 비교적 접근이 쉬운 남동부 프레이벵주에서 첫 번째 사업을 시작으로 2014년까지 활동을 이어갔다. 이후 2020년에는 바탐방주의 홍수 피해 지원을 계기로 다시 현지 활동을 재개했으며, 2024년에는 여학생 기숙사 건축 등의 사업을 추진하였다.

(1) 프레이벵주

프레이벵주(Prey Veng)는 캄보디아 남동부 평야 지역에 위치하고 있으며 수도 프놈펜에서 차량으로 약 2~3시간 거리에 있다. 주민들 대다수는 크메르족으로 벼농사를 주업으로 살아가고 있다. JTS 활동이 시작될 당시 이 지역은 교육 환경이 매우 열악해 정규학교가 아예 없거나, 1~3학년까지만 운영되는 임시학교가 많은 실정이었다. 특히 농촌 지역에서는 제대로 된 교육 시설 없이 학교가 운영되는 경우도 많아, 아이들이 안정적인 교육을 받기 어려운 상황에 처해 있었다.

(2) 라타나끼리주

라타나끼리주(Ratanakiri)는 프놈펜에서 약 580km 떨어진 최동북단의 낙
후된 지역으로, 전체 인구의 약 1%가량 거주할 정도로 인구 밀도가 매우
낮았다. 산악지대와 강을 따라 마을이 형성되어 이동이 어렵고 농경지가
부족해 대부분 화전 농업에 의존하고 있었다. 그러나 농업기술과 자원이
부족해 빈곤 문제가 매우 심각한 상황이었다.

이 지역에는 캄보디아의 주 민족인 크메르족(30%)과 다양한 소수민족
(70%)이 거주하며, 각 부족마다 서로 다른 문화와 언어를 사용하고 있었
다. 마을 주민들 중에서도 크메르어를 구사할 수 있는 사람은 일부에 불
과하였다.

따라서 아이들은 학교에서 배우지 않으면 크메르어를 전혀 할 줄 몰랐
고, 마을을 떠나서는 살기 힘들었다. 그런데 아이들은 4~5km 이상 험한
산길을 걸어서 통학해야 하거나 농사일, 집안일을 돕기 위해 1학년 입학
생의 70%가 학업을 포기했다. 게다가 산악지대 특성상 통근이 어려워 주
거공간 지원이 없으면 교사를 공급하기 어려운 상황이었다. 또한 소수민
족 문화에 대한 이해 부족과 소통의 어려움, 산악지역의 도로 형편으로

라타나끼리주 마을 입구 도로

라타나끼리주 마을의 주택 모습

다른 단체들도 지원을 꺼렸다.

　　JTS는 정부나 구호 단체의 지원이 닿지 않는 지역을 우선적으로 돕기 위해, 라타나끼리주를 두 번째 사업 지역으로 선정하였다. 이에 따라 2010년 11월, 라타나끼리주 교육청소년체육부로부터 JTS 사업에 대한 공식 인증서를 발급받은 후, 본격적으로 이 지역 학교 건축을 진행하였다.

(3) 바탐방주

바탐방주(Batdambang)는 인구 약 100만 명으로 캄보디아 북서부에 위치하며, 캄보디아에서 두 번째로 크다. 1970년대 내전과 냉전 시기의 무장 갈등으로 인해 심각한 피해를 입었고, 지역 곳곳은 지뢰와 불발탄으로 오염되었다. 2024년 현재에도 캄보디아는 여성, 특히 중하층 가정의 여성들이 교육 기회를 얻기 어렵고 부모들은 안전 문제와 사회적 편견 때문에 자녀가 멀리 떨어진 곳에서 공부하는 것을 꺼려한다. 특히 시골 지역은 학교 접근성 부족과 장거리 통학의 위험, 생계 부담 등으로 여학생의 고등교육 진학이 어려운 상황이다.

이러한 현실 속에서도 최근 캄보디아 북서부 지역에서는 교육을 희망하는 여학생 수가 증가하고 있으며, 정부 장학금을 통해 일부 학생들만 고등교육의 기회를 얻고 있다. 그러나 생활비, 식비, 교통비 등 도시 생활의 부담으로 인해 여전히 학업을 중도에 포기하는 사례가 많다. 이에 여학생 전용 기숙사 건립 프로젝트를 추진하게 되었다. 시골에서 온 여학생들에게 안전하고 안정적인 교육 환경을 제공하고, 생활 기술과 리더십을 함양해 향후 지역사회와 국가에 기여하는 리더로 성장할 수 있도록 돕는 것을 목표로 하였다.

◆─JTS캄보디아 활동 연혁

2008	■ 5월 라타나끼리, 몬돌끼리, 프레이벵주 지역답사
2009	■ JTS캄보디아 사무소 개설 (프놈펜) ■ 프레이벵주 콕크라상, 콕로빙&스와이쿤 마을 2개 학교 건축
2010	■ JTS캄보디아 사무소 이전 (라타나끼리주) ■ 연 2회 학용품 지원
2010~2011	■ 4개 학교 건축—타뱅로우, 툰, 끄레, 파촌톰 마을 ■ 트모특다흐 마을 학교 건축 (프레이벵주)
2011	■ 5개 학교 건축—깔음, 께외, 깔라이사푼, 모이&펭, 까츄&나이 마을
2012~2014	■ 4개 학교 건축—웽찬, 인, 따농, 탄아 마을 ■ 타뱅끄로움 학교 건축 (5개 마을_툼푼릉톰, 께꿍, 퍼양, 셈싸이, 꺽벙)
2020~2021	■ 바탐방 홍수 피해 긴급구호(2020. 12~2021. 1)
2023~2024	■ 7월 프레아 시하누크 라자 불교대학 바탐방 캠퍼스(SBUBB)—여학생 기숙사 건축

2. 교육 지원

(1) 학교 및 기숙사 건축

◆─콕크라상 마을 학교

콕그라상 마을은 프레이벵주에 위치하며 208가구(약 1,000명) 주민이 거주하고, 그중 125명이 학생이었다. 학교는 사원 내에 있었지만 지붕과 벽이 짚으로 되어 매우 열악한 환경이었다. 이에 JTS는 2009년 5월 4일, 교실 3칸과 화장실을 포함한 학교 건축을 시작했다. 오전과 오후로 나누어 한 학급당 30명이 수업할 수 있는 규모이다.

주민들이 초기에는 적극 참여했으나 6월 중순 농사철이 되자 참여율이 떨어졌고, 기술자가 공사 지연에 따른 임금 문제를 제기하자 마을 이장은 JTS에 노동자 고용을 요청하였다. JTS는 주민 참여를 원칙으로 하기 때문에 마을회의를 통해 매일 주민 4명이 공사에 참여하기로 하였다. 공사 진행 과정에서 다시 기술자 문제와 농사일 등으로 공사가 지연되었다. JTS는 마을 리더와 협력하여 주민들을 설득하여 다시 적극적인 참여를 이끌어내어 학교 건축을 성공적으로 마무리할 수 있었다.

열악한 콕크라상 마을 학교

열악한 환경에서도 웃으며 생활하는 아이들

콕로빙(150가구, 약 600명)과 스와이쿤(170가구, 약 680명)에는 학교가 없어, 아이들은 3~4km 떨어진 학교까지 통학해야 했다. 이에 콕로빙 마을 학교에 스와이쿤 아이들까지 100여 명의 학생이 함께 다닐 학교를 건축할 계획이었다.

하지만 학교 부지가 마땅치 않아 나무가 우거진 터를 개간해 진행하게 되었다. 이곳은 1970년대 크메르루주 정권 시절 폐교된 학교터로, 당시 지식인 학살과 강제노동이 자행되었던 장소였다. 이후 오랫동안 방치된 탓에 나무와 풀이 무성했지만, 우려와 달리 마을 주민들은 감동스러울 만큼 적극적으로 학교 건축을 준비하였다.

학교 건물뿐만 아니라 운동장 부지를 마련하기 위해 코코넛 나무까지 베어내며 터를 정비했다. 또한 이장과 원로들은 JTS의 활동 원칙을 이해하고, 주민들의 참여 동의서를 받아두었으며, 주민들은 지방 교육청으로부터 부지 면적 확인서와 건축 허가를, 지방정부로부터는 농로를 학교 부지로 사용할 수 있다는 허가증까지 미리 준비해 두었다.

2009년 5월, 콕로빙과 스와이쿤 주민이 참석한 전체 회의를 거쳐 JTS, 마을, 지방정부가 합의각서(MOA)를 체결한 후 공사가 시작되었다. 공사 도중 지붕 시공 문제로 일부 재공사가 있었지만, 주민들의 협력과 마을 리더들의 철저한 관리 덕분에 공사는 순조롭게 진행되었다.

콕로빙 마을 학교
건축을 위한
MOA체결

◆—웽찬 마을 학교

30여 가구가 옹기종기 모여 사는 웽찬(Vieng Chan) 마을은 강을 건너야만 갈 수 있는 다소 고립된 지역이다. 우기에는 강이 자주 범람해서 학교에 갈 수 없는 날이 많았고, 이로 인해 제때 교육을 받지 못한 아이들이 대부분이었다. 마을에는 글을 읽고 쓸 줄 아는 주민도 드물었다. 주민들은 조상에게 물려받은 땅에서 나무를 베고 화전을 일구며 살아왔지만, 국가와 기업의 토지 소유권 행사로 생계는 점점 어려워졌다. 교육받지 못한 아이들은 자신의 미래를 스스로 선택하기 힘든 상황에 놓여 있었다.

아이들의 교육이 절실했던 마을 주민들은 학교 건축을 요청했고, 공사가 시작되자 자발적으로 참여하며 거의 같은 시기에 공사를 시작한 학교 중에서도 진행 속도가 가장 빨랐다.

강 건너 마을 주민들의 노력은 이루 말할 수 없을 만큼 컸다. 인원이 적다 보니 주민들은 2~3일에 한 번씩 공사에 참여해야 했고, 건축 자재 운반도 수시로 도왔다. 그러던 중 기술자가 갑작스럽게 떠나며 공사가 중단됐고, 농사철까지 겹치며 주민 참여율도 크게 줄었다. 이에 학교 건립을 요청했던 마을 어른이 주민들을 일일이 찾아다니며 아이들이 제때 배우는 것이 얼마나 중요한지를 설득하여, JTS는 어렵게 구한 기술자와 함께 다시 공사를 이어갈 수 있었다. 그렇게 주민들의 손길이 가득 담긴 작지만 예쁜 학교가 마침내 완공되었다.

웽찬 마을로
들어가는 배를 타려는
법륜 스님

웽찬 마을 학교 완공 후 준공식

어느 날, 한 마을에 갓 태어난 아기의 탄생을 축하하기 위해 주민들이 모여있었다. 보자기에 싸인 아기가 얼굴만 내놓고 곤히 잠들어 있는 모습이 너무나 예뻤다. 아이의 아버지는 활동가의 손을 꼭 잡으며 말했다.

"이 아이가 5년, 6년 후엔 저기 보이는 학교에 다닐 수 있게 되어 정말 기쁩니다. 이런 기회를 주셔서 고맙습니다."

캄보디아에서 소수민족으로 살아온 마을 주민들은 자신의 삶을 자식들에게 대물림하고 싶지 않아 스스로 학교 건축에 함께한 것이다.

◆─인 마을 학교

인(In) 마을 주민들은 베트남에서 넘어온 산악 부족으로, 인근에는 라오스에서 온 부족들이 사는 더 큰 마을이 있었다. 처음에 아이들은 그 마을 학교에 다녔지만, 언어 차이와 소수라는 이유로 따돌림을 당하며 점차 학교를 가지 않거나 멀리 있는 학교를 다니게 되었다.

이 마을은 여러 사정으로 4년간 학교를 짓지 못하다가 2013년에 공사를 시작했지만, 계속되는 비로 도로가 진흙탕이 되고 자재 운반이 어려워지자 자재상들이 납품을 꺼렸다. 주민들은 도로와 다리 보수에 힘을 쏟느라 점점 지쳐갔고, 결국 학교 건축에 대한 참여도 줄어들었다.

마을 이장은 주민 회의를 소집해 학교의 중요성을 다시 한번 강조하며 설득에 나섰다. "우리는 조상에게서 좋은 유산을 물려받았고, 이제 나는 우리 후손들에게 학교를 물려주고 싶습니다." 이장의 간절한 말은 주민들의 마음을 움직였고, 그동안 참여하지 않던 이들도 하나둘 다시 나오기 시작했다. 덕분에 공사는 순조롭게 진행되어 마침내 학교가 완공되었다.

① 열악한 환경의 인 마을 주택 모습
② 인 마을 임시학교
③ 인 마을 진입로 보수
④ 인 마을 학교 준공식

◆—타뱅끄로움 마을 학교

JTS는 툼푼릉톰, 깨꿍, 퍼양, 셍싸이, 꺽벙 등 5개 산골 마을에 약 292명의 학생들을 위한 타뱅끄로움(Taveang Kroumt) 학교를 짓고자 했다. 그러나 여러 마을이 참여하다 보니 참여도 차이로 갈등과 비교 심리가 생겨 협력이 무너졌고, 결국 2013년 1월, 공사가 완전히 중단되었다.

JTS 활동가들은 마을 리더와 주민들의 불만과 어려움을 충분히 듣고 절충안을 제시했지만, 주민들의 반응은 냉담했고, 공사는 중단되었다. 학교 건물은 방치되었으며 아이들은 공부할 공간을 잃었다. 부모들의 관심과 참여 없이는 학교가 완공되더라도 아이들이 학교를 다닐 수 있을지 미지수였다. 학교 건축의 성패는 결국 주민들의 의지에 달려 있었다.

활동가들은 방치된 자재를 정리하며 군수, 교육청과 협력해 3개월간 다시 시작할 방안을 모색했다. 그 후 주민들과 합의로 공사를 재개해 마침내 학교를 완공할 수 있었다.

◆─바탐방 대학 여학생 기숙사 건축

JTS는 2024년 프레아 시하누크 라자 불교대학 바탐방 캠퍼스(SBUBB, 이하 바탐방 대학)에 여학생 기숙사를 건축하였다. 이번 사업은 바탐방 대학이 JTS와 협력하여 주도적으로 공사를 추진한 것으로, 2023년 8월에 착공하여 약 1년 만인 2024년 7월에 그 결실을 맺었다. 이 기숙사는 교육

프레아 시하누크
라자 불교대학
바탐방 캠퍼스
여학생 기숙사
완공된 모습

기숙사에서
생활하게 될
여학생들

기회가 부족한 캄보디아의 시골 지역 여학생들에게 안정적인 학습 환경을 제공하고, 그들의 삶에 새로운 희망을 불어넣기 위해서 만들어졌다.

기숙사는 총 64명의 여학생을 수용할 수 있는 4층 규모의 현대식 건물로, 안전하고 편리한 학업 환경을 제공한다. JTS는 기숙사 건축뿐만 아니라 침대, 책상, 선풍기 등 생활필수품과 태양광 설비 등 지속 가능한 에너지 시설도 지원하였다. 기숙사 건축을 통해 경제적 여건이 어려운 학생들도 교육의 문턱을 넘어설 수 있는 토대를 마련하고 여성들의 지역사회 역량 강화를 목표로 진행되었다.

> "이 기숙사 건물은 캄보디아와 대한민국 간 우호의 상징과도 같습니다. JTS와 이사장 법륜 스님의 도움으로, 이곳은 이제 희망과 가능성의 상징으로 자리 잡았습니다."
> — 2024년 7월 4일 준공식에서 바탐방 대학 총장 감사 인사

(2) 학용품 및 기타 기자재 지원

2010년 11월부터 연 2회 학용품 지원 사업을 진행하였다. 당시 대부분의 아이들은 학용품 없이 공부했고, 교과서도 늘 부족한 상황이었다. 아이들은 그저 빈손으로 와서 선생님이 칠판에 적는 것을 따라 읽고, 몇몇이 앞으로 나와서 칠판에 적어 보는 것이 전부였다. 그러다 보니 학교 마당

학용품을 받는 아이들

아이들과 봉사자들

에 교과서와 학용품이 소복이 쌓이니 아이들은 호기심과 설렘으로 눈이 반짝반짝 빛났다. 집안 사정으로 학교에 나오지 못했거나 행정상 착오가 생겨 지원받지 못한 경우 다시 구입해서 전달하였다.

이 사업은 단순한 물품 지원을 넘어, 아이들의 학습 동기를 높이고 학교 환경을 개선하는 중요한 역할을 했다. 또한 추가로 필요한 물품을 조사하고, 교사 파견 및 시설 관리 상태를 점검하는 모니터링 활동도 함께 이루어졌다.

(3) 자치위원회

학교가 하나 만들어졌다고 모두 끝나는 것은 아니었다. JTS의 가장 큰 보람 중 하나는 주체적인 학교 운영을 위한 자치위원회를 구성한 것이다. 마을 주민들 중심으로 구성원을 결성하여 학교 운영에 적극적으로 참여하며, 협의와 소통의 문화를 만들어 갔다. 이 과정은 주민들에게 민주적인 주인의식을 심어주었고, 이는 학교가 지속적으로 잘 운영해 나갈 수 있는 기반이 되었다.

콕크라상 마을 학교 운영위원회 회의

3. 긴급구호

2020년 10월 캄보디아의 기록적인 폭우로 인해 수많은 집과 마을이 침수되는 재난이 발생하였다. 그중 최대 곡창지대인 바탐방주의 피해가 커 14,000여 명의 수재민이 발생했으며 4만ha에 달하는 경작지가 침수되었다. 삶의 터전을 한순간에 잃은 주민들은 이어진 코로나19 확산으로 더욱 극심한 경제적 어려움에 처했다.

이에 JTS는 팬데믹 상황을 고려해, 프레아 시하누크 라자 불교대학 바탐방 캠퍼스(SBUBB)와 협력하고 지역 당국의 협조를 받아 긴급구호 활동을 전개하였다. 바탐방주의 6개 마을, 총 550가구를 선정해 쌀, 국수, 피시소스, 생선 통조림 등 생필품을 지원하였다.

4. 함께한 자원봉사자

JTS 활동가들은 크메르어에 능숙하지 않고 인원도 적어 현지 캄보디아인의 도움이 필요했다. 이앙부띠(Eang Vuthy, 당시 57세)는 처음에는 운전자로 시작했지만 성실한 태도로 중요한 역할을 맡았고, 자재 낭비를 막고 기술자들에게 조언을 하며 자재 구매에도 참여했다. 또한, 라타나끼리주 교육청과 협력하여 학교 건축을 진행하였다. 콘싸론(Kan Saran, 당시 31세)은 주민들과의 소통 및 참여의 중요성을 잘 이해하고 협력했다. 멘나린(Men Narin, 당시 57세)은 15년 이상의 NGO 경력을 바탕으로 자재 문제 해결에 도움을 주었다. 이들과 같은 현지 협력자들의 헌신적인 지원이 있었기에 JTS캄보디아 활동이 가능하였다.

5. 사업 성과

2009년 5월, 프레이벵주 콕크라상 마을을 시작으로 캄보디아에서 총 17개 학교를 건축하여 2,800여 명의 아이들에게 교육 기회를 제공하였다. 첫 사업장인 콕크라상 마을에서의 경험은 다른 마을 학교 건축에 큰 도움이 되었다.

라타나끼리 지역은 지리적으로 접근이 어려운 데다, 소수민족 특성으로 인해 주민 참여, 자재 공급, 기술자 지원, 현장 관리 등 여러 문제들이 있었다. 문제 발생 시 빠른 해결이 어려웠고, 특히 자재 운송이 어려운 산악지대에서는 운송비 부담과 공급 문제가 컸다. 또한, 현장 관리를 체계적으로 개선할 필요가 있었다. 현지 캄보디아인 기술자들이 장기간 상주하는 것은 많은 어려움이 있었고, 낮은 임금으로 좋은 기술자를 구하는 것도 쉽지 않았다. 그러나 지속적인 관심과 보완 방안을 통해 문제를 해결하며, 현장 방문과 관리가 중요한 요소임을 깨달았다.

JTS는 정부나 구호단체의 손길이 닿지 않는 열악하고 소외된 지역을 우선으로 지원하고 있다. 캄보디아에서도 소수민족 문화와 험준한 산악 지형 등 여러 어려움을 극복하고, 아이들이 제때 기초 교육을 받을 수 있도록 지원하였다. 또한 주민들은 학교 건축 과정에 직접 참여함으로써 스스로 문제를 해결하는 경험을 할 수 있었다.

2020년 홍수 피해 때 긴급 지원을 했던 계기로 바탐방 대학과 인연을 맺게 되었고, 2024년에는 여학생 기숙사를 건축하였다. 이를 통해 앞으로 캄보디아에서 필요한 다양한 사업을 함께할 수 있는 협력 파트너를 발굴한 것은 큰 성과라 할 수 있다.

12. 네팔

Nepal

네팔은 인도와 티베트 사이에 위치한 내륙국이다. 지형적으로는 히말라야 산맥에 자리하고 있어, 세계 최고봉인 에베레스트산을 포함한 수많은 고봉들이 있다. 이로 인해 지역별로 기후가 크게 달라지는데, 남부 평야는 아열대 기후, 고산 지역은 한랭 기후를 보인다. 정치적으로는 2008년 왕정이 폐지되고 연방민주공화국이 되었다. 하지만 불안정한 정치 상황은 지속되고 있다. 경제는 주로 농업에 의존하며, 관광업과 해외 노동자의 송금에 크게 의존하고 있는 실정이다. 사회적으로는 힌두교와 불교가 공존하며, 다양한 민족과 언어가 존재한다. 그러나 네팔은 세계에서 가장 가난한 나라 중 하나이다. GDP는 1인당 1,500달러 미만이며, 빈곤선 아래의 인구가 많다. 특히 농촌 지역의 빈곤율이 높고, 교육 및 의료 서비스 접근성이 낮아 사회적 불평등이 심각하다. 또한 2015년 대지진으로 인해 국가 기반 시설이 크게 파괴되면서 경제적 어려움이 가중되었다.

● 표시 지역은 JTS 활동 지역임.

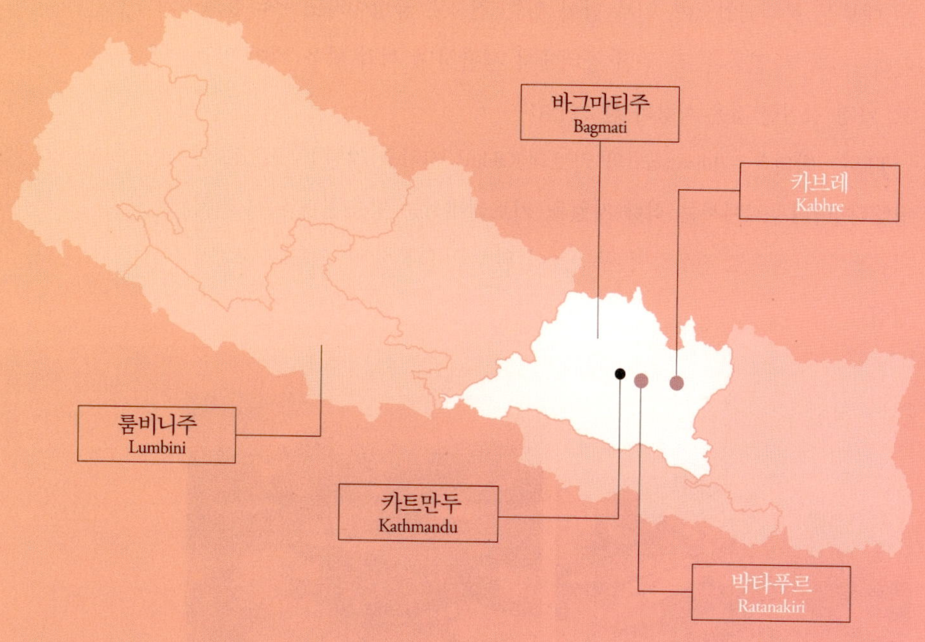

1. 긴급구호

2015년 4월 25일, 네팔 수도 카트만두 인근 간다키 구에서 규모 7.8의 강진이 발생했다. 이로 인해 약 9,000명이 사망하고 22,000명이 부상을 입었으며, 660만 명 이상의 이재민이 발생했다. 150,000채 이상의 가옥이 완파되고, 약 5,000개 학교가 붕괴되었다. 25차례 이상의 강한 여진이 이어지면서 주민들은 집으로 돌아갈 엄두를 내지 못한 채 길바닥에서 밤을 지새우며 불안에 떨고 있었다.

JTS는 4월 26일, 3명의 긴급구호팀을 네팔로 파견했다. 4월 27일부터 29일까지 카트만두, 고르카, 하르비, 박타푸르 지역을 직접 답사하며 피해 현황과 지원 방안을 조사했다. 특히, 고대 도시이자 네팔 3대 관광지 중 하나인 박타푸르는 오래된 건물이 많아 피해가 심각했다. 벽돌 집들은 대부분 붕괴되었으며, 일부 남아 있는 건물도 금방이라도 무너질 듯 위태로웠다. 주민들은 집 주변 공터에서 생활하며 직접 밥을 지어 먹었고, 가장 절실한 것은 식량과 천막이었다.

JTS는 박타푸르(Bhaktapur)와 카브레(Kabhre) 지역을 지원할 곳으로 선정했다. 박타푸르에서는 식량 지원을, 카브레에서는 방수천과 임시 거처 지원을 중점적으로 진행하며, 주민들이 일상을 회복할 수 있도록 지원하였다.

네팔 지진 피해 현장과 이재민 생활 공간 (사진 출처 : ©Ministry of Defence(GODL-India) / ©Punya)

■ 카시바자르(Kashibazar)	쌀 270kg, 렌틸콩 125kg		85명
■ 까멀위나야끄(Kamalvinayak)	쌀 1,620kg, 렌틸콩 125kg		약 1,400명
■ 대피소 4곳	쌀 3,930kg, 렌틸콩 250kg		약 2,000명
■ 추가지원(박타푸르 7개 지역)	쌀 3,990kg, 렌틸콩 1,325kg		약 1,100명
■ 추가지원(박타푸르 전역)	쌀 4,500kg, 렌틸콩 500kg		약 3,000명

■ 레왈리(Rewali) 지역	방수천 500개 지원	9개 마을
■ 찬드니몬든 조기타 5번 마을	방수천 89개	
■ 젬디 만덜 1번 마을	쌀, 렌틸콩, 설탕, 소금, 방수천 1개씩	48가구
■ 빤쯔칼 마을	방수천 50개	
■ 기타 이재민 거주 지역	쌀 60kg, 방수천 9개	

네팔 지진 피해 입은 주민들을 위한 긴급구호 활동

2. 교육 지원

2016년, 지진이 휩쓸고 지나간 지 1년이 지났지만 무너진 학교들은 아직 복구되지 않고 있었다. 대부분의 국제 NGO들은 카트만두에서 가까운 지역을 중심으로 지원하였고, 그로 인해 구호의 손길이 미치지 못한 지역이 많았다. 그러던 중, 네팔 현지인 리마 셀파의 소개로 산골 마을의 두 학교를 알게 되었다. 사업을 결정하기 전, JTS 박지나 대표가 직접 마을을 방문해보니 카트만두에서 이곳까지 가는 데만 10시간 넘게 걸릴 정도로 오지였다. 쉽지 않은 사업이었기에, JTS가 직접 나서야 한다고 판단했다. 결국 자낙푸르주 라메츠하프현의 두 산골 마을에 두 개의 학교를 재건하기로 결정하였다. 2016년 6월부터 2개월간의 공사 끝에 두 개의 학교를 완공하였다.

빤차까냐 초등학교는 1학년부터 5학년까지의 학생들을 위한 교실 6칸짜리 건물과 놀이기구가 있는 운동장이 조성되었다. 굽타스와리 중학교

네팔 지진 피해 이후 건축한 학교

에는 총 11칸의 교실과 화장실, 그리고 널찍한 운동장이 마련되었다. 1학
년부터 8학년까지 있는 이 학교는 6칸과 5칸짜리 두 개 동으로 구성되어
있으며, 무너진 운동장은 축대를 쌓아 깔끔하게 정비되었다.

무너진 학교가 다시 세워지는 데에는 배우 신민아의 기부, 노희경 작가
와 출판사 북로그컴퍼니의 모금, 그리고 JTS 후원회원들의 정성이 있었다.
준공식 당일, 지진으로 절망에 빠져 있던 주민들에게 새로운 희망이 싹
트는 날이었다. 학생들은 전통 의상을 차려입고 흥겨운 춤을 선보이며 기
쁨을 표현했다. 새 학교 건물 앞에서는 테이프 커팅식과 기념판 제막식이
열렸다. 배우 신민아가 기부한 가방, 교복, 학용품도 전달하였다.

법륜 스님은 중학교와 마찬가지로 이곳에서도 학생들에게는 결석하지
말고 학교에 나올 것, 학부모들에게는 아무리 바빠도 아이들을 꼭 학교
에 보내줄 것을 당부하며, 이 마을이 세계에서 가장 행복한 마을이 되기
를 기원했다. 이제 220명의 학생들이 튼튼하고 넓은 교실에서 또다시 꿈
을 키울 수 있게 되었다.

13. 태국

Thailand

태국은 동남아시아의 중심부에 위치한 국가이다. 서쪽으로는 미얀마, 동쪽으로는 캄보디아와 라오스, 남쪽으로는 말레이시아와 국경을 접하고 있다. 태국은 열대기후에 속해 있어 덥고 습하며, 건기, 우기, 혹서기로 나뉜다. 종교는 불교가 주를 이루며, 국민의 90% 이상이 불교 신자이다. 불교 사원은 태국 문화와 생활에 깊이 스며들어 있으며, 물의 축제(송크란)와 같은 전통 축제가 널리 알려져 있다. 정치 체제는 입헌군주제이며, 국왕은 국민적 존경을 받는 정신적 지주 역할을 한다. 경제는 관광업이 발달했으며, 자동차, 전자제품, 농산물 등이 주요 수출품이다. 태국은 아세안 국가 중 경제적으로 중상위권에 속하지만, 아시아 빈곤도 측면에서 해결해야 할 과제가 많다. 도농 간의 소득 불균형과 사회적 불평등이 여전히 존재하며, 일부 지역에는 빈곤층이 집중되어 있다.

1. 매솟 지역 미얀마 난민 지원

(1) 사업 배경

◆─ 지역현황

태국은 미얀마 내전으로 발생한 다수의 미얀마 난민을 수용하고 있고, 국경을 따라 9개의 난민촌이 운영되고 있다. 2024년 현재 약 106,000명의 미얀마 난민이 거주하고 있으며, 이들 중 상당수는 미얀마 무역도시 미야와디와 인접한 매솟 지역에 집중되어 있다. 특히 2021년 미얀마 군부 쿠데타 이후 난민 유입이 급증하였고, 이에 따라 난민 학교, 쉼터, 비공식 난민촌들이 무질서하게 형성되었다. 그러나 태국 정부는 이들에게 공식적인 체류 허가를 내주지 않아 교육, 의료, 노동 등 기본적인 권리를 보장받기 어려운 상황이다.

대부분의 난민 학교는 NGO나 종교 단체 지원으로 운영되며, 교사 급여가 불규칙하거나 아예 지급되지 않는 경우도 많다. 식량 지원이 중단될 경우, 학생들은 끼니조차 해결하기 어려운 현실에 처하게 된다. 또한 학교와 기숙사 환경은 매우 열악하며, 기초적인 위생 시설조차 제대로 갖추

난민 학교 아이들이 가방과 학용품을 받고 기뻐하는 모습

지 못한 곳이 많다.

◆— 사업 진행 배경

2023년부터 JTS는 INEB(국제참여불교네트워크), BEAM재단 등과 협력하여 난민 지원 사업을 시작하였다. 초기에는 일부 난민 학교를 대상으로 소규모 학용품과 식량을 지원했으나, 난민 유입 증가에 따라 지원 규모를 확대하게 되었다.

이 사업의 목표는 난민 아동들에게 안정적인 교육 환경을 제공하고, 생존을 위한 식량을 지원하는 데 있다. 이를 위해 난민 학교와 기숙사에 학용품과 식량을 제공하고, 난민 청소년들의 학습 환경 개선에 중점을 두고 지속적으로 사업을 진행하고 있다.

(2) 미얀마 난민 지원

◆— 1차 지원 (2023)

난민 학교 3곳과 태국학교 기숙사 1곳, 아동 쉼터 1곳을 대상으로 학용품 304세트와 기숙사 식량, 미술용품을 지원하였다. 미술 교육을 위한 도화지, 색연필 등의 물품을 제공한 스마일레이클럽은 무슬림 이주민 지역의

난민 학교 아이들이 가방과 학용품을 받고 기뻐하는 모습

아동 쉼터로 가정폭력 경험이 있는 아이들이 미술치료를 받는 곳이다.

 (2024)

2024년부터 JTS는 지원 규모를 확대하여 7개 난민 학교와 1개 기숙사를 대상으로 1,000명의 학생들에게 학용품과 쌀 5kg씩을 제공하였다. 학용품 꾸러미에는 공책, 크레파스, 색연필, 필통, 연필 등이 포함되었으며, 추가로 학생들에게 간식도 제공하였다. 또한, 태국학교 기숙사에 거주하는 80명을 위해 쌀 400kg을 추가로 지원하였다. 난민 학교 2곳의 250명에게는 쌀, 식용유, 통조림이 포함된 식료품 꾸러미를 전달하였다.

2차 지원 활동은 JTS한국 활동가와 태국을 비롯한 아시아 지역의 JTS 자원봉사자들이 함께 참여하여 의미가 있었다. 특히 태국 교포 봉사자들이 직접 방콕의 도매시장에서 물품을 구매함으로써 비용을 절감하고 품질도 향상시킬 수 있었다.

◆— 3차 지원 (2024)

6개 난민 학교와 1개 난민 마을을 대상으로 1,577명에게 식료품을 지원하고, 735명에게 학용품을 제공하였다. 3차 지원에서는 특히, 난민 마을

난민 지원 활동에 참여한 JTS자원봉사자

47가구에 쌀, 양파, 마늘, 식용유 등의 식량을 전달하며 생활 안정을 위한 보다 포괄적인 지원이 이루어졌다.

난민 아동들에게 필요한 학용품과 함께 위생용품도 제공하여 보다 건강한 생활을 유지할 수 있도록 하였다. 이외에도 생리대, 축구공, 줄넘기 등의 물품을 제공하였으며, 봉사자들이 직접 아이들과 종이접기, 제기차기, 투호, 노래와 율동배우기 등의 한국 전통놀이 프로그램을 운영하면서 정서적 교류를 증진하는 시간을 가졌다.

①	②
③	④

① ② 난민 학교 아이들과 함께
③ 난민 학교 학생들에게 지원된 학용품 꾸러미
④ 난민 학교 아이들과 함께하는 투호놀이

(3) 사업 성과

매솟 지역 미얀마 난민 지원 사업을 통해 미얀마 난민 아동들의 학습 환경이 한층 개선되었고, 기숙사에 머무는 학생들은 최소한의 식량을 확보할 수 있었다. 또한, 매솟 지역에서 활동 중인 현지 NGO와의 협력은 안정화되었고 아시아 지역의 JTS 자원봉사자들 역시 주체적으로 사업에 참여하였다.

2024년 현재, 미얀마 내전이 점점 격화되는 가운데 매솟 지역의 난민 유입은 앞으로도 계속 늘어날 것으로 보이며, 국제구호의 규모는 점차 축소되고 있는 상황이다. 이에 따라 이 지역에는 지속적이고 정기적인 지원이 절실히 필요한 실정이다.

시기	지원 장소	지원 항목
1차 2023. 9. 5 ~ 9. 10	난민 학교 3곳 300명 – Mae Kon Ken, – White Learning Center, – Giving Hands	■ 학용품 꾸러미— 노트북, 스케치북, 연필, 지우개, 자, 색연필, 기방, 필통, 샤프 등 각 1개씩
	태국학교 기숙사 1곳 – Don Kaew School	■ 식료품 지원— 쌀 400kg, 건조 생선 80kg, 건조 새우 10kg, 달콩 30kg, 생선통조림 작은거 500캔, 녹두면 4kg, 쌀국수 3.6kg, 식용유 48리터, 피쉬소스 8.4리터, 간장 6리터, 소금 5kg, 설탕 10kg, 조미료 20팩
	아동쉼터 1곳 (Smile Lay Club)	■ 미술용품 지원— 도화지, 색연필, 팔찌재료 등
2차 2024. 5.23 ~ 5.25	난민 학교 7곳 1000명 – Mercy, Love and Care, – Cdtd, Acdc, 48School, – Haven Gate, Cscc	■ 학용품 꾸러미— 가방 1개, 공책 4개, 스케치북 1개, 색연필 1개, 크레파스(24색) 1개, 연필 12개, 필통 1개, 지우개 1개, 크레용(12색) 1개, 비스킷 1개 ■ 식료품 지원— 쌀 5KG씩 지원
	난민 학교 2곳 250명 – Divine Love, New Wave	■ 식료품 지원— 쌀 5KG, 통조림 5개, 식용유 1리터 씩 지원
	태국학교 1곳 80명 – Don Kaew School	■ 식료품 지원— 거주 기숙사 쌀 400KG 지원
3차 2024.9.24 ~ 9.26	난민 학교 6곳 1,577명 – Light Learning Center – Divine Love, White School – Kwe Ka Baung – Love and Care, Acdc	■ 식료품 지원— 쌀 10kg, 기름 1리터 2통, 마늘 0.5kg, 양파 1kg
	난민 학교 3곳 735명 – Light Learning Center – New Wave, Divine Love 사찰 1곳 – Golden Temple	【학용품 지원】 ■ 학생당 지원— 가방 1개, 공책 8개, 스케치북 1개, 색연필(12색) 1개, 볼펜 5개, 연필 12개, 필통 1개, 지우개 1개, 비누 1개, 치약 1개, 칫솔 1개 ■ 학교별 지원— 콤파스(4인당 1세트)
	난민 마을 1곳 47가구 – 플라토 캠프	■ 식료품 지원— 쌀500kg, 양파50kg, 마늘 25kg, 식용유500리터 ■ 학용품 꾸러미—학생 28명 노트 120권, 연필, 색연필, 지우개, 연필깎이, 비스켓

2. 담마누락 어린이재단 기숙사 건축

(1) 지역현황

태국에는 약 140만 명의 고아가 존재하며, 경제적 어려움으로 인해 부모
가 있음에도 보호시설에 맡겨지는 경우가 많다. 태국 담마누락 어린이재
단(Dhamanurak Children Foundation)은 취약 계층 아동을 보호하는 시설이
지만, 기존 숙소의 노후화로 인해 개보수공사가 시급한 상황이었다. 이에
따라 JTS는 기숙사 시설을 개선하여 아이들이 안전하고 쾌적한 환경에
서 생활할 수 있도록 지원하였다.

(2) 기숙사 건축

◆── 남아 기숙사 건축

남아 숙소와 화장실 신축 공사는 2023년 10월부터 약 6개월간 진행하였

담마누락 어린이재단 기숙사 준공식

다. 낡은 바닥과 지붕은 콘크리트 구조로 새롭게 시공하고, 내부 환경도 개선하였다. 욕실 신축과 테라스 차양 확장으로 기능성과 편의성을 높였다.

◆── 여아 기숙사 건축

여아 숙소 리모델링은 2024년 3월부터 11월까지 약 9개월간 진행하였다. 당초 10개 방이었으나, 요청에 따라 11개 방으로 확대하였다. 환기 벽돌과 채광창 설치로 쾌적함을 높였고, 견고한 벽체와 전기 계량기 설치로 안전성과 에너지 효율성을 강화하였다. 외부 계단 평탄화 및 차양 확장도 함께 이루어졌다.

◆── 준공식

준공식은 JTS 이사장 법륜 스님과 담마누락 어린이재단, 마을 주민이 함께한 가운데 진행하였으며, 새 숙소에 입주한 아이들은 매우 기뻐하였다.

①	②
③	④

① 공사완료된 여아기숙사 외부
② 여아기숙사 내부 복도
③ 공사완료된 남아기숙사 외부
④ 한국 음식 나눔 행사

14. 라오스

Laos

라오스는 동남아시아의 유일한 내륙국이다. 북쪽으로는 중국, 서쪽으로는 미얀마와 태국, 동쪽으로는 베트남, 남쪽으로는 캄보디아와 국경을 맞대고 있다. 라오스는 열대 몬순 기후에 속하며, 건기(11월~4월)와 우기(5월~10월)로 나뉜다. 국토의 80%가 산악 지형과 고원으로 이루어져 있으며, 메콩강이 중요한 역할을 한다. 국민의 60% 이상이 테라와다 불교 신자이며, 불교는 라오스인의 생활과 문화에 깊이 뿌리내려 있다. 승려들은 존경받으며, 사원(왓)은 지역사회의 중심 역할을 한다. 사회는 공동체 의식이 강하며, 전통적인 생활 방식이 남아 있다. 정치는 공산당 일당제이며, 사회주의 체제이지만 시장 경제를 일부 받아들여 개방 정책을 추진하고 있다. 경제는 농업이 중심이며, 쌀, 커피, 고무 등이 주요 농산물이다. 최근에는 관광업, 광업, 수력 발전 등이 성장하고 있다. 라오스는 동남아시아에서 가장 가난한 나라 중 하나로, 빈곤율이 높고 경제 발전 수준이 낮다. 특히 도시와 농촌 간의 소득 격차가 크며, 교육 및 의료 서비스 접근성이 낮아 빈곤 문제가 심각하다.

● 표시 지역은 JTS 활동 지역임.

1. 라오스 활동

(1) 사업 배경

◆── 지역 현황

라오스는 한반도와 비슷한 면적을 가진 동남아시아의 내륙국으로, 중국·태국·캄보디아 등과 국경을 접하고 있으며, 바다와 접하지 않은 국가이다. 과거에는 긴 내전과 사회주의 경제 체제로 인해 사회·경제 발전이 매우 늦어 최빈국으로 분류되었으나, 1986년 시장경제 체제를 도입하고 1990년대부터 선진국과 국제기구의 원조를 통해 경제 개발을 시작했다. 그러나 원조와 개발이 도시에 집중된 결과 도시와 농촌의 소득 불평등이 확대되고 있다. 초등학교 취학률(6~10세)은 도시지역에서는 94%로 높은 편이지만, 도로 정비가 미흡한 농촌지역은 68%에 그친다.

◆── 활동 지역 선정

JTS는 정부 지원이 미치지 않는 47개의 최빈곤 지역 중 사업 수행이 가능한 거리에 있는 지역, 소수민족이 많이 살고 있는 지역, 고지대 마을 등

홍수로 무너진
콕농부아 마을 학교

을 중심으로 답사하였다. JTS 설립 취지와 지원 방식에 맞는 활동 지역을 고심하던 중 라오스불교연합회(BDP, Buddhism for Development project) 소속으로 사회활동을 하던 시야데즈 스님으로부터 콕농부아 마을을 소개받았다.

이 마을은 '연꽃, 호수가 있는 땅'이라는 아름다운 의미를 가지고 있으며 라오스 남부 짬빠삭주 수쿠마군(Soukhouma)에 위치하고 있다. 약 80가구, 300명 이상의 주민과, 63명의 학생이 거주하고 있으며 대도시인 팍세에서 썽태우(1톤 트럭 개조 차량)를 이용해 2시간 정도 소요되는 곳이다.

2013. 3	첫 방문, 활동 예정지 답사
2013. 7	활동 지역 답사, 사무실 확보, 교과서 지원
2013. 10. 11	콕농부아마을 학교 문구 지원 (공책, 필통, 펜, 연필 등)
2013. 11	콕농부아 마을 학교 건축 착공
2014. 5. 22	콕농부아 소규모 도로공사
2014. 9	수업 개시 (학교 첫 수업, 건축 미완이었으나 완료된 교실 두 칸 먼저 사용)
2015. 2. 6	콕농부아 학생 63명 교복 지원
2015. 2. 11	콕농부아 학교 준공식

비가 내리면
진흙탕이 되는 도로

2. 콕농부아 마을 학교 건축

(1) 학교 건축 과정

2013년 11월 27일, 콕농부아 마을의 학교 건축이 시작되었다. 이때 전기 설비와 펌프 설치 작업도 함께 진행했는데 이는 건축 과정에만 활용되는 것이 아니다. 학교 완공 후 우기철 어두운 교실에서 전등 사용 등 교육 환경 개선과 화장실 이용을 통한 위생 습관 형성, 질병 예방 등에도 중요한 역할을 하게 된다. 공사는 우기와 건기로 나누어 진행되었으며, 우기에는 건축이 어려운 점을 고려해 공동체 역량 강화를 위한 프로그램 운영과 사전 조사를 실시하고, 건기에는 본격적인 건축 작업에 착수하였다.

비록 규모가 작은 학교였지만 공사를 서두르지 않은 이유는 분명했다. 아이들이 직접 사용할 공간인 만큼, 좋은 자재를 사용해 튼튼하고 안전한 건물을 짓는 것과, 현지 정부와 주민들의 협력을 바탕으로 함께 만들어가는 과정을 중시하는 원칙을 지키기 위해서였다.

공사는 진행 도중 우기로 인한 도로 유실, 자재 공급 지연, 기술자 부상 등으로 몇 차례 중단되기도 하였다. 일부 자재는 사전에 확보해 두었으나, 복구가 지연되면서 전체 일정에 차질이 발생하였다. JTS는 자재를 공급하는 것에 그치지 않고, 주민들의 참여를 조율하는 역할 역시 중요

공사 진행중인 콕농부아 마을 학교

완공된 콕농부아 마을 학교

한 과제로 인식하고 있었다. 특히 활동가 입장에서는 언어와 문화적 차이로 인한 소통의 어려움이 있었지만, 주민들과 정보를 공유하고 협력하는 과정이야말로 지속적인 노력이 필요한 핵심 과제임을 깨달았다.

(2) 콕농부아 마을 학교 완공

2014년 9월, 3개월간의 방학이 끝나고 새 학기가 시작되면서 첫 수업이 열렸다. 당시 학교 건물은 페인트칠, 빗물받이 설치, 계단 및 화장실 등 일부 마무리 공사가 남아 있었으나, 교사와 학부모들이 수업을 우선 시작하기로 협의하고, 미장이 완료된 두 개 교실에서 수업을 진행하기로 했다. 이후 평일에는 화장실 공사 등 소음이 적은 작업을, 주말에는 페인트칠과 같은 나머지 마무리 공사를 나누어 진행하였다.

2015년 2월, 여러 어려움을 극복한 끝에 콕농부아 마을 학교가 완공되었다. 이를 기념하는 행사에는 학생과 주민, JTS 이사장 법륜 스님, 짬빠삭주 및 수쿠마군 교육청 관계자, 인근 학교 교사들이 참석하였다. 법륜 스님은 교복을 입고 참석한 학생들에게 책가방과 학용품을 전달하며 말했다.

콕농부아 마을 학교 준공식

"결석 안 하고 매일 학교에 나와서 공부하시겠어요? 결석 안 할 사람은 손들어 봐요. 학부형 여러분들도 학교 짓는다고 고생을 많이 했는데, 날씨가 덥다고, 집에 잔치가 있다고, 농사일한다고, 아이들 학교 안 보내면 안 돼요. 어떤 일이 있더라도 아이는 학교에 꼭 보내주셔야 합니다."

3. 사업 평가

라오스 콕농부아 마을 학교 건축을 성공적으로 마무리하였다. 학교는 아이들뿐 아니라 주민들을 하나로 모으는 중요한 공간이 되었으며, 마을 이장과 군 교육청의 적극적인 협력 덕분에 공사가 순조롭게 진행될 수 있었다. 그러나 이번 경험을 통해, 향후에는 약식이 아닌 정부 부처와 정식 MOU 체결 및 승인 절차가 필요하다는 교훈을 얻었다. 또한 준공 후에는 학교관리위원회를 구성해 시설 보완, 유지·관리를 체계적으로 이어가도록 하였다. 앞으로 라오스에 JTS의 도움이 필요하다면 언제든 지원할 예정이다.

15. 일본

Japan

일본은 유라시아 대륙 동쪽에 위치한 섬나라로, 홋카이도, 혼슈, 시코쿠, 규슈 4개의 큰 섬과 수천 개의 작은 섬으로 이루어진 열도이다. 남북으로 길게 뻗어 있어 홋카이도(냉대)부터 오키나와(아열대)까지 다양한 기후가 나타나며, 전반적으로는 사계절이 뚜렷한 온대 기후에 속한다. 일본은 여러 지각판이 만나는 환태평양 조산대에 속해 지진과 화산 활동이 매우 활발하다. 특히, 해저 지진은 막대한 에너지를 방출하여 쓰나미를 유발하는데, 2011년 동일본 대지진은 규모 9.0의 강진과 함께 거대한 쓰나미가 발생하여 엄청난 인명 및 재산 피해를 남겼다. 이는 일본이 자연재해에 매우 취약한 지리적 위치에 있음을 보여준다.

● 표시 지역은 JTS 활동 지역임.

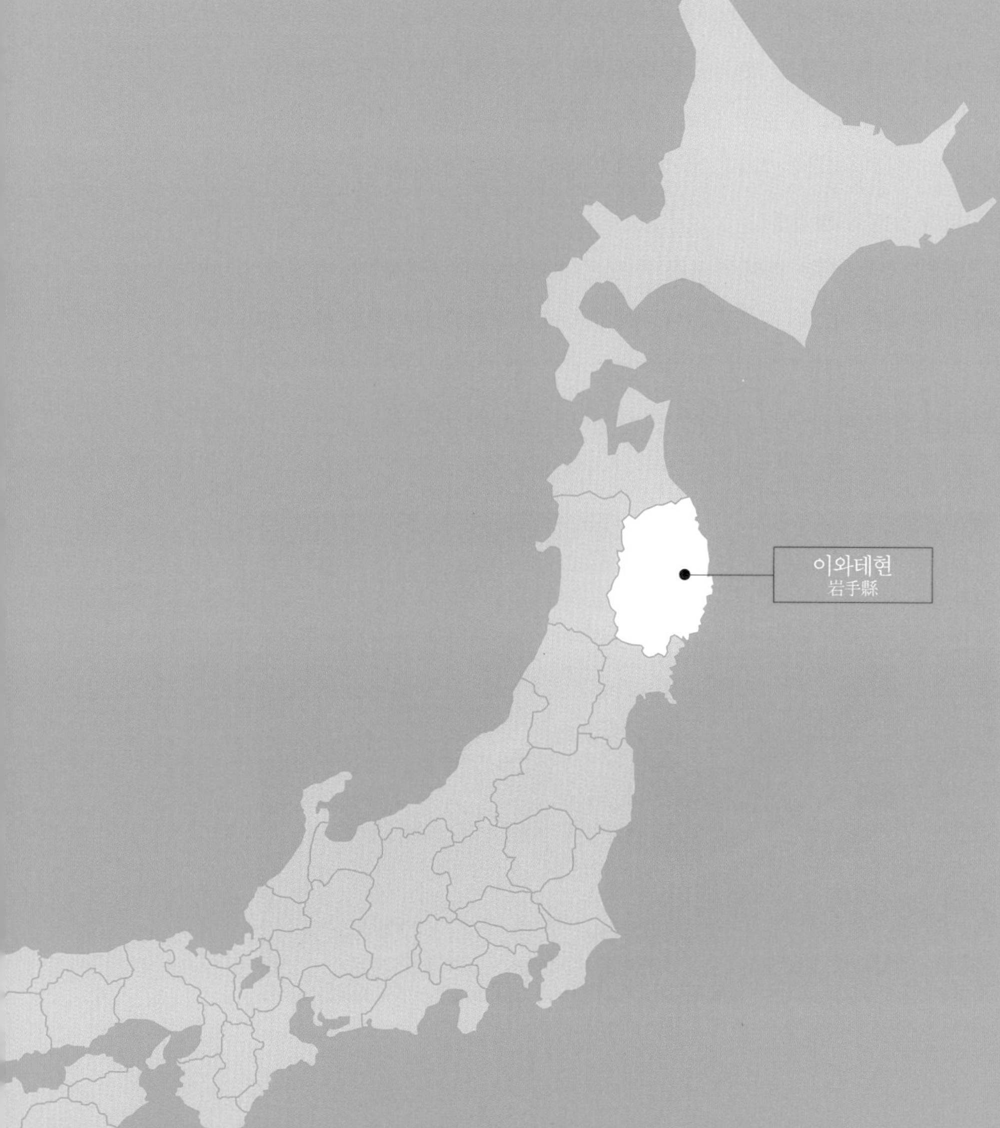

1. 동일본 대지진 피해 긴급구호

2011년 3월 11일 오후 2시 45분경, 일본 도호쿠(동북부) 태평양 연안에서 규모 9.0의 강진이 발생했다. 이 지진은 한 달 넘게 이어진 대규모 여진과 초대형 쓰나미를 동반하며 막대한 피해를 남겼으며, 후쿠시마 원자력 발전소 폭발 사고까지 초래했다. 이로 인해 60만 명 이상의 피난민이 발생하고, 40만 채 이상의 건축물이 붕괴되었다.

이에 JTS는 지진과 쓰나미, 원전 폭발로 삼중고를 겪고 있는 일본 이재민을 돕기 위해 약 30만 달러 상당의 물품을 지원하기로 하고 긴급구호에 나섰다. 3월 28일부터 4월 3일까지 활동가들을 이와테현으로 파견해 피해 상황을 점검했다.

한편, 국내에서는 피해 복구를 돕기 위해 활발한 모금캠페인을 펼쳤으며, 이를 통해 마련된 구호물품이 이재민들에게 전달되었다. 지원 물품은 두유 10만 개, 이유식 10톤, 자가발전 손전등 20,200개, 아기 내복 1,350벌, 구급함, 일회용 마스크, 치약, 칫솔 등으로 구성하였다.

지진과 함께 발생한 쓰나미

이날 선적 행사에서 법륜 스님은 "굶주리고 아픈 사람들에게는 조건 없는 인도적 지원이 중요하다"고 강조하며, 가족을 잃고 추위와 질병 속에서 고통받는 이재민들에게 절실한 도움이 필요하다고 호소했다.

이어진 추모 묵념에서는 지진으로 희생된 이들의 넋을 기렸고, 희망의 시 낭독을 통해 대피소에서 힘겨운 시간을 보내는 이재민들에게 위로와 격려의 메시지를 전했다.

JTS는 4월 20일부터 24일까지 현장에 활동가들을 파견하여 지원 물품 배분을 진행했다. 배분 작업은 일본 인권단체인 〈부락해방동맹〉과 협력하여 진행되었으며, 이와테현 오후나토시의 오후나토히가시 고등학교를 거점으로 삼아 오후나토시, 리쿠젠타시, 기타가미시 등 인근 3개 시에 물자가 배포되었다.

인도에서는 수자타아카데미 교사들이 〈일본 쓰나미 동영상〉을 학생들에게 보여주며 일본 구호 모금을 제안하였다. 교사들은 모두 수자타아카데미 상급생들로, 학생들과 비슷한 환경에서 생활하고 있었다. 하루 1달러 미만으로 살아가는 둥게스와리 지역의 아이들은 제대로 먹지도 못하고, 볼펜이나 연필조차 마음껏 사용할 수 없는 형편이었다. 그런 아이들이 직접 일본 지진 영상을 구해 오고, 먼저 모금을 제안하는 모습은 놀

동일본 대지진 피해 현장 모습

라왔다.

지진과 쓰나미가 생소한 이곳 아이들에게는 영상을 보고도 그 피해를 이해하기 어려웠다. 그러나 교사의 설명을 듣고 지진과 쓰나미의 참혹함을 깨달은 학생들은 피해자들을 위한 기도를 올린 뒤, 주머니에서 꼬깃꼬깃 모아둔 돈을 꺼내 모금함에 넣기 시작했다.

학생들과 교사들이 모은 금액은 총 1,616루피(한화 약 40,400원). 이 돈으로 일본을 돕기에는 부족할지도 모른다. 1.5리터 짜리 생수 40병 정도를 살 수 있는 금액에 불과했다. 하지만 액수가 중요한 것은 아니었다. 하루 한 끼 학교 급식으로 버티며, 기본적인 배움조차 사치로 여겨지는 환경 속에서도, 자신들보다 몇십 배, 몇백 배 더 잘 살지만 자연재해로 고통받고 있는 일본을 위해 기꺼이 내어놓은 정성이었다.

이처럼 가진 것이 적어도 나누려는 따뜻한 마음이 모여, 일본을 향한 값지고 의미 있는 도움이 되었다.

일본 이재민 대피소에서 구호 물품 배분

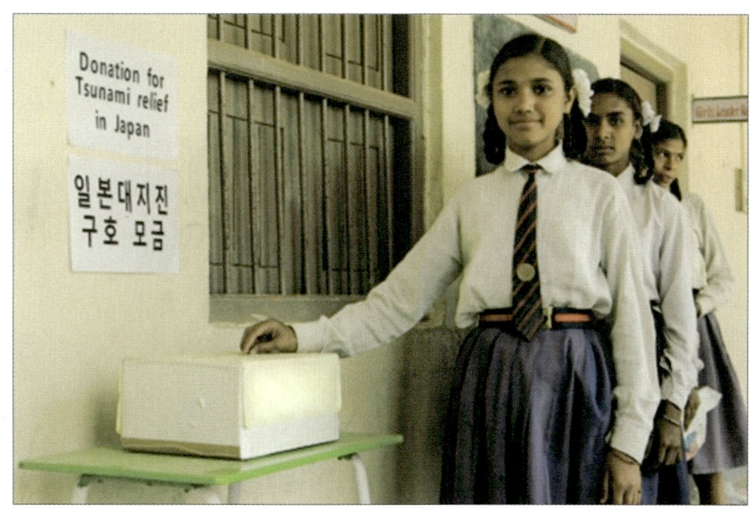

동일본 대지진 피해 긴급구호를 위한 생필품 선적식

인도 수자타아카데미 학생들이 주도한 일본 이재민을 위한 모금 활동

16. 아이티

Haiti

아이티는 카리브해에 위치한 이스파뇰라섬 서부의 국가로, 동쪽으로는 도미니카 공화국과 국경을 맞대고 있다. 국토의 대부분이 산악 지형이며, 열대 해양성 기후를 띠어 연평균 기온은 25~28℃로 온화하지만, 허리케인과 같은 열대성 폭풍의 영향권에 자주 놓인다. 인구는 약 1,200만 명이며, 주민의 대다수가 흑인이고 일부 혼혈 및 백인으로 구성되어 있다. 공용어는 프랑스어와 아이티 크레올어이며, 가톨릭과 개신교가 주요 종교지만 부두교가 문화의 한 축을 이루고 있다. 농업이 주요 산업이지만, 자연재해, 사회기반시설 부족으로 인해 서반구 최빈국에 속한다. 아이티는 지리적으로 환태평양 조산대에 속해 지진, 허리케인, 홍수 등의 자연재해가 빈번하다. 특히, 2010년 대지진은 20만 명이 넘는 희생자를 낳았으며, 취약한 건축물과 사회 시스템이 피해를 키웠다. 만성적인 빈곤과 정치적 불안정은 자연재해의 피해를 더욱 악화시키는 주요 원인으로, 효과적인 재난 대응과 복구를 어렵게 만든다.

● 표시 지역은 JTS 활동 지역임.

1. 지진 피해 긴급구호

2010년 1월 12일, 아이티 수도 포르토프랭스(Port-au-Prince) 남서쪽 25km 지점에서 리히터 규모 7.0의 강진이 발생했다. 이로 인해 약 50만 명의 사상자와 180만 명의 이재민이 발생했으며, 10만여 채의 가옥이 완파되고 20만여 채가 파손되는 등 막대한 피해가 발생했다. 정부기관과 1,300여 개의 교육 시설, 50개 의료 시설이 붕괴되며 사회 인프라도 마비되었다.

원래도 세계에서 가난한 나라 중 하나였던 아이티는 지진 이후 더욱 심각한 위기에 처했다. 물가는 치솟았고, 생필품을 구하기 어려운 상황에서 주민들은 하루하루를 버티고 있었다. 특히, 전체 피해자의 20~30%만 텐트를 지원받아 나머지 이재민들은 이불이나 천으로 임시 거처를 만들었으나, 비가 오면 그대로 젖거나 무너지는 일이 반복되었다.

이에 JTS는 2010년 2월 17일, 박지나 대표를 아이티에 파견하여 긴급구호 활동을 시작하였다. 하지만 당시 아이티는 여전히 치안이 불안정했고, 지진 발생 한 달이 지난 후에도 여진이 계속되고 있었다. 3월부터 본

지진 피해 이후 천막에 거주하는 아이티 주민들

격적인 우기가 시작되면 텐트조차 없는 주민들의 상황은 더욱 악화될 것이 분명했다. 끝없는 여진과 열악한 환경 속에서 주민들은 여전히 공포와 두려움에서 벗어나지 못하고 있었다.

JTS는 현장 답사를 통해 주민들에게 가장 필요한 물품이 텐트, 식량, 생필품, 조리기구임을 확인했다. 그중에서도 식량이 가장 절실한 상황이었다. 당시 UN을 비롯한 여러 국제구호단체에서 점심과 저녁을 무료로 제공하고 있었지만, 모든 주민에게 충분한 식사를 제공하기에는 턱없이 부족했다. 여전히 많은 주민이 굶주렸지만, 아이티에서는 식품을 구하기 어려웠다.

결국 JTS는 인근 도미니카공화국에서 물품을 조달했으나, 이 곳 역시 물자 공급이 원활하지 않아 충분한 식량을 확보하기 쉽지 않았다. JTS는 며칠간의 답사 끝에 2,000가구 분의 쌀, 강낭콩, 식용유를 구매할 수 있었고, UN 차량을 이용해 아이티까지 운송했다. 운송 과정에서도 어려움이 많았다. 일부 주민들이 구호 물품을 나눠 달라며 몰려들었고, 물품 상차 중 무장 강도가 UN 책임자를 협박하는 소동이 벌어지기도 했다. 다행히 피해 없이 무사히 아이티로 이동할 수 있었다.

◆ **구매물품**
- 쌀 45,000kg | 2,000포 [1포=50파운드(약 22.7kg)]
- 강낭콩 4,500kg | 2,000포 [1포=5파운드(약 2.27kg)]
- 식용유 7,570리터 | 2,000통 [1통=1갤런(약 3.79리터)]

아이티에 도착한 후 많은 이들의 도움 속에 물품 배분이 시작되었다. 지원 지역이 여러 곳으로 나뉘어 있어 하루 만에 모든 지역을 지원하는 것은 불가능했다. 다행히 아이티에 주둔 중이던 미군 부대가 창고를 제공하고 물자 운송을 지원했으며, 현지에서 활동하던 미국인 1명과 현지인 2명도 협력에 나섰다. 또한 물자의 안전한 배분을 위해 볼리비아 출신 UN 평화유지군 60여 명이 함께 동행하였다.

배분은 지진 피해가 가장 컸음에도 외부 지원을 받지 못한 수도 포르토프랭스 외곽 5개 지역(City Ocayes, Delmas 31, Anselma #3, Santo 6-17, Camp Juvanet)에서 우선적으로 진행되었다. JTS는 이 지역들을 추천받은 후 직접 답사하며 마을 리더 및 자원봉사자와 함께 가가호호 방문 조사를 실시하였다. 각 가정의 가족 수, 피해 상황, 생계 등을 면밀히 확인한 뒤, 구호물품 지원 대상 가구를 선정하고 쿠폰을 배부하여 질서 있는 배분이 이루어지도록 하였다.

넉넉한 식량 덕분에 생계 걱정을 덜게 된 주민들은 마음의 여유를 되찾고, 일자리를 찾거나 무너진 집을 정리하며 다시 일어설 의지를 다지기 시작하였다.

◆─ 지진 피해 구호 물품 지원

시기	지원 대상
3. 15(월)	City Ocayes : 450가구
3. 16(화)	Delmas 31 : 529가구
3. 17(수)	Anselma #3 : 250가구
3. 18(목)	Santo 6-17 : 252가구
3. 20(토)	Camp Juvanet : 519가구

지진 피해 긴급구호 활동

2. 교육 지원

포르토프랭스 서쪽 30km에 위치한 레오간(Leogane) 지역도 지진으로 심각한 피해를 입었다. 이 지역에는 총 316개의 학교가 있었으나, 그중 210개가 붕괴되고 92개가 크게 손상된 상태였다.

이에 JTS는 HODR(Hands On Disaster Response)과 협력하여 5개 학교를 건축하였다. JTS는 건축자재를 지원하고, HODR은 자원봉사자 및 마을 주민들과 함께 학교 건축을 진행하였다. 공사는 2010년 5월 10일부터 10월 31일까지 진행되었으며, 각 학교에는 교실 3칸과 사무실 1칸을 짓고, 책걸상을 지원하였다.

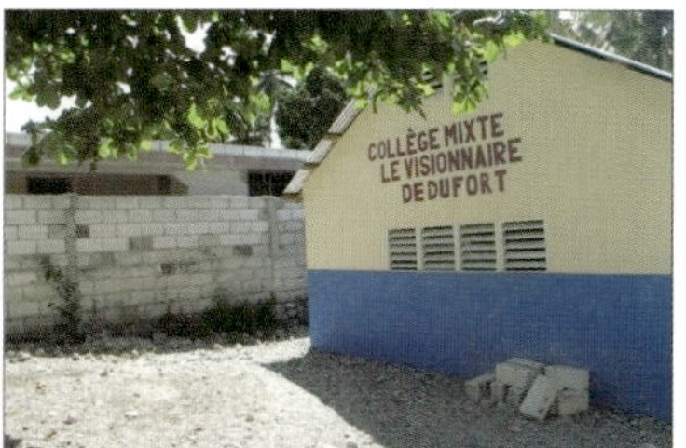

지진 피해 이후 아이티 학생들을 위한 교육 지원 – 학교 건축

17. 몽골

Mongolia

몽골은 동아시아와 중앙아시아의 내륙국으로, 북쪽으로 러시아, 남쪽으로 중국과 국경을 접하고 있다. 국토 면적은 한반도의 7.4배에 달하지만, 인구는 약 340만 명으로 매우 적다. 국토의 대부분이 고원지대와 사막으로 이루어져 있으며, 연교차가 심한 건성 냉대 기후이다. 정치적 민주화 이후 여러 정당이 경쟁하고 있으며, 사회적으로는 유목 생활을 중심으로 한 전통 문화가 현대에도 깊이 남아있다. 게르에 거주하며 가축을 기르는 유목민 문화는 몽골 사회의 정체성을 형성하는 중요한 요소이다. 몽골은 기후 변화의 영향을 크게 받는 나라 중 하나이다. 겨울철 극심한 한파와 폭설로 가축이 떼죽음을 당하는 '조드' 현상이 빈번하게 발생하며, 여름에는 가뭄과 황사로 인한 사막화가 심각한 문제이다. 이러한 기후 재난은 전통적인 유목민의 삶을 위협하고 빈곤 문제를 악화시키는 주요 원인이다. 몽골은 세계 10대 자원부국으로, 구리, 석탄, 금 등 풍부한 지하자원을 보유하고 있다. 그러나 이러한 자원 개발 이익이 국민 전체에게 고루 돌아가지 않아, 여전히 인구의 약 27%가 빈곤선 이하의 삶을 살고 있다. 이러한 구조적인 문제는 몽골 경제의 지속적인 성장을 가로막는 주요 과제 중 하나이다.

● 표시 지역은 JTS 활동 지역임.

1. 식량 지원

1999년 겨울, 극심한 한파와 폭설로 가축이 떼죽음을 당하는 '조드(Zud)' 현상이 발생했다. 겨울철 가축이 먹이나 물을 구하지 못해 대량 폐사하는 매우 심각한 자연재해이다. 혹독한 한파와 폭설로 인해 초원에서 풀을 찾을 수 없는 상황이 되면서 가축의 30~50%가 굶주림과 추위로 동사하는 큰 피해가 발생했다.

몽골은 국민 상당수가 유목 생활을 하며 가축에 의존하는 경제 구조를 가지고 있어, 이 재해로 인해 생계 기반을 잃은 유목민들이 급격히 증가했다.

2000년 4월 25일, JTS는 밀가루 총 36톤을 배에 실어 보내고, 2000년 5월 11일~6월 8일 동안 활동가를 파견하여 밀가루를 배분하였다. 카라코룸 시청 사회복지부문 담당자와 사전에 협의하여 주민 명단을 추렸다. 현지 답사 결과, 5인 가족이 한 달 동안 필요한 식량은 밀가루 40kg, 고

2000년 몽골에 보내는 긴급구호 식량 (밀가루 36톤)

기 17kg 정도라고 했다. JTS는 5톤 트럭에 밀가루를 싣고 다니며 밀가루를 직접 배분하였다. 가구당 40kg을 기준으로, 식구가 적고 가축 피해가 적은 가구는 20kg, 식구가 많고 가축 피해가 많은 가구는 60kg을 지원하였다.

2. 의류 지원

2000년 8월 13일, 부산에서는 많은 자원봉사자들이 참여해 옷을 정성껏 세탁하고 깔끔하게 포장했다. 꼼꼼히 포장된 옷 235박스를 컨테이너에 담아 몽골로 보냈다. 몽골은 벌써 점점 추워지고 있었다.

2000년 9월 21일, JTS가 모은 '사랑의 옷' 2차분 265박스가 부산항을 떠나 울란바토르에 무사히 도착하여 세관 검사와 행정 절차를 무사히 마쳤다.

JTS 활동가는 도르노트 쵸이발산 지역의 744가구를 선정하여 옷을 지원하기로 하였다. 쵸이발산은 만성 빈민지역으로, 변변한 담요도 없이 그냥 바닥에 사는 이들이 많았고 신발과 옷이 없어 학교도 못 가는 아이들이 많았다. 쵸이발산의 옷 지원은 옷이나 담요를 지원하는 것 뿐만 아니라 그곳의 가난한 아이들의 현황을 파악하고 필요한 일이 무엇인지 알아보는 데도 목적이 있었다.

옷과 담요를 지원하며 가가호호 방문해 아이들을 살펴보니, 시에서 조사해 보여준 자료보다 학교에 다니지 못하는 아이들이 훨씬 더 많았다. 가난한 사람들이 대부분 그렇듯, 아이들에게까지 신경 쓸 여유가 없었고, 아이들은 매우 낡은 옷을 입고 신발조차 제대로 신지 못한 상태였다.

JTS는 8월 초에 배분을 시작하여, 11월에 모든 지원을 완료했다.

18. 부탄

Bhutan

부탄은 동부 히말라야 산맥에 위치한 입헌군주제 국가이다. 북쪽으로는 중국, 남쪽으로는 인도와 국경을 접하고 있는 내륙국이다. 국토의 대부분이 산악 지형이며, 해발고도에 따라 다양한 기후를 보인다. 고지대는 춥고 혹독한 기후인 반면, 저지대는 아열대 기후로 습하고 더운 편이다. 여름에는 몬순의 영향을 받아 비가 많이 온다. 국교는 불교이며, 주로 라마교의 한 분파인 드룩파 카규파를 믿는다. 불교는 국민의 삶과 문화 전반에 깊이 녹아 있어 사회적으로는 공동체 의식이 강하고, 가족 중심의 전통적 가치를 중요시한다. 2008년 입헌군주제로 전환하며 민주화를 이루었다. 국왕은 여전히 큰 존경을 받지만, 실질적인 정치 시스템은 의회와 총리가 주도한다. 부탄은 국민의 행복을 국가 발전의 목표로 삼는 국민총행복(GNH) 개념을 세계 최초로 도입했다. GNH는 경제적 성장뿐만 아니라 문화 보존, 환경 보호, 좋은 통치 등 4가지 축을 중심으로 국민의 행복을 측정한다. GNH 개념에도 불구하고, 부탄은 여전히 빈곤 문제가 존재한다. 특히 농촌 지역의 빈곤율이 도시보다 높고, 빈부 격차도 있다. 그러나 GNH를 통해 빈곤퇴치와 삶의 질 향상을 위한 다양한 노력을 기울이고 있다.

1. 사업 배경

부탄은 히말라야 남쪽에 위치한 국가로, 국민총행복지수(GNH, Gross National Happiness)를 국가 발전의 핵심 가치로 삼고 있다. 국민총행복지수(GNH)는 국민의 삶의 질을 평가하는 새로운 기준으로, 단순한 경제성장이나 국내총생산(GDP) 중심의 지표와는 구별된다. 대부분의 국가들이 경제적 지표를 중심으로 국가 발전을 평가하는 반면, 부탄은 물질적 풍요뿐 아니라 정신적·사회적·환경적 요소까지 통합적으로 고려하여 국민의 전반적인 행복 수준을 우선시한다.

2024년, JTS 이사장 법륜 스님은 이러한 부탄의 국가 지향에 깊이 공감하며, 부탄 정부에 〈지속 가능한 개발 프로젝트〉를 제안하였다. 이는 현대사회의 과도한 생산과 소비 중심의 가치관에서 벗어나, 적게 소비하면서도 만족스럽고 행복한 삶을 살아갈 수 있는 지속 가능한 삶의 모델을 부탄에서 실현하고자 한 것이다.

이 프로젝트는 부탄의 전통적 가치와 GNH 철학에 기반하여, 물질적 풍요보다 주민들 스스로 자립을 통한 삶의 질 향상과 공동체 회복을 중

부탄 식수 지원 프로젝트 진행

시하는 방향으로 설계되었다. 부탄 정부와 MOU를 체결한 후 2024년 현재까지 지역 주민들을 위한 주거 개선, 도로 정비, 농수로 정비, 식수 공급 등 지속 가능한 개발 사업의 시범 프로젝트를 진행하였다. 이 시범 사업을 바탕으로, 2025년부터 본격적인 사업에 착수할 예정이다.

또한 JTS는 부탄년재단(BNF)과 협력하여 넌너리 시설 개선과 교육에서 소외된 어린 넌들을 위한 교육 지원 사업을 추진하였다.

◆─ JTS부탄 활동 연혁

【 넌너리 넌 지원사업 】	
2023. 9	▪ 삼텐촐링 넌너리 인근 마을 노부부 주거 개선
2023. 12	▪ 부탄년재단(BNF) 산하 넌너리(넌 1,585명)— 겨울용품, 스포츠용품 지원
2024. 3	▪ 삼텐촐링 넌너리 정자, 시니어넌 수련장, 학교 교실 건축 시작
2024. 5	▪ 부탄년재단(BNF) 산하 넌너리(넌 1,585명)— 학용품 지원

【 부탄 지속 가능한 개발 프로젝트 】	
2024.2	▪ 젬강주, 트롱사주 지역 마을개발 사업 추진— 주거 개선, 농수로, 도로 보수, 식수프로젝트, 울타리프로젝트 추진

주거 개선, 도로 개선, 식수 지원 프로젝트, 농수로 정비 등의 활동

2. 주요 지원 활동

(1) 삼텐쵤링 넌너리 인근 주거 개선

2023년 9월, BNF를 통해 삼텐쵤링 넌너리를 방문하여 넌너리 지원 사항을 협의하던 중에, 인근에 거주하는 극빈자 부부의 낡은 거주지도 수리하기로 하였다. 노후화된 주택의 지붕을 교체하고, 매트리스와 이불 등도 추가로 지원하였다. 이 사업은 2023년 9월~2024년 1월까지 진행하였다.

(2) 삼텐쵤링 넌너리 정자와 명상센터, 교실 건축

삼텐쵤링 넌너리의 정자와 명상센터, 그리고 교실 건축 프로젝트는 넌너리의 전반적인 환경과 교육 시설을 개선하여, 어린 넌들에게 보다 나은 학습 환경을 제공하는 것을 목적으로 한다. 부탄에서는 어린 넌들이 넌너리에 들어가면 일반 정규 학교에 다니기 어려운 현실에 놓이게 된다. 이에 따라, 이들이 안정적이고 지속적으로 교육을 받을 수 있도록 명상센터 내에 전용 교실을 마련하고, 교육 기회를 확대하고자 본 프로젝트가 추진되었다.

구분	크기	면적	내용
정자	3m x 3m	9m²	단층
명상센터와 교실	17.1m x 6.1m (3층)	312.9m²	명상실 5개, 교실 1개 등

집수리 후
매트리스와
이불 지원

완성된 정자

마무리 작업 중인
명상센터와
교실 건물

(3) 부탄넌재단(BNF) 산하 넌너리 물품 지원

2023년 부터 2024년에 걸쳐 부탄넌재단(BNF) 산하 넌들을 대상으로 겨울용품, 스포츠용품, 학용품 등을 지원하였다. 스포츠용품 전달 사업은 넌들의 체력 증진 활동을 강화했다는 평가를 받았다. 학용품 지원은 넌너리별 요청에 기반한 맞춤형 지원이라는 점에서 의미가 있었다. 일부 넌너리에는 가구(테이블, 의자, 옷장)가 지원되었다.

	지원 물품	대상
겨울용품	담요 500장, 자켓 590장, 양말 500켤레, 신발 1,370켤레	35개 넌너리 및 1개 교육센터 (총 1,692명)
스포츠용품	배드민턴 세트 80개, 배구 네트 8개, 배구공 62개, 탁구대 6개, 탁구채 20개, 탁구공 30개, 줄넘기 208개, 농구 링 12개, 농구공 20개, 축구공 44개	28개 넌너리 및 1개 교육센터 (총 1,575명)
학용품	공책, 연필, 펜, 크레용, 가위, 투명테이프, 화이트보드, 마커, 자, 풀, 공작용 종이, 점착메모지 등	28개 넌너리 및 1개 교육센터 (총 1,504명)

① 넌너리에 지원한 신발
② 넌너리에 지원한 담요
③ 넌너리에 지원한 스포츠용품
④ 넌너리에 지원한 학용품

3. 지속 가능한 개발 프로젝트

JTS는 2024년 부탄에서 〈지속 가능한 개발 프로젝트〉를 시작하였다. 기후 위기와 환경오염, 공동체 붕괴와 가치 상실에 직면한 현대사회의 문제점을 해결하고 새로운 문명전환을 위한 실마리를 찾기 위해서이다. 자연환경과 전통 가치를 유지하면서 주민들의 생활 수준을 개선하고, 소비주의에 의존하지 않으면서 삶의 만족도를 높이는 지속 가능한 개발 모델을 발굴하여 새로운 삶의 방식을 제시하려고 한다.

주민들이 주도적으로 자신들의 필요와 요구를 발견하고, JTS의 지원하에 직접 참여하여 이를 개선해나간다. 주민들은 '우리가 사는 마을은 우리가 가꾸자'라는 슬로건으로 자립적인 문제 해결 능력을 키우고, 지속 가능한 미래를 만들어 간다.

부탄 젬강주와 트롱사주에서는 주거 개선, 농수로 개발, 식수 공급, 울타리프로젝트 등을 포함한 지속 가능한 개발 모델 구축을 목표로 사업을 추진하였다. 2024년 초에는 현지 답사를 통해 부탄 내에서 경제적으로 가장 어렵고 개발이 취약한 지역들을 중심으로 사업 대상지를 선정하였다. 본격적인 프로젝트 착수에 앞서, 사업의 실행 가능성과 사전 준비를 위한 시범 사업이 우선적으로 진행되었다. 이를 통해 향후 본격적인 사업 추진을 위한 기반을 마련하였다.

모든 프로젝트는 주민 참여를 기본 원칙으로 추진하고 있으며, JTS는

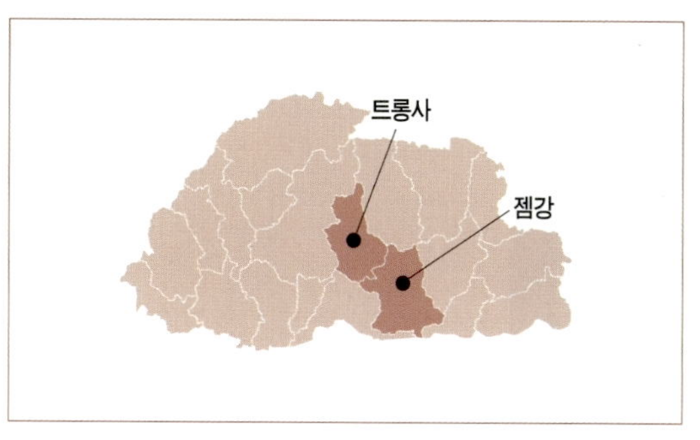

〈지속 가능한 개발 프로젝트〉
실행 지역

자재를 제공하고, 부탄 정부는 기술 인력을 지원하며, 지역 주민들은 노동력을 제공함으로써 삼자 협력 체계를 기반으로 사업을 전개하고 있다. 특히, 자립과 환경을 핵심 가치로 삼고 다음과 같은 원칙에 따라 사업을 수행 중이다.

① 주민들에게 꼭 필요한 것이어야 한다.
② 프로젝트에 사용되는 기술은 동네 기술로 한다. 외부 기술이 사용되면 향후 고장이 발생할 때 고칠 수 없기 때문이다.
③ 사용하는 재료는 가능하면 부탄에서 생산되는 재료로 한다.
④ 많은 사람이 참여하도록 한다.
⑤ 많은 사람에게 이익이 돌아가는 일이어야 한다.
⑥ 사람들이 일하는 과정에서 괴로워하지 않고 즐겁게 할 수 있도록 한다.
⑦ 환경을 훼손하지 않는 방식으로 진행한다.
⑧ 비용이 적게 들게 한다. 그렇게 해야 더 많이 확산시켜 나갈 수 있다.

①②③ 주택 개선 이전 모습
④⑤ 주택 개선 이후 지붕과 실내

4. 사업 성과

JTS가 부탄에서 추진한 〈지속 가능한 개발 프로젝트〉는 단순한 인프라 제공이나 복지 중심의 접근이 아닌, 주민 주도, 지역 자원 활용, 환경 친화, 기술 이전 등을 통해 자립 가능한 공동체 모델의 가능성을 보여주었다. 이는 다른 개발도상국에서도 적용 가능하며 지속 가능한 발전의 사례가 될 것으로 기대하고 있다.

부탄넌재단(BNF)과의 협업을 통해 JTS는 정규 교육 체계의 외곽에 놓여 있던 여성 수련승과 비구니들을 지원함으로써, 교육 및 생활 여건을 실질적으로 개선하였다.

①	②
③	④

① 부탄 정부와 〈지속 가능한 개발 프로젝트〉 MOU 체결
② 지방정부 공무원들과 간담회 진행
③ 마을 주민들과 간담회 진행
④ 마을 주민들이 함께 공동 노동하는 모습

19. 중국

중국은 아시아 대륙 동부에 위치하며, 세계에서 세 번째로 넓은 국가이다. 국토는 서고동저(西高東低)의 지형으로 서쪽에는 높은 산과 고원이, 동쪽에는 비옥한 평야와 해안이 있다. 기후는 지역별로 다양해서 북부와 서부는 건조하고 추운 반면, 남부는 아열대 기후를 보인다. 중국은 56개의 민족으로 구성된 다민족 국가이며, 한족이 전체 인구의 약 92%를 차지한다. 1978년 개혁·개방 정책 이후 연평균 10%에 가까운 고도 경제 성장을 이루어 현재 세계 2위의 경제 대국이 되었다. 이로 인해 수억 명의 인구가 빈곤에서 벗어났지만, 아직까지 도시와 농촌 간의 심각한 빈부 격차가 존재한다. 중국은 지진, 홍수, 가뭄 등 자연재해에 취약하다. 특히 여름철에는 몬순의 영향으로 남부 지역에 대규모 홍수가 자주 발생하며, 양쯔강 유역의 홍수 피해는 역사적으로도 큰 인명 및 재산 피해를 남겼다.

● 표시 지역은 JTS 지원 지역임.

1. 중국 쓰촨성 지진 피해 긴급구호금 전달

2008년 5월 12일, 수만 명의 목숨을 앗아간 중국 쓰촨성(四川省) 대지진 발생 이후, JTS는 현지 구호 활동을 위해 다각적인 노력을 기울였다. 같은 해 5월 15일, JTS 이사장 법륜 스님을 비롯해 박지나 해외사업본부장과 김애경 사무국장은 중국대사관을 방문해 김연광 참사관과 면담을 갖고, 신속한 복구를 기원하며 구호 성금을 전달하였다.

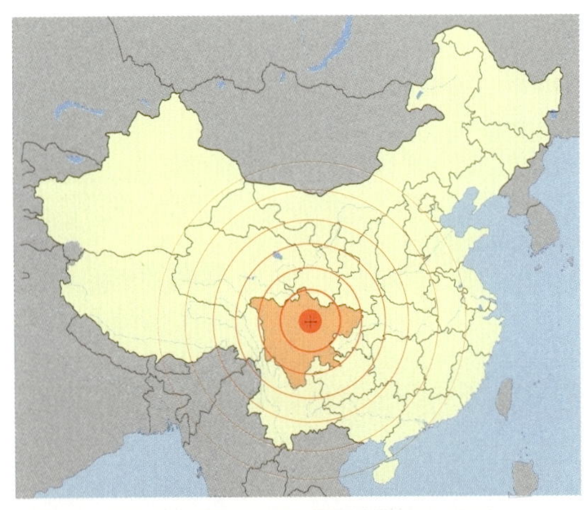

쓰촨성 지진
발생 지점

쓰촨성 지진 피해
구호 기금 전달

2. 연변조선족자치주 취약 계층 지원

2015년, 중국 연변조선족자치주 취약 계층을 위해 다양한 지원 활동을 펼쳤다. 6월에는 단오절을 맞아 7개 사회복지단체에 옥수수 국수 3,000kg을 지원하였고, 8월에는 용정시·도문시·화룡시 소재 양로원을 비롯한 복지시설에 옥수수 국수와 생필품을 전달하였다.

11월 18일에는 용정시 환경미화원들에게 형광색 청소복 300벌을, 탈북 가정 아동 및 한족 취약 계층 가정에는 내복 500벌을 지원하였다.

이어 12월 11일에는 안민 소학교의 저소득 가정 학생 120명에게, 17일에는 용정시 꽃봉오리 유치원의 유수아동 345명에게 겨울 내복을 전달하였다.

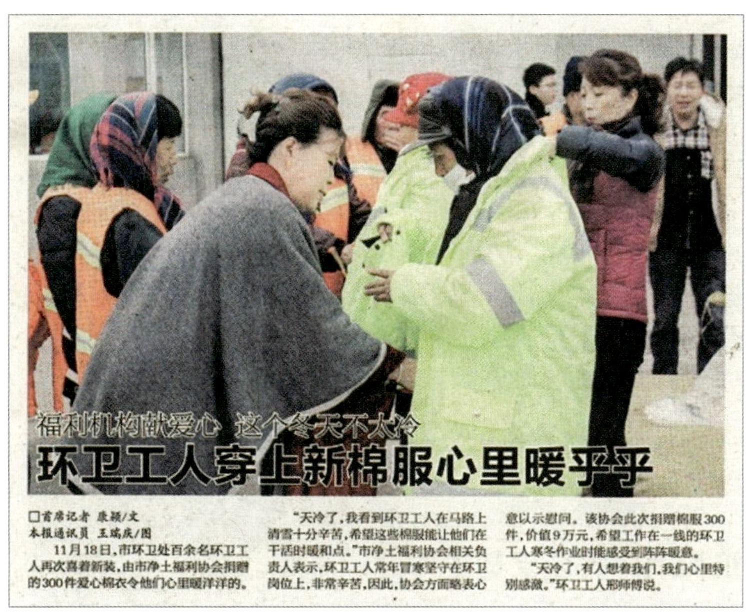

형광색 청소복 300벌 지원에 대한 지역 언론 보도

20. 국내 복지사업

우리나라의 사회보장제도는 점차 확대되고 있으나, 여전히 많은 사람들이 복지 혜택을 받지 못하는 실정이다. 경제적으로 어려운 상황에 처했음에도 불구하고 법적 자격 요건을 충족하지 못해 지원에서 제외되거나, 고립된 지역에 거주하여 복지 서비스에 접근하기 어려운 이들이 있다. 또한, 고령으로 인해 복지 신청 절차를 제대로 인지하지 못하는 경우도 많아, 복지 사각지대에 놓인 취약 계층이 존재한다. 이에 대한 제도적 개선과 사회적 관심 및 지원이 더욱 절실히 요구된다.

JTS는 복지 사각지대에 놓인 이들을 발굴하여 지원하는 활동을 지속해왔다. 특히, 겨울철 난방과 식료품과 같은 필수 생필품을 제공하여 취약 계층이 혹독한 계절을 무사히 보낼 수 있도록 돕고 있다. 또한, 예기치 못한 재난으로 인해 이재민이 발생할 경우, 신속한 긴급구호 활동을 전개하고 있으며, 전국 각지에서 지역사회 어린이, 노인, 장애인, 다문화 가정 등 취약 계층을 대상으로 다양한 지원 사업을 펼치고 있다. 이를 통해 소외된 이웃들에게 실질적인 도움을 제공하며, 희망을 전하는 데 힘쓰고 있다.

1. 사업 배경

우리나라의 사회보장제도는 점차 확대되고 있으나, 여전히 많은 사람들이 복지 혜택을 받지 못하는 실정이다. 경제적으로 어려운 상황에 처했음에도 불구하고 법적 자격 요건을 충족하지 못해 지원에서 제외되거나, 고립된 지역에 거주하여 복지 서비스에 접근하기 어려운 이들이 있다. 또한, 고령으로 인해 복지 신청 절차를 제대로 인지하지 못하는 경우도 많아, 복지 사각지대에 놓인 취약 계층이 존재한다. 이에 대한 제도적 개선과 사회적 관심 및 지원이 더욱 절실히 요구된다.

JTS는 복지 사각지대에 놓인 이들을 발굴하여 지원하는 활동을 지속해왔다. 특히, 겨울철 난방과 식료품과 같은 생필품을 제공하여 혹독한 계절을 무사히 보낼 수 있도록 돕고 있다. 또한, 예기치 못한 재난으로 인해 이재민이 발생할 경우, 신속한 긴급구호 활동을 전개하고 있으며, 전국 각지에서 지역사회 어린이, 노인, 장애인, 다문화가정 등 취약 계층을 대상으로 다양한 지원 사업을 펼치고 있다. 이를 통해 소외된 이웃들에게 실질적인 도움을 제공하며, 희망을 전하는 데 힘쓰고 있다.

2. 노인복지 지원

(1) JTS울산노인복지센터 개원

2004년 10월 28일, JTS는 울산광역시 울주군 두서면 활천리에 위치한
폐교인 두서초등학교 두북분교에 대한 사용 허가를 받아, 같은 해 12월
에 〈JTS울산노인복지센터〉를 개원하였다. 이곳은 도시와의 접근성이 좋
으면서도 농촌 지역과 직접 맞닿아 있는 위치로, 농촌 어르신들을 위한
복지사업을 시작하기에 적합한 장소였다. 이를 계기로 JTS는 국내 복지
사업의 첫 걸음을 내딛었으며, 두북분교는 JTS 국내복지의 첫 번째 사업
장으로 자리매김하게 되었다.

◆─ 어르신 나들이

해마다 봄가을에 마을 노인들의 고된 농촌 생활을 위로하고자 노인잔치
와 나들이를 진행하고 있다. 2004년, 인근 마을 노인들과 함께한 통도사

두북어르신 봄 나들이

탐방과 마을 잔치를 시작으로, 〈봄 나들이〉와 〈가을 어르신 잔치〉는 지금까지 매년 꾸준히 이어지고 있으며, JTS 이사장 법륜 스님도 함께하고 있다.

이 자리에서 법륜 스님은 노인들의 애환을 경청하고, 〈즉문즉설〉을 통해 정겨운 대화를 나누며, 고령에도 불구하고 농사일을 이어가는 노인들의 노고를 진심으로 위로하고 격려한다. 나들이와 잔치마당은 단순한 행사 그 이상으로, 노인들에게 웃음과 기운을 전하는 소중한 시간이자, 공동체의 따뜻한 연대감을 느낄 수 있는 축제의 장이 되고 있다.

◆—노인 생활 지원

노인복지센터 개원 이후 2024년 현재까지 노인들의 생활 지원을 하고 있다. JTS 봉사자들은 거동이 불편한 노인들의 집안 청소와 정리정돈, 목욕, 밑반찬 지원, 말동무, 병원 모셔다 드리기 등의 다양한 활동을 통해 노인들과 즐겁고 따뜻한 시간을 보내고 있다.

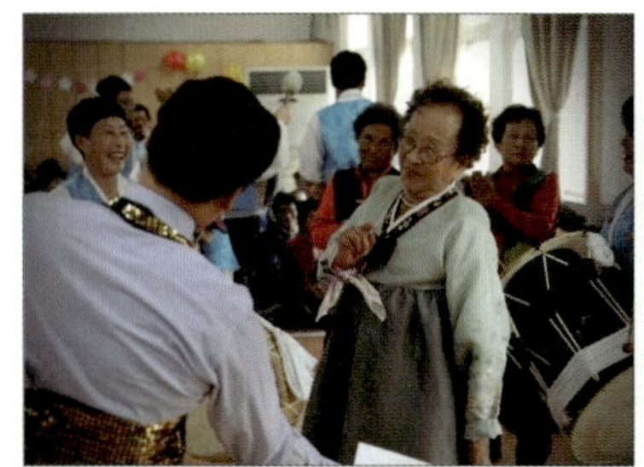

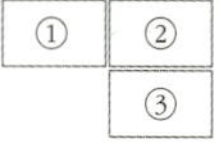
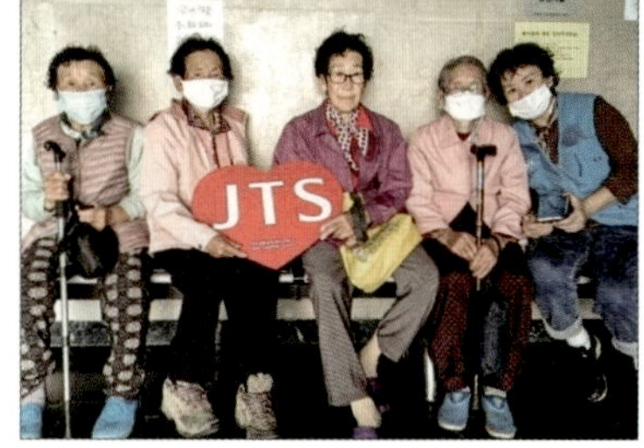

① 두북어르신 가을잔치
② 두북어르신 가을잔치 후 귀가길 환송
③ 대중목욕탕 동행 목욕봉사

(2) 종로구 취약 계층 노인 꾸러미 지원

2019년 서울시설공단과의 사회공헌 협약에 의하여 종로구 복지 사각지대 노인 지원 사업을 시작하였다. 종로구 보건소에서 추천한 노인들에게 노후화 된 보일러·전등 교체 등의 주거 환경 개선과 생활에 필요한 식료품 꾸러미를 지원하였다. 이후 JTS는 〈똑똑, 어르신! JTS입니다!〉 캠페인으로 노인들이 필요로 하는 식료품, 생활용품을 담아 추석, 설 명절에 전달하고 노인과 장애인 등 소외된 이웃을 찾아 함께 행복을 나누는 지역 실천 활동을 하였다.

연도	지원 가구 수	지원 내용
2019	15	식료품 꾸러미 및 주거시설 개선
2020	89	생필품/식료품 꾸러미(69가구), 조인성 후원 이불지원(20가구)
2021	40	생필품 및 식료품 꾸러미
2022	113	생필품 및 식료품 꾸러미

종로구 노인
꾸러미 지원

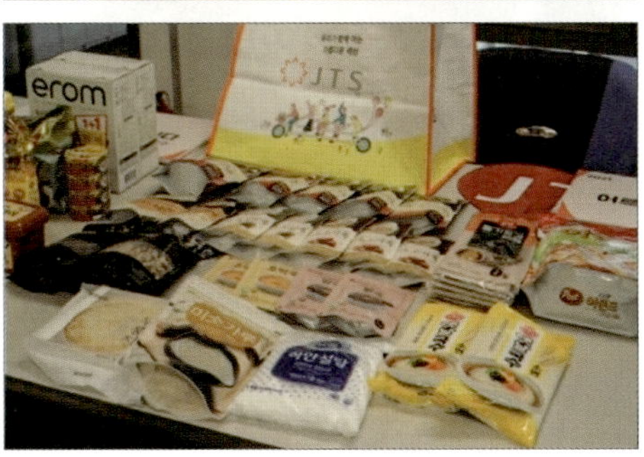

종로구 노인
꾸러미 지원 물품

3. 장애시설 지원―애광원

2003년 태풍 '매미'로 인해 거제도에 위치한 지적장애인 거주시설 애광원이 큰 피해를 입으면서 JTS와 인연이 시작되었다. 당시 JTS는 긴급 수해 복구를 지원하고, JTS 이사장 법륜 스님이 애광원 김임순 원장에게 어떤 지원이 가장 필요한지를 물었다. 원장은 "장애인들은 외출이 가장 어렵다. 나들이를 도와주면 좋겠다"고 요청하였다. 이를 계기로 2006년부터 JTS는 장애인들이 일상 속에서 보다 자유롭고 즐겁게 생활할 수 있도록 지원을 이어오게 되었다.

이후 JTS는 매년 봄·가을, 법륜 스님과 애광원 생활인들이 함께하는 나들이를 진행하고 있다. 나들이에 나선 애광원 식구들은 자연과 문화를 만끽하고, JTS 봉사자들은 생활인과 짝을 지어 이동을 돕고 세심하게 보살피며 보람을 느낀다. 애광원 식구들 또한 이날을 손꼽아 기다린다.

그리고 법륜 스님이 직접 농사지은 쌀, 배추, 무, 고춧가루 등을 김장철에 지원하며 나눔을 지속적으로 실천하고 있다. JTS는 애광원의 생활과 복지 향상을 위해 꾸준히 교류하며 따뜻한 나눔을 이어갈 것이다.

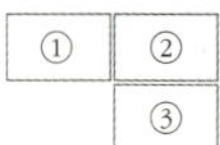

① 애광원 가을나들이
② 애광원 봄나들이
③ 애광원 가을나들이

4. 어린이·청소년 지원

(1) 결식 우려 어린이 영양꾸러미 지원

2016년 12월 겨울방학을 시작으로 2024년 겨울방학까지 17차에 걸쳐, 총 7,456명의 어린이에게 영양꾸러미를 제공하였다. 방학 동안 학교 급식이 중단되면서 결식 위험에 놓인 저소득 취약 계층 아동들을 위해, JTS는 복지 사각지대에 있는 가정을 발굴하고, 성장기 아동의 영양을 고려한 꾸러미를 구성하여 지원해왔다.

아이들이 스스로 한 끼 식사를 해결할 수 있도록 돕고, 끼니를 거르지 않도록 배려하고 있다. 배고픔과 영양 부족은 신체 발달뿐 아니라 학습 능력에도 부정적인 영향을 미친다. JTS는 이러한 문제를 해소하며, 아동의 건강한 성장과 복지 향상에 기여하고 있다.

① 어린이 영양꾸러미 전달
② 어린이 영양꾸러미 지원 물품
③ 어린이 영양꾸러미 가정방문

◆— **결식 우려 어린이 영양꾸러미 지원 현황**

연도	여름방학 지원 가구	겨울방학 지원 가구	특별 지원
2016	700		
2017	300	684	
2018	249	184	
2019	206	289	
2020	348	329	코로나 극복(239가구), 조인성 후원 이불(283가구)
2021	293	374	
2022	469	462	
2023	565	626	김제동 후원 쌀 147가구
2024	664	714	

(2) 가은고등학교 급식비 지원

2014년 4월부터 시작된 석식비 지원 사업은 현재까지 11차에 걸쳐 문경시 가은고등학교 129명 학생들에게 도움을 제공해왔다. 야간자율학습을 하는 학생들 중에 가정 형편이 어려운 일부 학생들은 저녁 식사를 거르는 경우가 많아, 학교 측에서 JTS에 지원을 요청하였다.

이에 JTS는 매년 꾸준히 석식비를 지원하며, 학생들이 영양 불균형 없이 건강하게 학업에 집중할 수 있도록 돕고 있다. 이러한 지원은 급식 제공이라는 단순한 의미를 넘어 학생들의 기본적인 생활 복지를 보장하고, 교육 기회의 형평성을 높이며, 지역사회의 안정과 연대에도 긍정적으로 기여하고 있다.

5. 취약 계층 지원

JTS는 복지 사각지대에 있는 취약 계층을 찾아 도움의 손길을 펼치고 이들이 사회적 고립에서 벗어나도록 돕는 역할을 하고 있다. 겨울철 난방과 식료품 꾸러미를 지원하고, 지역사회 내 복지시설 등과 사회적 연결망을 형성하도록 안내하며 그들의 건강과 안전을 지키기 위해 노력하고 있다.

(1) 연탄 지원

코로나19는 우리의 일상을 변화시켰을 뿐만 아니라, 어려운 이웃을 돕는 손길도 줄어들게 만들었다. 코로나가 한창이던 2020년 11월, JTS는 서울, 청주, 문경 등 전국 16개 지역의 125가구에 총 41,800장의 연탄 지원을 시작했으며, 2024년 겨울 현재까지도 지속적인 지원을 이어가고 있다.

특히, 난방에 취약한 가정을 직접 방문해 발굴하고, 경제적 어려움으로 난방을 중단하는 일이 없도록 따뜻한 손길을 전하고 있다.

시기	지역수	가구수	지원 수량(장)
2020. 11	16개 지역	125	41,800
2021. 10	28개 지역	122	36,600
2022. 10	39개 지역	214	62,700
2023. 10	40개 지역	308	61,600
2024. 10	28개 지역	96	27,600

① ② ③ ④   

① 연탄 지원 활동에 참여한
JTS봉사자들

② 노희경 작가와 함께
〈길벗〉 연탄 전달

③ JTS 홍보대사
조인성과 함께
〈길벗〉 연탄 전달

④ 방송인 김제동과 함께
〈길벗〉 연탄 전달

(2) 어르신 겨울나기 지원

문경시에 거주하는 저소득 취약 계층 가정을 위해, 2016년 11월 JTS와 문
경시가 업무 협약을 체결하였으며, 이를 바탕으로 문경시 취약 계층 가정
에 연탄, 등유, 도시가스의 난방연료와 쌀, 반찬 등 식료품 꾸러미를 지원
하며 어르신 겨울나기를 돕고 있다.

어르신 겨울나기 식료품꾸러미 지원

어르신 겨울나기 연탄 지원

(3) 명절 라면 지원

문경시 가은읍에 거주하는 저소득층 200가구를 대상으로, 설과 추석 명
절마다 라면을 지원하고 있다. 2005년부터 현재까지 매년 지속적으로 진
행되며, 가은읍 각 리·동의 마을 이장님을 통해 가구당 라면 한 상자씩
전달하고 있다.

가은읍 설·추석 명절 라면 지원

(4) 취약 계층 지원 사업

◆— 4개 지자체와 취약계층 지원사업 진행 (2016. 10)
- 서울시 400가구 양육비 지원
- 수원시 400가구 난방비 지원
- 문경시 700가구 난방비 지원
- 성남시 2,000가구 겨울철 생활보조비 지원

◆— 서대문구 희망사다리 잇기 프로젝트 동참 (2019. 7)
- 신발 1,400켤레 지원

◆— 유기농 채소 꾸러미 지원

유기농 채소를 재배·판매하는 '조계환·박정선 부부(백화골농부)'는 2020년부터 JTS에 유기농 채소 꾸러미를 지속적으로 후원하고 있으며, JTS는 이를 아동보호시설과 취약 계층 다자녀 가구에 지원하고 있다. 이 사업은 매년 5월부터 11월까지 총 25주간 진행되며, 주 1회 유기농 야채꾸러미를 전달하고 있다.

①	②
③	④

① ② 서대문구 희망사다리 잇기 어린이 신발 지원
③ ④ 유기농 채소꾸러미 가정 밥상 지원

(5) 국내 복지시설 지원

◆― 수원시 겨울용품 지원

2020년 11월 수원시 드림스타트를 통해 수원시 자원봉사센터의 보육 아동과 아동복지시설, 장애인 노인복지시설 등 60여 곳에 76,000켤레의 양말, 겨울 의류 3,390벌, 겨울용품 3,497개, 신발 4,034켤레를 지원하였다.

◆― 부산 취약 계층에 침구, 의류, 문구 지원

후원 물품, 침구류, 의류 및 학용품 등을 2021년 부산시 취약 계층에 전달하였다. 침구류 2,510종과 의류 및 학용품 460박스를 개금종합사회복지관, 다사랑복합문화예술회관 등 30여 기관을 통해 저소득 가구에 전달하였다.

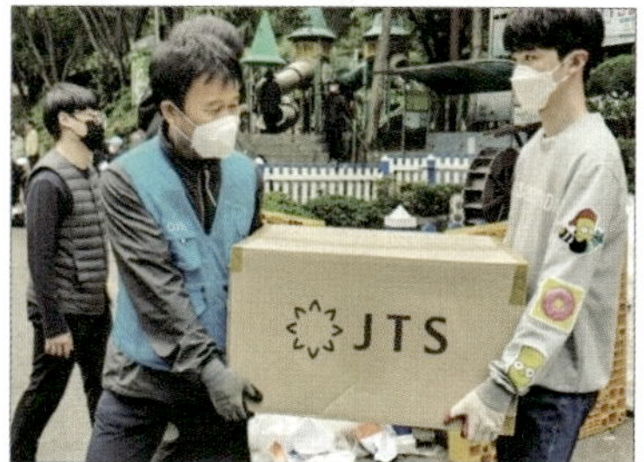

① 수원시 복지시설 의류, 양말, 신발 등
겨울용품 지원

②③ 부산 지역 취약 계층에
침구, 의류, 학용품 전달

6. 다문화센터 운영

다문화 가정은 낯선 외국에서 언어와 문화에 대한 적응뿐만 아니라 경제
적 부담으로 인해 생활고와 외로움을 겪고 있다. 그 자녀들 또한 언어 발
달 지연, 학업 부진, 정체성 혼란 등 다양한 어려움에 직면하고 있다. 이에
JTS는 이들이 한국 사회에 안정적으로 정착할 수 있도록 돕기 위해 2024
년 현재 안산, 일산, 부산에 다문화센터를 개원하여 운영하고 있다.

(1) JTS안산다문화센터

JTS안산다문화센터는 2015년 8월에 개원하였다. 다문화가정과 외국인노
동자들이 가족처럼 언제든지 마음 편히 찾아올 수 있는 열린 공간이다.
한국어 교실, 태권도 수업, 법률 상담, 생활 및 심리 상담, 양·한방 진료,
아동 돌봄 서비스 등 다양한 맞춤형 프로그램을 통해 다문화가정의 안
정적인 정착과 일상 생활을 지원하고 있다.

또한 매년 다문화 가족이 한국의 자연과 문화를 체험하는 나들이 프
로그램을 운영함으로써, 참가자들이 정서적 공감대를 형성하는 시간을

JTS안산다문화센터
다문화 가족 나들이

마련하고 있다. 다문화인들은 환경 실천 활동에도 적극적으로 참여하고 있다. 빈그릇운동, 쓰레기제로, 분리배출, 에너지 절약 등 센터 내부의 실천뿐 아니라 인근 하천의 쓰레기 줍기인 '지구특공대' 활동 등을 통해 지역사회에 기여하고 있다. 이러한 공로로 안산다문화센터는 2023년 5월에 경기도로부터 '친환경 하천 명예감시원' 위촉장을 받았다.

(2) JTS일산다문화센터, JTS부산다문화센터

2024년 3월에 일산과 부산에 다문화센터를 추가 개원하였다. 한국어 교실, 보건·의료지원, 영어 통역, 요리 봉사 등의 프로그램을 진행하면서 다문화 및 외국인들의 한국 적응과 정착을 돕고 있다.

① 다문화센터 한국어 교실 　② 다문화센터 의료 진료 서비스
③ 다문화센터 태권도교실 　④ 지구특공대-하천 주변 쓰레기줍기 활동
⑤ 일산다문화센터 개원식 　⑥ 부산다문화센터 개원식

7. 행복시민 협업 사업

(1) 노인복지 사업

2020년 12월, 행복시민모임은 '내 주변 복지 사각지대 발굴' 활동을 통해 복지 서비스가 필요한 대상자들을 찾아냈다. 이 과정에서 시민이 직접 참여할 수 있는 복지 프로그램에 대한 요구가 제기되었고, 이에 따라 JTS는 노인 대상으로 공모사업을 기획하게 되었다.

이 사업은 JTS와 행복시민모임이 공동으로 기획하였으며, 행복시민모임은 대상자 발굴과 현장 지원을 직접 맡는 방식으로 진행되었다. 생필품 꾸러미 제공, 주거 개선 등 맞춤형 지원을 통해 실질적인 도움을 주었고, 일부는 지역 복지사업과 연계하여 확대되기도 했다.

◆— 지원 현황

연도	기간	참여 센터	지원 가구	지원 내용
2021	상반기	61	252	물품꾸러미
			37	주거 개선
	9월		7	이불 빨래
			67	이불 지원
	하반기	52	359	물품꾸러미
			59	주거 개선
2022	상반기	33	156	물품꾸러미
			2	주거 개선
	하반기	36	141	물품꾸러미
			3	주거 개선

● 참여 센터는 행복시민모임 센터 수를 말한다.

<table>
<tr><td>①</td></tr>
<tr><td>②</td></tr>
<tr><td>③</td></tr>
</table>

① 행복시민 꾸러미사업 반찬 지원
②③ 행복시민 주거 개선 사업

(2) 자유공모 사업

2022년 상반기, 행복시민모임의 복지 실천 역량이 강화됨에 따라 다양한 사업 유형 개발의 필요성이 대두되었고, 이에 JTS는 행복시민모임과 함께 자유공모사업을 기획하였다.

2023년 상반기부터는 기존의 복지 사업이 노인층에만 한정되었던 점을 보완하여, 다문화가정 등 취약 계층으로 대상 범위를 확대하였다. 각 대상자에 적합한 다양한 맞춤형 사업을 개발하고자 기존 노인복지 사업과 자유공모사업을 통합하여 운영하였다.

◆─ **지원 현황**

연도	기간	참여 센터	지원 가구	지원 내용
2022	상반기	2	6	어르신 생일상 차려드리기
			1	독거노인 반려식물 나누기
	하반기	3	1	식료품 꾸러미 지원
			2	장애인시설 반찬 지원 고려인 난민 이웃되기
			3	어르신 생일상 차려드리기
2023	상반기	37	146	물품꾸러미
			5	반찬 지원, 주거 개선, 청소, 나들이 등
	하반기	47	214	물품꾸러미
			8	반찬 지원, 주거 개선, 초경꾸러미
2024	상반기	26	97	물품꾸러미
			3	주거 개선
			11	반찬 지원
	하반기	43	136	물품꾸러미
			2	주거 개선
			8	반찬 지원

● 참여 센터는 행복시민모임 센터 수를 말한다.

(3) 특별 지원

◆─ 배우 조인성 후원 이불 지원

시기	지역/대상	지원 가구 수
2021. 8	전국	70
2021. 12	충북 제천	35
2022. 1	신백아동복지관	36

배우 조인성 이불 지원

8. 긴급구호

JTS는 태풍, 수해 등 자연재해로 피해를 입은 이재민을 위해 긴급구호 활동을 펼치고 있으며, 이들이 조속히 일상으로 복귀할 수 있도록 다양한 지원을 하고 있다.

2002년 – 태풍 루사 피해 긴급 복구 활동 (강릉)

2003년 – 태풍 매미 피해 복구

- 9월, 태풍 매미 피해 지역—애광원(지적장애인 시설) 복구 활동 및 생필품 지원
- 마산, 거제도 피해 지역— 생활용품 지원

2006년 – 폭설 및 수해 피해 복구 지원 (정읍, 경남, 강원)

2007년 – 태안반도 기름 유출 사고 피해 긴급구호

2007년 – 태풍 피해 지원 (제주도)

2011년 – 중부지역 수해 피해 지원

- 7월, 집중호우 피해 지역 서울 구룡마을과 경기도 광주시(곤지암천 범람) 지원
- 구룡마을—쌀 20kg 565포대 지원
- 경기도 광주시—쌀 20kg 563포대 지원

2019년 – 태풍 미탁 피해 복구

- 9월, 태풍 미탁 피해 지역—강원도 삼척 신남마을 긴급 복구 작업
- JTS긴급구조단이 마당 정리, 가재도구 청소, 주택 내부 복구 작업 지원

2020년 – 대구 의료인 마스크 지원

- 2월, 코로나19 의료용 마스크 긴급 지원
- KF94 의료용 마스크 5,000개 대구시 의사협회에 전달

2020년 – 안성시 수해 피해 복구

- 8월, 집중호우 피해 지역—안성시 일죽면 농가 17가구 지원
- 주거 시설 복구(장판, 도배) 및 가전제품, 생필품 지원

2022년 – 구룡마을 집중호우 피해 복구

- 8월, 서울 및 수도권 폭우 피해 지역 —서울 구룡마을 긴급 복구 작업 진행
- 450명 봉사자로 구성된 JTS긴급구조단 활동—
  무너진 집 폐기물 정리, 산사태 토사 제거, 마을 정화 작업 진행

2023년 – 구룡마을 화재 긴급 지원

- 1월 20일, 서울 구룡마을 대형 화재— 주택 소실(60여 채) 및 이재민 발생
- 방한 의류, 가정용품 등 긴급 지원

2023년 – 우크라이나 전쟁 난민 지원

- 우크라이나-러시아전쟁으로 국내에 들어온 우크라이나 난민 대상 긴급 지원
- 인천, 평택 지역 168가구에 배우 조인성이 기부한 이불 전달
- 64가구에 쌀, 식료품, 비누, 세제, 주방용품 등 생필품 지원

①	②
③	④
⑤	⑥

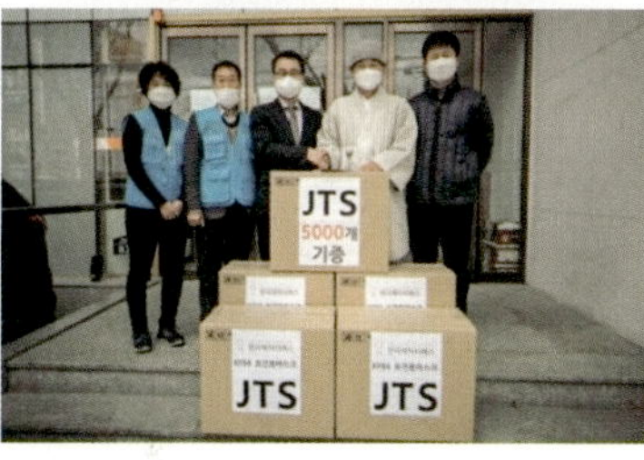

① ② 중부지역 수해 피해 지원(경기 광주시)
③ ④ 태풍 미탁 피해 긴급구호
⑤ 코로나 긴급구호— 대구 의료인 마스크 지원
⑥ 우크라이나 난민 지원

9. JTS 거리 홍보 및 모금 캠페인

(1) 전국 캠페인

JTS는 1996년 북한동포돕기 캠페인을 시작으로 2024년 현재까지 전국에서 북한, 인도, 필리핀 등 제3세계 어려운 이웃을 돕기 위해 거리 홍보 및 모금 캠페인을 펼치고 있다. '배고픈 사람은 먹어야 합니다. 아픈 사람은 치료받아야 합니다. 아이는 제때 배워야 합니다'라는 캐치프레이즈를 내걸고, 봉사자들이 거리에서 JTS 활동을 알리고 모금 캠페인을 진행하고 있다. 2024년 한 해 동안 캠페인에 참여한 자원봉사자는 약 3,000명이며, 매년 이와 비슷한 규모의 봉사자들이 함께하고 있다.

(2) 특별 캠페인

방송, 영화, 연극인들의 봉사단체인 '길벗'은 해마다 어린이날과 크리스마스에 거리 홍보 및 모금 캠페인을 진행하고 있다. 사람이 많이 모이는 명동 거리에 특별 무대를 마련하고, 공연과 함께하는 캠페인을 펼치고 있다. 이 자리에는 JTS 홍보대사 한지민을 비롯해 길벗 대표 노희경 작가 등 많은 문화·예술인들이 참여해 시민들과 나눔의 기쁨을 함께하고 있다.

JTS 거리 캠페인에 참여한 봉사자들

JTS 거리 캠페인에 참여한 노희경 작가

10. JTS 국내 복지사업 걸어온 길

1995
- 청주 소년원 여름캠프 지원
- 노인 요양 시설 자광원 자원봉사 및 생활비 지원 (1995~1996)

1996
- 위안부 할머니 후원시설—나눔의 집 생활비 지원
- 연꽃마을 어르신 치료비 지원
- 8월—JTS 사단법인 설립 인가(보건복지부)
- 12월— 북한동포돕기 캠페인 시작

1997
- 9월 KOICA(한국국제협력단) 해외지원 NGO 등록

1999
- 2월— 청소년사업부 신설
- 해외원조단체협의회(KCOC) 창립단체로 참여
- 8월— 청소년 심성수련 프로그램 진행
  학교 부적응 청소년, 실직자 자녀 청소년을 대상으로 심성수련 및 교육 활동 시작

2000
- 실직자 및 실직 노숙자 지원, 실직자 쉼터 알콜예방 자아성장 프로그램 실시
- 학교 부적응 청소년을 위한 심성수련(연 4회 진행)
- 이웃과 함께 나누는 청소년 NGO활동
- 노인잔치(울산 언양)

2002
- JTS한국 이지현 사무국장 통일부 인도분야 민간유공자 수상
- 서울 서초구 소년·소녀 가장 생활비 및 장학금 지원(2002~2005)
- 9월— 태풍 루사 피해 긴급 복구 활동(강릉)

2003
- 9월 태풍 매미 피해 긴급복구
- 노인 및 소년·소녀 가장 돕기

2004
- 5월—부산시 외국인노동자 위안 행사
- 8월— 일본 평화단체 〈Peace Now Korea Japan〉 JTS방문 및 거리모금 공동캠페인
- 12월—JTS울산노인복지센터 개원
- 두북 노인 돌봄 활동 및 노인잔치 (2004~현재)
- 문경 가은초등학교 희양분교 급식비 및 우유 구입비 지원 (2004~2008)

2005
- 7월— 두북 JTS 구호물품 창고 준공식 (JTS울산노인복지센터)
- 8월— 대한민국 국무총리 단체 표창
  (남아시아 쓰나미 피해 지원 유공자)
- 어린이·청소년·대학생 수련 (2005~2011)
- 농촌 어르신 무료 진료 (울산 태화병원 의료진)
- 가은읍 거주 저소득층 명절 라면 지원 (2005~현재)

2006
- 1월— 폭설 피해 긴급구호 (정읍)
- 애광원 나들이 및 식료품 지원 (2006~현재)
- 수해 피해 복구 지원 (경남 신주, 경남 활전리, 강원 인제)

2007
- 1월— UN 경제사회이사회 (UN ECOSOC) 특별협의지위 획득
- 12월— 태안반도 기름유출 사고 피해 긴급구호 및 쌀 지원
  (2007~2008)
- 12월— 태풍 피해 지원 (제주도)

2010
- 문경시 가은초등학교 차상위계층, 한부모가정 급식비 지원

2011
- 8월— 중부지역 수해피해 긴급구호

2014
- 가은 고등학생 저소득층 대상 석식비 지원 (2014~현재)

2015
- 8월— JTS안산다문화센터 개원

2016
- 10월— 차상위 계층 결손 가정 난방비 지원
  (수원시 400가구, 문경시 700가구)
- 10월— 서울시 청소년모, 한부모가정, 조손가정 지원 협약식
- 12월— 결식아동 영양꾸러미 700가구 지원 (2016~현재)
- 12월— 문경시 취약 계층 겨울나기 지원
  (난방 및 식료품꾸러미 / 2016~현재)
- 성남시 취약 계층 겨울철 생필품 지원
- 수원시 저소득층 다인 가구 겨울철 난방비 지원
- 서울시 서초구 한부모가정 겨울철 생필품 구입비 지원

2019
- 종로구 복지사각지대 어르신 꾸러미 지원 (2019~2022)
- 서대문구 희망사다리 잇기 프로젝트 동참 및
  운동화 1,400켤레 물품 지원
- 10월— 미탁 태풍피해 긴급구호 (강원도 삼척 신남마을)
- 11월— 복지 사각지대 노후된 전등 교체 및 온수기 설치
  (종로구 창신동 일대, 서울시설공단 협력)

2020
- 4월— 취약 계층 이불 지원 (356명)
- 5월— 결식 우려 어린이 코로나 극복세트 어린이날 특별지원(239명)
- 6월— 취약 계층 3가구 유기농 채소 꾸러미 지원 (2020~현재)
- 8월— 안성 수해 피해 농가 지원
- 9월— 고려인 여성 28가구 꾸러미 지원 (2020~2021)
- 11월— 전국 취약 계층 연탄 19,100장 지원 (2020~현재)
- 11월— 수원시 복지시설 신발 등 겨울용품 11,000개 지원
- 12월— 고려인 여성 2차 꾸러미 지원 (37가구)
- 코로나19 긴급구호—대구시 의사회 마스크 지원

2021
- 5월—JTS 어린이날 온라인 모금 캠페인 〈다시해, 봄! 같이해, 봄!〉
- 5월— 인천 고려인 35가구 생필품 지원
- 5월— 부산 취약 계층 침구류, 의류, 문구류 지원
- 6월— 행복시민과 함께하는 노인복지 사업 (2021~2022)
- 7월— 손소독제 지원
  (수원시 자원봉사센터, 부산 불교복지협의회, 안산다문화센터)
- 8월— 복지 사각지대 노인 70가구 이불 세트 지원
- 12월— 제천 35가구 이불 세트 지원

2022
- 안산다문화센터 일요일 무료 진료 시작 (2022~현재)
- 신백아동복지관 추천 취약 아동 가구 겨울 이불 세트 지원 (36가구)
- 5월— 국내 거주 우크라이나 전쟁난민 긴급 지원
- 2차 국내 우크라이나 전쟁난민 지원 (28가구-이불과 생필품)
- 8월— 구룡마을 집중호우 수해 복구를 위한 긴급구호

2023
- 2월— 안산다문화센터 식료품과 생필품 꾸러미 전달(43가구)
  (2023~현재)
- 안산다문화센터 스리랑카 한국어 교실, 태권도 교실 시작
  (2023~현재)
- 11월— 다문화 가족 나들이 (다문화 가족 130명 참여)
- 행복시민과 함께하는 자유공모사업 (2023~현재)

2024
- 6월— 법륜 스님과 함께하는 다문화가족 〈즉문즉설〉
- 9월— 화이트헬멧(시리아 시민방위대) 대표 초청 강연회
- 10월—《헬로 민다나오》북콘서트
- 12월— 저소득 취약 계층 주거환경 개선 (3가구)

JTS빈곤퇴치 캠페인
Wind Hill 특설무대
강남역 9번출구 ~
10번출구 사이 광장
굶주리는
지구촌
아이들의
엄마가
되어주세요
JTS

JTS와 길벗이 함께하는 빈곤퇴치 캠페인
[굶주리는 지구촌 아이들의
엄마가 되어주세요]

지난 30년간 인도에서 1년 이상 활동한
한국인 파견 자원봉사자는 100명이 넘는다.
그 외 무수한 국내외 활동가와 봉사자들이
JTS와 함께 걸어왔다.

부록

- JTS 30년 활동 연혁
- JTS와 함께한 사람들

1. JTS 30년 활동 연혁

1993	【인도】1월— JTS인도 활동 시작, 둥게스와리 인근 마을 의류 지원
	【인도】12월— 수자타아카데미 건축 시작
1994	【미국】1월— JTS America 설립
	【인도】1월— 수자타아카데미 수업 시작 (~현재)
1995	【인도】1월— 수자타아카데미 초등학교 1층 준공
	【인도】11월— 지바카 무료진료소(지바카 병원) 운영 (~현재)
	【국내】청주소년원 여름 캠프 지원
	【국내】노인 요양 시설-자광원 자원봉사 및 생활비 지원 (~1996)
1996	【인도】1월— 수자타아카데미 학생 무료급식 시작 (~현재)
	【국내】8월—JTS 사단법인 설립 인가(보건복지부)
	【국내】위안부 할머니 후원 시설- 나눔의 집 생활비 지원
	【국내】연꽃마을 어르신 치료비 지원
	【북한】12월— 북한동포돕기 캠페인 시작
1997	【인도】1월— 수자타아카데미 초등학교 2층 준공식
	【인도】9월— 마을개발 활동 시작 (~현재)
	【국내】9월 한국국제협력단(KOICA) 해외 지원 NGO 등록
	【인도】10월— 수자타아카데미 유치원 운영 (~현재)
	【북한】10월—JTS 어린이 영양식 공장 설립 및 어린이 영양식 지원 (~2005)
	【북한】취약 계층 지원— 긴급 식량 및 생필품 지원 (~2012)
1998	【인도】수자타아카데미 기술교육관 개관 및 기술교육 시작
	【인도】소득증대사업-재봉 교육 시작 (~현재)
	【북한】6월—JTS미국 라진·선봉 상주대표사무소 설립 공식 인가
	【북한】함경북도 라선시 등 농업 지원 (~2007)
1999	【인도】부녀자 힌디어 클래스 운영 (~2009)
	【인도】1월— 오디샤주 태풍 피해 긴급구호
	【국내】2월— 청소년사업부 신설

【국내】2월— 해외원조단체협의회(KCOC) 창립단체 참여

【국내】8월— 청소년을 위한 심성프로그램 진행

2000 【몽골】4월— 서남부지역 한파 피해 긴급구호

【인도】10월— 비하르주 바갈푸르 수해 지역 긴급구호

【국내】실직자 및 실직 노숙자 지원

2001 【인도】1월— 지바카병원 준공식

【인도】1월— 마을 지도자 연수 및 지도자 주례회의 (~현재)

【인도】2월— 구자라트주 지진 피해 긴급구호

【인도】지바카병원 결핵 퇴치사업 (~현재)

2002 【인도】1월— 무장강도 총격으로 한국인 자원봉사자 설성봉 사망

【국내】9월— 강릉시 태풍 루사 피해 긴급복구

【아프가니스탄】10월— JTS아프간 사무소 설치

【국내】서초구 소년·소녀가장 생활비 및 장학금 지원 (~2005)

2003 【인도】1월— 수자타 기술학교(현 중학교) 준공

【인도】7월— 둥게스와리 14개 마을 인구조사 (~현재)

【필리핀】3월— JTS필리핀 사업 시작, 학교 건축 (~현재)

【아프가니스탄】식량, 의류, 텐트학교 설립, 다리 건축 등 지원 (~2005)

【국내】9월— 태풍 매미 피해 긴급복구

2004 【인도】1월— 수자타아카데미 개교 10주년 기념식

【필리핀】학교 건축(깔랑아난 등 학교 3개, 유치원 2개)

【필리핀】초등학교 및 특수학교 학용품, 교구 지원 (~현재)

【필리핀】농업 지원 및 상수 시스템, 취수관 설치 (~현재)

【스리랑카】지진·쓰나미 피해 성금 전달 및 긴급구호 물품 지원(~2005)

【아프가니스탄】카불 지역 마을회관 건축

【북한】보건 의료 지원(기초의약품, 기초의료기기 등) (~2009)

【북한】4월— 용천역 열차 폭발 사고 피해 긴급구호

【국내】12월— JTS울산노인복지센터 개원

【국내】울산노인복지센터 노인 돌봄 사업 및 잔치 (~현재)

2005 【인도】1월— 타밀나두주 쿠달로르 쓰나미 피해 긴급구호

【인도】2월— 수자타아카데미 까나홀 분교 개교

【국내】7월— 울산노인복지센터 JTS 구호물품 창고 준공식

【국내】어린이·청소년·대학생 프로그램 진행 (~2011)

【필리핀】제1차 평화캠프 시작 (~2016)

【필리핀】학교 건축(까나안 등 학교 2개, 특수학교 1개, 기숙사 1개, 유치원 3개)

【스리랑카】유치원 21개 건축 및 우물 21개 설치 (~2006)

【아프가니스탄】바미안 지역 여성직업훈련센터 건축

【파키스탄】10월— 카슈미르 지진 피해 긴급구호

【인도】12월— 둥게스와리 마을(15개) 극빈자 식량 지원 (~현재)

2006 【국내】1월— 정읍시 폭설 피해 긴급구호

【인도】2월— 지바카병원 모자보건진료 시작 (~현재)

【인도네시아】5월— 족자카르타 지역 지진 피해 긴급구호

【북한】7월— 평안남도 수해 피해, 11월 성홍열 피해 긴급구호

【필리핀】학교 건축(키불락 등 학교 6개, 유치원 2개, 전통학교 1개)

【필리핀】마을 지도자 연수 (~현재)

【필리핀】12월— 태풍 두리안 피해 긴급구호

【아프가니스탄】카불시 외곽지역 물탱크 3개 설치

【국내】애광원 나들이 및 식료품 지원 (~현재)

2007 【인도】1월— 수자타아카데미 쁘락보디홀(오픈 강당) 건축

【인도】농업 지원(신품종 종자 지원, 버섯 종균 실험, 농업용 펌프 설치)

【필리핀】학교 건축(바구아 인굿 등 학교 4개, 유치원 1개, 전통학교 1개)

【국내】1월— 유엔 경제사회이사회(ECOSOC) 특별협의지위 획득

【북한】8월— 평안남도 수해 피해 긴급구호

【북한】10월— 강원도 수해 피해 긴급구호

【국내】12월— 태안반도 기름유출 사고 긴급구호 및 쌀 지원 (~2008)

【국내】12월— 제주도 태풍 피해 지원

2008 【인도】1월— 수자타아카데미 싯다르타하우스(기숙사) 건축

【인도】캠페인 〈구걸하지 않기〉 〈사랑의 쌀 모으기〉 (2008~현재)

【중국】5월— 쓰촨성 지진 피해 긴급구호

【미얀마】5월—태풍 나르기스 피해 긴급구호

【인도】9월— 비하르주 코시강 범람 피해 긴급구호

【필리핀】학교 건축(깔라수얀 초등학교 등 4개)

【필리핀】송코 피스홀(전통 문화 공연 공간) 건축

【필리핀】의약품(구충제, 구급약 등) 지원 (~현재)

【스리랑카】농업 지원(농업용 저수지 및 관개수로 복구) (~2013)

2009 【인도】소득증대를 위한 염소 분양 프로젝트 (~2019)

【필리핀】학교 건축(파굼퐁 초등학교 등 3개)

【필리핀】태풍 오노이 피해 긴급구호 (마닐라 지역)

【캄보디아】학교(17개) 및 기숙사(1개) 건축, 교육기자재 지원(~2014)

【인도네시아】9월― 서부 수마트라 지역 지진 피해 긴급구호

2010 【필리핀】탐파란 초등학교 건축

【필리핀】3월―JTS사업지원센터 준공식

【인도네시아】서부 수마트라 지역 주택 60채 복구

【아이티】지진 피해 긴급구호(식량 지원 및 학교 건축)

【북한】8월― 수해 피해 긴급구호(함경남도, 개성시, 황해남북도)

2011 【인도】1월―JTS 홍보센터 준공식

【일본】3월― 동북부 지역 지진·해일 피해 긴급구호

【필리핀】한방의료 봉사단―한방 의료 서비스 (~2012)

【필리핀】교사 연수프로그램 진행 (~현재)

【국내】8월― 서울시 구룡마을, 우면산 수해 피해 긴급구호

【필리핀】시범 농장 운영 (~현재)

【필리핀】12월― 민다나오 지역 태풍 센동 피해 긴급구호

【인도네시아】유치원 건축(7개) 및 교육 기자재 지원(서부 수마트라 지역)
(2011~2012)

【인도네시아】상수도 시설 개발, 관개수로 구축 및 농기계 지원
(서부 수마트라 지역) (~2013)

【스리랑카】화장실 80개 건축, 식수용 우물 20여 개 설치

【국내】문경시 가은읍 저소득층 청소년 석식비 지원 (~현재)

2012 【인도】정부학교 활성화 지원 및 이중 등록 방지를 위한
〈한 학교 보내기 운동〉 캠페인 진행

【필리핀】학교 건축(바삭 등 학교 3개, 마카파리 고등학교 및 기숙사)

【필리핀】다물록군 보건소 건축 및 의료 장비 지원

【필리핀】수해 피해 긴급구호 (마닐라 지역)

【인도네시아】서부 수마트라 지역 보건소 2개 건축 (~2013)

【북한】9월― 평안남도 수해 피해 긴급구호

2013	【인도】7월— 소득증대를 위한·물레공장 운영 (~현재)
	【미얀마】 7월— 학교 건축(타공마을 초등학교)
	【미얀마】7월— 교육기자재 지원(짜웅공지역 11개 학교)
	【필리핀】학교 건축(인라보 초등학교 등 학교 4개)
	【필리핀】다물록군 보건소 객담 수거실(결핵 환자), 산후조리원 건축
	【필리핀】11월— 하이옌 피해 긴급구호
	【필리핀】11월— 마라봇지역 조기복구 사업 시작
	【미얀마】짜웅공 지역 다리 3량, 아웅산 나루터 재건축
	【국내】서울시 독거 어르신 두유 지원
	【라오스】콕농부아 마을 학교 건축 및 교복 지원 (~2015)
2015	【네팔】4월— 지진 피해 긴급구호 (~2016)
	【인도】7월— 인도 정부로부터 사립학교 인가
	【국내】8월— JTS안산다문화센터 개원
	【필리핀】학교 건축(마라붓 초등학교 등 5개)
	【필리핀】홍수 피해 긴급구호
	【북한】버드나무 묘목 160,000그루 지원(함경북도 회령시 등)
	【북한】보육원, 양로원 긴급 식량 지원(함경북도 청진시, 회령시)
	【중국】용정시 취약 계층 지원
2016	【인도】수자타아카데미 유치원 본교 방문 프로그램 (~현재)
	【필리핀】학교 건축(콘솔라시온 등 학교 3개, 특수학교 1개, 기숙사 1개)
	【필리핀】3월— JTS센터 실무자 기숙사 준공식
	【필리핀】다물록 마카파리 고등학교 〈사랑의 그린 PC〉 40대 지원
	【북한】9월— 두만강 유역 홍수 피해 긴급구호
	【국내】12월— 결식아동 영양꾸러미 지원 (~현재)
	【국내】12월— 문경시 취약 계층 겨울나기 지원 (~현재)
	【국내】서울시 청소년(한부모가정, 조손가정, 미혼모자) 양육비 지원 (~2017)
2017	【필리핀】일리간시 산타엘레나 피난소 마라위 분쟁 피난민 긴급구호
	【스리랑카】5월— 수해 피해 긴급구호
	【스리랑카】역삼투 정수장 2개 설치 비용 지원 (~2019)
	【인도】8월— 비하르주 몬순 피해 긴급구호
	【방글라데시】10월— 로힝야 난민 긴급구호 (~2018)

2018 【인도】6월— 동북부 트리푸라주 홍수 피해 긴급구호

【필리핀】 한국 의료인봉사단 파견 및 진료 (~현재)

【필리핀】 까따블라란 초등학교 건축

【필리핀】 까방라산군 까따블라란 철제다리 건축

【인도네시아】8월— 롬복섬 지진 피해 긴급구호 (~2019)

【필리핀】9월— 이토곤군 태풍 망쿳 피해 긴급구호

【인도네시아】12월— 팔루 지역 지진 피해 긴급구호

2019 【필리핀】 학교 건축(까윌리한 등 학교 3개, 특수학교 1개, 유치원 1개)

【북한】〈배고픈 북한 아이들에게 옥수수 1만 톤 보내기〉 캠페인

【북한】 옥수수 20,534톤 지원

【방글라데시】1월— 로힝야 난민 가스 스토브 10만 대 지원

【방글라데시】7월— 로힝야 난민 몬순 피해 긴급구호

【국내】10월— 태풍 미탁 피해 긴급구호(삼척시, 울진군)

【국내】11월— 서울시 종로구 복지 사각지대 노인 지원 (~2022)

2020 【인도】1월— 수자타아카데미 뉴빌딩(체육관, 도서관, 과학관) 준공

【인도】 둥게스와리 마을 코로나19 긴급구호

【인도】INEB 코로나19 긴급구호 기금 지원

【필리핀】1차, 2차 코로나19 의료지원

【방글라데시】 로힝야 난민 코로나19 긴급구호

【방글라데시】INEB 코로나19 긴급구호 기금 지원

【미얀마】11월— 양곤시 코로나19 긴급구호

【미얀마】INEB 코로나19 긴급구호 기금 지원

【국내】11월— 취약 계층 연탄 지원 (~현재)

【캄보디아】12월 바탐방 홍수 피해 긴급구호

【네팔】INEB 코로나19 긴급구호 기금 지원

【국내】 고려인 여성, 한부모가정 식료품 꾸러미 지원 (~2021)

【국내】 대구시 의사협회, 취약계층 등 코로나19 긴급구호

【동남아】 동남아시아 불교여성 역량강화 프로그램 (~2021)

2021 【인도】 남인도 타밀나두주 코로나19 긴급구호

【필리핀】 코로나19 의료지원

【인도네시아】 코로나19 긴급구호

【국내】행복시민 노인복지 사업 (~2022)

【필리핀】12월— 태풍 라이 피해 긴급구호(세부, 민다나오, 보홀 지역)

2022 【인도】5월— 아삼주 홍수 피해 긴급구호

【필리핀】밀루뚱 초등학교 건축

【국내】8월— 서울 구룡마을 수해 피해 긴급구호

【필리핀】9월— JTS필리린 20주년 기념행사

【방글라데시】9월— 로힝야 난민 가스 스토브 10만 대 추가 지원

【파키스탄】10월— 홍수 피해 긴급구호

【우크라이나】선생 피해 주민 긴급 지원

【국내】우크라이나 피난민 지원

2023 【인도】1월— 수자타아카데미 29주년 개교기념식

【인도】1월— 둥게스와리 마을 주민 1만 명 식량 지원

【인도】수자타아카데미 야채 농장 운영 (~현재)

【필리핀】학교 건축(까방라산 특수학교 등 특수학교 3개, 산미구엘 고등학교)

【필리핀】학용품 지원(22개 학교) 및 교복 지원(11개 학교)

【필리핀】20주년 활동백서《The Greatness of Spirit》출간

【파키스탄】홍수 피해 긴급구호 식량, 핸드펌프(210기) 지원
        모델하우스 3채 준공식

【튀르키예/시리아】4월— 대지진 피해 긴급구호

【미얀마】5월— 라카인주 태풍 피해 긴급구호

【스리랑카】5월— 스리랑카 경제위기 긴급구호 (~현재)

【스리랑카】10월— 스리랑카 홍수 피해 긴급구호

【인도】8월— 아쌈주 차크마, 가루족 식량지원 및 상수도 연결 사업,
        학교 건축 사업 등

【태국】9월— 매솟 미얀마 난민 학용품과 식료품 지원 (~현재)

【부탄】12월— 비구니재단 산하 넌너리 겨울용품, 스포츠용품, 학용품
        지원 (~2024)

【국내】행복시민과 함께하는 취약 계층 지원 사업 (~현재)

2024 【인도】1월— 수자타아카데미 30주년 기념 행사, 세미나 및 홍보관 개관

【필리핀】학교 건축(붕붕 초등학교 등 원주민 학교 5개, 특수학교 5개)

【필리핀】까방라산 까따블라란 초등학교 아이들과 현장학습

【태국】담마누락 어린이재단 남녀 기숙사 리모델링 완공

【부탄】지속 가능한 개발 프로젝트 시작

【국내】6월— 법륜 스님과 함께하는 다문화가족 즉문즉설

【캄보디아】프레아 시하누크 라자 불교대학 바탐방 분교
여학생 기숙사 완공

【베트남】9월— 베트남 북부 태풍 야기 피해 긴급구호

【미얀마】9월— 태풍 야기 피해 긴급구호

【국내】9월— 시리아 화이트 헬멧 대표 라에드 살레 초청 강연회

【시리아】10월— 칼리드빈엘-왈리드 학교(4,000명 규모) 재건 준공식

【국내】10월—《헬로 민다나오》북콘서트

【파키스탄】홍수 피해 긴급구호 주택(100채), 핸드펌프(1,000기) 지원

【국내】JTS부산다문화센터, JTS일산다문화센터 개원

【스리랑카】12월— 사이클론 피해 긴급구호

【방글라데시】12월— 로힝야 난민 캠프 세숫비누(318만개),
빨랫비누 (318만개) 지원

2. JTS와 함께한 사람들

(1) JTS 임원

◆— JTS한국

| 1996~1998 | 이사장 법륜 이사 김양순, 김영애, 연기영, 양희찬, 이순주, 함용마 감사 차정희, 현정 |

1996~1998 이사장 법륜 이사 김양순, 김영애, 연기영, 양희찬, 이순주, 함용마
감사 차정희, 현정

1999~2000 이사장 법륜 이사 김양순, 연기영, 양희찬, 윤기희, 이순주, 함용마
감사 차정희, 현정

2001 이사장 법륜 이사 김양순, 연기영, 양희찬, 윤기희, 이순주, 함용마
감사 김기진, 현정

2002 이사장 법륜 이사 김양순, 김하식, 박동만, 박지나, 연기영, 양희찬, 오태순,
유애경, 윤기희, 이순주 정석우, 함용마, 황영숙 감사 김기진, 현정

2003~2004 이사장 법륜 이사 김양순, 김하식, 박동만, 박지나, 연기영, 오태순, 유애경,
정석우, 함용마, 황영숙 감사 김기진, 현정

2005 이사장 법륜 이사 김양순, 김하식, 박동만, 박지나, 연기영, 오태순, 유애경,
이기혜, 이덕아, 이지현 정석우, 함용마, 황영숙 감사 김기진, 백성희, 현정

2006~2007 이사장 법륜 이사 김양순, 박지나, 유애경, 이기혜, 이덕아, 이지현, 정석우,
함용마 감사 김기진, 백성희

2008 이사장 법륜 이사 김기진, 김양순, 박지나, 유애경, 이기혜, 이덕아, 이지현,
정석우, 함용마 감사 백성희, 최윤억

2009~2020 이사장 법륜 이사 김기진, 김양순, 박지나, 유애경, 이기혜, 이덕아, 이지현,
정석우, 함용마 감사 백성희, 최윤억

2021~2023 이사장 법륜 이사 김기진, 박지나, 박종숙, 유애경, 이덕아, 이원주, 이지현,
장영주 감사 백성희, 최윤억

2024 이사장 법륜 이사 김기진, 박지나, 박종숙, 유애경, 이덕아, 이지현, 장영주
감사 백성희, 최윤억

◆— JTS인도

1993~2014 이사장 법륜 이사 수레쓰, 수바쓰, 모하마드, 선주, 산띠, 모티 랄, 람 찬드
라 아스타나, 쁘리앙카

2015~2023 이사장 쁘리야팔 이사 쁘리앙카, 수바스, 버마, 까미스와르, 까필데오, 인
드라짓

2024~현재 이사장 쁘리야팔 이사 쁘리앙카, 수바스, 까미스와르, 까필데오, 삼부, 인
드라짓

◆─ JTS 필리핀

| 2004~2023 | 이사장 이원주 이사 한금화, 트렐, 도동, 리비 |
| 2024~현재 | 이사장 노재국 이사 이원주, 이규초, 트렐, 도동, 리비 |

◆─ JTS 미국

1994~1996	이사장 법륜 이사 박지나, 최경숙, 이연순, 박대순, 김기원
1997~2002	이사장 법륜 이사 박지나, 최경숙, 이연순
2003~2022	이사장 법륜 이사 유수, 박지나, 최경숙, 김순영, 이연순
2023~현재	이사장 법륜 이사 박지나, 최경숙, 김순영, 민덕홍, 유주영 감사 임금이

(2) JTS 홍보대사

1996~1998	김영애 (배우)
1999~2004	전무송 (배우)
2005~현재	노희경 (작가)
2005~현재	배종옥 (배우)
2009~현재	한지민 (배우)
2019~현재	조인성 (배우)

(3) 각 나라별 대표 및 역대 사무국장 (연도 순)

◆─ JTS 한국

대표단	박지나	2009~현재	(1993~2008 해외사업본부장 역임)
	김기진	2008~현재	공동대표
사무국장	이화승	1996~1998	
	이지현	1999~2004	
	김경희	2005~2007	
	김애경	2008~2010	
	박지나	2011~2013	JTS대표 겸임
	현희련	2014~2016	
	정영미	2017~2022	
	박영숙	2023~현재	

센터장	정경숙	2004~현재	JTS울산노인복지센터
센터장	유애경	2015~현재	JTS안산다문화센터
센터장	김상미	2024~현재	JTS부산다문화센터
센터장	유재근	2024~현재	JTS일산다문화센터

◆— JTS인도

이사장	쁘리야팔	2015~현재	
사무국장	수레쓰	1997~1999	
	이덕아	2000~2001	
	이화승	2002~2004	
	장영주	2005~2007	
	박애란	2008~2010	
	김정준	2011~2012	
	김신아	2013~2014	
	장도연	2015~현재	

◆— JTS필리핀

대표단	이원주	2003~2023	JTS필리핀 대표
	노재국	2024~현재	JTS필리핀 대표
	이규초	2003~현재	JTS필리핀 부대표
사무국장	최정연	2006~2011	
	송지홍	2011~2015	
	안병주	2015~2017	
	노옥재	2018~현재	

◆— JTS미국

| 상임이사 | 최경숙 | 1994~현재 | |
| 사무국장 | 민덕홍 | 2005~현재 | |

(4) 역대 상근활동가 (가나다순, 상근 1년 이상)

◆— JTS한국 (57명)

강은경 (2017~2022)	강원모 (2014)	김가영 (2018~2019)
김경희 (2001~2008, 2022)	김기진 (2001~현재)	김애경 (1999~2010)
김윤미 (2013~2014, 2020~현재)	김혜원 (2011~2013)	류민희 (2014)
민병덕 (2005~2010)	박성범 (1996~1998)	박시현 (2024~현재)
박지나 (1993~현재)	박영숙 (2023~현재)	박은진 (2022~현재)
박종화 (2016)	박준성 (2017~2019)	배현주 (2022~현재)
백순자 (2020)	송태원 (2019~현재)	서동우 (2005~2012)

서민정 (2011~2013)　　서예원 (2019~현재)　　신인환 (2009~2016)
심소연 (2017~2022)　　양수지 (2010~2011)　　양한석 (2006~2007)
오지혜 (2018~2019)　　원경희 (2016~2017, 2021~현재)　유애경 (2015~현재)
윤기희 (1999~2002)　　윤미옥 (2000~2021)　　윤민아 (2017~현재)
윤영실 (2008~2010)　　윤정현 (2019~현재)　　음승혜 (1996~1999)
이기수 (2014)　　이덕아 (1993~1995)　　이미경 (1999~2013)
이미화 (2023~현재)　　이수진 (1997~2002)　　이지현 (1999~2004)
이형만 (2008~2010)　　이화승 (1995~1998)　　장옥희 (1997, 1999~2004)
전성지 (2006~2007)　　정경숙 (2004~현재)　　정안숙 (1994~1996)
정영미 (2017~2022)　　조영선 (2023~현재)　　조혜림 (2020~2023)
차인호 (2018~현재)　　최경순 (2014~현재)　　최기진 (2009~2013, 2020~2022)
최선희 (2018~현재)　　최양희 (1999~2013)　　현희련 (2005~2007, 2014~2016)

◆ — JTS 인도 (148명)

강명희 (2015)　　강성원 (2005)　　강유선 (1999)
강은희 (2002~2003, 2010)　　강지윤 (2003)　　고민희 (2002)
공선주 (2007)　　구정숙 (1999)　　권도영 (2013~2015)
권미정 (2018~2020)　　권소현 (2002)　　권재익 (2018~2019)
김기정 (2005)　　김대현 (2010)　　김동욱 (2001~2002)
김동하 (2003)　　김동훈 (2001~2003)　　김미정 (2015)
김미효 (2003)　　김미희 (1999~2000)　　김민정 (2017~2021)
김상훈 (2024~현재)　　김선희 (2012~2013)　　김승정 (2006~2008)
김신아 (2007~2014)　　김아정 (2009)　　김연희 (2013, 2023~현재)
김영롱 (2009)　　김영일 (2000)　　김원자 (2006~2008)
김윤미 (2015~2020)　　김윤태 (2022~현재)　　김은경 (2009)
김은진 (2019)　　김은화 (2013)　　김자인 (2003)
김재령 (2003~2012)　　김재송 (2009)　　김정민 (2013~2014)
김정준 (2004~2013)　　김태정 (2003)　　김혜원 (2003~2010)
김효겸 (2011)　　민도연 (2014)　　박경미 (2003)
박남규 (2002)　　박명송 (2011~2012)　　박명주 (2007)
박성재 (2012~2014)　　박세환 (2016)　　박애란 (2006~2010)
박연화 (2014)　　박영민 (2015)　　박종화 (2014~2016)
박혜란 (2003)　　배창섭 (2001)　　배언수 (2003)
백순자 (2020)　　백슬기 (2012)　　백은하 (2016)
변유경 (2013)　　변지영 (2001)　　봉금례 (2022~2024)
서은애 (2002)　　서인우 (2011)　　성은미 (2002)
설성봉 (2000~2001)　　손주희 (2009~2010)　　송경아 (2010)
신선영 (2010)　　신예슬 (2014~현재)　　신효정 (2002)
심규선 (2015)　　안민환 (2006)　　안상희 (2022~현재)
안영민 (2002)　　양성숙 (2003)　　양유석 (2003)
엄경화 (2000)　　엄미예 (2000)　　오용태 (2006)

오태양 (2006~2007)   위말라스님 (2000)   유보미 (2005~2007)
윤희경 (1999~2000)   이관규 (2009)   이덕아 (1995~2001)
이명희 (2003~2004)   이미경 (2017)   이미은 (2011)
이미정 (2003)   이성용 (2003)   이세형 (2009~2012)
이수민 (2000)   이수진 (1996~2006)   이순란 (1998~1999)
이승헌 (1998~1999)   이영재 (2011)   이유진 (2013)
이은숙 (2013~2014)   이재성 (2003~2005)   이정미 (2017~2020)
이정아 (2001)   이지영 (1999)   이현아 (2010)
이현정 (2018)   이효진 (2000~2001)   이화승 (1999~2005)
이희정 (2012~2013)   임경화 (2000~2001)   임지혜 (2011~2012)
임희성 (2006)   장도연 (2015~현재)   장석우 (2002~2003)
장영주 (2001~2007)   장준태 (2013~2014)   정가영 (2003)
정기연 (2003)   정다영 (2008~2009)   정동표 (2015~2024)
정상민 (2001~2002)   정수진 (2012)   정수현 (2003)
정연서 (2018)   정영자 (2003)   정유진 (2015)
정윤미 (2014)   정재원 (2003)   정정임 (2000~2001)
정태경 (2003)   조영옥 (2003)   조은서 (2024~현재)
조은실 (1999)   주연우 (2012~2015)   진혜미 (2003)
천재홍 (1999)   최기진 (2008)   최동호 (2012~2014)
최선희 (2012)   최수진 (2000)   최연정 (2009)
최영석 (2002~2003)   최용석 (2002)   최정란 (2003)
최지혜 (2003)   최태숙 (2003)   최태진 (2018)
한상술 (1999)

인도 현지 활동가 (31명)

쁘리앙카 (1997~현재)   까미스와르 (1993~현재)   까필데오 (1997~현재)
아르준 (2000~2007)   아미타브 (2013~2021)   민뚜 (2013~2016)
란짓 (2000~2007)   산자이 (2000~2007)   바브랄 (2013~2024)
인드라짓 (2000~현재)   삼부 (2006~현재)   파완 (2006~현재)
아자이 (2008~현재)   반자이 (200~현재)   아짓 (2012~현재)
디네스 (2010~현재)   수딜 (2011~현재)   라훌 (2012~현재)
프라모드 (2010~현재)   남팔리 (1997~2006)   라훌 (1996~2015)
스위티 (1997~2008)   수레쓰 (1993~2001)   수바쓰 (1993~현재)
아룬 (2013~2016)   아자이 (1995~1998)   비제이 (1993~1997)
나레쓰 (1993~1995)   깝딴 (1995~1998)   우땀 (1993~1996)
담마팔라 (1993~1995)

◆— JTS 필리핀 (42명)

김가영 (2020~현재)   김상훈 (2016~2023)   김진진 (2013)
김태윤 (2010)   김형준 (2017~2021)   김희자 (2013~2014)
노옥재 (2018~현재)   노재국 (2004~현재)   박시현 (2015~2023)

박영일 (2014~2015) 박은혜 (2017~2018) 배명숙 (2010~2014)
서은실 (2017) 송우진 (2015) 송지홍 (2011~2015)
송치현 (2016) 송현자 (2007~2013) 심민경 (2024~현재)
안병주 (2015~2017) 오성근 (2014) 오정심 (2015)
원식환 (2014~2015) 이규초 (2003~현재) 이원주 (2003~현재)
이재곤 (2012~2015) 이종섭 (2003~2011) 이진옥 (2015)
이태윤 (2010) 이혜경 (2024~현재) 임선호 (2012)
임희성 (2014~2015) 조욱성 (2018~2020) 조혜림 (2016~2019)
최기진 (2006~2008) 최은실 (2023~현재) 최정연 (2006~2011)
한금화 (2003~현재) 한혜련 (2017~2018) 허유진 (2017)
허춘 (2017~현재) 홍민지 (2015) 황종일 (2003~현재)

필리핀 현지 활동가 (14명)

도동 (2003~현재) 로티 (2007~2008) 리코 (2003~2011)
마리 (2006~2007) 미오 (2005~현재) 셀라 (2009)
빠도 (2009~현재) 제씨 (2024~현재) 조셉 (2009)
트렐 (2003~현재) 파트리샤 (2003~2011) 띠에자 (2005~2011)
페니 (2008~2010) 웰라 (2006~2007)

◆— JTS 미국 (18명)

곽수진 (2023~현재) 김순영 (2003~2010) 김숙현 (2005~2010)
김은주 (2020~현재) 김은혜 (2022~현재) 김현자 (1999~2001)
민덕홍 (2005~현재) 박지나 (1994~ 현재) 이연순 (1994~2004)
이영숙 (2014~2019) 이주희 (2020~현재) 임선희 (2005~2010)
임금이 (2011~2016) 유주영 (2017~ 현재) 정동심 (2005~2007)
정민지 (2021~현재) 최경숙 (1994~2007) 하보경 (2020~현재)

◆— 북한 (18명)

구미경 (1997~2001) 김순금 (1997~2001) 김윤태 (1997~1998)
김한욱 (1997~1999) 남시우 (1997~1998) 문정우 (1998~2001)
박지나 (2002~현재) 방학봉 (1997~2001) 신철 (1997~2001)
신옥 (1997~2001) 이승용 (1997~2001) 이영숙 (1997~2001)
정순옥 (1997~2001) 최경숙 (1997~2001) 최정연 (1998)
한인봉 (1997~2001) 한태환 (1997~2001) 황성일 (1997~2001)

◆— 아프가니스탄 (6명)

김동진 (2003~2004) 김재령 (2003) 양한석 (2003~2004)
이덕아 (2002~2005) 유정길 (2002~2005) 한김지영 (2003~2004)

아프가니스탄 현지 활동가 (2명)

모하마드 하심 (2002~2005) 모빈 (2002~2003)

◆── 스리랑카 (2명)

김경희 (2008)　　　　최정연 (2005)

◆── 캄보디아 (7명)

김재령 (2014)　　　　문태훈 (2013)　　　　박주선 (2009~2011)
박병수 (2012~2014)　　이대원 (2012)　　　　정철상 (2009~2014)
정훈재 (2011)

◆── 인도네시아 (4명)

김선욱 (2012~2013)　　박영일 (2012)　　　　오성근 (2012~2013)
임희성 (2012~2013)

◆── 미얀마 (4명)

김성현 (2012~2014)　　권민성 (2014)　　　　금시열 (2014)
이모아 (2013)

◆── 라오스 (3명)

문태훈 (2014)　　　　배혜정 (2013~2015)　　박용대 (2014~2015)

◆── 몽골 (1명)

최정연 (1999~2000)